U0519978

未名集

戚国淦文存

戚国淦 著

图书在版编目(CIP)数据

未名集:戚国淦文存/戚国淦著.—北京:商务印书馆,2018
ISBN 978-7-100-15871-8

Ⅰ.①未… Ⅱ.①戚… Ⅲ.①戚国淦(1918—2010)—文集 Ⅳ.①Z427

中国版本图书馆CIP数据核字(2018)第033091号

权利保留,侵权必究。

未 名 集
——戚国淦文存

戚国淦 著

商 务 印 书 馆 出 版
(北京王府井大街36号 邮政编码100710)
商 务 印 书 馆 发 行
北京通州皇家印刷厂印刷
ISBN 978-7-100-15871-8

2018年6月第1版	开本787×960 1/16
2018年6月北京第1次印刷	印张40 插页8

定价:138.00元

戚国淦教授

（1918—2010 年）

1937年初夏在北京大学三院宿舍

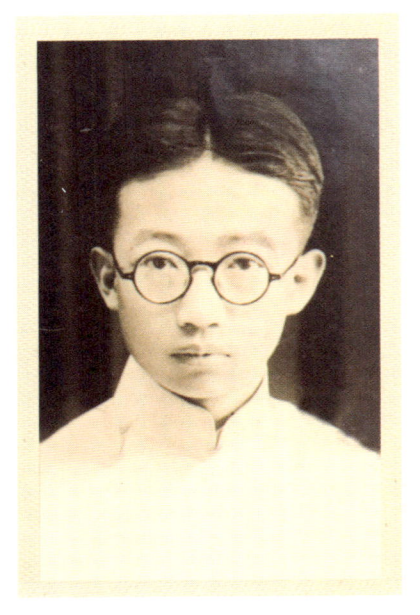

1938年考入燕京大学

1946年在北京市第三中学任教

1960年被评为北京市文教战线先进工作者

北京师范学院建院初期学校机关干部、系负责人合影（第2排左4为戚国淦）

1959年带领本科2班学生在北京三十七中教学实习时留影（前排左5为戚国淦）

1960年2月北京师范学院群英会期间留影（左起：戚国淦、成庆华、张海沄）

1985年10月8日在"中国世界中世纪史学会广州学术讨论会"上发言

1988年10月参加世界中世纪史学会、河南大学和郑州大学联合举办的"16世纪西欧社会变革学术讨论会"(前排左6为戚国淦)

1991年6月首届博士生刘新成、刘城通过论文答辩（前排左起：孔祥民、吕殿楼、马克垚、戚国淦、刘明瀚、陈曦文）

1993年75岁生日时与部分同事和学生合影（前排左起：寿纪瑜、戚国淦、陈曦文）

1996年参加"汉译世界学术名著丛书"出版260种座谈会（前排左4为戚国淦）

1997年为商务印书馆百年题联

1997年3月10日重返北京三中（左2为戚国淦）

1998年与北京三中的老学生合影

1998年戚国淦与谢承仁（左）、黄一欧（右）教授合影

2000年戚国淦（前排右1）与世界古代史教研室同事一起看望田农先生（前排中）

2002年10月参加资深翻译家表彰大会

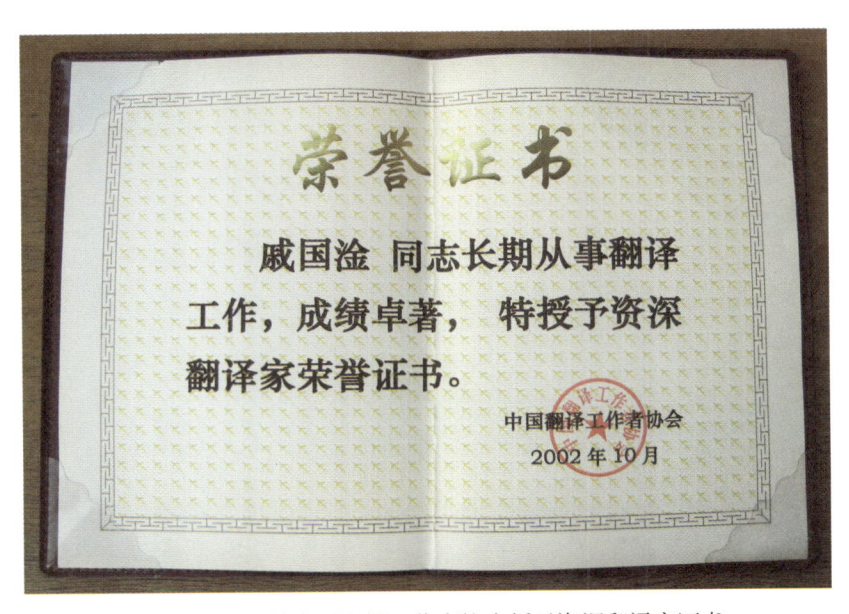

2002年10月被中国翻译工作者协会授予资深翻译家证书

2007年6月与部分同事和研究生合影（前排左起：刘新成、郭方、寿纪瑜、戚国淦、陈曦文、赵文洪）

2008年2月17日观赏欧阳中石教授录刘家和教授赠联

2008年6月15日"戚国淦先生九十华诞庆典"会场

2008年6月15日"戚国淦先生九十华诞庆典"上张雪书记献花

1986年与夫人寿纪瑜女士在西绒线胡同的家中

2004年9月与夫人寿纪瑜、女儿戚乃玫合影

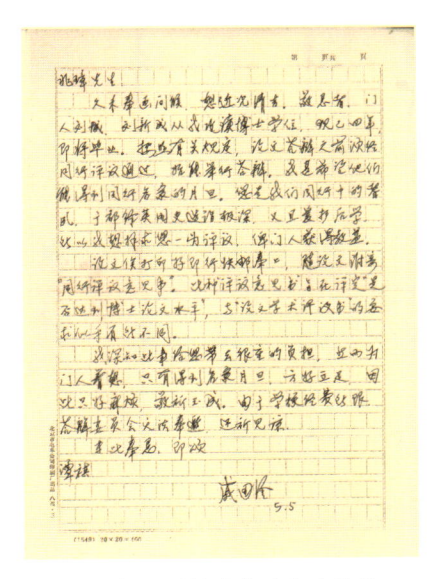

1991年5月给陈兆璋先生的信　　　　1994年9月手书"校庆四十年抒怀"诗

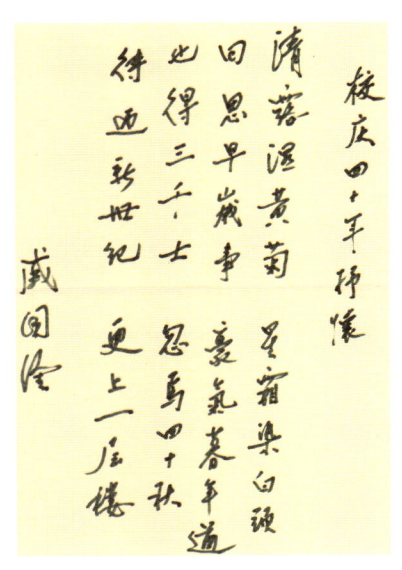

著译作汇总

序

戚国淦先生是位老派的学人。

老派学人在治学方面的特点是不擅理论。有人说先生是"史料派",对此先生笑答:"心向往之,却不合格。"合不合格,但凭人说,而先生治史以史料为首要,爬梳剔抉,钩沉史事,校雠勘误,翻译注释,无不精益求精,却是实实在在的。"有一分材料说一分话",这是先生常常挂在口头的。在先生教授世界中世纪史的大部分时间里,囿于客观环境,史料来源几乎断绝,先生索性放弃问题研究,专事翻译国外史学名著,表面上看来先生学术成果不多,但是实际上,先生为扶植提携后学,为世界中世纪史研究做了大量基础性工作。

老派学人做人敦厚老实,温文尔雅。先生的这一性格特点,凡曾与之过从者有口皆碑。先生所生活的时代,"君子之风"并非时行,甚至还会吃亏,受到嘲讽,然而先生不改初衷。最显明的例子是上个世纪 50 年代,组织上根据需要,要求先生放弃一向钟爱并有相当学术积累的明清史,转而教授当时系内无人愿意教授或说无人胜任的世界中世纪史,先生虽不情愿,但仍从命,并且全力以赴。晚年回顾往事,先生常为放弃明清史而遗憾,但老派学人对诸如此类的事情,也唯有喟叹与唏嘘。

老派学人较之"专业"更重"意趣"。先生出身官宦人家,自幼浸润于书香诗意之中,于传统文化有天然的亲近和喜爱,诗词歌赋更是一生雅好,每有感悟必吟诗填词,甚至一些"命题作文"、"应景之作"也以诗词形式呈现。上世纪 80 年代以来传统文化复兴,每逢佳节盛事各种媒体都推出猜灯谜、对对子、赛诗征联等活动,先生是热心的参与者,而且每每获奖。熟悉的人都知道,先生并非古板的老学究，更有雅趣盎然、逸兴遄飞的一面。

先生是在睡梦中去世的，平静而安详，一位老派学人一生的道德文章画上了圆满的句点。

深切怀念我的导师戚国淦先生。

刘新成

2018 年 1 月

目 录

世界史探研

16世纪中英政治制度比较 …………………………………………… 3
都铎史料管窥 ………………………………………………………… 36
英国历史学家乔·鲁·埃尔顿及其学说 …………………………… 63
史坛巨匠　后学良师——怀念齐思和先生 ………………………… 76
《查理大帝传》中译本序 …………………………………………… 87
《法兰克人史》中译本序 …………………………………………… 92
《佛罗伦萨史》中译本序 ………………………………………… 100
《女王伊丽莎白一世传》中译本序 ……………………………… 108
《英吉利教会史》中译本序 ……………………………………… 118
《神圣罗马帝国》中译本序 ……………………………………… 125
《罗马帝国衰亡史》中译本序 …………………………………… 135
世界名著《失去的世界》解读 …………………………………… 147
《盎格鲁-撒克逊编年史》中译本序 …………………………… 153
《英国都铎王朝议会研究》序 …………………………………… 162
《英国中世纪教会研究》序 ……………………………………… 164
《英国都铎时期经济研究》序 …………………………………… 166
《伊丽莎白一世时期英国外交政策研究》序 …………………… 168
《世界中世纪史研究——郑如霖教授论文集》序 ……………… 172
《世界中世纪史散论》序言 ……………………………………… 175

中国史探研

- 曾惠敏公年谱 181
- 王夫之年表 306
- 王夫之小传 314
- 西太后篡政夺权纪实 360
- 《明代社会经济史研究》题词 387
- 吴晗谈历史教科书编纂的两件档案史料（张伟　整理）..... 388
- 北京园林古迹简介的编写（侯玮青　整理）................... 392

诗词与楹联

- 学诗杂忆 415
- 顾随先生的词选课 425
- 诗　词 428
  - 小学五年级试作 428
  - 中学时期试作 428
  - 燕园杂咏——1938—1941 年燕京大学读书时期 429
  - 50 年代以后诗作 438
  - 游闽杂诗 455
  - 读史杂咏 468
  - 《十二世纪文艺复兴》中的诗歌译文 482
  - 即兴打油诗 489
  - 附：挽戚国淦先生诗 490
- 漫话对联 492
- 楹　联 517
  - 春联及其他应征联 517
  - 贺联及纪念联 522
  - 挽联及墓志 526

其他 ··· 528
附：友人赠联及条幅 ··· 529
附：悼戚国淦先生联 ··· 530

自述与他叙

中国社会科学家自述——戚国淦 ································· 533
燕京大学人物志——戚国淦 ······································· 536
《灌园集》自序 ·· 539
我和这座"世界精神公园" ·· 543
戚国淦先生与世界中世纪史研究（刘新成）····················· 547
戚国淦先生与都铎史园地的开辟（王乃耀）····················· 557
戚国淦先生与我的成长（夏继果）································· 561
春晖育寸草　桃李遍青山（郭方）································· 567
追随导师学习的两点体会（赵文洪）······························ 571
做学问不妨"眼高手低"（刘新成）······························· 578
精深的造诣，深厚的底蕴（刘城）································· 581
"资深翻译家"戚国淦先生（夏继果）····························· 583
漫道先生专外史　诗文翰墨也风流（龙学文）·················· 587
灌园育人，开拓世界中世纪史研究新领域（邹兆辰）·········· 591
忆戚国淦先生（刘明翰）··· 608

附　录

戚国淦学术年谱 ··· 615
戚国淦指导研究生情况 ··· 627

后　记 ··· 628

世界史探研

16 世纪中英政治制度比较

16 世纪是一个世界上充满变动的世纪。位于亚洲东部的中国与处于欧洲西部的英国同处于变化之中。在中国，社会经济结构内部出现了资本主义萌芽。在英国，资本原始积累过程正剧烈进行。在此期间，两国在政治上都实行专制制度，但在君权、机构、用人、施政诸方面，颇为不同。本文试就这一问题略加评述。

一

16 世纪英国的专制制度在其历史上是一项新鲜事物。它是从长期的封建无政府状态中建立起来的统一、集中的王权。英国历史上习惯称之为"新君主制"。

新君主制一词最早出现于 19 世纪 70 年代，由辉格派史学家提出，如见于格林所撰的《英国人民简史》。此后这一名词在英国史书中一直沿用，例如波拉德、屈维廉、莫尔顿诸名家的撰述，都是如此，直到 20 世纪 50 年代出版的《牛津英国史》第七卷《早期都铎君主》的作者麦基，也仍以新君主制作为该书开宗明义的第一章。各家在使用该名词时，虽然各有解释，但总起来说，都着重于一个"新"字。格林着眼于新君主制出现的历史时期。由于当时社会经济的发展而出现了"社会危机"，地主和商人基于自身的安危而支持都铎王朝的专制统治。[1] 波拉德则着眼于王权与议会力量的消长，指出 16 世纪的人们需要一个"稳固而专擅的力量"，他们信任国王超过以前之信任议会，

---

[1] 格林：《英国人民简史》（J. R. Green, *A Short History of the English People*, London, 1921），第 290—292 页。

所以此时议会所起的作用小于自它形成以来的任何时期。① 麦基更着眼于文艺复兴这个历史时期,认为"新君主制是文艺复兴的政治表现形式"。② 总之,这些作者尽管观察问题的角度互不相同,但都把都铎王权视为出现于新的历史时期的一种新的政治制度。我们也认为这是一种新的政治制度,本文试图着重从英国在这一时期社会经济和阶级结构的变化方面进行考察。

英国从封建主义向资本主义过渡经历了很长的时间,都铎一朝则是其进展最迅猛的时期。在此期间资本原始积累进程剧烈进行,资本主义关系迅速成长。英国一些著名的经济史学家诸如 J. 克拉潘、E. 利普森等人在论及这个时期社会经济发展时也往往赋予"新"或"变革"的字样。L. 斯通认为英国中世纪与近代的分界线应划在 1560—1640 年之间,而且还说,如果更精确些则应划在 1580—1620 年之间。③

在都铎时期,毛纺织业发展迅速。亨利八世时每年呢绒出口数量相当于 14 世纪中叶的 20 倍。全国城乡,机声轧轧,呢绒生产成为英国的民族工业。爱德华六世时诗人威廉·弗莱斯特的一首诗④不但道出了当时毛纺织业遍布全国的规模,也写出了纺、织、染、整各道工序的分工,呢绒商人将家庭手工业者纳入其生产体系,从而勾画出一幅分散的手工工场的图像。集中的手工工场亦复不少。留传下姓名的工场主有纽伯里的约翰·温什科姆、马姆斯伯里的威廉·斯通普、贝尔福德的塔克尔、萨福克郡拉文汉的托马斯·斯普灵、弗尔福德的泰姆斯、纽伯里的道尔曼等,他们都雇用了大批工人,其中斯通普曾雇用了两千人之多。⑤ 此外,在采矿、冶金、造船等行业中也出现了手

---

① 波拉德:《亨利八世》(W. F. Pollard, *Henry VIII*, London, 1919),第 33—35 页。
② 麦基:《早期都铎君主》(J. D. Mackie, *The Earlier Tudors, 1485—1558*, Oxford University Press, 1962),第 23 页。
③ 斯通:《贵族的危机》(L. Stone, *The Crisis of the Aristocracy*, abridged edition, Oxford University Press, 1980),第 12 页。
④ 原诗见屈维廉《英国社会史》(G. M. Trevelyan, *English Social History*, London, 1946),第 136 页。
⑤ 利普森:《英国精粗毛纺织工业史》(E. Lipson, *The History of the English Woollen and Worsted Industries*, London, 1912),第 46—48 页。

工工场。

农业方面的重要变革是圈地运动。由于呢绒业对羊毛原料和城市餐桌对羊肉的需求，养羊业获利丰厚。农村中大量土地被圈围起来改成牧场。据近人统计，从1455年到1607年，英国24个郡共圈地51.6676万英亩，相当于这些郡土地总面积的2.76%；被赶离土地的农民约为3万至5万人。① 这些数字虽然还不算大，但它们反映了一种变革的趋势。

商业也极兴旺。伦敦城市成长迅速。它在1524年拥有人口约6万，到玛丽女王去世时已接近10万，而当伊丽莎白去世时更激增到20万。这里商人云集，经营对内和对外贸易。一系列的海外贸易公司相继成立，包括两种类型：一类是所谓的"规章公司"，其成员在统一的规章制约下凭借自己的资本从事经营，商人拓殖家协会、东地、俄罗斯、利凡特等公司属之；另类是股份公司，公司作为整体进行贸易，利润和亏损均在股东中分配分担，东印度、非洲等公司属之。这后一类已完全是资本主义性质的公司。

由此可见，都铎时期的英国社会确已发生重大变化，资本主义在工、农、商业的某些部门都有长足的进展而非仅只是萌芽问题。资本主义关系的成长使得英国社会的阶级结构、阶级关系和力量对比都发生明显变化。

贵族在都铎时期经历了一个衰落过程。旧贵族在玫瑰战争中自相残杀殆尽。在战争之前，贵族应召出席议会者最多达54人。亨利七世即位后召集的首次议会，仅有29家受到征召，只有18家应召前来。这主要由于有些贵族遭到夺爵，有些承袭爵位的人年龄尚幼。亨利七世和伊丽莎白一世都吝于封赠，所以都铎一朝大贵族的数目一般只有50上下，很少超出60家。其中有一部分是以劳绩和军功新授的贵族，例如塞西尔、培根、达德利、罗素、霍华德、西摩等家族。

旧贵族在政治上失势，已失去左右朝政的作用，他们在军事上的

---

① 陶尼：《十六世纪的土地问题》（R. H. Tawney, *The Agrarian Problem in the Sixteenth Century*, London, 1912），第196页。

重要意义在逐渐失去,有一部分虽然供职朝廷,但不参预密勿,只是一种荣誉而已。政府实权大都操在出身于乡绅的新受封贵族之手。旧贵族在经济上也趋于衰落,他们不善经营而又挥霍无度,因而倾家荡产。牛津伯爵1575年收入为1.2万镑,两年后却销声匿迹,即因挥霍所致。① 据斯通统计,大贵族占有庄园总数从1559年底的3390座下降到1620年底的2220座,占有40座以上的大贵族家数从39家减少到19至21家,大约减少一半。② 这些破落家族应是那些旧贵族。有些旧贵族也还注意经营其未出租的自营地,但出产主要供府邸消费。斯通曾经指出,他们的地产管理是近代化的;他们对于工商业的冒险热情远较商人为敏锐;对于他们权势的挑战并非来自资产阶级而是来自在社会经济的阶梯上比它低一磴的殷实的地主,亦即缙绅和大乡绅。③

在贵族走向衰落的同时,乡绅却得到大发展。1941年陶尼发表一篇题为《乡绅的兴起》的论文,引起一场历时长久的学术争论。④ 随着对乡绅问题研究的深入,认为这个阶层在16世纪获得巨大发展的看法,已为大多数人所接受。乡绅的人数据斯通统计,从15世纪末到17世纪中约增加二倍。⑤ 这一阶层占有的土地,据当时人士哈里森说,在亨利七世以前,英格兰贵族和教士拥有的土地与人民占有土地之间的比例不低于四比一,在我们今天则情况完全相反,教士被摧垮了,人民拥有土地超过贵族至少是十与一之比。⑥ 这一阶层内部的

---

① 赫斯特菲尔德、史密斯合编:《伊丽莎白时期的人民、国家和社会》(J. Hurstfield & A. G. R. Smith, *Elizabethan People, State and Society*, London, 1972),第19页。
② 斯通:《贵族的危机》,第355页,附录一。
③ 前引书,第7—8页。
④ 陶尼于1941年在《经济史评论》(*Economic History Review*)上发表《乡绅的兴起》(*The Rise of the Gentry*)一文,得到斯通的赞同。斯通于1948年在同一刊物上发表《伊丽莎白时期贵族的剖析》(*The Anatomy of the Elizabethan Aristocracy*),支持陶尼观点。特里弗-罗珀(Trevor-Roper)不同意这些观点,于1951年发表文章对斯通的观点和材料提出质疑。此后这一问题的争论遂告展开。许多英美学者参加讨论,成为西方史学研究的一个重要课题。
⑤ 斯通:《英国革命的原因》(L. Stone, *The Causes of English Revolution*, London, 1979),第72页。
⑥ 哈里森:《伊丽莎白时期的英国》(W. Harrison, *Elizabethan England*, London, 1964),第69页。

财富差异甚大。其上层富埒伯爵，如著名哲学家弗兰西斯·培根之父尼古拉斯·培根一家，其先人原为自耕农，后上升为乡绅。尼古拉斯本人就读于剑桥大学和格雷法学院，在亨利八世朝廷供职，到伊丽莎白时位跻大法官。他乘解散修道院之机，购买了价值6500镑的土地。其财富和政治地位都堪与贵族匹敌。尼古拉斯尚有兄弟二人：托马斯·培根以大盐商身份由伦敦选派为下院议员，詹姆斯·培根系伦敦的一位同业公会会长。[①] 占大多数的下层则来自发家致富的自耕农，所占土地不多，按当时规定，凡土地岁入在10镑以上或动产在300镑以上的人，即可购买绶带，跻身于乡绅行列。乡绅就其阶级地位而言，应属于封建统治阶级。按照哈里森的说法，居于上等人的底层。但是这一阶层随着资本主义生产方式的成长，又具备了一些新的经济特征；他们采用先进的生产方法，参与商品生产，参加圈地运动，在一定程度上按照资本主义方式经营地产。因此可以认为他们已具有资产阶级的倾向。

乡绅与新兴资产阶级关系密切。许多富裕商人购买土地进入乡绅行列。乡绅与资产阶级往往结为姻亲，乡绅家的幼子被送进法律学校或学习经商，积得钱财以后，又返回故里置产，成为乡绅。罗素指出，获得成功的商人家族很少有三代以上停留在贸易之中，他们往往投资于土地，变成绅士。这是因为商人在政治和社会地位上远逊于绅士的缘故。[②] 乡绅阶层的代表人物或出任朝廷官员和议会议员，或在本乡充任治安法官，成为封建专制机构的成员。但是由于他们所具有的新的经济特点，在一定程度上执行了有利于新的生产方式成长的政策。

资产阶级还正处于成长之中。但有些富商已驰名全英。拉文汉的呢绒商托马斯·斯普灵被估计为全英最富有的平民。[③] 资产阶级的代

---

① 宾多夫：《1509—1558年的下院》（S. T. Bindoff, *The House of Commons 1509—1558*, Vol. 1, London, 1982），第1卷，第360页。
② 罗素：《议会的危机：1509—1660年英国史》（C. Russell, *The Crisis of Parliaments, English History 1509—1660*, Oxford University Press, 1971），第21页。
③ 罗素：《议会的危机：1509—1660年英国史》（C. Russell, *The Crisis of Parliaments, English History 1509—1660*, Oxford University Press, 1971），第21页。

表人物也积极参与政治。在议会下院中，来自城市的资产阶级代表虽然人数很少，但大都来自资本主义工商业比较发达的大城市，集中地代表了资产阶级利益。伦敦选派议员大多数均为商人，分别来自该城市的大同业公会，以绒布行业为最多。[①] 有些大商人在都铎政府中曾起过作用，例如商人拓殖家协会驻安特卫普代理人斯提芬·沃恩、伦敦巨商格雷沙姆父子等。曾有传说，大工场主约翰·温什科姆在其住宅中款待过亨利八世，而其子则曾协助亨利镇压圣恩巡礼运动，并因此获得修道院地产，还进入议会。[②] 资产阶级同都铎政府之间已发生密切的联系。

随着商品经济的发展，涉及契约和法律的事务加多，律师行业兴旺。当代人威尔逊曾经指出，"没有一个郡、城、镇，也很少有一个村没有他们（律师）。"其中最富的年收入高达两三万镑，其次的也达1.2万至1.4万镑。[③] 他们构成了新兴资产阶级的一部分。

16世纪英国人口从约250万激增到约400万，以上所举，在英国人口中只占极少的部分，绝大部分则是劳苦大众。根据16世纪20年代的课税记录，大约有三分之一到二分之一的人口生活在或接近贫困之中。当时人描绘贫民时说："除了蔽体的衣服、干活的工具和几件家具之外，别无财产。"[④] 但是这还不是最穷的人，大量被剥夺了生产资料的人被迫沦为流浪者和乞丐。他们背井离乡，四处流浪，老弱从事乞讨，壮者不免铤而走险。穷人问题在都铎时期成为城乡统治阶级最为关注的问题。

都铎王朝君主专制制度，正是建立在上文所述社会经济和阶级结构变化的基础之上的。城乡剥削阶级需要强大的王权以镇压人民，因而支持王权。王朝由于得到旧有和新兴剥削阶级的支持因而空前强大。这正是格林所提到的地主和商人怵于"社会危机"因而加以支持

---

① 宾多夫：《1509—1558年的下院》，第1卷，第140页。
② 屈维廉：《英国社会史》，第137页。
③ 赫斯特菲尔德、史密斯合编：《伊丽莎白时期的人民、国家和社会》，第23页。
④ 贝尔：《都铎和早期斯图亚特英国的贫民问题》（A. L. Beier, *The Problem of the Poor in Tudor and Early Stuart England*, London, 1983），第4—5页。

的专政王权；也是波拉德所说的 16 世纪人们所需要的"稳固而专擅的力量"；这也颇如麦基所说的新的历史时期——文艺复兴时期亦即资本主义关系萌芽和成长时期——的政治表现形式。从这个角度来考察，谓之为"新"，似亦未尝不可。诚然，近几十年来，"新君主制"之说受到许多非难，L. B. 史密斯对此曾有概括，[①] 本文不拟多加评论。

在中国，明朝的嘉隆万时期[②]虽然也出现过资本主义的萌芽，但是这一时期的政治制度却一仍旧贯。到 16 世纪，中国的封建专制制度已经经历了秦汉以来一系列封建王朝，长达 1700 余年，即就朱明王朝自身计算，也已过了一半时间。

关于中国历史上的资本主义萌芽问题，我国史学界曾在 20 世纪 50 年代展开过一次学术讨论，写出大量文章，但是文章对于明朝资本主义萌芽程度的估计却是言人人殊。有些文章认为，明朝或明朝末叶是中国历史的一个新时期，资本主义生产的大量存在是它的特点。有的文章还认为嘉隆万时期是中国社会从农业与手工业分离阶段向城市手工工场业独立形成阶段发展的时期。这些估计似乎偏高。本文倾向于主张中国社会此时依然是自然经济占统治地位，它的基本特征仍旧是农业与家庭手工业的结合而非它们的分离那一部分文章的沦点。这些文章指出，中国封建社会经济发展是不平衡的。资本主义萌芽仅仅在商品经济高度发展的某些地区和某些工业部门中出现。人们只能在江南的丝织业中偶然看到个别的手工工场。但在广大地域的农村里，小农业与小手工业相结合的经济结构仍极巩固，成为商品经济发展的严重障碍。据此可以认为，与同时期的英国相比较，中国大地上的资本主义幼芽是十分幼弱的。

明朝社会内部十分幼弱的资本主义萌芽不可能给阶级结构和阶级关系带来多大的变化。经济基础方面极其微小的变化也不可能为上层

[①] 见 L. B. 史密斯《1940 年以来的都铎热》(L. B. Smith, "The Taste for Tudors" since 1940, 载 Studies in the Renaissance, 7, 1960), 第 2 部分。

[②] 本文对中国方面的探讨集中于明世宗、穆宗、神宗三朝，即通称之"嘉隆万"时期 (1522—1620 年)。这段时间与英国都铎时期大体相合而略晚。

建筑带来多少影响。明朝的君主专制制度不曾获得新兴阶级的支持，不是如英国那样的"新君主制"，而是自秦汉以来相沿千余年的旧有制度，这种制度是中国历史所特有的一种早在封建社会前期即已形成的君主专制制度。

二

许多历史学家在不承认"新君主制"的同时，也对都铎君主专制制度产生怀疑。他们给这种制度加上了"个人王权"、"有限王权"、"责任王权"等名称。① 正如 L. B. 史密斯所指出，"这些对都铎政府的实际更加仔细考察的结果引向了画面的混乱。"这些学者虽然在否定"专制"一词上都是一致的，但是，"都铎王朝制度究竟为何物，则仍是一个推测和争议的问题。"② 本节试图通过对都铎王朝历代诸王的行事的简略分析，以考察这一王朝的政治制度。

都铎诸王一向以提高国王尊严和履行国王职责为要务，这实际是在极力巩固王朝的统治。从亨利七世的缔造，经亨利八世的发扬，到伊丽莎白一世时，专制王权臻于鼎盛。但是都铎专制王权并非绝对，必须信守几项原则。首先是国王必须遵守法律。这源于 13 世纪英国法学家布莱克顿的名言："国王处于上帝和法律之下"，为迤后列朝国王所遵守，都铎诸王也奉之为箴言。此时法律大都出自议会，国王对之必须尊重。

其次是国王必须靠自身的收入过活。这是前一王朝的国王爱德华四世向议会许下的诺言。都铎诸王亦沿袭信守。都铎王室岁入虽不断增加，由 16 世纪 30 年代以前的 10 万镑增加到其后的 20 万至 30 万镑，③

---

① 参见 C. H. 威廉斯编《英国历史文献》(C. H. Williams ed, *English Historical Documents*, Vol. V, London, 1967) 第 5 卷总导言, 第 21—22 页。
② L. B. 史密斯：《1940 年以来的都铎热》。
③ 埃尔顿：《都铎宪法》(G. R. Elton, *The Tudor Constitution, Documents and Commentary*, Cambridge University Press, 1972), 第 42 页。

并在90年代又增至近50万镑,[①]但是以此来供应王室的开支、朝臣的俸禄和为粉饰升平而摆出的奢侈的宫廷排场,已不免拮据,而一旦战争发生,就更加匮乏,只能求助于议会的补助金。

正因如此,都铎诸王必须取得议会的支持。而议会所代表的各个阶级出于自身的利益,也甘愿提供金钱以换取符合其要求的法令和特权。国王和他的大臣遂利用议会的支持以加强王权。霍林谢德编年史记载亨利八世在1543年议会上致词说:"朕在朕的王国中从来不曾像在议会开会期间站得如此之高,在这里朕作为首脑,你们作为肢体,结成一体,构成一个政治实体。"[②]由此,"国王在议会中"遂成为都铎君主专制制度的又一特点。

下面再剖析一下都铎列王的行事。都铎王朝的创建人亨利七世（1485—1509年在位）曾被他的传记作者弗兰西斯·培根写成一个冷酷贪婪、无限猜忌的君王,但是这种评价并非公正。他以兰开斯特王室支裔夺得王位,上承长期战乱之余,登位以后又屡次受到争位者的挑战,根基很不牢固。他对抗命的贵族采取无情镇压和利禄收买两手,终于扑灭了玫瑰战争的余烬,收得统一英格兰之功。为了充实府库,他采用各种手法聚敛钱财,通常说他留给其子亨利八世的遗产多达180万镑。[③]另外,他在国际事务中以纵横捭阖的手段周旋于西欧诸国之间,从而提高了英国的国际地位。这一切,为都铎王朝历时百余年的统治奠定了坚实的基础。但是长期以来,许多历史学家对于亨利七世的评价不高,未能摆脱培根传记的影响。近年来开始出现对亨利七世的再评价。埃尔顿在《史学杂志》1958年第1期上发表一篇题为《亨利七世:贪婪与悔恨》的文章,指出亨利七世的一切行动不能被视为巧取豪夺。三年以后,在答复对该文章的批评时,他又在《史

---

① A. G. R. 史密斯:《伊丽莎白时期英国政府》(A. G. R. Smith, *The Government of Elizabethan England*, London, 1981),第8页。
② 埃尔顿:《都铎宪法》,第270页。
③ 沃尔夫一篇载在《经济史评论》第79期（1964）的论文《亨利七世的地产收入和宫廷财政》(B. F. Wolffe, *Henry Ⅶ's Land Revenue and Chamber Finance*) 一反旧说,认为只有约20万镑。

学杂志》1961年第4期上刊登了一篇题为《亨利七世：再陈述》的文章，重申前述观点。只是在1974年他的论文集《都铎和斯图亚特政治和政府研究》第1集出版时，在第二篇文章后面的补注中作了一点修正，认为"亨利有时行为恶劣"，但又引用了亨利的大臣达德利的一句话"（国王）内心从未想使用之"[1]作补充。M. C. 亚历山大在《都铎首君》一书中称亨利七世在英国历史上作为真正杰出的统治者之一——如果不是唯一的最杰出者——而出现，[2]未免过誉。但是，作为都铎王朝的奠基者，其作用是不可低估的。

亨利八世（1509—1547年在位）继其父亨利七世登位，此时都铎王朝已经巩固。在他统治期间最大的成就是埃尔顿所提出而为许多学者所接受的"亨利革命"。这个"革命"包括两个内容，一是宗教改革，另一是政府改革。宗教改革使英国摆脱罗马教皇的控制，使英王成为安立甘教会的首脑，此后英王身兼国家和宗教的首领。修道院的解散使大部分教产转入王室之手，从而增加了国王的财政实力。主教制度虽然保存，但新任主教都是王权的支持者。宗教改革增强了都铎专制王权。政府改革问题将留在下文讨论，但可以认为，16世纪30年代英国的政府改革是历史发展的结果，政府改革更有利于王权的统治。对于亨利八世的评价从弗鲁德、波拉德起，历来是很高的。埃尔顿对于亨利估价虽曾略有贬抑，但当斯卡里斯布里克所著《亨利八世》问世后，他也接受了新传的部分看法。斯卡里斯布里克书中对亨利八世依旧给予高度评价。作者肯定了托马斯·克伦威尔在加强王权和政府改革中的巨大作用，但是并不承认他是这些王国事业的首倡者，同时也指出克伦威尔对其主子事业的悉心筹划并不意味着亨利八世对其全部政策不负最后责任。书中还指出他对臣下绝非慷慨无私，许多大臣包括克伦威尔在内，不论做出多少功绩，只要他认为对自己

---

[1] *Studies in Tudor and Stuart Politics and Government*, Vol, 1, Cambridge University Press, 1974. 埃尔顿这两篇文章均收入此书。补注见该书第97页。

[2] 亚历山大：《都铎首君》(M. C. Alexander, *The First of the Tudors*, London, 1981)，第215页。

不利,立即抛弃。① 这正是专制君主的惯技。

亨利八世死后的 11 年是都铎王朝中衰时期。先是幼子爱德华六世嗣立,在位 6 年(1547—1553 年),到死时还不满 16 岁,先由舅父萨默塞特公爵居摄,继由诺森伯兰公爵秉政。爱德华一朝,王权旁落,宗教改革虽有所前进,但大臣倾轧之风开始出现。在他死后,王位几乎被诺森伯兰公爵为其子媳谋去。玛丽(1553—1558 年在位)继其弟爱德华登上王位。过去的历史家说她一生有两颗指路星,一是罗马教皇,一是她的西班牙丈夫菲利普。第一颗星引导她在国内恢复天主教,第二颗星引导她追随西班牙对法国作战。两者都极不得人心,激起了国内纷乱。特别是对法战争失利,丢掉在大陆最后的一个据点加来,引起英人强烈不满。波拉德给予玛丽的评价是"政绩毫无"。近来有的历史学家为她稍加辩解。R. 提特勒认为她在国内社会经济方面的施政与过去没有太大差别,而她在去世之前制定的海关修正税率为其妹伊丽莎白的国库增加了巨额的收入。②

伊丽莎白(1558—1603 年在位)可能是被编成传记最多的历史人物。传记作者对她评价甚高,批评较少,③ 在都铎王朝历史上占有崇高地位。她即位时继承到的是一个十分棘手的局面:亨利八世的对外战争和货币贬值破坏了经济;爱德华六世时出现了贵族结党和人民暴动;玛丽恢复天主教引起了宗教纷争,对外战争失败又带来了耻辱。伊丽莎白经过十几年的励精图治,逐步解决了这些困难。至今留下一段人们于 1572 年献给女王的颂词,常为历史家所引用。④ 此后国内安定,国力日强,1588 年战胜西班牙无敌舰队之后,英格兰成为西欧强国和海上霸主。女王知人善任,朝中有许多干练大臣,而以威廉·塞

---

① 斯卡里斯布里克:《亨利八世》(J. J. Scarisbrick, *Henry VIII*, London, 1981),第 304、506—507 页。
② 提特勒:《玛丽一世的统治》(R. Tittler, *The Reign of Mary I*, London, 1983),第 54、59 页。
③ 黑格编:《伊丽莎白一世的统治》(C. Haigh ed., *The Reign of Elizabeth I*, London, 1984),第 3 页。
④ 见前引书,第 3 页。

西尔老谋深算,掌权最久,因此有人称这一时期为"塞西尔王朝"。但是,伊丽莎白虽然按照都铎王朝的传统,遇事征询大臣们的意见,但并非完全听从,有些重大事务并不咨询大臣,有时坚持己见,甚至塞西尔也不敢违抗,他告诉其子罗伯特·塞西尔说:"在一些我同女王陛下意见两歧的事务上,我固然不敢苟同,以免获罪于上帝,……但是作为臣宰,我愿遵奉女王命令而不加反对。"[1] S. 阿达姆斯在他的《伊丽莎白受崇拜否?朝廷及其政治》一文中指出,枢密院维持一个联合战线以抵制女王的试图并未能使它获得独立的地位。文章列举了四个重要事例,枢密院均未成功,只招致了女王的恼怒。[2] 女王的威望使得她的敌手也为之赞叹。教皇西克斯图斯说:"她诚然是一位伟大的女王。……她不过是一位妇女,是半个岛屿的女主人,然而她使得西班牙、法兰西、神圣罗马帝国和一切国家都畏惧她。"当法王亨利四世听到女王果断地镇压了埃塞克斯公爵的谋叛时喊道,"只有她才是一位国王!只有她才懂得如何统治!"[3]

从以上可以看到,都铎王朝的专制统治在逐代加强(1547—1558年为例外)。但是它没有常备军,也没有组织完备的地方政府机构。与中国明朝的专制王权相比较,这些是它的主要弱点。

反观我国历史,到16世纪,中国的封建专制制度已经经历了秦汉以还一系列封建王朝。朱明王朝曾建立起绝对主义专制君主制度,但到此时,已进入中衰阶段。

明世宗朱厚熜(1522—1566年在位)以外藩入承大统,与亨利七世之接替约克王朝略有几分相似。他继承到的是一个中衰的摊子。世宗即位之初,似乎有意振作,他"力除一切弊政,天下翕然称治"。[4] 但是到了嘉靖中叶,"享国日久,不视朝,深居西苑,专意斋

---

[1] A. G. R. 史密斯:《一个民族国家的出现》(A. G. R. Smith, *The Emergence of a Nation State, The commonwealth 1529—1660*, London, 1984),第114页。
[2] 载黑格编《伊丽莎白一世的统治》,第76页。
[3] 尼尔:《女王伊丽莎白一世传》(J. E. Neale, *Queen Elizabeth*, London, 1934),第284、367页。
[4] 《明史·世宗本纪二》。

醮",① 使得明朝中衰局面,每况愈下,《明史》称他是"中材之主",可算是很客气了。

明穆宗朱载垕(1567—1572年在位)是个荒淫的昏君,"颇耽声色",即位之初,即召户部购珠宝,后来又取户部银,"创鳌山,修宫苑,制鞦韆,造龙凤舸,治金柜玉盆。"② 这个短命皇帝只在位六年。《本纪》赞他"躬行俭约",未免自相矛盾,说他"未能矫除积习",倒是说对了。

明神宗朱翊钧(1573—1620年在位)冲年继位,最初10年,由张居正辅政,"综核名实,国势几于富强。"他本人则是个荒怠的君主,"因循牵制,晏处深宫,纲纪废弛,君臣否隔。"③ 他长期不理朝政,不见大臣,许多大臣均"拜疏自去",政府各部门稀稀落落,空无几人。《明史·赵焕传》有一段关于万历四十年朝廷的记载:

"时神宗怠于政事,曹署多空。内阁唯叶向高,杜门者已三月。六卿只一焕在,又兼署吏部,吏部无复堂上官。兵部尚书李化龙卒,召王象乾未至,亦不除侍郎。户、礼、工三部各止一侍郎而已。都察院自温纯罢去,八年无正官。故事,给事中五十人,御史一百十人,至是皆不过十人。"

这段记载勾画出一幅残灯末庙的衰败景象。但是这样的统治机器为什么还能继续运转呢?这似乎可以引用张居正的一段话来作解释:"本时立国,……虽历年二百有余,累经大故,而海内人心,晏然不摇,斯用威之效也。"④ 腐朽的朱明专制政权依靠周密而残暴的统治苟延残喘到17世纪中叶,但终于为农民起义所推翻。

16世纪的明朝皇帝,完全失去其祖宗励精图治的精神,与历史上历朝的昏君倒是差可比拟。从他们统治的100年中,人们是看不到任何新气象的。

---

① 《明史·海瑞传》。
② 《明史·詹仰庇传》。
③ 《明史·神宗本纪二》。
④ 《张太岳文集》,卷一八《杂书》。

三

都铎王朝建立之初，政府机构沿袭自前代，对于专制君王行使权力多有不便。在中世纪前期的英国，国王的行政机构有二，一是宫廷会议，一是国王内廷。前者沿袭古代王廷的传统，主要由教俗贵族和廷臣组成，商议国家大事。后者系国王身边的机构，由宫廷官员财务官、会计官、主计官、掌珍宝官、司膳官等组成，这些职位多为贵族所占有。两者均秉承国王旨意处理国务。朝政治乱，均视国王本人的才略。遇到国王孱弱或幼稚，两机构中的贵族就会乘机把持朝政，出现争权夺利局面。这在英国历史上是屡见不鲜的。

亨利七世取得天下以后，采取强化内廷机构的办法来加强王权，建立起一套体制，并利用内廷机构中的财政部门聚敛起大量钱财。理查森认为这是在克伦威尔之前的一次宫廷政府的改革，是对旧有封建机构的扩大的，甚或是带有革命性的运用。[1] 但在亨利七世去世以后新王亨利八世擢用沃尔西之前的两三年间，内廷机构即曾一度显得运转失灵。沃尔西辅佐亨利八世近20年，对于加强专制制度做了许多工作。但是对政府机构却一仍旧贯，未加改革。

30年代英国宗教改革以后，政府事务益形复杂。在托马斯·克伦威尔的悉心规划下，进行了政府改革。改革的首要步骤是将原来只为国王管理信札文书等事务的国王秘书提高为首席国务大臣，成为政府机构的首脑，其下设有专门的官署。首席国务大臣上则承受王命，下则号令大臣，是国王的首要辅佐。另一项重要改革是从原来人数众多（约四十人）召集不便的宫廷会议中抽选出一小部分（十几人至二十人）核心人物组成枢密院作为政府的决策机构。这样一来，旧日的由教俗贵族充斥的宫廷会议的大权遂转入有非贵族出身的高级官员参加并占相当比例的枢密院。此项改革在亨利八世以后的两代曾一度

---

[1] 理查森（W. C. Richardson）有《都铎宫廷行政》（*Tudor Chamber Administration*）专著。此处采自 L. B. 史密斯《1940年以来的都铎热》。

松弛。枢密院成员又复增加而效率大减，直到伊丽莎白时期改革才又巩固。枢密院构成全国行政的核心机构，成为联接王权与议会的中间环节。此后成员固定在 17 至 20 人之间。N. L. 琼斯在一篇题为《伊丽莎白的第一年》的文章中分析了新组建的枢密院人员构成。全体共 20 人，又可划分为三组，一组是外围人员，系有地方实力而不容忽视的大贵族，很少出席会议；一组是半外围人员，多属富有经验的政府官员；再一组则是核心人员，以塞西尔为首，另外数人也都身居要职，共决国事。[①] 亨利八世时期的又一项重要改革属于财政方面。原属内廷的一部分财政管理权力被划分出来，设置六个平行的课税的法院或部作为政府部门，分管旧有和新增的收入，例如财务署、增收法院、首年俸和什一税法院、监护法院等。这些机构既管财务，也理诉讼，每年为国王提供数以万镑计的财政收入。至于几个世纪以来作为政府主体的内廷此后成为主要为国王个人服务的机构。

都铎王朝的政府改革具有深远的影响。经过改革的都铎政府与中世纪前期的宫廷政治已完全不同，而为后来的资产阶级官僚制度的政府机构开了先河。埃尔顿曾将这次改革称为"政府革命"，[②] 关于"革命"之说，虽有争议，[③] 但这次改革的重要意义已逐渐为史学界所公认。

16 世纪是英国议会发展的重要时期。议会制度是英国历史上独具的特点，在中国古代史上是不曾存在过的。议会对于都铎王朝专制制度的加强，起了重要作用。在都铎王朝以前，议会业已存在 200 余年，但它主要是一个批准征税和审理重大司法案件的非常设机构，以由教俗贵族组成的上院为主体，而由骑士和城市代表组成的下院则居于从

---

① 载黑格编《伊丽莎白一世的统治》，第 30 页。
② 埃尔顿有专著《都铎政府革命》(G. R. Elton, the Tudor Revolution in Government, Cambridge University Press, 1953)。
③ 《过去与现在》杂志 (Past and Present) 于 1963—1965 年曾刊载关于这一问题的讨论文章，参加讨论的有哈里斯 (G. L. Harris)、威廉斯 (P. Williams)、库珀 (J. P. Cooper) 和埃尔顿等名家。持反对意见者主要认为英国向近代官僚制度发展需要经过一个相当长的时间，都铎政府还很单薄而又发育不全，谓为"亨利革命"则不宜。

属地位。英国宗教改革开始后，议会本身发生重大变化。"宗教改革"议会给予王权以巨大支持，并从王权获得许多权利。此后议会成为具有权威的立法机构。在1565年议会开会时，一位名叫托马斯·史密斯的议员曾宣称"英国最高的绝对权力存在于议会"。[①] 另一值得注意之点则是下院在都铎时期力量大为增强。都铎王朝建立之初，下院拥有296个议员席位，到伊丽莎白时期增加到460个席位，所代表的郡由原来74个增到90个，城市由222个增到370个。这个时期，乡绅对于出席议会具有强烈愿望，他们想方设法弄到城市代表的议席，因此乡绅在下院里占居绝对多数，造成乡绅"侵略"议会的局面。工商业发达的城市则从本城居民推选议员。据 S. T. 宾多夫统计，在1509到1558年间的16届议会中，伦敦共派去议员36人，其中除一人身份不明，9人为律师外，其余均为商人，从城内12个大同业公会选出，其中著名人士有托马斯·莫尔、理查德·格雷沙姆等。再如诺里奇城，在同一时期派出议员19人，其中13人为同业公会会长。这些城市议员在议会中最关心的是保护工商业和本城市利益的立法。[②] 在宗教改革议会时期，几乎所有关于宗教改革的议案都是由下院提出并首先在这里通过的。此后下院取代上院成为议会的主体。所以当时人哈里森曾说过："我们的法律是在下院制定的。"与此同时，上院力量日益减弱。为都铎王权制服的大贵族已不如过去那样气焰嚣张而是仰给于王权封赠一官半职，经过宗教改革以后的教会代表也是仰仗国王的提拔和任命，因此上院变成一个恭顺的团体。[③]

议会和专制王权长期保持合作关系，其原因正如波拉德所说："事实上，这一时期国王和世俗的中等阶级的利益，不论在世俗事务还是在宗教事务中都是一致的。"[④] 这种"国王在议会中"的协调，正反映了王权与正在城市和农村中兴起的资本主义力量的联盟。当然，

---

① 埃尔顿：《都铎宪法》，第234页。
② 宾多夫：《1509—1558年的下院》，第1卷，第140、152页。
③ 参见基尔克斯《都铎议会》(R. K. Gilkes, *The Tudor Parliament*, London, 1969)，第32页。
④ 波拉德：《亨利八世》，第257页。

下院与王权之间也不无矛盾。早在亨利八世时期就出现过摩擦。当玛丽女王向议会提出归还修道院地产的要求时，尽管由于官员操纵，议会中天主教的势力增强，但是事关大批教产购买者的既得利益，这个议案始终未获通过。在伊丽莎白的末年，下院对于女王滥授专利权一事强烈不满，在议会中猛烈抨击。1601年一位议员指出专利"把公众的利益带入私人之手，最后的结局将是臣民们走向乞讨和受奴役"。[①]另一位议员更尖刻地挖苦说：如果对于这些专利不加制止，"在下届议会召开之前面包也许会列入其中了。"[②] 羽毛渐丰的资产阶级对于专制王权的倒行逆施已经不再加以容忍。

16世纪，都铎王朝的地方行政制度也有重大变化。英国的地方行政单位为郡，郡原设郡守及其他佐贰官吏，进行治理。到15世纪，郡守已失去其以往的重要性，它的军事权力转入郡的督、尉之手，社会方面的行政和治安工作则转由治安法官承担。

郡的督尉制度为都铎王朝所首创，用以弥补郡守制的衰落。这种职务属于军事性质，原为临时设置，但到80年代，由于西班牙入侵的威胁，遂成为长期设置。郡督（Lord Lieutenant）由贵族充任，或由朝廷重臣兼领，有的人且身兼数郡。塞西尔、霍华德等人均兼领郡督，自难亲莅其郡，遂由副手（Deputy Lieutenant 暂译郡尉）代理。到伊丽莎白晚年，越来越多的郡督由郡尉代理。郡督和郡尉的职责主要在于军事方面，但也兼管募集公债，监督经济法令的执行，维持治安等工作。郡的督尉在全郡中位置最高，上面接受枢密院的领导与监督，成为中央与地方的中间环节。

治安法官制度并非都铎王朝首创，但为它所确立，以后沿袭垂三百年。治安法官员最初的职责只是维持乡里治安，但在都铎时期他们被赋予许多权力，除执行司法事务外，还负责执行价格规定，规定工资标准，惩治盗贼和流浪者，管理工商业和公共福利，等等。治安法官的人数也大量增加，史密斯爵士在1565年写的一篇关于治安法

---

① 转引自黑格编《伊丽莎白一世的统治》，第134页。
② 赫斯特菲尔德、史密斯合编：《伊丽莎白时期的人民、国家和社会》，第62页。

官的文章说:"起初,每个郡的治安法官只有4人,后来增为8人,现在则一般为30或40人。"他还指出治安法官的来源,"选自大小贵族,亦即公爵、侯爵、伯爵、骑士、缙绅和乡绅。"[1] 实际上绝大多数的治安法官来自乡绅。到1580年,英国共有治安法官1738人之多。在每个郡里的大批治安法官中,实际管事的只占十分之一,这部分人都是具有法律知识的乡绅。治安法官由宫廷会议或枢密院任命并受其监督,都铎政府就是这样将地方权力委托给了乡绅。当时资本原始积累过程正剧烈进行,乡绅们利用职权为自身谋得了许多好处。

根据以上,可以看出,都铎时期的政府制度经历了重大的变革。它的重要意义在于英国行政机构开始从存在于中世纪前期的宫廷政治制度向近代的官僚制度转变。这是16世纪英国社会经济发展在政治上层建筑中的反映,也是专制王权加强统治的需要。埃尔顿指出,认为把都铎王朝仅仅视为中世纪的延续的看法是极其错误的,30年代所发生的变化"如此密集而又发人深省,以致只有用'革命'一词才能刻画出所发生的一切"。[2] "革命"一词未免过高,但自30年代开始的一系列政府改革确实为这个国家政治制度的未来发展创造了原型。

"明官制,沿汉、唐之旧而损益之。"[3] 自秦汉建立封建专制制度以来到明朝已经1000余年。政府机构经过历代王朝的调整,已是十分完备。明初诸帝再进行若干损益,到16世纪又已运转了100余年,无甚变化。

在中央政府中,内阁的地位逐渐提高,"嘉靖以后,朝位班次,俱列六部之上"[4],内阁由朝廷重臣组成,部分尚书侍郎兼大学士衔入阁,成为辅臣,辅臣之中,地位最高的是元辅,亦称首辅。其次是次辅,再下为群辅。内阁的职责是"掌献替可否,奉陈规诲,点检题奏,票拟批答",[5] 管理国家大事。内阁之次,还设有吏、户、礼、兵、

---

[1] 埃尔顿:《都铎宪法》,第456—457页。
[2] 埃尔顿:《都铎政府革命》,第427页。
[3] 《明史·职官志一》。
[4] 同上。
[5] 同上。

刑、工六部和都察院、通政司、大理寺等许多机构，各有专司。

地方政府的组织也很完备。除北、南两京外，全国设十三布政司，下辖府、州、县，各设正官及佐贰负责当地政事。

明朝拥有庞大的常备军队，都城四周设有京营，兵员数额虽代有增减，至少有10万人。地方则设有卫所，驻扎军队以资防卫。这些完备的地方政府机构和庞大的常备军，都是都铎王朝所不具备的。

值得注意的是明朝宦官的擅政。明朝自初年起也设置内廷，其人员都是宦官，编制有十二监、四司、八局，分管皇帝的文书印玺、服装珍宝、饮食器用等。由于皇帝的宠信，太监权力日大，甚至达到代替皇帝批阅奏章的地步。所以当时人认为司礼监中掌印太监可以比拟元辅，掌管东厂的太监可比次辅，其他太监也可比拟众辅。[①] 事实上内阁的"拟票"必须取决于内监的"批红"，所以阁臣很少不受制于内监。因此在权力方面内廷重于外廷。明朝中叶，已先后出现了王振、汪直、刘瑾几个弄权的大珰。但进入本文所研究的时期，情况又略有不同。《明史·宦官列传一》记载说："世宗习见正德时宦侍之祸，即位之后御近侍甚严，……张佐、鲍忠、麦福、黄锦等，虽由兴邸旧人掌司礼监，督东厂，然皆谨饬不敢大肆。帝又尽撤天下镇守内臣及典京营仓场者，终四十余年不复设，故内臣之势，唯嘉靖朝少杀云。"杨廷和以迎立有功，张孚敬以议礼获宠，先后秉政，内阁权势始尊；到嘉靖中叶，夏言、严嵩任首辅时，《明史·职官志》遂称他们赫然为真宰相。穆宗一朝不曾出现有名的干政弄权的宦官。张居正于隆庆初入阁，万历初任首辅十年，大权仍在内阁。但他不得不勾结大太监冯保以为内应。张居正死后，宦官重又受到重用。

宦官在封建社会是一个依附于帝王的寄生阶层。尽管他们出身寒苦，但是入宫后一旦得势，便欺上压下，擅权乱政；许多太监都是田连阡陌，库满金银，成为最大的封建地主。神宗时矿税监四处搜刮，作威作福，各地官民深受其害。

---

① 刘若愚：《酌中志》。

由上可见，中英两国的政府机构，有若干相似而又有许多不同。都铎政府机构适应社会经济的发展而发生变革，明朝政府则沿袭千余年的旧制而无变化，这正是中国长期延续的封建制在上层建筑方面的反映。

四

下面再考察一下都铎专制王权的社会支持力量，亦即都铎政府的用人问题。

对待走下坡路的贵族，都铎诸王采取恩威并济的手段。不愿听命的遭到斥逐，听命的则在宫廷和政府中委以官职，但这些职位往往是并无实权，而在被授予者看来却是足以炫耀同侪的。国王还以宫廷的豪奢场面吸引乡居的贵族来到伦敦，参与上流社会的交际。贵族们倾心侍奉王室，成为王朝的支持力量。

但是，都铎王权的实际支持力量则是辉格派历史家所说的"新人"，亦即"商人和地主阶级"。不过，此时的商人对于政治的关心还不太大，而乡绅则已成长为一支雄厚的政治力量。尼尔称这个阶层为"中等阶级"，并说："从这个阶级里，都铎诸王选拔出他们最好的臣仆。"[1] 这个阶层人数众多，政治和经济地位上下悬殊，高层是一些因军功劳绩而受封为伯、子、男爵的新贵族，中间是因财富而获封号的骑士、缙绅，低层则是普通的乡绅。他们收入多的与旧贵族相埒，收入少的也是小康之家，大都是靠资本主义经营致富的。许多乡绅子弟受到良好教育，有的上大学，有的入法学院，还有大学毕业后又入法学院进修的。经过宗教改革后，英国的大学发生了根本变化，它们走向世俗化并逐步适应乡绅的文化需求和政府职务的需要。哈里森曾记载当时的大学生名额达3000人，但均为富人子弟所占去。[2] 大量出身于乡绅家庭、受到良好教育的知识分子为都铎政府提供了各级官吏。A. G. R. 史密斯根据 W. T. 麦卡弗里提出的靠学识从政的人数来估计，

---

[1] 尼尔：《女王伊丽莎白一世传》，第62页。
[2] 赫斯特菲尔德、史密斯合编：《伊丽莎白时期的人民、国家和社会》，第80页。

认为在伊丽莎白一朝的有政治头脑的人中，有 40% 在王权下面占有各种有利的职位。[①]

都铎王朝重用新人始自亨利七世。历史家们曾对在他身边由重臣组成的宫廷会议作过分析。埃尔顿指出："亨利的宫廷会议包括贵族——牛津伯爵和奥尔蒙德伯爵之流的兰开斯特党人和萨里伯爵之流获赦的约克党人。它包括像贾尔斯·道本尼勋爵那样来自乡绅上层的新受封者；它包括像莫顿红衣主教和福克斯主教那样的教会人士。大部分则由新人组成。这类人其家族原来只是绅士，迄未进入宦途，如布雷、洛弗尔、波宁斯、贝克纳普，另外还有家世更为卑微的人。"[②] P. 威廉斯和亚历山大在他们的著作中也对当时的宫廷会议做了研究，指出其历届会议成员现今可知者共 227 人，其中教会人士 61 人，贵族 43 人，廷臣 45 人，官员 49 人，律师 27 人。威廉斯指出在这个庞大团体中经常出席的大约 20 余人，贵族只有一二人，教士力量特别强。[③] 亚历山大则补充说：尽管受过法律训练的人在宫廷会议成员中只占极少数，但与其同僚相比较，却是一个"较强的因素"。因为王朝的重要司法官员完全由这些人充任，而在重要国务的讨论中他们也发挥同样积极的作用。[④] 亨利七世的用人开创了都铎专制政府的先例。

亨利八世一朝是都铎专制政权的巩固时期。前期的主要大臣是托马斯·沃尔西。他出身于市民家庭，就读于牛津大学，历任教职，后来位跻约克大主教兼教皇驻英使节，同时又在亨利朝廷上任大法官。他辅佐亨利八世长达 18 年之久，于内政外交多所擘画。他对英国司法制度进行改革，加强了封建专制统治。他对英国教会加强控制，使之隶属于专制政府。沃尔西的标准传记的作者波拉德评论说："他，尽管不是在形式上，但在实际上却是在英国掌握大权的第一个人，因为

[①] 史密斯：《伊丽莎白时期英国政府》，第 59—60 页。
[②] 埃尔顿：《都铎时期的英国》（G. R. Elton, *England under the Tudors*, London, 1978），第 44 页。
[③] P. 威廉斯：《都铎政制》（P. Williams, *The Tudor Regime*, Oxford University Press, 1979），第 422 页。
[④] 亚历山大：《都铎首君》，第 63 页。

他既统治教会又统治国家。"[1] 继沃尔西执政的是托马斯·克伦威尔。克伦威尔的早年生活为人所知甚少。近年来学者对这个人物做了较多的研究。克伦威尔的祖父是伦敦郊区的一个小土地持有农，父亲曾从事多种职业以摆脱贫困，地位上升，在乡里当过陪审员。托马斯早年离家，可能当过兵，在意大利居住甚久，后又到尼德兰经商。他的这番阅历对于后来的执政提供了不少直接经验。返家后，与一位从事呢绒贸易的绅士之女结婚，从此开辟了克伦威尔走向事业成功之路。[2] 他经营商业，当过律师，似乎可以视作一位资产阶级的代表人物。他在16世纪整个30年代在亨利八世朝廷供职，任首席国务大臣兼领其他要职。他的主要业绩有两大项，一是推动英国宗教改革，一是进行政府改革。克伦威尔在进行两项改革时，得到一批志同道合人士的协助，例如托马斯·克兰默、爱德华·福克斯、奥德莱等人。他们过去都是剑桥大学主张改革的学生团体成员，被埃尔顿称为"激进分子"。[3] 克伦威尔还有一些出身低微的助手，如瑞奥西斯莱、萨德勒、里奇、贝克等，有的受过法学训练，后来都位跻显要，[4] 值得注意的是在克伦威尔的支持者中间还有资产阶级重要人物。克伦威尔的挚友斯蒂芬·沃恩是伦敦商人、商人拓殖家协会驻安特卫普代表，后来成为亨利八世的财政代理人。[5] 克伦威尔还同伦敦大商人老格雷沙姆（理查德·格雷沙姆）建立联系，后者曾向他建议在伦敦成立交易所，但未实现。"亨利革命"正是在克伦威尔和这些人的共同努力下出现的。

爱德华六世一朝没有出色的大臣，萨默塞特和诺森伯兰两公爵都属于受封的新贵族，虽然无甚才能，却是激进的新教徒。玛丽大量起用天主教人士塞进枢密院，但也保留一部分前朝的人员。一个出身贫

---

[1] 波拉德：《沃尔西》(A. F. Pollard, *Wolsey*, London, 1929)，第372页。
[2] 据贝金萨尔《都铎大臣托马斯·克伦威尔》(B. W. Beckingsale, *Thomas Cromwell, Tudor Minister*, Macmillan, 1978)，第1章。
[3] 埃尔顿：《改革与宗教改革，1509—1558年的英国》(G. R. Elton, *Reform and Reformation, England 1509—1588*, London, 1977)，第136—137页。
[4] P. 威廉斯：《都铎政制》，第424页。
[5] 埃尔顿：《改革与更新》(G. R. Elton, *Reform and Renewal*, Cambridge University Press, 1973)，第14页。

寒但官运亨通的新封贵族威廉·佩吉特成为枢密院中抵制天主教势力的重要人物。

伊丽莎白时期的重臣是威廉·塞西尔。女王宣称:"没有一位欧洲君主能比得上她所有的这样一位枢密院大臣。"① 塞西尔出身于一个兴旺的乡绅家庭。祖父大卫从自耕农发家,当过国王庄园管事,做过郡守。父亲理查德成为北安普顿郡乡绅,也当过郡守,曾租赁许多王室土地,购买多座庄园。威廉·塞西尔受到良好的教育,曾入剑桥大学,结识许多接受人文主义思想的学友,后又进入格雷法学院。两段学习生活给予他许多新思想和新学识。②1558年女王登位,改组枢密院,塞西尔以他的才干和女王登位前对她的忠诚,成为中心人物。前文曾经提到当时枢密院成员20人中有一个核心,核心成员包括威廉·塞西尔、弗兰西斯·诺里斯、尼古拉斯·培根、爱德华·克林顿和威廉·霍华德,核心成员比较稳定,从70年代起,成员陆续去世,人员虽不断补充,但塞西尔的领导一直延续到90年代。③ P. 威廉斯指出,90年代的枢密院是一个由三四个显赫家族紧密组成的小团体,给人的印象是一个家族群,有的是女王的母系亲戚,有的是已故枢密大臣的后嗣,而塞西尔家族仍然最有权势。④ 这些人大部分拥有爵衔,成为新贵族。可以认为此时的英国处于新贵族的治理之下。值得注意的是资产阶级在政治上也起了作用。老格雷沙姆之子托马斯·格雷沙姆成为女王的财政顾问,实现其父的建议,建立起皇家交易所。他还是一位熟练的外交家,在尼德兰为女王借到大批贷款,秘密采购大量弹药和军用物品运回本国,为英国的战备做出贡献。⑤

亨利八世政府改革以后,英国的官僚机构日渐扩充,政府部门增

---

① 尼尔:《女王伊丽莎白一世传》,第228页。
② 据 C. 里德《国务秘书塞西尔和女王伊丽莎白》(C. Read, *Mr. Secretary Cecil and Queen Elizabeth*, London, 1956),第1章"少年时期"。
③ 琼斯:《伊丽莎白的第一年》(N. L. Jones, *Elizabeth's First Year*)载黑格编《伊丽莎白一世的统治》,第30页。
④ P. 威廉斯:《都铎政制》,第427页。
⑤ 参见尼尔《女王伊丽莎白一世传》,第101页。

多，有些临时机构逐渐变为固定，吏员不断加多，属吏由高级官员推荐或任命。这种属吏往往来自所荫庇的小乡绅。

伊丽莎白晚年，精力不大如前，许多老臣相继凋谢，只有威廉·塞西尔寿命较长，活到1598年。女王政府遇到许多麻烦，主要是对议会逐渐失去控制，另外是朝臣内部发生党争。

进入90年代，议会不断批评女王政策并要求议会中言论自由。对于滥授专利权抨击尤烈。1593年议会中一位议员说："我是六七届议会的下院议员，可是从来不曾见过院中如此大的混乱。"[1]

都铎朝廷中大臣的互相倾轧由来已久。克伦威尔的被诛即由于其政敌加丁纳和诺福克的构陷。[2] 伊丽莎白时由于大臣有权推荐和任用官吏，遂有许多人投奔其门下，从而获得官职，于是逐渐结成党派。塞西尔秉政时，由于女王宠信，无人能与抗衡。但在70年代在出兵尼德兰的问题上，朝中分成两派，一派是以莱斯特为首的主战派，另一派是以塞西尔为首的主和派，塞西尔这一派在枢密院中占了少数。老塞西尔死后，其子罗伯特·塞西尔继续受到女王的信任。埃塞克斯伯爵思夺取朝廷大权，与罗伯特展开激烈斗争，朝廷成了党派斗争的战场。[3] 双方各树党羽，互相倾轧，著名哲学家弗兰西斯·培根即因依附于埃塞克斯一方，在仕途上遭到对方的抑制。

在都铎政府官吏中还存在一种劣习，即贪污之风日益增长。P. 威廉斯在《都铎政制》书中列举了各种官员贪污的手法，管理财务的是近水楼台，掌握司法的贪赃枉法，而一般官员则接受馈赠。尼尔认为官吏贪污之风盛行于90年代，但埃尔梅尔曾对30年代官员接受馈赠的数字进行研究，指出总数约计达30万镑之多。[4] 关于贪官污吏的

---

[1] 参见 A. G. R. 史密斯《伊丽莎白时期英国政府》，第30页，并见阿尔索普《政府、财政和财务署》(J. D. Alsop, *Government, Finance and the Community of the Exchequer*)，载黑格编《伊丽莎白一世的统治》，第109页。
[2] 引自 A. G. R. 史密斯《伊丽莎白时期英国政府》，第40页。
[3] 见埃尔顿《托马斯·克伦威尔的失势和倒台》(*Thomas Cromwell's Decline and Fall*)论文，载其论文集《都铎和斯图亚特政治和政府研究》，第1卷。
[4] 转引自斯通《贵族的危机》，第224页。

名字，都铎史书是不乏记载的。爱德华六世的监护法院总收税官约翰·包蒙贪污了 2 万镑，其后又发生收税官乔治·戈林贪污 1.9 万镑的事。塞西尔的私人助手希克斯接受过托他向塞西尔谋官的人的大量馈送，数字往往以上百的金镑或安琪尔（古币）计。当时官员薪俸微薄，为维持奢华的场面，往往靠接受赠礼以为贴补。这在最高级官员如莱斯特、罗伯特·塞西尔也不例外。

由上可见，历时百余年的都铎专制王权，到了伊丽莎白末期已是盛极而衰了。

明朝政府以内阁权最重。内阁成员由六部尚书、侍郎之兼有大学士衔者充任。下面我们根据嘉隆万三朝宰辅情况来考察此时朝廷的用人。

嘉隆万三朝共有辅臣五十余人，其中先后任首辅各二十余人，这些人大都出身于仕宦人家，至少是富裕的封建地主家庭；自幼熟读经书，受的是封建教育；长大以后，应科举考试，得中进士，不少人高掇鼎甲。明制，天顺以后，"非进士不入翰林，非翰林不入内阁。"[①] 这些人大都以文字优良被派到翰林院供职，经过一二十年的宦海浮沉，升到尚书、侍郎，然后兼大学士衔进入内阁，成为辅臣。这是一条极其不易攀登的道路，只有曾经授读皇太子或者得到皇帝特殊赏识的人，升迁比较快些。

这些人中除极少数有所作为外，大都因循守旧，苟且图安，逢迎帝意，拉拢内监，以期巩固恩宠，保全禄位。张孚敬以"大礼"之议迎合世宗意旨，登第才七年，以礼部尚书兼文渊阁大学士入阁，再三年而居首辅。嘉靖中叶以后，"帝专事焚修，词臣率供奉青词，工者立超擢，卒至入阁。时谓李春芳、严讷、郭朴及〔袁〕炜为'青词宰相'。"[②] 更为典型的则是自嘉靖中叶长期任首辅的严嵩。"嵩无他才略，唯一意媚上，窃权罔利。"但他擅长青词，"醮祀青词，非嵩无当帝意者。"[③] 他以这项拿手获得世宗宠信，任首辅二十年，一直干到八十几

---

① 《明史·选举志》。
② 《明史·袁炜传》。"青词"是道教醮祀用的词文，用青藤纸朱书，故称青词。
③ 《明史·奸臣传·严嵩》。

岁。关于神宗一朝继张居正为辅臣的申时行、王锡爵、沈一贯、方从哲等人,《明史》的传赞说:"外畏清议,内固恩宠,依阿自守,掩饰取名,弼谐无闻,循默避事。"①勾画出一组猥琐庸碌的画像。

辅臣之中,首辅权力最大,对于次辅以下,视若僚属,因此在内阁之中经常存在争当首辅的矛盾。嘉靖以来,首辅之位莫不由倾轧排挤而取得。张孚敬排挤杨廷和、杨一清,夏言排挤张孚敬,严嵩潜死夏言,徐阶排挤严嵩,高拱排挤徐阶,张居正又排挤高拱。这里只是权力的角逐,并无政策的分歧。

在首辅位置的角逐中,阁臣与言官相勾结,党同伐异,遂启明代党争之祸。《明史》指出:"明至中叶以后,建言者分曹为朋,率视阁臣为进退。依阿取宠则与之比,反是则争。比者不容于清议,而争则名高。故其时端揆之地,遂为抨击之丛,而国是淆矣。"②党争之起,以议礼为开端,其实只是张孚敬与杨廷和对首辅位置的争夺。以后的阁臣倾轧,都有言官充当打手。万历一朝,党争愈演愈烈,最后形成东林与齐、楚、浙、宣、崑的党争,而明朝政局已不可收拾。

嘉靖以后,吏治败坏,官多贪污,位居极品的,也少有不贪。辅臣中以严嵩最为贪婪。杨继盛和邹应龙劾严嵩的两疏都揭发了他贪赃受贿罪行。邹疏指出嵩父子"广置良田美宅于南京、扬州,无虑数十所"。③严嵩被籍没时抄出现银200多万两。连很有风骨的张居正死后遭到籍没家产时,也被抄出黄金万两,白银10余万两,留下赡养其母的土地还有十顷之多。在封建社会里,土地是主要财富,居官在外,总要在家乡添置土地。家人子弟依仗权势,横行乡里。等到告老,或罢黜还乡,为祸更烈。赵翼有一段关于"明乡官虐民之害"的记述,指出"缙绅居乡者,亦多倚势恃强,视细民为弱肉。上下相护,民无所控诉也"。④这种情况在嘉隆万时期的辅臣中亦尝有之。张

---

① 《明史·申时行等传》。
② 《明史·蔡时鼎等传》。
③ 《明史·邹应龙传》。
④ 赵翼:《廿二史劄记》,卷三四。

孚敬居乡病废,其侄仗势横行,抢占田庐妇女,"诛求尽于锱铢,剥削入于骨髓,流毒一郡,积害十年。"① 方献夫家居,"家人姻党,横于郡中。"② 海瑞巡抚应天十府时,"力摧豪强,抚穷弱,贫民田入于富室者,率夺还之。"也按问到罢相还乡的徐阶家。③ 这种运用权势,抢占土地,强行奴役的行为,仍然是中世纪前期的剥削方式,而绝非资本主义的经营。

在地方行政方面,明朝所行的是多层次的地方政府制度,由封建官吏治理,这些官吏有的是进士、举人,有的是杂流、迁谪。④ 由于朝廷重内轻外,"嘉隆以后,吏部考察之法,徒为具文,而人皆不自顾惜。抚按之权太重,举劾唯贿是视,而人皆贪墨以奉上司。于是吏治日媮,民生日蹙。"⑤ 都铎王朝的地方政府还不曾达到组织如此完备的地步,官吏也不曾握有这样的朘削人民的权力。

五

最后,再就中英两国当时的统治阶级所关心的事务作一比较。两国国情各异,差别很大,但是由于历史的巧合,也出现了某些表面类似的事件。

都铎诸王最为关心的是王位保持在子孙后代手中的问题。亨利七世即位之初,议会即通过法案承认王位"蒙上帝之恩永远保持在当今最高贵的君王亨利七世及其合法的继承人之手"。亨利八世时曾于1534、1536、1543—1544年出现三个关于王位继承的法令,第三个法令明确规定了爱德华王子及其两姊的王位继承顺序。⑥ 但是到了60年代初,伊丽莎白女王已经进入中年,一直不曾结婚,引起臣民

---

① 雷礼:《皇明大政记》,卷二三。
② 《明史·方献夫传》。
③ 《明史·海瑞传》。
④ 《明会要》,卷四十一职官十三。
⑤ 赵翼:《廿二史劄记·明初吏治》。
⑥ C. H. 威廉斯:《英国历史文献》,第445—456页。

忧虑。因为女王如无子嗣，王位将要传给女王远亲英格兰的玛丽·斯图亚特，而此人曾向教皇表示她要在英国恢复天主教。[①] 1562年，女王一度患天花症病危，王位继承问题更为严重。一些下院议员宣称他们"极不愿意屈从于外国君主，……根据英国法律，因为她（指玛丽·斯图亚特——引者）是个外国人，所以不能在英国继承王位"。[②] 议会几度向女王提出希望她结婚或确定王位继承人的请愿书并起草这方面内容的法案，一再触怒女王。这个问题直到1587年玛丽·斯图亚特以阴谋颠覆罪被处死刑，其子詹姆斯被认可保留继承权时，才告解决。

16世纪80、90年代，明朝政府也发生过一次请立太子的争议。明神宗久不立太子，群臣怀疑皇帝因宠爱郑贵妃而欲弃长立幼，于是纷纷上言，请立皇长子为储，并指摘郑贵妃有夺嫡之意。许多大臣触怒皇帝遭到贬谪。辅臣态度暧昧，依违其间，于是群臣又攻击辅臣。这场争执的中心目的仍是为了维持长幼有序的封建伦常。但上言者还有另外目的，"盖以攻讦时相，兼欲以爱立邀异日之恩。"[③] 这场争执直到1601年常洛（光宗）被立为太子时才告平息。

宗教改革是都铎时期英国朝野所关注的大事。当欧洲大陆的宗教改革波及英国时，首先关心的是资产阶级知识分子。亨利八世起初持反对态度，后来才转而赞同。在宗教改革议会中，主张改革的一派与天主教势力曾展开激烈争辩。自从解散修道院拍卖教产以后，大批购得土地的城乡有产者便把宗教改革与自身的经济利益联系在一起。玛丽女王恢复天主教，但议会中某些有害于新教徒的法案却遭到抵制。伊丽莎白初年对宗教问题加以解决时，天主教的反对势力仍然存在。英国的宗教改革既涉及宗教信仰，也涉及政治、经济，是两种不同势力的斗争。它的不彻底性正是新旧势力调和的结果。

---

① 波拉德：《1547—1603年英国史》（A. F. Pollard, *The History of England, from the Accession of Edward VI to the Death of Elizabeth, 1547—1603*, London, 1910），第247页。
② 尼尔：《伊丽莎白一世和她的议会》，第1卷（J. E. Neale, *Elizabeth I and Her Parliaments,* Vol. 1, London, 1953），第104页。
③ 邓之诚：《中华二千年史》，第5卷，第227页。

在明朝不存在宗教改革问题。16世纪20年代初，政府中曾发生过一次"议礼"的争吵。明世宗在其堂兄武宗死后被迎立为帝。起初廷臣主张世宗继嗣武宗，世宗则坚持继统不继嗣，要为其本生父兴献王上皇帝尊号。张孚敬、桂萼等人迎合世宗意旨，引起一大批朝臣的非难，争议遂起。其实，所争内容本来无关宏旨，但是争议双方各自引经据典，气势汹汹，以封建纲常伦理的卫道士自命，互相攻讦，争执最激烈的1524年，竟有229名持反对意见的官员聚集到宫中左顺门前伏地请愿，结果是皇帝大怒，多人遭到廷杖，有的打死，有的收监，很多人被谪戍。[①] 两国政府内部争议开始的时间相距不远，但所争的内容却有很大差异。

最能反映统治阶级利益之所在的，是其社会经济方面的政策措施。下面拟就两国在此方面具有可比性的问题加以探讨。

都铎王朝的社会经济政策主要集中在保护工商业、鼓励海外拓殖、解决贫民问题等几个方面。呢绒制造是英国最主要的工业，是国家财富最主要的源泉。在1560年前后，经伦敦商人一年出口的呢绒，价值约100万镑，而卖向国内市场的货色较粗、价格较低的呢绒其价值也在50万镑以上。都铎政府为之制定许多政策法令加以保护。呢绒成品课税极低，检验盖章手续的课税只收四便士。[②] 呢绒出口的关税远远低于羊毛出口。采矿冶炼业是在枢密大臣塞西尔和莱斯特的提倡下发展起来的，他们从德国聘来专家，引进技术，创建皇家矿业公司和金属矿务公司，成为仅次于制呢业的手工工场。许多旧贵族的子孙也重视开发自己领地上的矿藏，但大都是依靠商人投资，自己坐收租赁之利。最为突出的是弗兰西斯·培根笔下的第九代什鲁斯伯里伯爵乔治·塔尔伯特："我认识一位在我们的时代拥有比任何人的收支都远为巨大的英国贵族、大畜牧业家、大养羊主、大木材商、大煤商、大谷物商、大铅铁矿主，在农业方面同样也是如此，从他的连续不断

---

① 《明史·何孟春传》。
② 拉姆齐：《1500—1750年英国的毛纺工业》（G. D. Ramsay, *The English Woollen Industry 1500—1750*, The Economic History Society, 1982），第53、58页。

的进口货物来说,世界在他的眼里只像是一片海而已。"[1] 这种人业已成为自己时代的儿子。

英国原本不是海上强国。都铎王朝建立之初大力鼓励航海事业。亨利七世奖励英国商人造船和向国外购买船只,要求吨位在80吨以上,以便远航。对于建造或购买一艘80吨的船只,按每吨5先令计,可给予20镑的津贴。这一办法,后来为亨利八世和伊丽莎白一世所沿用。[2] 亨利七世深悔在哥伦布未西航新大陆之前不曾采纳其弟巴托罗缪·哥伦布的建议,致使大片新发现的土地落入西班牙国王之手。他在1496年采纳卡伯特在高纬度上西航以达东方的建议,授予特许状,许他及其子向东、西、北诸海航行,凡在冰岛之东、西、北发现之土地,均归他们父子统治。经过16世纪上半期的一度消沉以后,英国的航海热又复炽燃。对于向海外寻求新航路最感兴趣的是一些喜爱冒险的贵族和谋求暴利的商人,他们合作从事远航探险,并获得政府的支持和资助。德雷克的环球航行费用大量是由女王和大臣莱斯特、哈顿资助。1581年为完成德雷克未竟之业而再度远航的计划需款7000镑,其中70%由朝臣负担,包括5位伯爵和3位男爵。[3] 女王政府对远航船只授予搜捕敌对国家船只的权力,掠到财富,女王和大臣可以分润。在都铎政府的扶植下,英国海上势力日益增强,展开同西班牙争夺海上霸权的斗争。

农业方面的重大变化是圈地运动,都铎一朝曾先后出现几次高潮。16世纪末的一首诗谴责圈地者为"窃贼",说他"所到之处,悉遭破坏,盗走臣民,摧毁屋宇,公共土地,据为私产"。[4] 都铎政府基于国家的收入和兵源的考虑,曾几次颁布禁止圈地的法令,但是各郡担任执行政府法令的治安法官们大都是圈地者,对于法令阳奉阴违,政府也莫可如何。

---

[1] 斯通:《贵族的危机》,第178页。
[2] 亚历山大:《都铎首君》,第143—144页。
[3] 斯通:《贵族的危机》,第176页。
[4] 赫斯特菲尔德、史密斯合编:《伊丽莎白时期的人民、国家和社会》,第51页。

贫民问题出现已久，进入16世纪，问题更形严重。贫民除一部分居家以外，还有一部分四处流浪。这队流浪者大军除了被赶离土地的农民以外，还包括负贩、被遣散的兵士、海员、卖艺人、学生和演戏法人等。[①] 流浪者每月行路七八十英里，风餐露宿，靠乞讨、做工维持生活，有的则从事偷盗或抢劫。大批流浪者的存在使得都铎政府惶恐不安。于是遂有"济贫法"的颁布。据贝尔统计，都铎一朝以惩治流浪者和乞丐、赈济贫民、安插贫民工作等名义先后颁布过十一项法令。这些法令美其名曰"济贫"，实际上却是通过鞭打、烙印、酷刑强迫这些近代无产阶级的前辈成为雇佣制度下的劳动者。

A. G. R. 史密斯曾对都铎政府社会经济政策的目的作过如下分析：指出伊丽莎白及其大臣的主要目的是保持国内秩序；保卫国家抵制外敌；筹集防卫和行政用款；最后，在上述目的背后还有一种为了人民福利的恩施心情。[②] 对于这最后一点，我们愿意稍作一些限制。这些政策确实为城乡剥削阶级发展其资本主义事业带来好处，但是，大多数的劳动人民却未必领受到这种恩施，等待他们的是一种新的剥削形式。

明朝政府在社会经济方面的政策措施，却是另外一种情况。

明朝初年的中国曾是海上强国。郑和七次下西洋使明朝扬威海外。但是明朝政府对海外贸易进行垄断，严禁私人出海。嘉靖之初，由于日本使者真伪问题，明政府罢市舶司，屡颁禁海令，严禁沿海居民出海贸易。但是商船出海并未断绝。孟德斯·宾多在《漫游记》中记载他的保护人曾于1537年（嘉靖十六年）在南中国海看到40艘大帆船的中国商船舰队。[③] 隆庆间虽然开放海禁，但是毫无扶植之意，而且在技术、发舶港口、航行地区以及载运货物各方面加以不合理的限制和阻挠，因此航海贸易事业得不到发展。而当西方殖民者的船只来到长期与中国保持贸易关系的南洋诸国时，中国的海上力量便无法

---

① 贝尔：《都铎和早期斯图亚特英国的贫民问题》，第6页。
② A. G. R. 史密斯：《伊丽莎白时期英国政府》，第70页。
③ 转引自田汝康《十五至十八世纪中国海外贸易发展缓慢的原因》，载《新建设》1964年第8、9期。

与之抗衡了。

张居正推行的一条鞭法是这一时期最为重大的改革,其内容是"总括一州县之赋役……悉并为一条,皆计亩征银"。[①] 这种税制出现于嘉靖间,数行数止,至万历九年推行天下。其实质则是国家将劳役地租和实物地租一并转为货币地租,反映了当时商品经济的发展。这与13世纪在英国出现的"折算"在本质上是相同的。于此可见,此时中国和英国的社会发展并非处于同一水平。

嘉隆万三朝皇帝都习于奢侈,靡费无度。他们权力无限,任意刮削百姓,不受任何约束。明神宗中叶,为了筹款营建宫殿,派出宦官增税开矿,通称税监、矿监。税监驻在通都大邑商贾辐辏的地点,诸如京口、广州、荆州、临清、苏杭等地。他们"或征市舶,或征店税,……视商贾懦者,肆为攘夺,没其全赀。……又立土商名目。穷乡僻坞,米盐鸡豕,皆令输税"。[②] 开矿则是中使四出,遍及全国各地,"无地不开","矿脉微细无所得,勒民偿之,而奸人假开采之名,乘传横索民财。……富家钜族,则诬以盗矿;良田美宅,则指以为下有矿脉,率役围捕。"[③] 种种凶残不法行为终于激起民变。苏杭织造太监兼管税务孙隆驻苏州,擅自加税,织机一张税银三钱,造成"机户皆杜门罢织,……染坊罢而染工散者数千人,机房罢而机工散者又数千人"[④] 的现象。织工"皆自分饿死",于是奋起反抗,处死了孙隆的一些爪牙。在江西也发生"矿监潘相激浮梁景德镇民变,焚烧厂房"的事件。[⑤] 矿税两监从万历二十四年设置,直到神宗死后始行撤销,前后历时二十四年,"无一方不罹厥害"。在东南地区萌发不久的资本主义幼芽饱经他们的蹂躏,走向枯萎。

从以上几个方面的比较,可以看出16世纪中英两国政治制度具有一些共同之点,也存在很多差异之处。共同之点源于两国都实行的

---

① 《明史·食货志三》。
② 《明史·食货志五商税》。
③ 《明史·食货志五坑冶》。
④ 《明神宗实录》,卷三六一曹时聘疏。
⑤ 《明史·宦官传二》。

专制君主制度，而差异之处则由于它们处于不同的历史条件之下和建立在不同的经济基础之上。都铎王朝统治期间，英国社会的资本主义关系已有较快的成长，阶级结构也有明显的变化。君主专制制度正是在这种历史条件下出现的。英国学者尼尔从他对伊丽莎白一朝历史的长期研究中也取得类似的见解。他之所以称伊丽莎白的时代为"伟大的时代"，是因为他采纳了前人的"平衡的时代"的说法，在这个平衡时代之中，"保守因素"和"新力量"互相抵消。[①] 尼尔这里所说的"保守因素"指的显然是旧贵族，而所谓的"新力量"则与本文前面引用的辉格派所说的"新人"应是同一概念，亦即新兴资产阶级和具有资产阶级倾向的新贵族和乡绅。都铎诸王得到这两种力量的支持，遂得以进行专制统治。从这一角度来看，这个王朝在英国历史上确属一种新的君主制度。而中国在嘉隆万时期，资本主义还处于萌芽状态。在政治舞台上还看不到新人的踪迹。封建地主阶级依旧占据统治地位。明朝政制沿袭汉唐。到世宗时，明室中衰，皇帝昏庸恣纵，大臣因循守旧，依靠暴力统治以维持这个已有一千多年历史的专制君权。

正因如此，在都铎专制王权统治下，执行了一系列奖掖工商业的政策，资产阶级和乡绅的利益得到保护，资本主义因素受到扶植而迅速成长，英国在近代化的道路上一步步地前进。而在明朝专制君主统治下，执行的依然是相沿已久的抑商政策，市民阶级的利益受到损害，资本主义萌芽遭到摧残，明朝在通往近代化的道路上是背道而驰的。在这里起着决定作用的，正是历史唯物主义关于基础与上层建筑相互作用的原则。

---

① 转引自黑格为《伊丽莎白一世的统治》一书所写的序言，见该书第16页。

都铎史料管窥

学会让我来讲讲"中世纪的史料和历史学问题"。这个问题的确很重要。近来黎澍同志的《马克思主义对历史学的要求》和朱庭光同志的《努力开创我国世界史研究的新局面》的文章都提出要充分占有材料的问题。这三十多年来我们世界史学科所出的成果不多，原因是多方面的，但材料不足是一个重要原因。我们常用的材料都是一些史料选集或选读。写文章时常感论据不足，只好再借助外国学者的著述，引用的材料只能是第二手的。

今天，我们要努力开创世界史研究的新局面，要编纂有中国特色的世界史书籍，首先要坚持以历史唯物主义为指导，运用科学的研究方法，但同时也应在史料方面下功夫。俗话说，巧妇难做无米之炊。没有原材料，很难出高质量的成果。所以我愿就学会出的这个题目努力试一试。由于题目太大，加上自己的学识和时间的限制，我只选择了中世纪史的一个国别（英国）的一个阶段（都铎时期）。

对都铎时期，不少同志都感兴趣。在这里，我愿把这几年稍稍摸过的一点东西，连同没有摸过，只是听说，看到的东西，整理在一起，希望借此把积累的一点经验提供给在座的青年同志，并就教于在座的中年以上的同志。

准备讲四个内容，这就是：都铎史料的特点；分类；整理及都铎史的研究。

一、都铎史料的特点

都铎时期的史料与以前的不同，它的特点离不开都铎时期历史的特点。

都铎时期，英国在社会经济、政治生活和意识形态等各个方面都发生了巨大的变化。

在社会经济方面，主要是资本主义的萌芽；在手工业方面，有手工工场的成长；在商业方面，有海外贸易的扩展；在农业方面则发生了圈地运动的高潮。

在阶级结构方面，在原有的封建阶级身旁，出现了新的阶级：新兴资产阶级和社会地位上升的乡绅。

在政治制度方面，实行了专制主义统治，当代英国著名的都铎史大师 G. R. 埃尔顿（Elton）于 1953 年发表《都铎政府革命》一书，对 16 世纪 30 年代都铎政府进行的一系列改革做了详细的阐述。从中可以看到都铎政府为加强专制主义统治进行的改革，强化了各个部门和机构。

在意识形态方面，欧洲大陆的两大资产阶级运动——文艺复兴和宗教改革在英国都有反映。特别是后者，从 20 年代开始，在都铎史上，一直居重要地位。

这些特点，对于都铎史料都有深刻的影响，主要有以下四个方面。

1. 修史人的变化，史料阶级属性的变化。

都铎王朝以前，英国的编年史一直出自修道院的修士之手。从比德的《英吉利教会史》和《盎格鲁-撒克逊编年史》起即然。修道院编写编年史最著名的一家是圣奥尔本斯（St. Albans）修道院（位于伦敦以北 20 公里处。寺院储藏大量文献），13 世纪形成奥尔本学派。但到了都铎时期，修道院的修史工作大都停止，而一股新的从事历史编纂的社会力量却是市民——资产阶级，是一些人文主义者。有的人是呢绒商，有的人是成衣商。

这时期不仅修史的人有了变化，而且修史的观点也变了。人文主义的观点和方法开始进入了历史编纂的领域。如《伦敦编年史》过去编纂法只是逐年记载郡长和市长名单及简况，而都铎时期则扩展开来，使其具有全国史书的性质。又如波利多尔·韦吉尔（Polydore Vergil）的《英国史》(*Anglica Historia*)，用的是人文主义的观点和笔法，他不再像过去的修道院修史，有闻必录，而是带有了批评（critic）的眼光。所谓批评，就是要有鉴别，要辨别真伪。韦吉尔搜集了大量资料，提出了一些批评性的见解。其研究方面很考究，材料组织也很有功夫。他的《英国史》在英国历史界是一部开创性的著作，后来的一些著名历史家，如爱德华·赫尔（Edward Hall）、约翰·斯托（John Stow）、弗兰西斯·培根（Francis Bacon）都受其影响。

总之，这一时期的历史著作不同于前代，它们不再是封建史书，而是早期资产阶级的著作。

2. 内容丰富，门类繁多。

都铎一朝政治经济生活比以往复杂多变，新鲜事物不断出现，因此记载它们的史料必然是内容丰富，门类繁多。外国的史料分类一般分两大类：著述类和档案类。著述类的增长并不显著。从一个中国学者的角度来看，以中国同时代的明史著作与之相比，则觉得他们的东西极少。而档案类与前代相比则大大增多了。而且恐怕我们于明史深有研究的同志，也要承认其某些门类比我们保存下来的要多，要完好。

档案增多的原因主要是由于政府有所改革。改革以后增加了许多新的机构，分工变细。如这时期成立了枢密院，出现了首席国务大臣，其官署保存大量档案。另外由于这时期解散修道院而出现了一些聚合钱财的机构，财政档案也大大丰富了。另外政府各机构此时也很注意档案的保管，所以这时期留下来的档案比较多。另外，都铎时期经济的发展也促进了档案的建立与保存。如，地产经营水平的提高，需要注意保存档案；随着工业和商业的发展，出现公司，同业公会，商人联合会等组织，它们都建立账目，保存档案。以上这些情况都为前代所无，留下来的材料自然较前为多，所以都铎时期的史料较前大为增多和丰富。

3. 表述的形式从由拉丁文撰写变为向用英文撰写过渡。

以前的史料大都用拉丁文写成，间或用法文，而用英文者绝无仅有。随着英吉利民族国家的形成，以伦敦方言为基础而形成的英语逐渐排斥了拉丁语和法语。都铎时期的史料大都用英文写成，但这种英文还不是近代英文而是中古英文（Middle English，这种英文很难读懂，如不把它译成近代英文，我们就很难使用），此时也有一些人文主义者或新教学者仍用拉丁文从事著述，但成书之后，很快就被译成英文。英文取代拉丁文撰写史书具有重要的意义，它意味着史学从拉丁文的枷锁，亦即从封建的教会的桎梏中解脱出来而成为广大的人们所能接受的学科，这也是都铎史学发展的一个因素。

4. 印刷条件的改进，促进历史书籍和资料的流传。

根据以上诸点，我们对都铎史料形成有如下印象，一是多（数量、门类），二是新（观点、种类、内容）。正因如此，都铎史吸引了英国和其他国家的研究兴趣。

二、都铎史料分类

如前提到的，西方的史料分类，一般分为两大类：

著述类：Narrative 或 Literary Sources

档案类：Records 或 Non-narrative Sources

这并非概括全部，而只是将主要史料包括了进去。

著述类是由作者通过自己的思想认识和见解来反映客观事物。故在不同程度上带有作者的主观看法，此即是我们常说的史料的阶级性。

档案类直接记录国家和社会生活的各个侧面，如实记录。故可靠性较大。但因为一部分涉及个人或某单位的经济利害，有时也出现"赝品"，研究者不可不防。

对于都铎史料，也按两大门类进行介绍。尚有其他小的门类，无甚研究，从略。

1. 著述类

著述类主要有二：①编年史，②传记，还有其他。

①编年史

编年史版本不少，往往是后人续编前人之作，所以其价值都在撰者生活的时代那一部分。

A. 伦敦及其他城市编年史

城市编年史以伦敦编年史最为重要：因伦敦地位重要。该书所论涉及全国，故具有全国编年史的性质。伦敦编年史版本甚多，其中最有名的一种是《伦敦大编年史》(*The Great Chronicle of London*)（1485—1512年），这本书很珍贵，直到1933年才发现，1938年才付印了几百本。这本书是研究这一时期英国历史的重要史料，我们可以看到其选段（见道格拉斯主编的《英国历史文献》第五卷）。

B. 罗伯特·费边（Robert Fabyan, ?—1513年），伦敦呢绒商会成员，任市政参议员，并于1493—1494年任伦敦郡长，是一位政治活动家，对历史有浓厚兴趣。他写了一部《新编英法编年史》(*The New chronicle of England and France*) 首印于1516年，这是一个市民阶层人物编写的一部史书。

C. 波利多尔·韦吉尔（Polydore Vergil, 1470?—1555?年），意大利人，人文主义者。早年为意大利乌尔比诺公爵服务，1501年被派往英国。住到1551年才回意大利。在英国时，亨利七世请他撰写一部《英国史》。为此他作了28年的准备，他广泛阅读材料，向当时人作调查，全书从古代起一直写到1537年。用拉丁文写成，他对以前修道院写的历史以一种批评的眼光重新加以审定。其书于亨利七世一朝最有价值，而于亨利八世前期稍逊。

韦吉尔的批判的笔法在当时的英国引起了强烈反响。他对传统写法所持的怀疑态度遭到一些学者的斥责。认为是对英国史学的一种"污染"，是"罗马式的谎言"，但他这种撰文的笔法却给其他都铎史官以很大的影响。

D. 爱德华·赫尔（Edward Hall, ?—1547年）律师、下院代表。是新教徒，忠于亨利八世，长期参加政治活动。他写了一部《兰开斯特和约克两大阀阅的联合》(The Union of the Two Noble and Illustrious Families of Lancaster and York)，始于亨利四世，止于1532年。其中亨利八世时期部分最有价值，因为撰者不仅是当代人而且参与国事：故所记甚详。

E. 约翰·斯托（John Stow, 1525—1605年）伦敦成衣商。著《英国编年史》(Chronicle of England)，公正可信。

F. 霍林雪德（Raphael Holinshed），约卒于1580年。

霍林雪德生平事迹无考。仅知其受过大学教育，曾供职于伊丽莎白女王印刷机关，在该机构官员沃尔夫（Wolfe）手下工作，沃尔夫曾经想编一部包括一切所知国家的大型编年史，霍林雪德为其收集资料，沃尔夫死后，霍林雪德就接替他来撰史，他缩小原定的编年史范围，只局限于英国，写了《英格兰·苏格兰·爱尔兰编年史》(Chronicles of England, Scotland and Ireland) 亦称《霍林雪德编年史》(Holinshed's Chronicle) 颇为有名，马克思在《资本论》中曾引用其材料，莎士比亚剧本也多采其事实。霍氏自撰的编年史止于1575年（1577年出版），前面部分亦采自他人著作，有价值部分为伊丽莎白时期。在第二版时，由斯托续写了1575—1586年的历史。但近代英国史家对霍氏编年史评价并不高，当代历史学家里德（Read）评论说：" 霍氏矢志于编纂，但不求有创见，其编年史有独立价值的部分仅在伊丽莎白一朝。而关于伊丽莎白初期的统治。他大量取材于斯托，至于晚期部分则由斯托代撰。可以公平地讲，除了哈里森著名的序言外，霍林雪德的有价值的部分乃是斯托的著作。"

G. 威廉·哈里森（William Harrison, 1534—1593年）。

哈里森并不是历史家，但他在《霍林雪德编年史》中有篇代序，名为"英格兰概况"（Description of England，初印于1577年）。这篇序言相当出色，它实际就是都铎时期的英国概况，篇幅较长，描述广泛，上自国家大事，下至人们的生活，无所不包。它附于《霍林雪德编年史》之前作为引言，虽非史书，但于这一时期的英国作了细致的描述，今天仍是研究这一时期英国历史的重要史料，其节录见齐思和主编的《中世纪晚期的西欧》第四部分。

②传记

卡文迪什（George Cavendish, 1500—1561? 年）撰写了《沃尔西红衣主教传》（The Life of Cardinal Wolsey）：有较高史料价值。之所以如此：是因为他在沃尔西手下做过礼宾官员。掌握大量的原始材料。因此此传被视为传记的经典。20世纪上半叶英国著名历史家波拉德（A. F. Pollard）在他的巨著《沃尔西》一书的开端说；"卡文迪什为我们提供了历史的经典范例。"但也有不同看法，里德认为，卡文迪什是出名的，但此书因他怀恋故主的情绪而多溢美之词。

威廉·罗珀（William Roper）所著《托马斯·莫尔传》（The Life of Sir Thomas More）也是名著，是当今研究莫尔的主要依据。罗珀是莫尔的女婿，从莫尔传中我们了解到，莫尔很喜欢他的两个女儿，常把孩子们召到一起纵谈今古，罗珀亲耳听到过许多，所以他写出了莫尔的生平和思想。罗珀本人也有很高的地位，他做过下院议员，也在高等法院中任过职，所以对当时的政局很熟悉，他熟悉他的岳父，也熟悉政局，传记就写得比较好。难得的是，他对莫尔比较公正，极少谀词。

还有两本名人所写但不很重要的传记。托马斯·莫尔写了一本理查三世传。此书写好后，曾风靡一时，它是用拉丁文写成的，很快就被译成英文。当时的人们认为，这是模拟古典传记的不可多得的一部书，是文字价值极高的历史著作。但是从现代角度看，他站在了兰开斯特一边。对约克一派采取敌视态度，他把约克王朝的末代国王描写得很糟。对他的道德和身体方面的缺陷加以渲染。所以人们说，这本书是用浓墨勾画出来的。莎士比亚的《理查三世》正是根据这本书写的。但是也不能否认此书还有一定的价值，因为都铎王朝初建时的亨利七世的一些活动在其中写得非常清楚，这是研究都铎史的很好资料。

再有一本是弗兰西斯·培根（Francis Bacon, 1561—1626年）撰写的《亨利七世王朝史》（*History of the Reign of King Henry VII*）。培根是一位著名的散文家，文章写得非常优美。人们说他可以和塔西佗或修昔底德相媲美。但是现在一般的都铎史料目录都已将此书除掉。因为他是在用自己的意思来修改前人的历史，失实之处很多，现在人们只把该书作为一本文学作品。

③其他

仅介绍三个人。

约翰·利兰（John Leland, 1506—1552年），考古学家，是亨利八世时代的考古官员。当时，亨利八世派他到伦敦附近各郡考察古籍，他在旅行各地后写出两本书，都不是最后定稿，但素材已记录下来。一本名为《旅游采风》（*The Itinerary*），另一本名为《古代不列颠集锦》（*Collectanea*）（两书名均为意译），但是他没有来得及把它们整理成书便神经失常，不久就死了。在《旅游采风》里，他把沿途所见都记录下来，《古代不列颠集锦》中把见到的古籍作了摘录。这些材料也是珍贵的史料。《旅》一书的片断被选入道格拉斯主编的《英国历史文献》中，是对英国格洛斯特郡（Gloucester）的详细描写，除记录其风土人情外，还记录了某城的制盐业和某城的采矿业等等，伯明翰大城的情况记载得也很详细。利兰的撰述是研究英国经济史的重要材料。

威廉·坎登（William Camden, 1551—1623年）是考古学家，他写过一本名为《不列颠》（*Britannia*）的著作，记录了英国的典章制度、山川景色、地理历史和风土人情等等，也是研究都铎时期的很好材料。坎登的东西人们至今仍很推崇。后人为纪念他组织了"坎登学社"（Camden Society），从事整理史料的工作。

理查·哈克路特（Richard Hakluyt, 1552?—1616年）写《英国主要航海、旅行、交通与发现》（*The Principle Navigations, Voyages, Traffics and Discoveries of the English Nation*）记录当时的航海、旅行、交通和对外交流。1846年英国成立了"哈克路特学社"，专门出版关于

航海方面的记述。国家图书馆中关于哈克路特的藏书甚多,是关于英国早期海外殖民的重要材料。

以上是著述类材料。当然这类书不只这些。半个世纪前英国史家研究的目光主要集中在这些最根本的材料上,就像我们研究中国史必须念二十四史一样。但是随着研究的深入,这类材料越来越不能满足需要了。近年来英国人的目光转向了档案类材料。

2. 档案类

这是对国家生活和社会生活各个侧面的记录。

档案材料分官方、私家两类。官方档案是连续不断的,由于英国此时和以后极少战乱,故大部分得以保存下来。私家记录则因私家隆替,事业兴衰等原因,缺乏连续性。

①官方档案

又包括三类,国王政府档案、地方档案和教会档案。要说明的一点是,关于手工业,包括最大的集中的手工工场都没有看到什么档案材料,可以说是暂付阙如了。商业材料留下来的很多。另外还有私人信件。

下面分类介绍:

A. 国王政府档案

a. 御玺文书

这是盖有英国国王印玺(Seals)的文书。Seal 在英文中既有印章的意思,又有封起来的意思。在英国,印玺的用法就是盖上一个火漆一类的印把文件封起来。埃尔顿的《都铎宪法》中有"印玺文书"一章,对各种印章有所介绍。在英王的许多玺中最重要的是国玺(The Great Seal),它被收藏在大法官厅(Chancery)。英国的印玺文书中最重要的部分是从大法官厅发出的。在政府机构逐渐改革前,这一机构掌管许多事务,发出的文书很多,十分重要。以后国务大臣地位重要,但例行的文书还是由大法官厅发布。

御玺文书中引人注目的有两类东西,一类是大法官厅发出的特许状或诏令证明（Charters），这是赐赠给某个人以包括土地、官职、赏赐、专利等权益的文件。这类东西是令人感兴趣的。另一类是大法官厅常常派到各地进行调查的官员的调查回报（Returns）。例如1517年大法官厅派出许多人外出调查圈地运动情况，官员回来后写有报告。这些报告是我们研究都铎初期圈地运动的最好材料。

此外，还有许多国王发布的书信，也由大法官厅发出。

英国的档案一般称Rolls（即"卷"），英国政府的多数档案都是用羊皮纸写的，一张张缝接起来收藏，这种羊皮纸卷我译成"案卷"。这类案卷多而长，最长可达40英尺。但是教会档案不成卷，而装订成册。因为教会奉行古罗马的传统。这些有关档案的小掌故我们应该知道。

b. 财政档案

国王的财政收入由许多部门管理，其中最主要的是财务署（Exchequer）。其档案又名Pipe Rolls，意为大筒子，顾名思义，应为大卷的档案。但有的书上却说Pipe Rolls不是筒子。以后成立了"筒状档案研究会"（Pipe Rolls Society），研究、整理财政档案。财政档案是研究英国经济史、财政史的重要材料。例如，关税账目对于海外贸易是重要材料，关于手工业情况，我们主要也是通过港口的记载了解的。我们所了解的羊毛出口、呢绒出口的情况，全靠财务署提供的记录。

c. 法庭档案

先介绍一下法庭情况。英国的法庭在都铎时期有几种：最高法庭（King's Bench）、民事法庭（Common Pleas）、大法官法庭（Chancery as Court）。大法官厅也做司法工作，有司法人员，但主要是充当国王的助手。另外，都铎时期还出现一些特殊法庭，如：星室法庭（Star Chamber）等等。这许多法庭，有的是直接接纳两造打官司，有的只管上诉、判决，都留下了丰富而广泛的材料，上至社会上层人物，下至最穷的人。因此涉及男女老少、穷人富人，范围广泛，包括财产、债务、犯罪、工商业等方面。关于法庭的材料，英国没有更多的人研究，原因大概是难度太大了。我们除了看到法律史用了一些材料以外，还没有看到有人通过法庭材料研究英国社会史的情况。

d. 国务文书（State Papers）

这是国务大臣的机关档案。其名称的出现始于1509年，1547年以后分为内政和外交两大类，1577年以后外交类中又分出国别。国务文书包括国王主要大臣的信件（与地方官员、部门之间，使节、私人间等）、指示、对国王的报告等等。波拉德的《亨利八世》的主要依据，便是亨利八世时的信件和文书。研究都铎政制改革的大师埃尔顿，不用已经整理好的材料，而是从档案馆中去找材料，他从中得出结论，30年代英国的一切大事，无不印上克伦威尔的痕迹，因此他认为这一时期发生了政府革命，其倡导人就是托马斯·克伦威尔。可见当前英国人的研究已经深入到档案中去了。

国务文书是研究都铎王朝的重要史料，克伦威尔及其后任大臣都很注意保留档案，这是对都铎时期的研究比对前朝的研究更细的原因。

e. 枢密院档案

自爱德华一世（1272—1307年）以来，存在着御前会议（King's Council），人数较多（30—40人），起咨询、执行和审判作用。国王外出要带大队人马，很不方便。1534—1536年间，克伦威尔改组了御前会议，出现了枢密院（Privy Council），仅十余人，都是国王亲信，随国王外出或商量事情十分方便。自1540年以后枢密院留下记录，可惜1619年白厅失火，档案被毁，只有传抄的留下。枢密院职能有三，第一是顾问职能，1539年公布了一个法案：国王发布任何命令、公告，须得枢密院同意。第二是执行职能，讨论日常国务。第三是判决职能。枢密院下附属两个法庭，星室法庭（Star Chamber）和申诉法庭（Requestes）。长期以来对枢密院的作用有所争论，很多人以为它只起司法作用，这不准确，它还有决定国家大事的职能。

f. 议会档案

我们重视对议会发展的研究。在1470年，上下两院开始取得了平起平坐的地位，而从宗教改革以后，遂形成惯例，下院地位日渐重要。宗教改革期间议会召开频繁，作出许多重大决策，英国人称此间议会为宗教改革议会。

从 1438 年以后出现了议会档案（*The Rolls of Parliament*）记录议会通过的法令。

对研究都铎史更为重要的是"两院议事录"，或者叫作"日报"（*Journals of Two Houses*），是每天发布的会议公报，对每天所讨论的问题的记录。我们可以从中研究当时议会的详细情况，可惜的是它在 1833 年威斯敏斯特宫大火中受到损失，目前仅有残片。英国人研究宪法史、议会史很详细、深入、全面，就是因为有非常丰富的材料。

B. 地方档案

地方档案的特点是众多、琐细、分散，只能概括介绍。

a. 城市档案

城市建立档案的时间不同。12、13 世纪的赫里福德（Hereford）和伦敦，都是最早建立档案的城市。到都铎王朝建立时，已有三四十个城市建立了自己的档案。1500 年以后，又有十几个城市立档。

城市档案主要包括四类：

Charters，即敕书、诏令和特许状等等。城市的 Charter 有的授自国王，有的授自领主。国王所授可见于国王大法官厅的档案；领主所授则只保存于城市档案中。Charter 所涉及的内容较广，从许可自治到授予各种权能，是城市档案的最重要部分。

法庭档案：记载司法诉讼案件等。

行政事务记录与函稿。

财政账目。

城市档案数量极大，但损失亦重，或毁于战火，或因保管不善而零烂。

各城市档案记录繁简不一，近代的整理工作水平也不一致。伦敦档案一向保存、整理甚好，其中一部分保存于伦敦市政大厅（Guild Hall，这是都铎时期的行政机构），另一部分由伦敦档案馆管理。

要研究英国的城市史，研究工商业发展的历史，靠城市档案是不够的，还要更多地仰仗中央档案。目前在英国，对城市史的研究已成热门。

b. 庄园档案

庄园只有一种官方档案（其它则属私家），即庄园法庭保存下来的法庭档案。作为农村基层单位的庄园，数量极多，故档案亦极多。原在私人手里，现大部分归入国家档案馆或郡档案馆。

15世纪以前，法庭档案只有一种，包括民事和刑事，16世纪以后，领主法庭按审理案件的性质分成两个庭，一个审理违法轻罪、纠纷、选举庄园官吏（Court Baron），另一个则审理民事，如变换租佃、继承遗产、敞田农事安排和公有地使用等，这是民事法庭（Court Leet）。

庄园档案中以民事法庭的档案更引人注目。庄园档案一般很短，只有两英尺，其中使人感兴趣的是土地租佃者在法庭的登记，内容包括申请者的请求、年租和劳役、承租花费（Entry Fine）以及对此块土地的准确描述。佃户持有一个副本（Copy），成为法庭档案副本持有者（Copyholder）。

英国对农业史的研究也是个热门。英国的农业史不仅包括农业经济或耕作技术，还包括了人的租佃关系等等。英国女历史学家瑟斯克（J. Thirsk）所撰《英国农业史》第四卷，1967年出版，叙述1500年到1640年的状况。她的书根据当时农村的材料写成，是一部权威著作。

C. 教会档案

教会档案原来自成系统，分散在各主教区、各大教堂，都铎时期宗教改革解散了修道院，成立了国教会后，档案才归于国王政府，现存国家档案局。但是各大主教区、大教堂的档案还归本教区保存。教会档案主要分为三类。

a. 记事录，用来记录日常活动。如主教在本教区进行何种工作、行使何种权力。

b. 调查书（Visitation），对本教区进行调查的记录。

比较重要的调查是都铎宗教改革时期，即解散修道院前夕。解散修道院的借口是修道院腐败，不守清规戒律，胡作非为。解散的根据就是这种调查。宗教改革时期这种调查提供了大量修道院长不守清规、女修道院长胡来的材料。这部分材料是比较珍贵的。后来调查又成具文了。我们如果要写修道院的寄生生活，这个材料是好的。英国学者有的很虔诚，说不是那么严重。

c. 教会法庭文件

教会法庭主要审判的是道德犯罪和婚姻问题，并办理遗嘱。英国有个传统，一直到19世纪中叶才废除，就是人死后，遗嘱要找教会立案。教会保存了很多遗嘱，这是今天研究英国社会史很好的材料。遗嘱里讲一个人这辈子挣了多少钱，置了多少产业，准备分给谁。这些材料使我们看到当时广大人民生活的情况。引起一些学者的注意。

总的来看。正统历史家一直在研究国王政府的档案材料，并且深入到公开的材料背后去找新东西。城市史的研究方兴未艾，农业史也如此，对教会史研究得也比较多。但材料分散，还有待进一步发掘。

②私家档案

私家档案指私人或非官方机构所制的文件，其特点是没有连续性，并且材料分散，没有系统，所以只选几个类型来说一说。

A. 地产档案

私人保存的产业档案材料。这种材料最重要的是地契（Deed），现在保留了很多。地契可以说明赠赐、买卖或租赁土地的关系。其中转让文据（Conveyance）最为重要。转让文据比较具体、详细。大部分保存在国家档案馆，也有一部分在不列颠博物馆保存。

还有一种甘结（Final Concords of Fine），即最后的协议，一般是三联单，两家一家拿一条，剩一条是存根（Foot），留于法庭。存根留下很多，记录下两家间的土地关系，包括土地买卖、租赁、赠与。

这类东西对当时农村的情况提供了较多的材料，如关于人口的变化、地价的增减、地主所拥有的权利和佃农所承担的义务等等。而且对于农业经济的发展也提供了一些材料。另外，我们也知道，土地的主人在原始积累时总想让自己经营的一块小小的土地出产更多的东西，所以他对有关地产的材料保存得比较多，其中包括地产账簿、土地清单、佃户名册、惯例等等文献。这些地产方面的材料合在一起，使今天农业史的研究有了比较多的材料。

B. 工商业档案

都铎时期工商业的发展确实吸引了各国学者的研究。从国王政府的档案和城市档案中我们可以获得极丰富的材料。但从私家文献方面，可以得到的则不多。其原因是此时英国手工业尚处于手工工场阶段，主要是分散的，规模不大，亦不像商业那样有广大的联合组织，所以大工场主，如温什科姆（Winchcombe）之流，未闻有档案流传下来。

商业的发展早于手工业。但是留下的资料也不太多，我知道有一个 Staplers（姑且译成商人协会），在加来控制本国羊毛出口达二百多年之久，但它也未留下什么材料。

另外，这个时期出现了许多大的贸易公司，但它们留下的档案也不多，俄罗斯公司档案毁于后来的伦敦大火，而东印度公司直到都铎时代接近结束时才建立。只有伦敦同业公会（London Livery Co.）留下完整的档案，对于这时英国商业的研究最为珍贵。所以研究这时工商业主要还是靠财务署档案，因为财务署收到了海关的报告。当时英国海关天天都向财务署报告港口的货物吞吐量，进出的船只，而财务署从这些报告中摘录其要点。这些档案几乎全部保存下来，它们包括从1175年以来的羊毛出口总量，1347年以来的呢绒出口总量，以及酒和其他商品的进出口数量。我们讲中世纪史时，常提到英国羊毛出口量的减少和呢绒出口量的增多，其资料来源于这种档案。这些记录延续到16世纪采用承包税额方法时才停止，故多以此为根据。

现在能看到的手工业及国内贸易方面的材料也不多，所以，翻开大家熟悉的利普森（Lipson）的《英国经济史》，其中关于呢绒业的材料多来自官方文献，而很少来自私家。主要根据是1806年议会的一个《英国毛纺织业状况调查委员会的报告》，我曾将之译出，刊登在英国史研究会简报第四期上。

C. 私人信件

过去对私人信件重视不够，现在却被大量引用。最重要的一组是帕斯顿家族从 1422—1509 年的九十年间祖孙三代的信件（Paston Letters），它实际上等于一部富农发家史。帕斯顿家族是诺福克郡的富农，不择手段地兼并附近土地，例如从信件中看出一个没落贵族法斯托尔夫爵士的地产就为其兼并，这样他就成为发家的乡绅。

帕斯顿家族信件还包括地契和其他文据，也有一些有关时事的资料，如信中收有 1485 年理查三世一派的人反对当时还未即位的亨利·都铎（Henry Tudor, 即后来的亨利七世）的檄文，信中也反映了当时动乱不安的诺福克地区的骚乱与衰落。

这类信很多，不能一一列举。尚有当时名人托马斯·莫尔书信集、托马斯·克伦威尔书信集、塞西尔父子书信集，都很重要。这些人是当时的高官，其信中有私事，也有公事，给我们留下了更多的补充材料。

都铎史大师埃尔顿说，16 世纪中叶以后的信件如雨后春笋。以前私人信件为收藏家所保存，秘而不宣，19 世纪英国政府组成历史手稿委员会，对私人和地方的收藏进行编目，为历史研究提供了线索。

我这里引用埃尔顿的一段话：16 世纪中叶，由于文献档案突然大量涌现，标志一个戏剧性的变化，私人信件如雨后春笋在各地大量涌出，我们处于官方资料在巨量非官方材料面前地位下降的历史研究发生变化的前夕。这非官方非正式的材料对于历史写作的影响是明显的。于亨利八世一朝，我们可以清楚了解任何事实的理由和原因，而于伊丽莎白一朝更加速进程，可以指望再现各种大小事件，了解各种人物，犹如他们自己从坟墓中走出来一样，解释自己的思想感情。历史家可以变成传记家。与近世相比，材料仍较少，但与前面相比，以现有设备加上私人信件，历史研究是可以有所突破的（G. R. Elton, *England 1200—1640*）。

这段话看来是有根据的，它说明英国都铎时期的历史已经提供了很细致的材料,对都铎一朝大大小小事情都可以进行了解。

三、都铎史料的整理

1. 整理简况

都铎史料浩如烟海。早在 17 世纪,英国已出现过几位私家编辑史料的大家:坎登(Camden)、特威斯登(Twysden)、塞尔登(Selden)、杜达尔(Dugdale),他们下了一番功夫。

18 世纪英国政府提倡编纂史料,由皇家历史官员 T. 赖莫(Thomas Rymer, 1643?—1713 年)主编,编成 Foedera 一套 20 卷,编至 1654 年,于 1704—1735 年陆续出版,这部材料现在仍然沿用。

19 世纪欧洲大陆大兴整理史料之风。德国在兰克的影响下,着手编纂 M. G. H《日耳曼历史文献》(*Monumenta Germaniae Historica*),规模庞大,计划周详,全书均由名家负责编纂。

法国继之进行史料整理,其主要汇编为 R. H. F《法国历史家汇编》(*Recueil des Historiens des Gaules et de la France*),是对自高卢时期起的法国古代历史的编纂。

英国在 19 世纪,史料的整理工作亦有大进展。英国长期统一、安定,所以史料极多,无大损失。英国没有德国、法国两国政治方面的需要。德国长期分裂,渴望统一,希望从古史研究中求得鼓舞。法国政治动荡,自由主义分子希望从中世纪的城市自治、等级制度、农民起义等历史中,保皇党希望从君主专制制度、教会、国王与教会联盟等历史中寻求根据。英国人岛国性强,史料丰富,保存较好,故采取一种盘查清点的态度。正因为英国史料整理工作是由官方支持的,故规模巨大。1800 年议会下院开始成立档案委员会,整理出了许多东西,但最重要的是 1852 年成立了国家档案馆(Public Record Office),收集了全国档案资料。P. R. O. 首任主持人弗兰西斯·帕尔格雷夫爵士(Sir Francis Palgrave),是个著名历史家,曾编印史料数种,并有著述,在其主持下,史料整理工作顺利开展。过去档案保存分散,储存条件差，政府旧档分存于各部门，现由 P. R. O. 统一管理。

P. R. O. 的重要工作是编制和刊印，有个英文词 Calendars，此是专业用词，指对档案的分类编排，成为目录，有时则全文发表某些档案，其编排按照在 Rolls 上排列的时间顺序。整理就绪后为了便于查阅，P. R. O. 出版了指南（Guide），说明如何去查阅，还有清单（Lists），即目录，以及索引（Index）。

英国另一个史料收藏丰富的单位是不列颠博物馆，一些老大学如牛津、剑桥都收藏很多材料。很多私人也收藏了很多档案，英国政府于 1869 年成立皇家历史档案委员会（Royal Commission of Historical Manuscripts，简称 H. M. C），派人四处寻访，由查阅者提出摘要报告，刊印成 H. M. C. 报告，此工作一直继续，1969 年改为年刊。

另一种大型史料汇编为《档案丛刊》（Roll Series），这是一部大规模的中世纪史料汇编，目前已出 99 种，253 卷，其中都铎史料占相当部分，主事人有三人，不为人们所注意。但参加者有一位英国中世纪宪法史专家，牛津教授威廉·斯塔布斯（William Stubbs, 1825—1901 年）。他主编《英国宪法史》（Constitutional History of England）三卷，及 Selected Charters，现仍站得住，他对史料编纂态度严谨。

此外还有一些学社（Society）：

a. 坎登学社（Camden Society），1838 年成立，1897 年并入皇家历史学会。

b. 筒状档案研究会（Pipe Rolls Society），1884 年成立，专门刊印财政档案。

c. 塞尔登学社（Selden Society），1897 年成立，专门刊印法律史档案。还有其他学社，从略。

20 世纪，英国科学院编印英国社会经济史料丛刊（Records of the Social and Economic History of England and Wales），1914—1935 年出版，出了九卷。1972 年起，又出新丛刊第一辑（New Series I），副题为社会经济史史料（Records of Social and Economic History）。

英国的史料整理工作几个世纪以来一直延续不断，使人们有可能充分利用它。

2. 史料汇编

史料整理使大量史料得到分类编排，并有了全面的索引，但是材料太多，查阅不便，遂有了按一朝、按一个题目进行史料汇编的工作。这种所谓刊印史料（Printed Sources）数量是很大的。以莱文（Levine）所撰都铎时期参考书目（*Tudor England 1485—1603*, Cambridge 1968）为例。该书共收 2360 种书目，虽然比里德所辑书目 6543 种几乎少了三分之二，但是却是一部精选的书目，它所开列的已刊史料目录中，我们所感兴趣的有以下一些门类：

宪法和行政史 （Nos. 94—159）66 种

政治史 （Nos. 405—499）95 种

经济史 （Nos. 1075—1092）18 种

农业史 （Nos. 1280—1285）6 种

宗教史 （Nos. 1556—1686）131 种

以上共 300 多种

下面我们介绍几种见得到的书。

前面说过的《亨利八世朝的书信和文件》（*Letters and Papers, Henry VIII*，简称 L. P.）是很要紧的资料汇编。20 世纪前四十年研究亨利八世朝英国政治史的人写的书，其脚注多出自此。可惜我们还无此书。该书从 1862 年开始出，到 1910 年出完。近四十年来，人们突破这个范围，开始到 P. R. O. 中去找材料，埃尔顿正是这样。

经济史的材料汇编本来不多，仅 18 种。还好，国内可找到两种，且是最好、最主要的。一种是由两位比较接近唯物主义的专家陶尼（Richard H. Tawney）和鲍尔（Eileen Power）合编的《都铎经济文献》（*Tudor Economic Documents*），三大卷，至今仍是都铎经济史方面最重要的资料汇编，在国内历史较长的大学都可找到。困难在于它引用的是原文资料，有中世纪英文的，也有拉丁文的，相当部分不太好读，所以许多人不大敢用。另一种是布兰德、布朗和陶尼编辑的

《英国经济史资料汇编》(Bland, Brown and Tawney, *English Economic History Selected Documents*),此书年代亦久,1914年出版。所选材料从中世纪早期至19世纪,第二部分都铎时期占很大篇幅,材料选得很好,现在看来,对于了解圈地运动、毛纺织业、商业,乃至于专利权、羊毛价格都有一定用处。齐思和先生主编的《中世纪晚期的西欧》中有资本主义萌芽一部分,选译了该书中的主要篇目。该书用于教学是很不错的,但用于研究,则嫌材料不足。不过18种资料并非种种都这样。我们有了较好的两种,是差堪自慰了。

宪法史中,有两种很好的书。一种是坦纳编的《宪法文献,1485—1603》(Joseph R. Tanner, *Tudor Constitutional Documents, 1485—1603*),1940年剑桥大学出版社出版。坦纳是宪法史的大专家,受封为近代史钦定讲座的教授。

因为都铎史研究在近四十年发生了巨大变化,坦纳的书已不能适应需要。1960年剑桥大学委托埃尔顿编辑出版了另一部,名为《都铎宪法》(Geoffrey R. Elton, *The Tudor Constitution*),我作了比较,每部都有200多篇材料,但埃尔顿重编时,只采用了坦纳所选的120多篇,而新选了其余篇目。如果两部书都有的话,我们可以有400篇材料,还是很不错的。所谓宪法史,不是只讲宪法条文,内容包括王国政府的各种法律、刑事法庭记录、财政收入等等。也就是说,它涉及的面,相当于前述国王政府档案的内容。如果用它们来研究英国宗教改革、政府改革,都很有用,但它们不涉及社会下层,也不涉及经济史。

宗教史史料也多,但国内收藏很少,甚至南京金陵神学院都没有。

还想介绍一种关于英国通史的历史文献。即道格拉斯主编的《英国历史文献》(David C. Douglas, *English Historical Documents*),该书计划出十二卷,但不止十二本,有的一卷两本。都铎时期是两卷,1485—1558年是第五卷,1558—1603年是第六卷,分两册。第五卷是1967年出的,主编是C. H. 威廉斯。第六卷的预告已经出了三十一年了,至今仍未见出书。主编者叫普赖斯(D. Price)是个有名的专家,以三十年仍编不出,足见他的慎重,也可见选材之难了。

我们虽努力收集，而得到的资料与前述国外出版数字相比，仍只有几分之一。目前，外国学者或用缩微胶卷，或用电子计算机。所以我们应当呼吁，建立中心或者不论采取什么方式，来补充一下资料，我们不可能用中古英文的材料，所以最方便的是汇编。开创新局面恐怕应先抓这件事。350 种资料中哪怕买到 100 种也好。

当然也不是说要把书都看完再写文章。苏联的英国都铎史专家谢缅诺夫写《十六世纪英国圈地运动与农民斗争》，得到了英国人的承认。许多史书的参考书目上都要列上此书。而他所用的主要材料是利德姆（I. S. Leadam）所辑《圈地末日审判》（*The Domesday of Inclosures, 1517—1518*）。该书汇集了圈地运动调查委员会委员到十个郡进行调查后向大法官厅的汇报。《英国历史文献》中选了其中几篇。谢缅诺夫据《圈地末日审判》进行分析、排比、综合，终于写出了很有价值的巨著。

四、都铎史的研究

1. 英国国内的研究概况

一般说，英国都铎史研究的开始祖是弗鲁德（J. A. Froude, 1818—1894 年）。他在史学史上地位很高。他著述甚多，最主要的一本是《从沃尔西失势到西班牙无敌舰队覆灭的英国史》（*The History of England from the Fall of Wolsey to the Defeat of the Spanish Armada*），原想写完伊丽莎白朝，但未写完。该书从 1852 年开始出版，到 1870 年出完，共十二卷，过去大受推崇，但现在人们对之有所非议，提出两点指责，第一是笔风不严，细节错误多，第二是把朝代兴盛仅归于亨利八世，而贬抑伊丽莎白。前述莱文（Levine）的书中有对它的评语，认为错误如此之多，不应推荐给人了。不过著名的史学史专家汤普逊（Thompson）仍认为，尽管有其缺点，该书仍有不朽的性质。虽然该书用来不太保险，但我仍认为，它由一人于一百年前写成，这样的错误是很难免的。可以认为，弗鲁德开创了都铎史的研究。

20世纪都铎史的研究被英国史家分为前四十年和后四十年两段。

前四十年，都铎史研究名家辈出，著述如林。其中大师是A. F. 波拉德（A. F. Pollard, 1869—1948年），其杰作一为《沃尔西》，材料多取自L. P.，至今仍是传统传记中的范例；一为《亨利八世》，不算太出色，但较弗鲁德的强。篇幅小，只有两卷。他还有很多其他著述。

这一时期中还可举出几位名家来。

旧本《剑桥近代史》都铎时代这章的撰稿人盖尔德纳（James Gairdner）也是大师，著作很多。还有因尼斯（Arthur D. Innes），著述亦多。他写过都铎史，其书虽为以后埃尔顿写的所取代，但在当时仍不失为一位大专家。

其他各方面也都有专著出现。比如坦纳就有宪法史的著作。迪茨（F. C. Dietz）写了财政史的通史；霍尔兹沃思（W. S. Holdsworth）写了十二卷的法律史，至今都仍是名著。这几种著作既有用，又易找。

尽管前四十年研究得很详尽，似乎填满了各个空白，但近四十年仍出现了都铎研究的新高潮。最近英国出了一本文集，叫《英国史研究中观点的变化》（*Changing Views on British History*），是最近若干年的文集，提到近四十年来传统观点受到冲击，新的观点出现。书中所收关于都铎史的文章大概是两篇。谈的是近四十年来都铎史研究的新貌。

都铎史研究和其它断代史研究一样出现了新高潮，不过都铎史研究更热，出现了一些专著。下面择要介绍。

宾多夫（Bindoff）写的《都铎英格兰》（*Tudor England*）比较注重经济现象，经济部分较好。埃尔顿给予此书很高评价。此书北京有。

埃尔顿《都铎时期的英国》（*England under the Tudors*），1954年出版。这部书取代了原来因尼斯所写的都铎英国史，现在被英国人认为是大学的标准教科书，极受欢迎，多次再版。1978年、1980年都有再版。它主要讲政府的改革。

另外英国近年来出现多种多卷本的英国史，最主要的是牛津英国史，这部巨著中与我们的研究有关的是卷七，《早期都铎君主》

（Maekie, *The Earlier Tudors, 1485—1558*）和卷八《伊丽莎白朝》（J. B. Black, *The Reign of Elizabeth*），两部书包括的面很广。一般评价认为卷八比卷七编得好。两书书末的参考书目极有价值。

还有一部多卷本通史是狄更斯（A. G. Dickens）和加什（N. Gash）主编的。从15世纪起开始叙述，每卷大体包括50年。卷二是埃尔顿撰写的《改革与宗教改革》（*Reform and Reformation*）。本书主要讲宗教改革和政府改革，经济讲得少。作为通史，它叙述宗教改革已相当详细了。

英国还编有其他多卷本英国通史，新著很多，这里不一一介绍。

近四十年来也出了许多专史。例如尼尔（J. Neale）对议会史很有研究，他最擅长于伊丽莎白朝，仅关于伊丽莎白朝的议会和下院，他的著作就有三种，都很有分量。

埃尔顿的《都铎政府革命》是研究这一时期英国政治制度的一部名著。

宗教史研究方面，有一位休斯（Philip Hughes），写了三大卷《英国的宗教改革》。近四十年来研究清教运动也形成了一个小的高潮，出了不少专著，最著名者为纳彭（Marshall M. Knappen）的《都铎清教运动》。此外还编出了许多原始材料。

经济史上有几位名家。陶尼1941年发表论文《乡绅的兴起》（*The Rise of the Gentry*），挑起了长期的争论，二十年代他还写过《宗教与资本主义的兴起》，也是名著。斯通（Lawrence Stone）研究英国贵族，他写了一本名著，叫《贵族的危机》（*The Crisis of the Aristocracy, 1558—1641*），1965年出版，他们认为在都铎时期旧贵族在衰落，乡绅在兴起。此外就是 E. 利普森所著《英格兰经济史》，这本来是上个阶段的著作，但第三次再版时（1943年）作了重大修改，篇幅扩大得很多，材料也增加了。现在常见的第五版，用的也是第三版的版面。

G. D. 拉姆齐（Ramsay）研究英国海外贸易，著《地理发现年代英国海外贸易》；P. 拉姆齐（Ramsey）著《都铎经济问题》，涉及面较广；前面介绍过的瑟斯克写《英格兰和威尔士农业史》，这使我们更感兴趣,此外她还写过很多东西。

除此之外还有传记。这里主要介绍尼尔撰写的《女王伊丽莎白一世传》,是一本标准传记,到目前仍无新著出来取代其地位。本书国内有,商务已在组织人翻译。[①]

另外,许多作家不再着眼于国王、首相,而是为一些对时政或其他方面有影响的人物立传。例如 A. G. 狄更斯为克伦威尔写传,此书我们可以见到。又有人为亨利八世的财政代理人斯蒂芬·沃汉(Stephen Vaugham)、伊丽莎白时期重用的财政巨头、意大利人赫拉蒂欧·帕拉维西诺爵士(Sir Horatio Palavicino)写传。还有一些名人又出现了新传。如霍金斯传、沃尔特·雷利传等等,说明这一时期人们对一些问题的再研究也在开展。

都铎研究之风历久不衰,成果累累,截止到 1957 年 1 月,收入里德(Read)所编书目的原始资料、论文、专著共 6500 余种。

近 40 余年来英国都铎史研究中关心的问题是什么?有什么争论?下面介绍一下。

首先在社会阶级结构方面发生争论。1941 年陶尼《乡绅的兴起》的文章发表后,引起社会经济史学界的关注和长期争论;1948 年斯通写了《伊丽莎白时期贵族的剖析》,支持陶尼。1951 年持正统的陈旧观点的史学家特里弗-罗珀(Trevo-Roper)写了《分析的分析》,反驳斯通和陶尼。1952 年斯通撰文进行进一步的申述,1953 年特里弗-罗珀写了专著《乡绅》(The Gentry),1954 年陶尼写了《乡绅兴起后记》。这场争论历时十几年。参加者很多。下面介绍一下争论的基本观点。陶尼的观点是,1540—1640 年间,乡绅大量扩充土地,经济地位上升,旧贵族日益没落。斯通的文章用研究成果支撑贵族衰落的观点。反对者特里弗-罗珀认为应当对乡绅进行分析,在政府中供职的兴起了,在乡村的则比较穷;他反对谈贵族的衰落。讨论中公论不倾向于他。但埃尔顿在《都铎时期的英国》中采纳了他的观点。这个

---

① 该书中译本已于 1992 年出版。

问题关系重大。乡绅在农村资本主义萌芽中所占地位重要,研究乡绅的兴起使我们很感兴趣。

另外,我们国内比较关心圈地运动。40余年来,圈地方面文章不大多,也没有什么大争论。瑟斯克写了《都铎朝的圈地》(*Tudor Enclosures, 1959*)。这是通俗读物,未能引起重视。克里奇(Kerridge)写了《十六世纪以后的农业问题》(1969年)从法律方面涉及圈地运动,也未引起大的争论。英国都铎史学界对这个问题较冷淡。

政治制度方面争论的问题是"亨利革命"(Henrician Revolution)。这一名称由埃尔顿所提"政府革命"演化而来,又有人称其为"都铎革命"。这不是讲革命,而是讲政府制度的改革。埃尔顿所在的剑桥大学和牛津大学形成对峙。《过去与现在》杂志1963—1965年间发表了一系列文章,埃尔顿论点的反对者、牛津大学教授彭利·威廉斯(Penry Williams)和哈里斯(G. L. Harriss)提出,都铎史上是否有革命的问题。库帕(J. P. Cooper)也有这样的问题。埃尔顿进行了答辩。埃尔顿有两本论文集,我们国内也有。

从"政府革命"上又衍生出来一个问题。埃尔顿认为,克伦威尔是政府革命的核心人物,那么究竟应如何评价他的作用?埃尔顿认为政府革命是他一个人的功劳,引起异议。主要反对者是斯卡里斯布里克(J. J. Scarisbrick),他写了《亨利八世》一书,认为亨利八世和其他决策大臣都有功劳。这部书至今已代替了波拉德的《亨利八世》,成为标准传记。埃尔顿在1978年采纳了斯卡里斯布里克的观点。对这个问题我国学者兴趣也很大。在封建社会衰落、资本主义兴起的时期,统治者实行专制统治,不论叫改革或革命,都与专制主义相联。克伦威尔代表新贵族和资产阶级,反映了国王与乡绅和资产阶级联盟的问题。

另一个争论的问题是宗教改革方面的。关于宗教改革的动力,进程,存在着非常不同的看法。1982年《英国历史杂志》刊载了黑格(C. Haigh)的一篇文章,谈及近年来关于英国宗教改革的历史学,认为关于英国宗教改革有四派。第一派以埃尔顿为代表,主张改革是自上而下,进展迅速。认为到1553年,仅用了20多年时间,英国完全变成了新教国家。第二派以 A. G. 狄更斯为代表，认为改革是自下而上，进展迅速，动力不是来自政治原因，而是来自沉寂已久的罗拉德派，这提出了新问题，新观点。第三派代表是彭利·威廉斯，认为是自上而下，进展缓慢，到 70 年代才取得成就。第四派代表人物是科林森（C. Collinson），认为是自下而上，进展缓慢，16 世纪 40 年代新教徒只是一小撮，60 年代稍增，到 90 年代得到地方教区教士的推动，新教才迅速发展。这与埃尔顿的观点完全相反。争论各派都掌握了很多材料，黑格认为是各方据自己占有的材料，仁者见仁，智者见智。但是这一争论提出了新问题：人民群众究竟在宗教改革中起什么作用。这是很重要的。

以上争论多出自表象，没能涉及实质。这从另一个方面给予我们如何进行历史研究的启示。

2. 开展有中国特色的都铎史研究

目前我们的不利条件在于：第一，原始资料太少，我们花了几年所收集的，仅是国外出版数量的百分之一、二。第二，专业人才太少。第三，对国外这几年研究动态了解得太少。有利条件在于：第一，近年来所进新书不少，尽管侧重于通史，专著，少有文献选集，但在没有第一手材料的情况下也很有用。第二，近年来不少中青年同志关于都铎史写了不少文章，有的很好，这都是都铎史研究的希望。第三，英国人保守性很厉害，出了一位权威谁也不去碰。梅特兰的宪法史出版已七十多年，还没有人重写一部。我们没有这种束缚。当然最重要的是我们有正确理论。英国史家争论问题常常上升不到理论高度，例如，讨论政治制度改革，看不到专制统治与经济基础、阶级基础的关系；研究宗教改革，看不到宗教方面的变化是由资本主义萌芽引起。我们则不然。我们对都铎史的研究，起步虽较美、法、德为晚，也较苏联为晚，但是还是可以参加探讨的。苏联女专家施脱克马尔所著《十六世纪英国简史》是一部公认的有水平的好书，它深入浅出，处处有据，她所引的英文著作只截止到 40 年代，我们都有，而我们则处在 80 年代。同样以马克思主义为指导，只要下功夫，是可以超过她的。希望在年轻人身上。

下面对如何开创都铎史研究的新局面提几点建议：

1. 资料建设。应当大声疾呼买进原始资料，我们不无巧妇，就是缺米。一些权威性专著也应增补。还要增进重要期刊，包括考古、经济、宗教等与历史研究有关的期刊，都应购进。

2. 我们队伍的自身修养。作为一个老知识分子，我觉得理论确实重要。有了历史唯物主义，才能找出规律。另外就是外语，外文要学，还要好，用熟，提高阅读速度，不然大量著作什么时候读完呢？专业知识当然也要加强。

3. 进行打基础的工作。按我们北师院英国史研究室的想法，要争取译出一部都铎史，写出一部都铎史，编出一部分量大些的都铎资料。要想深入研究，这是必不可少的。同时，还要进行对人物和大事的研究。

4. 研究要从宏观角度出发。我常劝告我的研究生，学问不能像乾嘉学派那样做；同时又不能把范围扩大到材料驾驭不了的程度。要选择适当的题目从宏观角度出发，寻找历史发展的规律性。同时，进行比较研究也很可行。对都铎王朝和我国明朝的比较我有较大兴趣。它们年代大体相同，经济上同处资本主义萌芽时期，政治上都是专制王权。不好解释的问题是，英国何以在此后不久走上了发展资本主义的道路，进入了近代，而中国的资本主义萌芽到清朝被扼杀，以后沦为半殖民地、半封建的国家。要研究这个问题，既要掌握丰富的都铎史料，又要对明朝历史有较深造诣。我们希望有兴趣的同志不妨试一为之。

附注：

本文是 1984 年在一次讲习班上的讲稿，由门人记录，经本人过目。当时眼界不广，难免遗漏。所讲内容，只是当时所曾接触到的情况。谨此说明。

英国历史学家乔·鲁·埃尔顿及其学说

乔弗莱·鲁道夫·埃尔顿[1]是战后英国新一代的历史学家,执教剑桥大学达三十年,精于英国宪政史,著作甚富。本文拟就他对都铎王朝,特别是它的前期历史研究中的一些成果作一简单介绍。

埃尔顿出生于1921年,肄业于伦敦大学,毕业后在格拉斯哥大学任助理,1949年获哲学博士学位。这一年,剑桥大学历史系教师职位出缺,埃尔顿以格拉斯哥大学的推荐,与另一位后来成为中世纪教会史专家的瓦尔特·厄尔曼[2]同时被剑桥大学接受为助教。戴维德·诺尔斯[3]在回顾此事时指出:"这个日子在剑桥大学的历史上是划时代的,尽管我们并不曾意识到。"

此后,埃尔顿在剑桥大学历任助教、讲师、高级讲师,并获文学博士学位。从1967年起,任英国宪政史教授,直至今天。1954年他成为英国皇家历史学会会员,于1972年至1976年,任该会会长。今天,他是英国历史学界著名的权威人士。

埃尔顿于讲学之余,从事研究著述,据我们的不完全统计,各方面的著作近二十种,另外还有大量的论文。诺尔斯称赞这些成就"重新集中了国内外史学界的目光"。[4]

埃尔顿的著述大体可以分为六类:一、专著,二、教科书,三、

---

[1] Geoffrey Rudolph Elton.
[2] Walter Ullmann,剑桥大学中世纪史教授,曾任教会史学会会长,著有《中世纪教皇制度的发展》等书。
[3] 戴维德·诺尔斯(David Knowles):《早期都铎史上的埃尔顿革命》(*The Eltonian Revolution in Early Tudor History*),《历史杂志》(*The Historical Journal*)第17卷第4期。戴维德·诺尔斯是剑桥大学老专家,精于宗教史,埃尔顿来剑桥时他正担任中世纪史教授。
[4] 戴维德·诺尔斯:《早期都铎史上的埃尔顿革命》,《历史杂志》第17卷第4期。

参加编撰《新编剑桥近代史》，四、史料选辑，五、论文，六、其他；兹分别介绍如下：

一

埃尔顿的专著主要是围绕 16 世纪 30 年代都铎政府的改革和当时的执政者托马斯·克伦威尔的研究。50 年代之初发表《都铎政府革命》。二十年后又发表《警察与治术》和《改革与更新》，[①] 作为前书的补充。三书各有侧重，用埃尔顿自己的话讲，第一部研究"国家的治理者"；第二部研究"警察的首脑"；第三部研究"改革的发动者"。[②]

《都铎政府革命》系根据他的伦敦大学博士论文改写而成的。埃尔顿在书的导言中指出，以前关于都铎王朝历史的研究，兴趣都集中在诸如宗教、战争、外交、社会经济发展之类比较明显而重要的问题上面，关于政府的研究也都集中于议会的兴起、王权、枢密院的地位等"宪政"问题。至于财政管理、宫廷的变化、官僚制度等细小但带有根本性质的问题，却从来不曾有人深入研究过。出现这一现象的原因主要是文献混乱，史料失实，研究起来特别困难。[③] 他选择了这个艰难的课题。

在长达 440 余页的著作中，埃尔顿在详细考察都铎政府的几个主要部门在 16 世纪 30 年代发生的变化之后，归结出以下几点：（一）财政管理得到改革，管理机构由国王宫廷分出，成为若干平行的税收法院。（二）以前作为行政中心的御玺处让位于首席大臣的官署。（三）由从前非正式的枢密会议的核心成员组成正式的政府部门——枢密院。（四）几世纪来作为政府主体的国王宫廷此时成为为国王个人服务的机构。因此，他认为把都铎王朝仅仅视为中世纪的延续的

---

① 《警察与治术》（*Police and Policy*），剑桥 1972 年版；《改革与更新》（*Reform and Renewal*），剑桥 1973 年版。
② 引自玛格丽特·鲍克（Margaret Bowker）《〈改革与更新〉书评》，《历史杂志》第 18 卷第 1 期。玛格丽特·鲍克是剑桥大学历史教授。
③ 《都铎政府革命》（*The Revolution in Tudor Government*），剑桥 1972 年版，第 213 页。

看法是极其错误的,并且指出,在 16 世纪 30 年代所充斥的变化"如此密集而又发人深省,以致只有用'革命'一词才能刻画出所发生的一切"。①

埃尔顿在查阅各种档案材料时发现,"在这十年里,不论是有关国家和教会的重大问题,还是政府的日常琐事,几乎在每一件事上面都留下了克伦威尔的痕迹",② 从而得出了"克伦威尔是这场深刻的改革活动的幕后人"的结论,把这个在过去历史著作中一向不曾受到应有重视的人物一下子提到了主角地位。

埃尔顿不同意从弗鲁德③、波拉德④ 等都铎史大师以来对于亨利八世的传统看法,认为"只有亨利本人使得英国处于其所规划的进程之中"。(波拉德语)埃尔顿在本书中以大量的材料说明亨利耽于游乐而怠于国事。他还指出,亨利在位的 38 年主要可以分为三大阶段(沃尔西执政、克伦威尔执政和最后 7 年),每一阶段的政策各有特点,因人而异,互不相同。由此可见亨利八世固然权威极重,但并非政策的制定者。

《警察与治术》主要研究 16 世纪 30 年代都铎政府为实现改革而采取的措施。书中指出,亨利八世政府推行各种改革后,引起社会上强烈的反对,为了消除反抗,克伦威尔采取了许多措施,其中主要的是以 1534 年的《叛逆法》为代表的警察行动。

《改革与更新》主要研究克伦威尔的各种改革主张及其效果。书中就他在社会、经济、法律等方面的一些计划和他所起草的大量改革建议进行考察,从而说明他在这场改革中的重要作用。

鲍克曾经指出:"埃尔顿教授用这三部书和许多篇论文从各个方

---

① 《都铎政府革命》(*The Revolution in Tudor Government*),剑桥 1972 年版,第 427 页。
② 同上书,第 5 页。克伦威尔即托马斯·克伦威尔(Thomas Cromwell)。
③ 杰姆斯·安托尼·弗鲁德(James Anthony Froude, 1818—1894 年)是著名的都铎史专家,著作极富,以十二卷本的《从沃尔西失势到西班牙无敌舰队覆灭的英国史》最为有名。弗鲁德对亨利八世推崇备至。
④ 阿伯特·弗里德里克·波拉德(Abbot Frederic Pollard, 1869—1948 年)长期执教于伦敦大学,是当时英国史方面的权威学者。代表作为《亨利八世》1902 年版和《沃尔西》1929 年版。

面勾画了克伦威尔。"[1]

二

埃尔顿编写过两种教科书。头一种《都铎时期的英国》[2]出版于 1954 年，系英国历史学家查理·奥曼[3]主编的《英国史》的第 4 卷。这套英国史内容比较详细，共分 8 卷，分别由名家执笔。第 4 卷过去原为因尼斯[4]所撰。这本书到了 50 年代已因都铎史研究的深入而显得陈旧，需要改写，埃尔顿遂承担起改写的任务。他在书的序言中说，对于这样一个多事的世纪，不可能面面俱到，只能稍事涉及，冀免钝昧之讥。他认为书中最主要的内容应是国家及其领导人的政治活动，亦即广义的政府历史，至于其他诸如社会、经济、军事、文学等方面，则只能简单处理。他强调"对于某些内容，作者宁愿追求最新水平而不顾一般的喜闻乐见。因之对于一些问题，特别是托马斯·克伦威尔的地位、16 世纪 30 年代的重要性、都铎政治制度的性质等，做出了与已有定论完全相反的结论"。[5]这便是埃尔顿的编写宗旨。

这本书即是按照这一宗旨写成的。书中从几个方面对克伦威尔的事迹和作用加以叙述。在亨利八世与凯塞林的离婚纠葛中，"他出来割断亨利所有其他大臣所未能解开的纽结。"[6]在断绝英国与罗马教廷关系上所取得的成就，主要归功于"克伦威尔在制定法案方面的杰作"。[7] "修道院的解散摧毁了教皇政治最后的避风港，富裕了英国王室，牢固地确定了那些购进教产营谋私利的土地所有者阶级的新地

---

[1] 引自玛格丽特·鲍克《〈改革与更新〉书评》。
[2] 《都铎时期的英国》(*England under the Tudors*)。
[3] 查理·奥曼（Charles Oman）。
[4] 阿瑟·唐纳德·因尼斯（Arthur Donald Innes, 1863—？），系老一辈的都铎史专家，长期执教于伦敦大学，代表作除《都铎时期的英国》外，尚有《都铎和斯图亚特时期英国历史上的重要人物》。
[5] 《都铎时期的英国》序言，1954 年版，第 5 页。
[6] 同上书，第 129 页。
[7] 同上书，第 133 页。

位。这件事进行得十分彻底,并且出奇地平稳(只有'圣恩巡礼'一事除外),它代表了克伦威尔全部业绩的特点。"[1]"他众多而经久的行政改革为治理他着手缔造的新国家提供了整套机构。他在这一方面也和其他各个方面一样,证明他自己既富于长远的见识,也善于具体的运用,这里他再次充分地显示了一位富有建设性的政治家的风度,是罕见其匹的。"[2]埃尔顿在这里为克伦威尔刻画了一幅崭新的形象。

埃尔顿在题为"价格革命时期的英国"的一章里综合叙述了都铎时期的社会经济概况,对于这一时期的农业、工业、商业和货币制度都提供了不少有价值的材料,对于价格革命在英国社会上所产生的巨大影响也作了比较深入的分析。但是在这一时期社会阶级结构的问题上,却充分暴露了资产阶级历史学的偏见。他不承认都铎时期社会各阶级的存在,认为在 16 世纪农业占统治地位的社会里,划分阶级的工作"毫无希望",因为"不可能找到用以区分阶级与阶级的经济因素"。[3]他认为"都铎时代不是中等阶级产生的时代,单剩下资产阶级一个,在本文中就成为毫无意义的名词了"。[4]他还认为"在贵族与乡绅中间无法做出区别"。[5]他甚至指责某些历史学家关于乡绅问题的研究是替"马克思主义的人为臆造"卖力气。[6]而在埃尔顿自己看来都铎社会唯一值得做出的划分是如下三个类别:(一)王侯,(二)参加政府的人,包括贵族、乡绅,以及广义的自耕农、商人、律师等,(三)不参加政府的人。[7]其实这种划分正不免"人为臆造"之讥。

书出版后,风行一时,多次重印,《时代》杂志教育增刊上有一篇书评称赞它是"标准的都铎史教科书"。(见 1978 年版封底)1974 年本书再版,埃尔顿曾略加修改。他在再版序言中说:"书中所述仍是

---

[1] 《都铎时期的英国》序言,1954 年版,第 150 页。
[2] 同上书,第 184 页。
[3] 同上书,第 256 页。
[4] 同上书,第 252 页。
[5] 同上书,第 256 页。
[6] 同上书,第 256 页。
[7] 同上书,第 252—253 页。

我二十多年前要写的内容","总的说来,我继续保持我最初在书中所表示我的那些关于 16 世纪的见解。"书的版面基本未动,只在最后增加一章"校订记",对于长期以来由于他那些新见解在英国史学界引起的争论作了解释,并在个别问题上修改了自己的观点。例如在脱离罗马教廷的问题上,他不再认为是克伦威尔的独创,而承认在他执政以前亨利八世和大臣们已经有了国家独立的想法,但仍把采取有效行为的功劳归之于克伦威尔。[①] 他把全面的改写留给了另外的一部新著。

埃尔顿的新著《改革与宗教改革》[②] 出版于 1977 年,是多卷本英国通史《新英国史》的第 2 卷,这套《新英国史》是由狄更斯和加什[③] 主编的一套新书,内容从 1461 年讲起,到 1952 年为止,计划分为 10 卷,每卷包括大约半个世纪。目前见到的只有第二、五、六卷 3 本。

《改革与宗教改革》以宗教改革和政治制度的改革为线索,讲述 1509 年至 1558 年间英国的历史。书中以叙述亨利八世一朝为主,占全书 17 章中的 14 章,而亨利八世一朝又以托马斯·克伦威尔当政 10 年的改革事业为重点,涉及八章,由于篇幅甚大(全书 400 页),叙述相当详尽。

埃尔顿撰写此书,距前一本《都铎时期的英国》的出版,已经二十余年。在此期间,都铎史的研究是一个"最活跃"的领域,在政治、经济、宗教各个方面的研究中,都出现了不少重要成果。埃尔顿在序言中说,"将过去四分之一世纪致力于 16 世纪早期研究的多种多样而又数量巨大的努力汇为一编,现在已经是时候了。"从书中的大量脚注可以看出,他在这方面是做了努力的。

埃尔顿关于"亨利革命"的主张发表后,曾引起英国史学界的争议,特别是 60 年代前期,在《过去与现在》杂志中,曾连续发表辩论文章。埃尔顿在本书中采撷了一些不同的意见,部分修改了自己的看法。例如他在一个脚注中承认,"我在大约二十五年前所提到的东

[①] 《都铎时期的英国》,1978 年版,第 484—485 页。
[②] 《改革与宗教改革》(*Reform and Reformation*)。
[③] 狄更斯(A. G. Dickens),加什(N. Gash)。

西是过于简单化了，我过分突出了托马斯·克伦威尔个人，过多地强调了他的主张的独创性。……在这里，我将按照我现在信以为实的东西来撰写这段历史，既信赖别人的也信赖自己的研究成果。近来有关离婚案及其背景的最佳叙述见于斯卡里斯布里克所著的《亨利八世》，我特别信服他关于寺院法的分析；尽管我不能同意他关于1529—1534年的阐释，但却接受他关于亨利亲身参与其事以及其他诸点的论证。"① 这一次，埃尔顿不是把16世纪30年代的各种改革都归功于克伦威尔个人，而是归之于一个以克伦威尔为核心的集团（书中有时称它为"激进派"）。②

但是在政府改革和克伦威尔的作用等主要内容方面，埃尔顿保持了原来的看法，正如他在序言中所说的那样："假如二十五年来持续不断的活动（包括我本人和其他许多人的）不曾使我对这部历史的许多部分做出更动，我会感到烦恼；但是就我本人而言，我倾向于这种看法，1953年提出的预想与1976年总结的回顾在主体上是无大差别的。自然，别人会做出不甚满意的结论，而我却愿明白表示：这本书尽管屡经重新考虑（而我也恳切希望去做），但是并不打算改变或取消原来的观点。"这一点，在他以一节的篇幅为克伦威尔所作的评价中看得最为清楚。其结论是："克伦威尔在这个王国里发动了一场使国家生活的各个方面都呈现变化和改观的革命。他以非凡的韧性去追求一种中央集权王国的理想——这种王国应是经过彻头彻尾改革，按照当时所能提供的最好意见安排就绪（更能取悦于上帝），受到法律保护并由'国王在议会中'的强有力的王权统治的。那种理想断送了他的生命，但他却奠定了经历世纪而不曾毁掉的根基。"③ 作者确实不曾改变或取消他在前几种书中所形成的观点。

值得一提的是本书后面所附的参考书目。它列举了近三十年有关

---

① 《改革与宗教改革》，第103页。斯卡里斯布里克原文名为（J. J. Scarisbrick）。
② 埃尔顿认为这个集团的重要人物有欧斯塔斯·查普斯（Eustace Chapus）、雷金纳德·波尔（Reginald Pole）、约翰·福克斯（John Foxe），主要来自剑桥改革派。同上书，第136页。
③ 《改革与宗教改革》，第295页。

都铎历史研究的主要著作和文章,并附有简单评介,对于国外读者了解这一领域的研究概况,是有很大帮助的。

三

出版于 20 世纪初的《剑桥近代史》到 50 年代开始修订,《新编剑桥近代史》第 2 卷由埃尔顿担任主编,于 1958 年出版。新旧两书均以《宗教改革》为书名,所包括的年代范围基本相同,都以 1520 年到 1560 年为起讫。新书字数略少于旧书,两书章数亦无大出入,唯内容结构差别甚大。旧书以叙述西欧国家为主,新书则涉及整个世界。东欧、俄罗斯、新世界各设专章,最后一章还专门叙述欧洲与东方的关系。旧书以政治史为主要内容。新书于政治史之外,对于经济变化、文化科学、学校教育、政治思想、军事技术等均有专章叙述,这些显然是新胜于旧的地方。埃尔顿于编辑工作之外,自己撰写了"导言:宗教改革的时代"、"英国的宗教改革"和"西欧的宪政发展和政治思想"三章。旧书中英国一章系由盖尔德纳[①]所撰。这次埃尔顿按照自己的"亨利革命"的观点加以重写。其余两章则是分别对宗教改革时期欧洲各国政治经济、军事外交以及思想文化方面的特点和西欧各主要国家政治制度与政治思想的发展变化进行了综合的概括。《新编剑桥近代史》的总导言中宣布"各章的撰写者和各卷的主编只需承认【编写本书】的指导原则,而不为细致规定所限制"。从这一卷的结构和所撰几章的内容中,也可看出埃尔顿在世界史方面博洽的学识。

四

埃尔顿选编的《都铎宪法》[②]资料也是一项重要成果。早在 20 年

---

① 盖尔德纳(James Gairdner)系英国老一代的都铎史专家。
② 《都铎宪法》(*The Tudor Constitution, Documents and Commentary*)。

代初，剑桥大学宪政史教授坦纳曾出版过一部《都铎宪法文献》，① 沿用三十余年，多次重印。50年代末剑桥大学出版当局准备委托埃尔顿加以修订。但因几十年间关于都铎一朝历史的研究已有很大的发展，而原书所反映的还是半个世纪以前的学术水平，已不适合需要，遂由埃尔顿另外选编一本，于1960年出版。这本书虽然在材料安排、史料介绍和文献的历史沿革说明等方面沿袭了坦纳的编辑方法，但在资料的取舍方面却出入甚大，书中所选的216篇文献中，见于坦纳一书的只有127篇。因此，它完全是一种新的选本。

新本在内容方面较旧本为多，增添了一些新的题目，如"议会冲突"、"清教运动"等，在取材方面也较旧本为广，补进了一些关于克伦威尔、莫尔、窝尔星汉的资料，都是很有价值的。新本的另一特点正如序言中指出那样，"由于不存在一本关于都铎政府的全面叙述，我认为自己有责任提供一份尽可能细致而系统的描述。"由于编者在这一领域中造诣很深，故能为许多题目的说明提供重要的材料。例如"国王的岁入"部分的说明中，列举了都铎王室收入的门类、数字以及历代的增减等。又如"枢密院"部分的说明中介绍了这一机构的沿革、组织、成员和作用等。另外还有一些带有掌故性的材料，例如：三种印玺（国玺、御玺、私玺）的掌管和用途，对于读者是很有趣味的。

此外，埃尔顿担任了一套名为《史料，使用历史证据的研究》的史料丛刊的总主编，并亲自主编其中一本《1200至1640年的英国》。②

最近，埃尔顿还为德文版《宗教改革史档案》编纂一部《还托马斯·克伦威尔以本来面目》③的资料。早在本世纪初，梅里曼曾编过一

---

① 坦纳（J. R. Tanner）是英国著名的宪法专家，从1883年起执教于剑桥大学。1926至1927年曾一度代理钦定讲座教授职务，1931年去世。他的著作很多，主要有《都铎宪法文献》，1922年版；《十七世纪英国的宪政冲突》，1928年版和《詹姆斯一世统治时期宪法文献》，1930年版。

② 《史料，使用历史证据的研究》（*The Sources of History, Studies in the Uses of Historical Evidence*），《1200至1640年的英国》（*England 1200—1640*）。

③ 《宗教改革史档案》（*Archiv für Reformationsgeschichte*），《还托马斯·克伦威尔以本来面目》（*Thomas Cromwell Redivivus*）。

部《托马斯·克伦威尔的生平与信札》[1],汇集了不少重要资料。但埃尔顿认为梅里曼对于克伦威尔缺乏了解,评论失当,后来的一些教科书往往受其影响。[2] 四分之三世纪以来,有关克伦威尔的资料续有发现。埃尔顿希望通过他的新书所提供的证据能够对梅里曼书中的论点加以修改订正。[3] 他透露该书即将出版,人们将拭目以待。

五

埃尔顿撰写的文章很多,不下百十篇,刊登在《英国历史评论》、《经济史评论》、《历史》、《历史杂志》、《剑桥历史杂志》、《皇家历史学会会刊》、《历史研究所学报》、《过去与现在》等刊物上。1974年,埃尔顿选择 1972 年以前的文章编印成一部题为《都铎和斯图亚特政治和政府研究》[4] 的文集,收进论文和书评三十余篇,分为两卷,在剑桥大学出版。文集的大部分文章是探讨托马斯·克伦威尔和"亨利革命"的。另一些则研究了这一时期某些法案。其余文章对于亨利七世、沃尔西、莫尔等人物作了评论,文集还收进了作者 1946 年的一篇关于恺撒任高卢总督时间的考证文章,反映了他青年时期在拉丁文字和罗马史训练方面的造诣。

此外,埃尔顿还有几本历史学方面的著作,如《历史的实践》、《政治历史,原则与实践》等。《从事英国史研究的当代史学家》,是一部关于现代的英国历史学家的评传。从 1968 年起,他与赫希特共同主编《书目手册》。[5] 近年来他又为皇家历史学会主编《英格兰和爱

---

[1] 梅里曼(R. B. Merriman):《托马斯·克伦威尔的生平与信札》(*The Life and Letters of Thomas Cromwell*),牛津 1902 年版。
[2] 《都铎政府革命》第 72 页;另见埃尔顿为《不列颠百科全书》所撰"托马斯·克伦威尔"条目。
[3] 《改革与宗教改革》第 168 页。
[4] 《都铎和斯图亚特政治和政府研究》(*Studies in Tudor and Stuart Politics and Government, Papers and Reviews* 1946—1972)。
[5] 《历史的实践》(*The Practice of History*),1967 年版;《政治历史,原则与实践》(*Political History, Principles and Practice*),1970 年版;《从事英国史研究的当代史学家》(*Modern Historians on British History*),1970 年出版;《书目手册》(*Bibliographical Handbooks*),剑桥。赫希特原文名为(J. J. Hecht)。

尔兰历史每年新书目录》，从 1976 年开始。

三十年来，埃尔顿的科学研究，方面广阔，果实累累；他的"亨利革命"的见解被戴维德·诺尔斯视为"早期都铎史上的埃尔顿革命"，"为人们了解都铎图景增添了新的广度"。①

埃尔顿长期致力于研究工作，在他的治学态度方面，以下两点是值得称道的。

埃尔顿十分重视资料工作，从以下两段评论中，可以略见。

"埃尔顿博士在这项有关英国史的一个中心课题的探讨中显示了对档案材料的熟谙精通。全部的论证都建立在他对于那十年间卷帙浩繁、门类众多的资料的细密研究之上，没有一处以已编录的材料或第二流著作的论证为依据。因此，他揭示了大量有关这一时期的新材料，全部富于启发，多数饶有趣味。"②

"埃尔顿的研究之锋利有力首先在于他决心深入到《亨利八世信函与官报》背后去探讨它们所依据的手写材料。波拉德及其后继者显然已为布鲁尔和盖尔德纳编目的巨量文献所吓倒而仅就排印本进行研究。埃尔顿则决心探源，从而获得了正文，避免了舛错的传抄和误解的摘录，而且常常重新找到那些为编者所忽视或讹传的材料。他还进一步研究信函和法令的初稿，故能指出某一法案如何经过亨利、克伦威尔、奥德莱以及议会起草人员之手而逐步发展，因之往往能够对于政策的改变和人物的影响提出真知灼见。"③

埃尔顿的一些新见解正来源于他仔细钻研资料的真功夫。

另一点值得提及的则是埃尔顿不为成说所囿，勇于探索的精神。他曾说过："今天当人们必须审慎考虑任何对于传统标准的背离的时候，就不可能再对那一传统死抱不放了。"④19 世纪晚期以来，在都铎史研究的领域内，名家代出，著述如林，从弗鲁德、波拉德到费舍、

---
① 诺尔斯：《早期都铎史上的埃尔顿革命》，《历史杂志》第 17 卷第 4 期。
② 彭利·威廉斯（Penry Williams）：《〈警察与治术〉书评》，《英国历史评论》（*The British Historical Review*）第 348 期。威廉斯是牛津大学教授。
③ 诺尔斯：《早期都铎史上的埃尔顿革命》，《历史杂志》第 17 卷第 4 期。
④ 《改革与宗教改革》，第 353 页。

皮克梭恩，[①]就这个王朝的一些重要人物和重大事件写出了巨幅的著作。到20世纪40年代，人们认为都铎史的研究已到了"山重水复疑无路"的地步。就是在这个时候，埃尔顿异军突起，独树一帜，他从那些"留下了克伦威尔的痕迹"的档案材料入手，对16世纪30年代的历史重新研究，为这一时期的人物和事件做出新的估价，提出了与弗鲁德、波拉德等人大相径庭的看法。正像一篇关于《改革与宗教改革》一书的评论所说那样：

"埃尔顿教授在他那雄辩的叙事中，赋予这一时期为人们所熟悉的事件和人物以新的估量，一些英雄遭到揭露，例如亨利本人以一个'浅薄无知、反复无常、自以为是、权力无边的恣意妄为者'的面目而出现；历来被视为歹徒诸如诺森伯兰一类的人物得到了昭雪。同时，这幅描绘都铎政治和社会的画卷为英国的外交政策、教会、政治思想、经济，特别是国家方面错综复杂的变化，提供了全面的分析。在这里，正是由于托马斯·克伦威尔的目光和韧性推动了王国内部的一次革命和国家生活各方面的一次改造。"（见该书封底）

埃尔顿对克伦威尔的研究是有其坚实可靠的材料基础的，他对克伦威尔的业绩的估计也是比较符合实际的。但是，埃尔顿不信历史唯物主义，因之他未能将克伦威尔置于当时的历史环境和所处的阶级地位去进行考察，从而作出评价。

克伦威尔在英国历史上是一个彗星式的人物，除了当政的十多年而外，人们对他的早年生活所知不多。格林曾经指出："在整个英国政治家的行列中，没有一个为人们所希望了解得如此之多而实际却知道得如此之少的人物，能像克伦威尔那样。"[②] 但是这些空白已从后来的研究中得到部分的弥补。如果从他市民家庭的出身、在意大利与佛罗

[①] 费舍（H. A. L. Fisher, 1865—1940年），著名的都铎史专家，著有《亨利七世、八世两朝英国史》（*The History of England from the Accession of Henry VII to the Death of Henry VIII*）。皮克梭恩（K. Pickthorn, 1892—？）著有《早期都铎政府》（*Early Tudor Government：Henry VII, Early Tudor Government：Henry VIII*），1934年版。

[②] 格林（J. R. Green）：《英国人民简史》（*A Short History of the English People*），1921年版，第2卷，第332页。

伦萨银行家的交往、在伦敦所操的律师行业、在佛兰德尔经营的贸易以及他对马尔西里乌斯的政治思想的信奉等方面加以考察,[①] 人们是不难看出克伦威尔的阶级属性和他一系列政策所代表的阶级利益的。16世纪30年代在英国历史上是一个重要时期,资本的原始积累在进行,阶级关系在变化,专制制度在加强,历史现象是错综复杂的。如果我们利用埃尔顿所提供的这条线索去进行考察,就有可能对于这一时期的专制王权与乡绅和资产阶级联盟问题做出更为确切的解释。本文的提出,正是为了这一目的。

后记

本文系为1980年中国英国史研究会成立大会而作。当时只就所能搜集到的资料写成,也只就所见著述作出评论。时隔十余年,埃氏新著迭出,声誉日隆,成为英国史学界"修正史学"流派的首脑,这是笔者当年撰写本文时所无法预见的。为保持文章原貌,此次入集未加改动。幸好门人刘新成和刘城两博士在其文章中对埃尔顿和英国修正史学都有所论及,弥补了本文的不足之处。

---

① 根据克伦威尔1530年的信件,可知他此时仍继续操律师业务,并经营佛兰德尔的贸易。
马尔西里乌斯是14世纪意大利巴杜亚城的政治思想家,鼓吹民主思想,反对教皇特权,其学说对于后来宗教改革有一定影响。从前的历史学家大都认为克伦威尔的政治思想来源于马基雅维里;埃尔顿则认为是受马尔西里乌斯的影响,其论证颇具说服力。

史坛巨匠　后学良师

——怀念齐思和先生

齐思和先生是我国史学界前辈，桃李盈门，成果丰硕。在先生逝世两周年之际，特为此文，以志怀念。

一

先生原籍山东省宁津县，1907年生。父亲齐璧亭老先生是一位著名的教育家，早年留学日本美国，毕生从事教育工作，曾创办天津河北省立女子师范学院，担任院长，培养出大批人才。青年时期的先生，在这个家庭里受到良好的教养。

1921年，先生入天津南开中学读书。后来在南开大学执教的史学界前辈范文澜同志，当时曾在该中学任课。先生在经学方面得到范文澜同志的传授，造诣极深，为他后来从事古代史研究奠定了基础。1927年中学毕业后，进入南开大学，一年后，听从范文澜同志的劝告，来到当时全国的文化教育中心北平，转入燕京大学攻读历史。

当时在燕大历史系任教的有洪业、邓之诚、陈垣、王桐龄、张星烺、顾颉刚等教授，都是国内第一流的历史学家。先生在名师指点下，刻苦研习，获得优异成绩，1931年毕业后，被选派赴美留学。

先生赴美后，进入哈佛大学研究院历史系学习，专攻欧美历史。30年代曾被认为是哈佛大学历史系的鼎盛时期，"明星教授"云集，如艾博特、施莱辛格、摩里森①等，都在此任教。先生直接在他们的指导下从事美国史和欧洲史的研究，学业日益精进。他在研究班中的首篇论文即曾得到导师给予"very good"的好评。1935年，获博士学位，返回祖国。

归国后首应北平师范大学之聘，任历史系教授，并在其他大学兼课，当时先生只有二十几岁。两年以后，抗日战争爆发，师大内迁，先生返回母校燕大任教，并兼任历史系主任。1941年冬，太平洋战争爆发，燕京大学遭到封闭。先生拒受日伪之聘，转入私立中国大学任教。抗日战争胜利后，燕大恢复，先生返校任教，并兼任历史系主任、文学院院长。解放以后，燕京大学于1952年并入北京大学，先生转入北大任教，直到逝世。

四十多年来，先生始终坚守教育岗位，特别在解放以后，更是兢兢业业，竭心殚智，为祖国培养历史人才，显示了对党的教育事业的忠诚。"四人帮"被粉碎后，先生已是缠绵病榻，依然念念不忘为四化贡献力量，当听到各大学招收研究生的计划时，仍然壮心不已，打算承担任务，为国家再多培养一些人才。可惜病情日重，于1980年2月29日逝世，这一愿望未能实现。

二

先生学识精湛，方面广博，一生所授课程包括中国史商周至秦汉诸断代，世界史从古至今诸段，英美国别史以及史学史、思想史等不下十多门。解放前多开中国古代史课，由于先生于西周、春秋、战国的典章制度和学术思想造诣颇深，讲课中每多精辟见解。在抗战期

---

① 艾博特（W. C. Abbott, 1869—1947年）是英国史教授，擅长英国资产阶级革命时期历史，著有《克伦威尔传》，并编辑《克伦威尔言论著述集》。施莱辛格（A. M. Schlesinger, 1888—1965年）是美国史教授，著述甚多，以由他主编的13卷本《美国生活史》最为著名。摩里森（S. E. Morison, 1887—1976年）是美国史教授，曾撰《美利坚合众国的成长》，甚为有名，后专门从事海军历史和美国的海军史研究，著作甚丰。

间，先生还曾开设世界现代史课。当时孤悬在沦陷区的燕大，茕茕孑立，消息隔绝。先生大力搜集资料，分析综合，帮助学生了解第二次世界大战的形势发展，深受欢迎。穆楼的大阶梯教室，经常是座无虚席。解放以后，先生转任北大历史系世界古代中世纪史教研室主任，此后主要讲授这一专业课。

建国之初，百端待举，史学领域也是这样。广大历史科学工作者在党的领导下，在范文澜、翦伯赞等前辈史学家的带领下，为创建马克思主义历史科学体系而努力。先生也为这一宏伟而艰巨的事业贡献出力量。

当时高等学校的世界中世纪史教学深感教材缺乏。1953年先生开设此课，即着手编写讲义。此时大家对于系统的理论学习，都处于开始阶段，运用不无困难，而国外的以历史唯物主义理论为指导的著述，被介绍过来的还寥寥无几，唯一可资借鉴的是苏联高等学校的中世纪史教学大纲。先生讲课之余，奋力编撰，在短短一年中，编成一部二三十万字的《世界中世纪史讲义》，经过修改，于1957年由高等教育出版社出版，成为解放后出版的第一部自编中世纪史教材。今天距离该书脱稿已近三十年，新的中世纪史教科书已出版多种，但是重读该书，仍然感到有其特点。先生十分注意当时中国与亚欧各国的关系，在许多章中都有专节叙述。至于材料的收集，更见苦心，除征引大量原始材料和研究论文之外，人们还可以看到参阅许多西方史学名著诸如《剑桥中世纪史》、《剑桥近代史》、吉本著《罗马帝国衰亡史》、利普森著《英国经济史》等书的痕迹。当时用功之勤，可以想见。

1960年全国教材工作会议以后，开始统一编写世界史教科书，先生根据分工，主编上古分册。当时承担本书各章撰稿的同志多数是中年或青年教师。先生悉心擘画，周密安排，团结同志，通力合作，在较短的时间里，完成任务。这是我国史学界发挥集体力量编写的第一部多卷本世界通史的首卷，编者为写出中国的特色做了努力，其中有关东南亚国家和地区部分，材料翔实，水平尤高。今天这本书仍供各高等学校教学参考之用。

在编写教材的同时，先生还致力于中世纪史基本史料的选译工作。他为《世界史资料丛刊》主编了《中世纪初期的西欧》和《中世纪晚期的西欧》两个分册，对于该课教学，甚有助益。

建国之初，中国史学会提出一项编辑多卷本《中国近代史资料丛刊》的计划，先生承担了《鸦片战争》的主编任务。鸦片战争前后两次，历时20年，占整个近代史的四分之一，有关的中外资料，卷帙浩繁，编选工作，十分艰巨。先生接受任务后，广搜博采，遍及全国各大图书馆及私人藏书家。以第一次鸦片战争资料为例，所收集的史料多达200余种。这些资料包括官修书籍、谕折汇编、地方志书、私人著述、笔记、年谱、诗文等，外文资料方面包罗了英国议会文件、外交档案、私人著作以及新闻报纸等。先生从这巨量的资料中披沙沥金，细心选择，然后又对许多材料细加校勘，最后更分门别类，顺序编排，确实费尽匠心。第一次鸦片战争资料于1954年出版后，先生又着手第二次鸦片战争资料的编选工作，其间几经耽搁，终于在1978年出版。两部合计，字数在500万以上，有关的重要史料，大备于是，对于国内外从事这一问题研究的学者，嘉惠良多。1958年，先生还与翦伯赞、聂崇岐、刘启戈合编出版《中外历史年表》，为史学界提供了一部十分有用的工具书。

先生从事的上述工作，多属新中国历史学的基本建设，对于此后本学科的发展，做出了很多贡献。

三

先生讲课之余，从事研究，所发表的论文，不下40余篇，范围涉及古今中外。先生每研究一问题，必广事征引，细加剖析。因能达到很高水平。

先生早年从事中国古代史的研究，侧重两周。由于他的经学基础深厚，文字训诂之学亦有造诣，加以娴熟外国史事，并且受过严格的方法训练，所以往往能够提出新的见解。《战国制度考》(《燕京学报》

第 24 期，1938 年 12 月）是先生最早写出的文章之一。文中指出："自〔来〕学者于战国制度不肯措意，而此二百六十年间政治社会嬗变之迹遂晦而不明，湮而不彰。"先生研究战国史时，特别注意这一时期的年代、舆地、典章制度诸方面，凡见之于各种史料者，都"详加钩稽，勒为诸表"。[①] 本文就是他对所积累的有关制度方面的材料的系统整理。文章就社会经济、阶级关系、政治制度几个方面进行考查。在农业方面，重视牛耕铁耜的应用和土地关系的变化。在工商业方面，注意货币流行、人口增加、都市繁兴、平民解放与职业分化等问题。在"阶级制度之废除"和"平民之仕进"两个问题上，虽然误以贵贱区分的泯灭即是封建制度阶级组织的瓦解，并以"平民遂获得政治上之平等"来概括当时的阶级关系；但是文章的着重点乃在于考察各国的变法运动和学术的繁荣以及战术的改进等问题。在政治制度方面，则着眼于列国的中央和地方政治结构，指出全国从分裂走向统一的趋势。每一问题都引用了大量材料，全文脚注多达 400 余条，涉猎之广，功夫之深，可以想见。文章的结论指出："战国时代，诚中国史上，在未与西方文化接触以前，变化最剧烈之时代"；"诚为由古及今转变最重要之关键"。又指出秦朝的制度"大抵因战国时代之旧"，这些看法无疑是符合历史实际的。

先生于两周历史多所考证，往往突破陈说，提出新解。《毛诗谷物考》(《燕京学报》第 36 期，1949 年 6 月）即是一例。关于《诗经》中的谷名，历代学者曾做过大量注解考证工作，而以清代程瑶田之《九谷考》和刘宝楠之《释谷》最称精博。先生在为撰写《周代农业考》一文（未发表）收集材料时，发现程、刘两氏之作也不免舛错，故为此文，重加考证。文章就《诗经》中所见的十五个谷名，详加考证，订正了程瑶田以稷（谷子）为高粱之误和刘宝楠将蕡混为脂麻（芝麻）之误。文章还对古人食物的品种和制作，做了介绍。这些对于研究古代社会生活均不无参考价值。

---

① 已发表的如《战国宰相表》，载《史学年报》1938 年第 2 卷，第 5 期。

先生治学注重比较研究的方法，主张"将古代史与近、现代史，中国史与外国史联系起来研究，进行比较，就能使我们发现特点，找出联系"。(《谈谈怎样学历史》[1])在中国史和世界史的研究中，都曾写出这类的文章。兹以《孟子井田说辨》为例(《燕京学报》第35期，1948年12月)。井田制问题，2000年来众说纷纭，20世纪二三十年代，史学界曾有过一次关于井田制有无问题的讨论，参加人士甚多。先生在本文中提出自己的见解。文章指出，参加讨论的各家只争井田之有无，不曾详考后儒论说井田之所本；也不曾将西洋封建制度之田制加以比较，因之愈辩论而去题愈远。先生为此文，试图"以《孟子》之说还之于《孟子》，《周官》、《司马法》、《王制》之说还之于《周官》、《司马法》、《王制》，后儒之说还之于后儒。更旁稽西洋、日本封建时代之田制，以资比较"。先生认为孟子所谓的助法实际上相当于西洋史上的庄园制度。所谓公田，即是西欧庄园中的地主之田(Demesne)，私田即是佃农(Villeins)的耕地，而"布缕之征、粟米之征、力役之征"在西方亦复相同。因比，文章认为："然则助法乃封建制度下，田制之通则，孟子不过于此等制度，加以理想化、整齐化，将公田虐民之制，变为仁政之基"这一见解在本问题的讨论中，自成一家之言。

必须指出，先生撰写这些文章，都在解放以前，其时对于马克思主义的历史唯物论还无接触。他的史学观点深受旧史学传统的影响，文章中对于封建制度的概念和封建社会的起讫年代，率依旧说。但是由于先生见识深邃，材料坚实，一些成果至今仍然受到史学界重视。

40年代之末，先生又将研究范围延伸到中国近代史，而把目光集中在近百年的学术思想方面。1949年在《燕京社会科学》第2卷上刊出《近百年来中国史学的发展》，翌年又在《燕京学报》第39期发表《魏源与晚清学风》，而以后面一篇更见卓识。文章指出有清300年间，学术风气凡三变，由清初提倡实学至乾嘉而转为声韵训诂，再至

---

[1] 载北京师范学院教务处编《谈谈学习方法》，1980年，第28页。

道咸又讲求经世之学。"夫晚清学术界之风气,倡经世以谋富强,讲掌故以明国是,崇今文以谈变法,究舆地以筹边防。凡此数学,魏氏或倡导之,或光大之。"但是对于这样一位"集前修之大成,开一时之风气"的代表人物,一直不曾受到治清代学术者的重视,因此先生为文对魏氏加以评论。文章就魏氏生活的时代,他的经世思想,他在漕运、盐法、河工、兵饷诸大政方面的贡献,关于本朝史事的著述,对于边疆与域外史地的研究成果,对今文学的提倡等各个方面详加缕述,并给予很高的评价。近年来国内外学者对魏源的研究渐多。陈耀南在其所著的《魏源研究》(香港,1979年)一书的前言中指出,从前虽也有人对魏源做过一些评介,"不过,系统而比较全面地考究魏源的著作、事功,以至深入地探索他的学术思想,还是要等到1950年12月《燕京学报》39期齐思和《魏源与晚清学风》这个里程碑的出现。齐氏盛推魏源'兼揽众长,各造其极,且能施之于实行,不徒托诸空言,不愧为晚清学术运动的启蒙大师',这实在是绝非溢美的内行话。"陈氏并认为美国历史学家费正清与邓嗣禹在所编的《中国对西方的反应》(*China's Response to the West*)一书中推顾炎武、戴震与魏源为清学三变的代表人物,也是受到先生此文的影响。陈氏的评论,看来也非"溢美"。

从50年代起,先生的科学研究又转到世界史领域,主要集中在西欧封建土地制度和西方史学史两个方面。土地制度的研究可以《英国封建土地所有制形成的过程》(《历史研究》1964年第1期)一文为代表。过去,治世界中世纪史者每苦于国内收藏原始史料之不足。先生为此文时,正值〔英〕D. C. 道格拉斯主编《英国历史文献》陆续出版,第一、二两卷收录6至12世纪英国史料共540余件,凡1800余页。先生细捡埃塞尔伯特、威特雷德、伊尼、阿尔弗雷德、克努特诸法典,比德的《英吉利教会史》、《盎格鲁-撒克逊编年史》、《土地赋役调查书》等重要史料,分析排比,论述了英国封建化所经历的三个阶段,指出了英国与法国以及欧洲其他国家在封建化过程方面的异同,并批判了西方资产阶级学者在关于英国封建土地所有制起源问题的研究中罗马派和日耳曼派的片面观点。过去，我国史学界在这个问题上一向缺乏研究，一些著作和教材对此，往往语焉不详。先生这篇文章运用历史唯物主义的原理，根据大量材料，条分缕析，立论谨严，在中世纪史的研究中，洵不多见。

先生对于西方史学史亦有研究。他留意西方学界的流派，关心国外中世纪史研究的动态。他在《欧洲历史学的发展过程》（《文史哲》1962年第5期）一文中，结合社会制度和历史条件来考察古典作家的思想观点和作品，因能做出公允的评价。先生还写了一些书评和史学名著的中译本序言，介绍作者、著作及所属史学流派。在《〈十三世纪英国土地制度史研究〉一书的介绍》中介绍了苏联革命前后在英国史研究方面的师承渊源和学术成就。在［美］鲁滨逊著《新史学》（商务印书馆1964年版）及［美］汤普逊著《中世纪经济社会史》（商务印书馆1961年版）两书的中译本序言中，对于鲁滨逊的"新史学"及其流派做了介绍和批判，并指出该流派在解放前对我国史学界的影响，对于后学，确能增广见闻。

最后还应提到的是先生在中西交通方面的研究。他主张："今后研究世界史应当注意中国文化和世界各国文化间的相互关系，特别要注意中国文化在世界史上各时代所占的地位以及对世界各国文化所做出的巨大贡献。当然我们也要注意世界各国文化给予中国文化的影响。只有各个国家的史学家把他们本国史籍中所保存的与世界史有关的资料提供出来，并予以正确的研究，才能丰富世界史的内容。"[①] 先生的几篇有关中西交通的文章都是这样写的。

先生撰写《中国和拜占廷帝国的关系》一文时，广泛收集中国史籍有关拜占廷的资料，参考西方学者如玉尔、吉本、夏特等名家的著作，以中国和拜占廷双方史料互相印证，指出自东汉至明初的1300多年间，两国通使、通商关系，绵延不断，而且在南北朝、隋唐时期相当密切，从而补足了拜占廷史书的缺略。文章详细地考察了我国古书所载自拜占

---

① 《中国和拜占廷帝国的关系》，上海人民出版社1956年版，第37页。

廷输入的重要商品，从而更正了西方史学家一向以为在中拜两国贸易中只是由中国单方面输出蚕丝的错误看法。文章还详细叙述了中国的育蚕法传入拜占廷的经过，从而订正了吉本在《罗马帝国衰亡史》中关于波斯僧人偷运蚕子的离奇故事。文章还对拜占廷在东西方商品交换和文化交流方面的桥梁作用予以充分肯定。文章发表后，引起国内外史学界的高度重视，曾被译成俄文，转载在《拜占廷》杂志上。

粉碎"四人帮"后，先生又发表《匈奴西迁及其在欧洲的活动》（《历史研究》1977年第3期）和《我国古代的四大发明和对西方的影响》（《光明日报》1978年1月5日）两文，这是他在病中整理出的旧稿。匈奴西迁问题——包括匈人来源问题和匈人是否匈奴的问题——在西方史学界是一个长期争辩的问题。过去一些西方学者由于不谙中国史料，像吉本那样渊博的历史家竟然认为匈奴西迁为不可能，而另一些人虽然承认匈人即匈奴，但于西迁经过，仍感茫然。我国近代一些历史家如洪钧、章太炎等人虽然开始注意匈奴西迁的历史，但于欧洲历史所知有限，也未能加以解决，因之从公元91年窦宪破匈奴，北匈奴"逃亡不知所向"，到4世纪70年代匈奴突然出现于东欧，前后280多年的漫长行程，迄无定论。先生在《匈奴》文中广泛搜集古史有关材料，参考国内外学者的考证，仔细考察西域地理位置，追踪匈奴行进路线，大体上辨识出匈奴西迁行踪，并分作四个阶段加以叙述。文章还追述了匈奴在迁徙前的历史发展，并评论了匈奴进入欧洲以后的活动，使人们对这次迁徙看得更加清晰，更加完整。文章基本上解答了两个世纪以来悬而未决的问题，这是先生对世界历史研究做出的最后一个贡献。

先生毕生治学，方面广阔，成就很多，一些文章在国际上产生影响，是我们史学园地结出的硕果。

四

我们曾从先生受业，毕业后时有过从。先生的言谈举止，对我们教益良多。现将一些难忘的印象，缅述如次。

先生是一位爱国知识分子。他从美国留学归来不久，抗日战争爆发，北平沦陷。在祖国灾难深重的日子里，先生讲学燕园，宣扬中华民族的灿烂文明，阐述世界大战中敌我形势，对学生循循善诱，勉励将来成为有用之材。太平洋战争爆发后，燕京大学为日军占领。先生拒绝敌伪之聘，转入私立中国大学任教。由于薪俸菲薄，又到天津私立工商学院兼课，每周风尘仆仆，往返于平津道上。但是由于家口众多，子女幼小，而沦陷区物价飞涨不已，先生全家节衣缩食，勉强维持，甚至有时先生夫妇亲自挽车赴煤栈购煤，以节省戋戋的运费。先生处此困境，大节凛然，闭户读书，以待光复。

解放前，先生已是国际知名学者，他对两周史的研究曾为英美学人所称道。当时英国某著名大学曾聘请先生为该校教授，但是先生为了把自己的学识贡献祖国，毅然谢绝了这次重金礼聘。

解放后，先生热爱党，热爱社会主义，努力学习马列主义、毛泽东思想，忠诚党的教育事业。以学习为例，过去先生虽然博览群书，但于马克思主义所知甚少。此时先生虽已年逾不惑，但对马克思主义经典著作的学习，热情不亚于青年，而且见一本，读一本，坚持不懈。几乎令人难以置信的是，到70年代《马恩全集》全部出齐的时候，他竟尔在卧病中坚持完成了通读计划。至于革命导师的一些关于世界古代中世纪史的直接论述，例如《资本主义生产以前各形态》、《家庭私有制和国家的起源》、《德意志意识形态》、《德国农民战争》以及《资本论》的部分章节，更是反复钻研，不知精读了多少遍。通过长期学习和实践，他衷心接受马克思主义的真理，而且终生服膺，当作教学和研究工作的指导原则和批判资产阶级唯心史观的武器，终于树立起马克思主义的史学观点。

先生学识渊博，著作丰富，这固然由于资质聪慧，师承有自，但主要是由于他研读勤奋，治学严谨所致。先生好读书，遇新书必买，买后必读，遇有新的内容辄加摘抄，而于借到之书摘录更详。几十年所积累的图书资料，虽然经过"文化大革命"的损失，在先生寓所的阁楼上犹自盈箧充栋。70年代间,《剑桥世界古代史》修订本陆续出版,第1、2两卷由于70年来考古发现极多,原书均经改写,各扩充为上下两册。其时先生已年近七旬,体弱多病,听说新书已到,亲往北大图书馆借阅,逐本细读,并将新的材料笔之于簿。我们曾获睹这本读书笔记,不但提纲挈领,而且正楷端书,这种老而弥笃的好学精神,堪为后学的榜样。

先生每有著述,于遣材立论,都极为严谨,上述各篇文章,都是如此,这里再举一个例子。粉碎"四人帮"后,先生在病中整理《匈奴西迁及其在欧洲的活动》旧稿,业已杀青,准备发表,他听说考古研究所藏有近年出版的匈牙利学者玛恩辰-海洛芬所著《匈人的世界》一书(伯克利,1973年版),不曾寓目,不知其中有无新的材料。立即借来,一气读完,从中汲取一些考古成果,印证本文,然后才放心发表。

先生谦恭和蔼,平易近人,对于后学,尤为亲切。过去读先生文章,不时看到一些我们的老同学的名字,当时他们还是在校青年,只要有一得之见,先生即加以奖掖期许。至于登门求教,更是来者不拒。上文提到的那篇《谈谈怎样学历史》的谈话记录,就是他在逝世前几个月向一位从外地来京求教的大学生讲的。当时先生卧病已久,但是面对这个青年人,竟忘却医生静养的嘱咐,娓娓而谈,从对历史专业学生的要求谈到学习方法以及重要参考书籍,一气讲了一两个小时,这大概可以算作先生最后的一次讲课,这中间倾注了史学前辈对于后学多么深厚的关怀和殷切的期望!

1982 年

《查理大帝传》中译本序

查理大帝（公元 768—814 年在位）一称查理曼，是欧洲中世纪历史上的有名人物，是法兰克国家加洛林王朝的第二代君王。查理生活的年代，是西欧封建化过程急剧进行的时刻。他的全部政策代表了新兴的封建主阶级的利益。他统治的四十六年间，曾进行过五十多次战争，建立起囊括西欧大部分地区的庞大帝国，并为自己加上了"罗马人皇帝"的皇冕。连绵不断的战争使法兰克封建主掠夺到大量的土地和农奴，同时也使法兰克自由农民贫困破产，遭受奴役。就是在查理统治期间，法兰克封建制度终于树立起来。恩格斯指出："在占领高卢时构成了全部法兰克人中的普通的自由人等级消灭了，人民分裂为大土地占有主、臣仆和农奴，——这就是查理为取得他的新罗马帝国所付出的代价。随着普通的自由人的消灭，旧的军事制度瓦解了，随着两者的消灭，王权也崩溃了。查理把他自身统治的唯一基础破坏了。他还能勉强支撑下去；可是一到了他的后继者们的手里，实际上由他亲手造成的东西，却明显地暴露出来了。"[①] 这是对于查理的全部事业最为精辟透彻的评价，它戳穿了一千年来封建和资产阶级历史家为了替查理歌功颂德而编造的一切神话。

本书包括两种查理的传记。一种为艾因哈德所撰，另一种为圣高尔修道院某佚名僧侣所撰。两种传记均撰写于 9 世纪，是关于查理大帝的最早的史料。

艾因哈德约在公元 770 年出生于法兰克国家东部美因河下游地方一个有地位的封建主家庭里，779 年后被送进富尔达修道院受教育。

---

① 《马克思恩格斯全集》，第 19 卷，第 563 页。

由于艾因哈德学习出色，才智过人，在他刚过二十岁的时候被这个修道院的院长鲍古尔富斯推荐到查理的宫廷去供职。此时，查理已经成为一个十分强大的国家的统治者。他从欧洲各地延揽了一批知名当世的学者到宫廷来，讲求学问，兴办学校，其中最著名的人士是来自不列颠的阿尔昆。查理这种附庸风雅的举动曾获得资产阶级历史家的大声喝彩，被誉为"加洛林文艺复兴"。年轻的艾因哈德跻身于这个文学侍从的小团体，有机会博览群书，接触名家，并直接受到阿尔昆的教益，学识日益精进，成为这一"复兴"的后起之秀。

艾因哈德深受查理的宠信，也尽力为之效劳。他曾几次衔查理之命出使国外。但他绝大部分的时间都是待在查理身边，掌管秘书，参与机要。查理死后，他继续留在其子虔诚者路易的宫廷，恩宠不衰。他曾破例地同时兼领过几个修道院的院长职务，这原是教会宗规所不容许的事情。这时的查理帝国已随着地方封建势力的加强而走向解体。路易同他的儿子们父子兄弟之间战争频仍，宫廷里的阴谋事件也一再发生。艾因哈德决计离开这个政治斗争的漩涡，从830年起隐居于塞利根施塔特的一座修道院，直到840年3月14日去世。

艾因哈德流传下来五种著作，其中以《查理大帝传》最有价值。这部著作写于他住在塞利根施塔特的期间。加洛林时代的文风专以模仿古典作家为能事，艾因哈德撰写《查理大帝传》也是以苏埃托尼乌斯的《十二恺撒传》为蓝本的。

苏埃托尼乌斯是公元2世纪的罗马史学家。《十二恺撒传》是一部关于共和国末期和帝国初期罗马统治者的传记，记述从尤里乌斯·恺撒到多米提亚努斯十二个统治者的事迹。苏埃托尼乌斯曾供职罗马宫廷，接触过官方文书档案，因之他这本传记保存了许多珍贵的材料。但是书中同时也存在不少缺点，例如只着眼于皇帝个人行事的记载而忽略了对时代背景的叙述，为了追求趣味化而对元首的轶闻、宫闱的秘史作了过分的渲染等。这就使得这本传记比起同时代的塔西佗的著作来，在史料价值方面不能不居于次要地位。

《剑桥中世纪史》认为艾因哈德对于苏埃托尼乌斯的《十二恺撒传》，是从全貌乃至细节[①]的全面模仿。这种模仿为《查理大帝传》带来深刻的影响。在早期中世纪，教会垄断了历史的编纂工作。历史著作充斥着宗教迷信，成为天主教神学的仆从。这种现象，甚至连格雷戈里的《法兰克人史》和比德的《英吉利教会史》这类史学名著也在所不免。艾因哈德撰写本书时，刻意模仿古典著作，摆脱这种风气的影响，为查理的一生写成比较真实的记录，这是苏埃托尼乌斯给他影响的好的方面。但在另一方面，他已因袭了苏埃托尼乌斯只写传记主人翁而略去时代背景的笔法，在书中除了记述查理的对外战绩和宫廷生活外，对于这一时期法兰克国家国内外其他方面的情况几乎只字不提。另外，他又极力仿效古典作品通常采用的短小篇幅，"把这项工作压缩在最低的可能限度以内"。（见书中原作者自序）结果使得许许多多他所熟悉的重要材料都被舍弃；而这本本来可以写成洋洋巨著的作品，竟被压缩到两三万字，以致这半个世纪充满动荡和冲突的热闹场面，只剩下一些稀疏的线条留给后人，这是十分可惜的。

《查理大帝传》写成后，获得很高声誉。同时代人瓦拉夫里德·斯特拉博称赞它"提供了丝毫不假的真情实况"。（见本书瓦拉夫里德序言）另外也有人夸奖它的优雅文笔，直逼古典作家。从中世纪流传下来的手抄本，多达六十部，其传诵一时可以概见。

关于本书的评论，诚如艾因哈德本人在自序中所说那样："我认为没有人能够比我更真实地记述这些事情，而且我也不能肯定有没有别人会写出它们。"无论是同时代或者稍稍晚出的编年史籍与它相比，都可以说是无出其右的。尽管本书对于查理的论述有许多溢美的地方，对于史迹的记载也间有失实之处，但它仍不失为这一历史时期最重要的史料。

另一部查理传记的作者是圣高尔修道院的一个僧侣，已佚其名，

[①] 见《剑桥中世纪史》，1957年版，第2卷，第626页。

有人认为其人是诺特克，有人则不承认，今天已无从判断。① 至于撰写时间，书中却有线索可寻。据作者透露，这本传记是查理大帝的曾孙胖子查理在圣高尔修道院作短暂逗留时嘱咐他编写的。胖子查理前往圣高尔修道院的时间为 883 年，可知这本传记当在此时写成。本书流传至今已残缺不全，前面原有一篇序言，业已散佚；书的末尾也欠完整，作者在第二卷第十六节中曾表示要在写完查理的武功之后再写一些他的生活习惯和平日言谈，如果这些内容曾经单作一卷写出的话，今天也告阙如了。

查理大帝死去半个世纪以后，有关他的种种传说，先是在西法兰克，后是在东法兰克广泛流传开来。传说越来越多，查理这个人物也越来越神圣化，一些虚构的武功和捏造的神话，归到他的身上；一些诸如"萨克森人的使徒"、"耶路撒冷圣城的保卫者"之类的神圣光轮，加在他的头上，等到 12 世纪，查理便完全变成一个圣徒。

圣高尔修道院僧侣撰写这本传记，正是这类传说开始流传的时候。作者宣称他的材料根据来源有三，见于书中的则只有两个。其一是阿达尔贝尔特，他隶属于查理大帝的皇后希尔迪加尔德的兄弟克罗尔德部下，曾跟随查理对匈奴人、萨克森人、斯拉夫人作过战。另一是阿达尔贝尔特之子韦林贝尔特，他是同作者一起在圣高尔修道院修道的一个僧侣。第三个来源为何，不得而知。就前面这两个人而言，关于查理是可能提供大量珍贵材料的。但是传记作者基于其基督教会的神学观点，似乎对于那些带有迷信色彩的道听途说更有兴趣。他以更多的篇幅载录了这种荒诞不经的故事，致使他这本著作完全成了一本稗官野史，人们只有在拨开弥漫书中的浓云迷雾以后，才能发现若干有用的材料。

---

① 诺特克据《不列颠百科全书》载为瑞士北部人，生卒年代约为公元 840 至 913 年，曾在圣高尔修道院所设学校执教多年。诺特克素患口吃，有人就根据这本传记中作者自称口吃，断定为诺特克所撰。例如《剑桥中世纪史》称这本传记为"口吃者诺特克的有趣的小书"（见该书第 2 卷 625 页）。另外有人则认为单凭口吃一词，不足为据。例如传记的英译者 A. J. 格兰特认为这只是一种通常作譬喻用的自谦之词，不应就字面意义去理解。

但是也须指出，圣高尔修道院僧侣撰写此书，采撷了许多民间传说，因之在内容上与艾因哈德有所不同。他所叙述的范围不限于阿亨宫廷，而稍稍地接触到宫廷以外的世界，所记载的人物也非集中于查理一人，而是涉及其他某些社会阶层，因之书中所展示的画面，要比艾因哈德的记述宽阔一些。他描述了处于人身依附地位的匠人遭受的奴役折磨，教俗封建主生活的骄奢淫逸，高级教士的愚昧粗鄙，等等；也记载了查理生前和身后在宫廷内部酝酿的一次又一次的政变阴谋。这些都是9世纪的西欧封建社会的如实写照。把两部著作合在一起，可以为查理大帝近半个世纪的统治提供一个粗略的轮廓。《剑桥中世纪史》也指出，"由于艾因哈德，也由于圣高尔修道院僧侣脍炙人口的故事，查理的整个形象被刻画得十分有血有肉，非常清晰地摆在我们眼前"。①

艾因哈德和圣高尔修道院僧侣的原著用拉丁文写成。本书系据英国 A. J. 格兰特教授的英译本《查理曼的早期传记》(伦敦查托和温德斯公司1922年版)译出。英译本原有序言，今略去；原来的注释较繁，现只选译其中一部分，另外由中译者补注了一些，注释后面分别缀以英译者和中译者字样。限于水平，书中可能有不少错误，希读者指正。

1978年

---

① 《剑桥中世纪史》，第2卷，第627页。

《法兰克人史》中译本序

《法兰克人史》是 6 世纪法兰克国家历史的主要著作。作家都尔主教格雷戈里于公元 538 年[①]出生在一个高卢-罗马的世家望族,父母两系都是罗马元老的后裔。法兰克人入侵高卢后,这类家族在社会上依旧保持高贵的地位,并在基督教会里占居重要的教职。从格雷戈里的外曾祖父朗格勒主教格雷戈里算起,在他父母两系的长辈中任主教者,可以说是代不乏人。[②]格雷戈里在书中引用过法兰克国王洛塔尔一世称赞其外曾祖父朗格勒主教格雷戈里一家是"名门贵胄"的话(第四卷,第十五章)。在另外一处又写道:"都尔的历任主教除了五位以外,都与我的家族有关系。"(第五卷,第四十九章)可见他家世之显赫及其与教会关系之密切。

格雷戈里幼年丧父,寄养于伯父加卢斯处。加卢斯当时任克莱蒙主教,格雷戈里在这里先后从伯父及阿维图斯主教读书。后来他在《教父列传》书中自承:"我不曾在语法方面受过训练,也不曾从异教作家的完善风格方面受到教益,但是神圣的奥弗涅主教[③]阿维图斯教父的影响把我专门引向教会作品。"这一点,从《法兰克人史》的撰写和引证中,是看得十分清楚的。

公元 563 年,格雷戈里任克莱蒙教区副主祭,从此开始了他的教会生涯。公元 573 年,在奥斯特拉西亚国王西吉贝尔特的护持下,受任为都尔主教,在任二十一年,于公元 594 年去世。

[①] 另说生于公元 539 年或 540 年。
[②] 朗格勒主教格雷戈里之后,尚有里昂主教尼塞提乌斯、克莱蒙主教加卢斯、都尔主教尤夫罗尼乌斯等人。见本书第 3 卷,第 15 章;第 4 卷,第 5、15、36 章。
[③] 即克莱蒙主教。

格雷戈里勤于著述。他在《法兰克人史》的最后一章里为自己的著作开列了一张清单："我写过十卷《历史》、七卷《奇迹集》、一卷《教父列传》；我编撰过一卷《诗篇》注释；我还写过一卷关于教会祈祷仪式的书。"（第十卷，第三十一章）《奇迹集》一书以大部分篇幅记载都尔前主教马丁演示"灵异"的事迹，另外也记载了其他一些教会人士的类似事迹。《教父列传》包括二十篇高卢地区主教、修道院院长和隐士的传记。《诗篇》注释已佚。最后面的那本《教会祈祷仪式》是讲根据星辰运行位置以确定晨祷和夜祷时间的书。这些著作的宗教迷信色彩极其浓厚，就史料价值而言，是无法与《法兰克人史》相比拟的。

《法兰克人史》的撰写时间，约开始于格雷戈里就任都尔主教之后的两年间，最后一章完成于他去世之年，前后历时近二十载。全书所包括的时间始自《圣经》所宣扬的"创世"，止于公元591年，共分十卷，详近而略古。第一卷叙至公元四世纪末，着重于基督教的早期传播。第二卷主要记述法兰克人征服高卢的经过，写至公元511年克洛维死为止。格雷戈里在这两卷的撰写中曾使用了大量的文献材料，包括各种编年史、年代记、传记、信札以及地方大事记等，所引材料之名，部分见于书中，但许多都已散佚。另外他还采用了一些口头传说。从第三卷的中间起，格雷戈里已在记述他所生活的时代，但全书中最有价值的部分则是第五卷以后各卷。在这些卷所包括的时间里，格雷戈里已就任都尔主教。都尔是高卢的一个大主教管区，地位重要，一向为法兰克诸王所瞩目。在格雷戈里任主教期间，这个地区曾先后隶属于西吉贝尔特、希尔佩里克、贡特拉姆、希尔德贝尔特二世诸王治下。格雷戈里出入国王宫廷，结识朝中显贵，出席宗教会议，并有时旅行各地。都尔地处南北高卢之间，水陆交通便利，是过往官员、商旅和外国使节必经之地。当地的圣马丁教堂常为一些政治逃犯当作避难处所。圣马丁的坟墓又往往是一些患病和遭难的人祈求医疗和救助的地方。这一切，为格雷戈里广泛接触各阶层人士和大量收集各方面材料，提供了极其有利的条件。

《萨利克法典》和《法兰克人史》通常被视为墨洛温王朝早期最重要的两部史料。如果说前者为五六世纪法兰克人的社会制度勾画出一张清晰图景，那么后者则为6世纪，特别是它的后半期的法兰克国家生活描绘了一幅生动画面。

到6世纪后期，法兰克人徙居高卢已经约一个世纪，社会生活发生了很大变化。《法兰克人史》没有专门记述社会经济的章节，但在字里行间却不时透露一些这方面的情况。法兰克人定居高卢后，在土地制度方面存在着两种占有形式：一种是马尔克土地制度，另一种是大土地占有制度。马尔克土地公有制到此时已经破坏，村社成员的份地已成为占有者的自由财产——自主地。《萨利克法典》曾有"土地遗产无论如何不得传给妇女"的条文，以防止土地落到村社之外；此时希尔佩里克国王的一项敕令加以修改，规定土地遗产可以由妇女继承，正是这种变化的反映。但是，某些旧日习俗继续保存下来，书中几次出现血族复仇和交付偿命金的记载。大土地占有制度在继续成长。法兰克国王在征服高卢的过程中占有大量土地。接着，他们"把属于全体人民的辽阔土地，尤其是森林，占为己有，并把它们当作礼物，慷慨地赠送给他们的廷臣、将军、主教和修道院院长。这就构成了后世贵族和教会的大地产的基础"。[①] 原来的高卢-罗马大土地占有者大部分被保存下来，继续拥有其地产。法兰克和高卢-罗马的上层统治者与早在罗马时代业已拥有不少地产的教会共同构成了恩格斯在《法兰克时代》一书中所说的"大土地占有主阶级"。这个阶级的地产在6世纪后期继续扩大，而教会由于采用捐献、勒索、诈骗等手段巧取豪夺，其财富更是急剧增加。希尔佩里克国王有过一段话："你们看！我的国库一向是多么贫乏，你们看！教堂是怎样地把我们的财富给汲干了！"（第六卷，第四十六章）

这个时期，高卢社会的阶级结构也在发生变化。由国王、贵族、主教等大地主占有者构成了统治阶级。国王是这个阶级的总代表，如

---

① 恩格斯：《马尔克》，见《马克思恩格斯全集》，第19卷，第362页。

格雷戈里所描绘，王室子弟蓄着长发，作为天潢贵胄的特征。国王的儿子一生下来就有资格进行统治，女儿也保持"后"的尊号，拥有大片地产。法兰克贵族主要来自国王的亲兵和随从[①]，为了酬答战功和继续取得支持，国王赐以大片土地。一部分法兰克贵族在国王宫廷和地方担任官职。高卢-罗马贵族凭着所受到的较好的教育和保存下来的统治经验，不但独占高卢教会的教职，而且分享一部分宫廷和地方的官爵。此时，自由农民还保持相当数量，包括法兰克人和高卢-罗马人，他们享有人身自由，一般只占有小块土地。他们在战时构成法兰克军队的主体。[②] 在军队中有时还可以行使一下传统的民主权利。我们在书中看到洛塔尔的战士强迫国王对萨克森人进行战争（第四卷，第十四章）；也看到希尔德贝尔特二世的部众反对国王与希尔佩里克修好，并对为国王出谋划策的埃吉迪乌斯主教进行攻击（第六卷，第三十一章）。这仍是从前的军事民主制的遗风。但是战争也使得自由农民的处境日渐恶化，"他们被战争和掠夺弄得破产，不得不去乞求新贵人或教会的保护"，"不过这种保护使他们不得不付出很高的代价"。[③] 这种代价就是逐渐地丧失其人身自由。构成法兰克社会中被统治阶层的非自由人，包括隶农、半自由人、农奴和奴隶。我们从格雷戈里的书中只看到关于后两类人的记载。农奴和奴隶听任主人随意转让，任性驱使。希尔佩里克国王将女儿远嫁到西班牙时，征调大批农奴随往服役。格雷戈里在书中以一段感人的笔墨描绘了这幅生离死别的景象（第六卷，第四十五章）。至于劳辛一类的小暴君，对于农奴和奴隶的虐待，就更加惨无人道（第五卷，第三章）。此时的奴隶为数仍然不少。法兰克贵族也和高卢-罗马贵族一样地蓄养奴隶。奴隶的处境更加悲惨。弗蕾德贡德王后本人犯下谋杀罪行，却把一个奴隶

[①] 亲兵和随从在当时的史料中分别为 antrustiones 和 leudes，亲兵选自随从，经过特别宣誓后，在国王身边任护卫。

[②] 普菲斯特教授指出，法兰克人征服高卢后，其军队成分发生变化，高卢-罗马人可以参加军队。见《剑桥中世纪史》，1957年版，第2卷，第141页。

[③] 恩格斯：《家庭、私有制和国家的起源》，见《马克思恩格斯选集》，第4卷，第150页。

送去抵罪（第八卷，第四十一章）。不过，这一剥削制度毕竟已属过时。我们从书中几次看到释放奴隶的记载。各类非自由人与失去土地的自由农民，地位开始在接近。但是还需要两个世纪的漫长岁月，他们才全部汇合成为广大的农奴阶级队伍。而上文提到的那个大土地占有主阶级实际上就是封建主阶级的雏形。可见，封建社会的两个基本阶级此时刚刚处于形成之中。

统治者与被统治者之间存在着深刻的矛盾。法兰克诸王向百姓征课重税，地方官吏勒索骚扰，而当战争之际，军队烧杀抢掠，为害更烈。对此，广大居民奋起反抗。格雷戈里在书中留下了不少这方面的记录。例如特里夫斯、利摩日的居民反抗重税，攻击税官（第三卷，第三十六章；第五卷，第二十八章）；香巴尼居民驱逐温特里奥公爵，昂热居民驱逐提奥杜尔夫伯爵（第八卷，第十八章）；图卢兹居民惩罚肆行骚扰的贡特拉姆军队（第八卷，第三十章）；都是十分珍贵的材料。

格雷戈里对于墨洛温王朝国家生活的记载是十分详尽的。他通过苏瓦松广口瓶到剪除诸"小王"的一系列故事，勾画出克洛维建立强大王权的过程。他也记下了法兰克人同阿瓦尔、阿勒曼尼、勃艮第、西哥特、伦巴德等族人的战争和高卢统一的经过。根据法兰克人习俗，国王死后，诸子分袭疆土，因之几次出现数王共治的局面。由于争夺领土，经常发生兄弟阋墙，叔侄反目的事。加之布隆希尔德和弗蕾德贡德两王后之间的不解冤仇以及弗蕾德贡德的阴狠毒辣，更增添了宫廷阴谋和疆场喋血的场面。

随着高卢地区的征服，形成了法兰克国家。法兰克诸王经常驻跸于巴黎、梅斯、苏瓦松等城，国王宫廷成为国家的统治中心。国王宫廷里聚集着大批的官员，书中出现过的有总管、宫相、宫伯、秘书官、司马官、司库等职称。这些职务原来都由国王的近侍充任，后来改由贵族承担，成为国王的重要辅弼。在此期间，权势最重的是总管一职，掌管宫廷财务和地方王庄，地位在伯爵之上。宫相（书中一作王室总管）一职在本书中只出现很少几次，此时还未拥有多大的权力,要等到 7 世纪时,权势日大,逐渐取得真正的"相"的地位。

书中多次出现公爵和伯爵的名称,他们此时还是宫廷官员的一部分,与后来世袭爵号、割据一方的封君并非同一概念。法兰克王国沿袭罗马帝国旧制,将全国划分成许多以城市为中心的地区,各区均由国王派遣一个伯爵作为其代表前往治理。公爵地位在伯爵之上,一个公爵管辖几个伯爵,平时除香巴尼、阿尔萨斯等地设置外,其他地区一般不设,遇有战争则临时委派,指挥伯爵所率军队作战。公元 590 年,希尔德贝尔特国王进攻伦巴德人时,派出公爵达二十名之多(第十卷,第三章)。伯爵作为常设的地方官,掌管司法治安,监督国王税收,战时征调自由人从军等事务。伯爵之下设有伯爵代理、治安官等职。伯爵对于当地百姓任意敲诈勒索,干尽坏事。法国著名历史学家普菲斯特曾说:"在都尔主教格雷戈里的著作里面,一个诚实的伯爵的名字也找不到。"

墨洛温王朝的国家机构就是这个样子,不过直到本书结尾之年,它还保持了相当强的王权,这主要是因为王室依然保有大量土地和统率所征召的军队的权力,并得到教会的支持。但是就在此时,奥斯特拉西亚的贵族已经开始觊觎国家权力,出现了以劳辛为首的阴谋集团(第九卷,第九章)。公元 613 年,布隆希尔德在奥斯特拉西亚贵族的反对下,终于落得个国破家亡的下场。弗雷德贡德最小的儿子洛塔尔二世和孙子达戈贝尔特虽然一度将整个国家置于自己的统治之下,但是好景不长,由宫相摄政的"懒王"时期就要到来了。

关于宗教迷信活动的记载在《法兰克人史》中占了相当多的篇幅。到格雷戈里的时代,基督教在高卢的传布已有四百年之久,主要流行于城镇。西哥特人和勃艮第人徙居高卢中南部,又带来阿里乌斯教派。格雷戈里关于基督教在高卢的传播及其与阿里乌斯教派等异端的论战的记载,都有一定的参考价值。公元 496 年克洛维率领法兰克战士领受洗礼,这是法兰克王权和基督教会密切结合的开始。此后,墨洛温诸王无论对内进行统治或对外进行战争,都获得教会的支持。而这里的教会不但避免了其他日耳曼人入侵地区所遭受的破坏,而且在当地享有崇高地位和许多特权。这从书中墨洛温诸王对待格雷戈里及其他主教的友善态度可以得到证明。正因如此,克洛维的种种贪暴行径在格雷戈里的笔下却成了"秉着一颗正直的心在上帝面前行事,他的所作所为在上帝的眼里颇为可喜"。(第二卷,第四十章)

这时崇拜偶像、信奉奇迹等迷信活动在法兰克人中间十分盛行。按照格雷戈里的说法,"这一族人似乎一向崇拜偶像,对真正的上帝毫无所知。"(第二卷,第十章)而此时的基督教会也正利用"圣徒"的遗物遗骨和"奇迹"骗取财物。还有一些巫觋和骗子也在玩弄这套把戏(第十卷,第二十五章)。正如马克思和恩格斯在《德意志意识形态》书中指出的那样,在中世纪早期文化教育十分低落的情况下,人们对于"灵感、启示、救世主、奇迹创造者"的信仰,必然是"采取粗野的、宗教的形式"。[1]生活在这个时代并受到更多熏陶渐染的格雷戈里并不例外。他虽然痛斥过异教、异端,但对基督教的"圣徒"、教父们的"奇迹"却深信不疑,特别是对于在高卢地区久负盛名的"圣徒"、都尔教区早先的主教马丁,更是赞颂备至。《奇迹集》和《教父列传》两书就是以这类内容写成的。因此,作为教会历史家的格雷戈里在他这部著作中不时穿插进一些荒诞不经的东西作为插曲,也就不足为怪了。这些材料诚然没有多少价值可言,却反映了这一历史时期的社会意识形态的一个侧面。S.迪尔教授在论及格雷戈里这本书中关于宗教迷信的记载时指出:"假如他不是这样做,那就会违背他自己最深挚的信仰,也会为他的时代留下一幅残缺不全、使人误解的画面。"[2]

总起来看,格雷戈里的《法兰克人史》记载了法兰克国家历史上的一个时期,在此期间,法兰克社会开始走上封建化的道路。许多史料是有价值的。普菲斯特在《剑桥中世纪史》的"墨洛温法兰克人统治下的高卢"一章中指出:"6世纪仍然有两个著称于文学史上的名

---

[1] 《马克思恩格斯全集》,第3卷,第630页。
[2] 迪尔:《墨洛温时期高卢的罗马社会》,伦敦1926年版,第395页。

字，即诗人福尔图纳图斯①和历史家都尔的格雷戈里。……如果说福尔图纳图斯是墨洛温时代唯一诗人的话，那么都尔的格雷戈里差不多也是唯一的历史家了。在他的《法兰克人史》著作中，这个多事的时期连同它的弊病、罪恶和痛苦都重新复活了。……他可以公正地称作蛮族的希罗多德。"②这个评论是公允的。

  《法兰克人史》用拉丁文写成，留传下来有四种手抄本，到16世纪印刷成书。17世纪初出现最早的法文译本。英文译本目前见到两种，一种为 E. 布雷豪特的节译本，1916年美国哥伦比亚大学出版；另一种是 O. M. 道尔顿的足译本，1927年英国牛津大学出版。中译本根据道尔顿译本并参考布雷豪特译本译出。两英译本的序言均略去未译，注释选译了一部分，另由中译者补充了一些。由于水平有限，书中可能存在不少错误，希读者指正。

1980年1月

---

① 福尔图纳图斯与格雷戈里为同时代人，生于意大利，在拉文纳学习拉丁文学，擅长写诗；从公元564年或565年起住在高卢，与法兰克诸王、贵族相识，并与格雷戈里等教会人士交往；曾任神父，后任普瓦提埃主教；著有马丁等圣徒传记及诗歌、韵文多种，记载时事，可以补充《法兰克人史》所未及。
② 《剑桥中世纪史》，1957年版，第2卷，第156—157页。

《佛罗伦萨史》中译本序

马基雅维里（1469—1527年）是文艺复兴时期的一位巨人；他的《佛罗伦萨史》是人文主义历史学的巨著。

马基雅维里的故乡是意大利半岛上的佛罗伦萨。中世纪的意大利是经济上的先进地区，早在14、15世纪，这里已出现资本主义的最初萌芽。但是它在政治上却长期处于四分五裂的局面。15世纪后半期，半岛上存在着米兰、威尼斯、佛罗伦萨、教皇辖地和那不勒斯等五个较大的国家，另外还有一些较小的城市国家和诸侯国。各国之间争雄掠土，兵连祸结。此时的西欧已经有一些国家实现了政治统一，但在意大利半岛上却不存在一个能够完成统一的力量。各国统治者为了战胜对方，不惜勾结外国，引狼入室。到1494年，爆发了历时半个世纪，有法、西、德等国参加的意大利战争。

佛罗伦萨是意大利半岛上最大的手工业城市，也是资本主义关系最早萌芽的地方。但是这个共和国正如《佛罗伦萨史》书中所说那样，长期以来"受到公民内部接连不断的分裂的折磨"。（第二卷，第二章）1378年的梳毛工起义是世界历史上第一次手工工人起义。至于平民贵族间、政治党派间和世家大族间的斗争更是错综交织，史不绝书。从15世纪初期起，共和国政权归入美第奇家族之手，实行僭主政治，这个长期从事银行业和商业的家族[①]成了佛罗伦萨的无冕之王。马基雅维里描写这个家族最早的代表人乔万尼时说："他从来都不追求政府中的名位，但却享有一切。"（第四卷，第三章）1494年，法国军

[①] 过去曾有说法，认为美第奇家族以经营药剂起家。G. F. 扬在所著《美第奇》（1930年，纽约）书中指出这一家族从13世纪初起即经营商业和银行业，所谓以药剂起家之说，纯属无稽。见该书第14—15、760—761页。

队侵入意大利,美第奇家族投降,佛罗伦萨人民在萨伏那罗拉领导下举行起义,重建共和国。1498年萨伏那罗拉遇害后,共和国继续存在了14年,到1512年美第奇家族恢复僭主政治为止。这段时间构成了马基雅维里的政治生命的黄金时代。

马基雅维里一姓是佛罗伦萨的名门望族。尼科洛·马基雅维里出生于族中贫寒的一支。他的父亲只拥有距城不远的一小块地产。当时崇尚古典著作的研习,富家子弟竞投名师学习希腊文和拉丁文。年轻的马基雅维里由于家境清寒,不曾得到这样的机会。他之精通拉丁文,更多是依靠自学。这使他发展了独立思考的能力,摆脱了当时流行的刻意仿古、皓首穷经的风气。

马基雅维里早年可能充当过佛罗伦萨政府雇员。1498年,一向碌碌无闻的马基雅维里突然受任为国务秘书,在执政团领导下负责共和国的防务和外交事宜。这时他只有29岁。1501年前后,皮埃罗·索德里尼当选为终身正义旗手,马基雅维里受到索德里尼的赏识,成为他的重要助手,此后在国家事务中发挥了重大影响。

马基雅维里曾多次衔命出使外国。国外的情况给他以深刻印象。1500年,他第一次来到法国,亲眼看到这个统一于强大王权之下的国家的兴旺,并痛感自己所代表的佛罗伦萨在这里被蔑称作"乌有先生"的侮辱。他在罗马尼阿地区看到的是,凶残狡诈、自私自利的公爵恺撒·波几亚凭借强大兵力征服全区,实行有利于集中的改革,使各级臣民得到好处。[①]在出使德意志时,他对于这个国家的实力和它在政治上的弱点也做了深入研究。从这些经验中,他开始探讨救治自己长期分裂的祖国的方案。

马基雅维里曾对共和国军队进行改革。几个世纪以来,意大利各城邦一直使用雇佣军作战。这种军队骄横跋扈,缺乏纪律,而且不守忠信,容易叛变。马基雅维里建议政府从城市周围的农村中征集士兵,

---

[①] 此是当时著名历史家圭查迪尼和其他当代人的看法。匹普在《波几亚的政治》(1946年)书中否认波几亚有何善政。见《新编剑桥近代史》(1971年,剑桥)第1卷,第359页。

建立民军。马基雅维里曾指挥这支民军战胜比萨。但在 1512 年当由教皇、西班牙和威尼斯组成的"神圣联盟"军队来攻时,这支民军遭到失败。美第奇家族在西班牙人的扶植下,重返佛罗伦萨,恢复统治。

马基雅维里失去政府位置以后,又因涉嫌一项反美第奇的阴谋案件,遭到逮捕和刑讯,获释以后,活动仍受限制。从此,他住到城外属于他家的那块小地产上,过着清贫生活。为了重新谋得职位,他曾请托友人代向美第奇家族疏通,自己也一再上书干求,或进呈作品,冀求眷顾,但是都无结果,直到 1520 年才当上一名史官,承担纂修佛罗伦萨历史的任务。1527 年 5 月,佛罗伦萨再次发生反僭主政治的起事,放逐美第奇家族,重建共和。① 马基雅维里返回佛罗伦萨城,指望以他当年的劳绩,重获登用,再为共和国效力。但是就因为美第奇家族曾经给过他一点儿菲薄的恩遇,人们拒绝了他。在极度失望之余,他于同年 6 月病死。

马基雅维里政治上失意之日,却是他学术上成功之时。在任国务秘书期间,他曾起草过一些报告、文件,文笔优美,已见才华。他的主要思想观点此时也臻成熟,但因公务繁忙,一直不曾写出分量较大的作品。只是到了隐居于佛罗伦萨城郊的时候,才开始他的著作生涯。马基雅维里也和文艺复兴时期的其他巨人一样,多才多艺,学识渊博。他的著作分布在政治理论、文学、历史、军事学等几个领域。恩格斯在《自然辩证法》中写道:"马基雅维里是政治家、历史家、诗人,同时又是第一个值得一提的近代军事著作家。"②

马基雅维里去职以后写成的第一部著作是《君主论》。这是他对佛罗伦萨几百年间的"政治实验和激烈的改革"(布克哈特语)和本人十多年的从政经验的理论性的总结。他看到意大利长期政治分裂的恶果,认为只有建立起统一的中央集权国家,才能防止内讧,抵御外侮。他虽然信仰共和制度,但在现实生活中逐渐形成一种信念,在这个到处都存在着分裂和对立的半岛上,只有建立一个强大的君主政

---

① 参见 G. F. 杨《美第奇》,第 16 章。
② 《马克思恩格斯选集》中文版第 3 卷,第 445—446 页。

权，才能实现统一。君主拥有无限的权力，拥有来自普遍兵役的常备军，而不是雇佣军，以对付臣民和外敌。在议论君主的统治方式和手段时，他把当时意大利各地的暴君僭主，特别是罗马尼阿的波儿亚公爵，当作可资模仿的样板，认为他们所施展的强暴狡诈、背信弃义种种卑劣手段，只要有利于实现目标，都是可取的。马克思曾经指出，马基雅维里肯定认为"对于君主，作恶比行善有利"。[①]马基雅维里的政治思想反映了新兴资产阶级建立统一的中央集权国家的进步要求。但是他不是把实现统一的希望寄托于人民，而是求之于霸主。《君主论》于1513年写成，马基雅维里把它献给了美第奇家族。与这本书大约同时写成的，还有一本《论提图斯·李维的前十书》，评论古代罗马史事，借古鉴今，基本论点与前书相似，但不如前书著名。

马基雅维里编写过几部喜剧，以《曼陀罗华》最享盛名。剧中嘲讽了一个愚而好自用的丈夫并揭露了一个淫邪无耻的教士，结构紧凑，对话生动，被誉为当代杰作。另外他还写一些诗和散文，也享有极高的声誉。

1519至1520年，马基雅维里撰写了《兵法七卷》。这是他研究历史上的著名战役，考察15世纪和16世纪初西欧军队战术上的发展变化并结合他亲身指挥战斗的经验而写成的军事著作。这本书曾受到马克思主义经典作家的重视。[②]

《佛罗伦萨史》写成于1525年，这是马基雅维里最后的一部著作。美策奇家族授给他以史官的职位，其用意显然是要他为其先人老科斯莫和豪华者洛伦佐歌功颂德。但是马基雅维里所撰写的内容远不止此。他在书的头一卷里开宗明义地写道："应当弄清楚的是，经过一千年的辛勤劳苦之后，佛罗伦萨竟然变得这么衰微孱弱，其原因究竟何在。"（第一卷，第七章）他是要在对意大利的政治、军事等方面做过研究之后，再从历史角度进行总结，从而探求振兴祖国的道路。

《佛罗伦萨史》分为八卷，每卷又分为若干章。第一卷概述意大

---

① 《马克思恩格斯全集》中文版第1卷，第70页。
② 见《马克思恩格斯全集》中文版第14卷，第30、197页；第29卷，第184页。

利从西罗马帝国末年到 15 世纪的历史。在记述了蛮族入侵、意大利半岛分崩离析、封建主混战、雇佣军横行和城市内部的党争之后,作者不禁深深慨叹:"因此,在我写的这部历史中,必然会充满这类昏庸的君主和如此卑劣的军队。"(第一卷,第七章)第二卷以同样笔法概述了佛罗伦萨从建城之初到 14 世纪中叶美第奇家族初露头角时期的历史。这两卷可以看作是全书的导言。

从第三卷进入书的主体,一直写到 1492 年豪华者洛伦佐之死为止,以六卷的篇幅,记一百四十年之事,可以说是相当详细的。有些事件,着墨尤多;例如第三卷中关于 1378 年梳毛工起义的记载,长达三章,其中有一段关于一位起义鼓动者的讲话的记载,他说:"不要上当,以为他们的祖先的古老血统会使他们比我们高贵,因为所有人类都出于同一祖先。……所有那些获得巨大权势,取得大量财富的人,不是运用暴力就是运用欺骗的手法。……忠实的奴仆总是当奴仆,诚实的人永远受穷。……只有奋力,才能拯救自己。"(第三卷,第三章)这篇最早的雇佣劳动者的战斗宣言,是极其宝贵的史料。书中还全文载录了一些当时的重要言论,例如书中记录了一篇平民代表向执政的进言,进言者在列举历次党争之后指出:"只要有一个好政府,我们城邦就可以享有较好的命运。""在法律的良好影响下,这些可取的目标是完全可以达到的。"(第三卷,第一章)"好政府、好法律",正是资本主义萌芽时期意大利人民(包括马基雅维里自己)的长期心愿。这类材料也同样珍贵。此外还有一些关于美第奇家族"遍布欧洲"的产业、它向国内外的大量贷款和它后来停止商业经营转而投资于房地产的记载,以及有关热那亚的圣焦尔焦银行的描述,都是重要的经济史料。

然而,《佛罗伦萨史》在中世纪史学史上并非以材料见长,而是以书中的人文主义思想取胜。

马基雅维里在这部历史中一洗中世纪早期的教会人士修史的那种鬼神设教、迷信骗人的笔法。他不是以上帝的意志,而是用人的行动来解释历史的发展变化。他甚至还提出"千万不要把过去这些动乱归罪于人们的天性恶劣,而应归之于时代"(第三卷,第一章)的深刻见解。他对教会持批判态度,把教皇写作与世俗君主同样贪婪狡猾、穷兵黩武的人物。马克思说:"马基雅维里早就在他的《佛罗伦萨史》中指出教皇的统治是意大利衰败的根源。"① 对于一个与他同时的教皇西克斯图斯四世,揭露得更是淋漓尽致,说他的邪恶"真可谓前无古人";(第七卷,第四章)他"不是牧人,而是一只豺狼"。(第八卷,第三章)在另一方面,人们可以看到马基雅维里对于古罗马历史的深切缅怀。以前,他曾通过探讨李维的前十书来阐述自己的政治观点。这里,他又经常援引罗马的事例来说明当代的问题。文艺复兴的嗜古之风在他身上仍旧留有深深的印记。

马基雅维里此书超越前辈之处还在于他摒弃了那种排列史实的编年手法。他在《论提图斯·李维的前十书》的序言中宣称他要开辟"一条前人所未走过的道路",就是要从人类活动的形形色色的现象背后探求其共同的动机,从而找出一条普遍的规律来。他在撰写本书时尽量把一个事件的前因后果,国内国外各种因素联系起来加以综合叙述。布克哈特指出:"马基雅维里在他的《佛罗伦萨史》(到1492年为止)中把他的出生城市描写成为一个活的有机体,把它的发展描写成为一个自然而独特的过程;他是近代人中第一个具有这种观念的人。"②

由于种种条件的局限,马基雅维里是不可能发现他所寻求的普遍规律的。他从古罗马和意大利的历史中所看到的,只是"由治到乱,然后又由乱到治"(第五卷,第一章)的现象。他的这部著作也只能是在这种历史循环论的圈子里打转转。他认为,要求得长治久安,只有制定好的法律,政府才是自由的。古代一些长命的共和国,皆赖有此。(第四卷,第一章)这样的事业,在他看来,也只能由英雄伟人来完成。

《佛罗伦萨史》书中出现了上百个人物,其中有不少人马基雅维里都曾加以评论。对于美第奇家族的代表人物,自然是备至颂扬。他对老科斯莫的评价,采用了史书中皇帝本纪的体裁,并解释说:"因为

---

① 《马克思恩格斯全集》中文版第13卷,第475页。
② 布克哈特:《意大利文艺复兴时期的文化》中译本,商务印书馆1979年版,第80—81页。

对这样一位特殊人物，我不得不使用一些不平常的颂词。"（第七卷，第一章）对于力图恢复贵族统治的贵族派首脑里纳尔多·德利·阿尔比齐，他也认为是个"值得尊敬的人物"。（第五卷，第七章）甚至对于那个靠着梳毛工起义捞取到正义旗手职位而后又背叛起义的兰多也滥加赞美，夸奖他的"品质""才干"，把他对起义者的血腥镇压说成是"为祖国作出巨大贡献"。（第三卷，第四章）至于广大的人民群众，则很少在他的笔下出现，偶然提到，也只是陪衬而已。而于1378年的起义者，竟冠以"暴民"的恶名；他们短期取得的政权，也受到"令人作呕的统治"的诅咒。将人分成选民与群氓，分别加以褒贬，正是人文主义者惯用的笔法。

最后，值得提及的还有本书的优美文字。当时模仿古典文化之风盛行，大量古典著作中的词句被抄袭到作品中。马基雅维里不为这种风气所沾染，使用意大利文撰写本书。布克哈特说："他的活泼有力的思想，他的明确而简洁的表达方式，使他所使用的语言具有除'14世纪意大利作家'的优点而外的任何优点。"①

14世纪以来，佛罗伦萨曾出现过几部关于这个城市共和国的历史著作。②但是只有马基雅维里以其充沛的爱国热情、敏锐的观察能力、缜密的综合分析和生动活泼的民族语言写下的这部著作独享盛名。西方资产阶级历史家一直把这本书奉为近代历史学的先驱。无产阶级革命导师也曾给予好评，称它是"一部杰作"。③

马基雅维里的学说发表后，引起了不同的反响。有些国家的大臣采用了这种治术。有的思想家发表著作与之呼应。但同时也遭到另一部分人的反对，指摘他嘲弄宗教，败坏道德，鼓吹邪恶，行为放荡。特别是在天主教会发动反宗教改革运动的时期，他的一些名句也成为攻击的目标。后来更出现了"马基雅维里主义"一词，这大概是饱经

---

① 布克哈特：《意大利文艺复兴时期的文化》中译本，第374—375页。
② 例如乔万尼·维兰尼著《编年史》、布拉乔列尼·波吉奥著《佛罗伦萨市民史》、列奥那多·布鲁尼著《佛罗伦萨人史》等。马基雅维里本书多取材于上列诸史。
③ 《马克思恩格斯全集》中文版第29卷，第184页。

出生于意大利的法国王后卡德琳·德·美第奇暴政之苦并对意大利怀有强烈反感的法国人制造出来的。这个名词带有贬义，逐渐变成政治上尔虞我诈、背信弃义的同义语，加之后世的统治者往往将这个"主义"作为推行反动统治的理论根据，结果造成对马基雅维里本人的评价也是毁誉不一，是非莫辨了。

生活在文艺复兴时期的马基雅维里，在思想和生活的各个方面自然带有人文主义者的特征和弱点。但是必须看到，在他的整个思想中，爱国主义占居着主导地位。他的几部主要著作——《君主论》、《论提图斯·李维的前十书》、《兵法七卷》和《佛罗伦萨史》——都是环绕如何实现意大利的统一和富强而写成的。马克思主义经典作家曾经指出，16世纪以来的许多思想家"都已经用人的眼光来观察国家了，他们是从理性和经验中而不是从神学中引申出国家的自然规律"。[①]他们持"独立地研究政治的主张"，"政治的理论观念摆脱了道德"。[②]马基雅维里正是这类思想家中最早的一个。所以，他歌颂强者，宣扬暴力，为了实现统一意大利的最高目标，可以不择手段。埃尔顿在《新编剑桥近代史》中曾为马基雅维里的受到指责作过如下解释："他打算传授治术，他要按照他从经验和研究中所看到的它的本来面目去传授，而不受那种在书本之外再也找不到的道德箴言的影响。他不曾料到他所描述的这些策略在发表后却不曾用于为善。……他极力把他的理论公正地建立在事实确凿的基础上；他常说，这些事情确曾发生，发生的情况就是这样，它们提供的教训就是这些。……马基雅维里发出的问题永远是：'它是否可以达到顶期的目的？'而从来不是'它是否正当？'自然这就为他带来了恶名。"[③]这一评论应该认为是公正的。

1981年4月

[①] 《马克思恩格斯全集》中文版第1卷，第128页。
[②] 《马克思恩格斯全集》中文版第3卷，第368页。
[③] 《新编剑桥近代史》（1972年，剑桥），第2卷第14章，第460—461页。G. R. 埃尔顿是英国剑桥大学宪法史教授，本卷的主编和本章的撰写人。

《女王伊丽莎白一世传》中译本序

都铎王朝女王伊丽莎白一世在英国历史上被誉为一代英主，尼尔这本著作在史学界被认作是女王的标准传记。

伊丽莎白一世君临英格兰长达44年有余，大体相当于16世纪后半期（1558—1603年）。那时是英国社会变化剧烈的时期，这种变化包罗了经济、政治、文化、宗教诸方面，标志着英国正向着近代化的道路迈进。

16世纪英国农村发生明显变化。农业生产技术有很大的提高。这一时期，特别是1560年以后出版的许多农书记录了提高生产力的经验。圈地运动在都铎时期一再出现高潮，尽管波及范围不大，但它初步划破了笼罩在英国农村上的封建主义乌云，从而透露出资本主义的曙光。英国农村中这些变化常被历史学家称作"农业革命"。

在手工业方面，长期被誉为"民族工业"的毛纺织业在都铎王朝前期只是一枝独秀。尽管近年来一些英国著名学者如拉斯莱特、帕利泽等对于某些大规模的集中手工工场的出现提出质疑，但是大量的分散手工工场的存在已传递出资本主义手工工业的消息。1549年，英人曾抱怨本国工业不振和大量外货进口。但到1580年情况已经改变。这一年，当莫斯科公司打算派出船只取道北冰洋寻求通往中国的商路时，著名地理学家哈克路特曾建议其领导人多携带英国工业品样品前往。所开货单品种繁多，大都是30年前仰仗进口的日用商品，此时不仅自给，而且有余，渴求外销。采矿、冶炼、制铁、造船等大型产业在都铎后期都在迅速发展。在女王的大臣威廉·塞西尔和莱斯特伯爵的倡导下，从德国引进技术，延聘专家，成立矿业公司，建起制铁工业中最早的资本主义企业。都铎早期诸王开始注重船舶建造，但成就不大。伊丽莎白时，造船业蓬勃发展，除了代特福德、南安普顿等主要造船中心以外，几乎每个小港口城镇都居住着熟练的造船工。到16世纪80年代初，英国拥有的100吨位的船只已接近180艘。重型工业的增长加强了英国的实力，为后来称雄海上奠定基础。

都铎时期商品经济有较快的发展。国内贸易虽因本时期原始资料缺乏，研究不深，但是可以肯定，其数额是远超对外贸易的。海外贸易的地域日益扩向远方，大多数的贸易公司在伊丽莎白时期建立起来，其中一部分股份公司已属于资本主义性质。

16世纪后半期，英国城市日趋繁荣，地方城市约有70个，或以商业，或以手工业著称。伦敦是全国最大的城市，女王即位之初，伦敦人口约有10万，到女王末年猛增到20万。它聚集了全国大部分财富，从历次向朝廷提供补助金的数字看，它比起位居第二的城市诺里奇来，要多出10倍，有时甚至多30倍。伦敦既是全国政治中心，也是经济中心，还是外贸中心。这里居住着来自全国各地的商人。伦敦市政为12个大的同业公会的富商所主宰。伦敦居民拥戴信奉英国国教的女王，成为女王政策的重要支柱。

资本主义关系的成长使得16世纪英国社会阶级结构和阶级关系发生变化，其特点是旧贵族的衰落和乡绅的兴起。这一问题虽然在英美史学界一直争论未休，但人们清楚看到此时的封建贵族已面临危机，而带有资本主义倾向的乡绅阶层正在兴旺发展。都铎王朝建立后，对封建贵族采取裁抑政策，吝于封赠爵秩，贵族人数不多。伊丽莎白在这方面比起乃祖乃父更加保守。贵族们手无实权，麇集都城，参与上流社交活动，乞求国王恩典。他们挥霍无度，坐吃山空，经济处境每况愈下。1558年底，每一贵族平均占有庄园54座，到1602年底，只占有39座，平均减少四分之一以上。1559年，已有六家贫穷贵族年入在500镑以下，低于乡绅平均岁入。乡绅参与圈地，从事兼并，靠出租土地或经营农场发财致富。这个队伍又从富商、退休官吏和发家的自耕农得到补充。乡绅子弟被送进大学或法律学校读书，或送往城市学徒，一部分人后来成了官吏或富商。乡绅中许多人在本乡担任治安法官，有的到朝廷中任职。书中提到的一些朝廷大员都出身于这个阶层。所以作者在书中写道："从这个阶级中，都铎诸王选拔出他们最好的臣仆。"

16世纪后期，英国社会经济的发展是显著的，然而促成这种发展的国内外有利环境却是得之不易的。伊丽莎白即位之初所面临的局面十分棘手。亨利八世的穷兵黩武和滥发劣币破坏了经济；爱德华六世时出现了贵族结党和人民暴动；玛丽恢复天主教引起了宗教纷争，对外战争失败招致了人民的强烈不满。国际形势也十分险峻。西班牙、法兰西、苏格兰形成了对英国的月牙形包围圈，前朝对法的战争状态还未结束。英国此时是信奉新教国家中主要的一个，大陆上的新教徒视英国为新教的堡垒。这不仅加深西、法天主教国家的敌视，更激起罗马教廷的仇恨，它们都是必欲颠覆之而后已。国力不甚强大的英格兰处于天主教势力的包围圈之中。

伊丽莎白一世的统治就是在这种形势下开始的。经过近半个世纪，英国在近代化道路上前进了很大的一步，国内长期保持稳定，经济得到迅速发展，战胜西班牙后，成为海上强国。

要想将伊丽莎白70年的生活、44年的功业收入一本篇幅不大的传记里，难度是极大的。作者尼尔根据浩繁的史料，以其深邃的识见，从这70年的历史中选择一些关键性问题作为线索，为女王生平勾画出一幅浓淡相间的轮廓。这些问题主要是宗教问题、外交问题、婚姻问题和王位继承问题。这些问题相互关联，又互相制约，是都铎王朝治乱兴亡之所系，也与女王切身利益密切相关。几十年间，女王一直为这些问题所缠绕，甚至为之牺牲了自己的终身大事。

英国宗教改革发端于16世纪30年代。伊丽莎白出生后即接受英国国教的洗礼和命名。此后直到她登上王位的25年间，英国宗教改革经历了停滞、前进、天主教复辟的曲折历程。宗教改革的反复，把英国人民撕裂成多起，宗教迫害和信徒流亡时时发生。国教徒对于伊丽莎白的登位寄予希望，指望她将英国宗教改革推向深入。然而女王深知兹事体大。天主教在英国仍拥有巨大的势力，激进的宗教改革甚或会危及女王的专制统治。她表示要效法其父所做那样致力于宗教改革。重建的英国国教保留下许多天主教教义和教仪，这就是本书所说的"兼容并包"的宗教政策。激进的国教徒对此不满，要求加以"清理"，他们成了"不驯服的臣民"。女王的宗教改革为她这一朝代避免了当时在大陆上多处爆发的宗教战争。

在强敌环伺的形势下，外交政策是英国政府保卫国土的重要手段。领地广袤的西班牙是英国最危险的敌人。西王菲利普二世与玛丽女王结婚后曾获得英王的称号，在玛丽死后对于这片国土依然觊觎不舍。法国与英国为宿敌，长期兵连祸结。玛丽女王随同西班牙对法作战，丧师失地，到伊丽莎白登位时尚未议和。同法国长期结盟的苏格兰又从北面构成对英国的威胁。在大敌当前的时刻，女王政府巧妙地利用了敌国之间及其内部的矛盾。西、法两国在历时65年的意大利战争中是交战的双方，直到伊丽莎白即位的第二年始行议和。到60年代，这些国家内部都出现了麻烦：法国国内发生了胡格诺战争；西班牙庞大帝国中爆发了尼德兰革命；苏格兰也发生了反对女王玛丽·斯图亚特的苏格兰长老会起义。女王政府利用时机，折冲樽俎，几次弭战火于未然。这期间，女王不但亲自运筹帷幄，而且不惜以自身婚事为筹码，施展婚姻外交。英国以纵横捭阖的外交手段为自己赢得了20多年的和平发展时间，到80年代英西之间战争不可避免时，英国已蓄积起相当的实力，足可与西班牙一决雌雄了。

都铎王室以远支夺得王位，王室的子嗣几代单传，对于保持王位继承不断的问题极为关注。亨利八世为此几次作出规定，排定其子女继承王位的顺序。爱德华六世和玛丽都不曾留下后嗣，传到伊丽莎白已是这一顺序的最末一个。女王的婚姻问题不仅关系到王朝的延续，同时也牵涉王国的前途。玛丽女王的婚姻给英国带来的祸患已成为前车之鉴。正因如此，女王的婚事遂成为举国上下关心的大事。尽管外国王公贵胄前来求婚者络绎不绝，大臣和枢密院一再敦促，但女王不能不从国家命运和宗教信仰诸方面细加斟酌。婚姻谈判涉及几个国家，持续20年，女王始终举棋不定，终致岁月蹉跎，年华老大，都铎王朝注定要断统了。

伊丽莎白终身未婚，子嗣无望，王位继承问题更形突出。按照都铎谱系，苏格兰女王玛丽·斯图亚特是最有资格的王位继承人。玛丽笃信天主教，曾扬言要在英国恢复旧教。她在苏格兰国内行为放荡，声名狼藉，被赶下王位，逃奔英国。多数英国人对她十分憎恶，一些下议院议员公开宣称，玛丽是个外国人，不能在英国继承王位。玛丽虽被女王政府幽禁达20年，但往往成为英国天主教阴谋的中心人物。伊丽莎白不愿担当屠戮亲族的恶名，更不愿开诛杀国王的先例，对玛丽一再宽容，直到阿宾顿阴谋败露和对西战争迫在眉睫的时刻，始行处决。天主教在英国卷土重来的威胁得以消除。新的王位继承人选则要到女王临终前才确定下来。至此，都铎王朝遂为斯图亚特王朝所替代。

上述几个问题构成了这本传记的基本线索，然而女王的业绩远不止此。许多在本书中着墨不多的事功，诸如击败西班牙无敌舰队之类，已见于一般历史著作，传记作者有意从略，本文也不再赘述。这里只就当时的政治制度稍作一些补充。

都铎王朝实行专制君主制度。这种政权出现于封建制度走向解体、资本主义生产关系正在成长的历史时期，并受到新旧两种力量的支持。传记作者尼尔在另外的地方也谈到伊丽莎白一朝是一个"平衡"的时代，此时的"保守因素"和"新力量"互相抵消。这里的保守因素指的是旧的大封建贵族，新力量指的则是成长中的资本主义关系的代表阶层——乡绅和工商业者。女王正是凭借这两种力量的支持来行使其专制王权的。

女王的主要支持力量来自乡绅和商人，这些阶层为女王政府提供了得力的臣宰，也向议会输送了大批的下院议员。传记中提到的威廉·塞西尔、尼古拉斯·培根等枢密大臣都出身于乡绅家庭，对女王施政起了重要的辅弼作用。托马斯·格雷沙姆是伦敦大商人，充当女王的财政顾问，对政府财政多所擘画。议会在经济和政治方面给予女王以大力支持。伊丽莎白正是在这种新兴力量的辅佐与支持下，推行各方面的政策，为政局安定和经济繁荣创造了条件。

伊丽莎白本人在其治术与权谋方面也鲜明地表现出处于这个大变动时代的专制君主的特色。她自幼接受人文主义教育，博识多才。早年的坎坷际遇使她增长了政治阅历。即位以后，她勤于政事，通晓国情，知人善任，多谋善断。她倚畀塞西尔一派稳健大臣，但同时也重用一些激进人物。她善于驾驭群臣，而自己大权独揽，传记作者夸她是一位"熟练的女骑手"。女王深知新兴力量对专制王权支持的重要意义，也感到这一力量的进一步壮大对王权产生的严重威胁。她对议会采取了利用和控制兼施的手段。王权与议会的合作未能始终保持。议会变成"不驯顺臣民"批评女王政策的讲坛。女王的"黄金演说"成为结束女王与议会关系的尾声。

女王的业绩获得臣民的称赞。1572年一篇献给女王的颂词写道："在您的许多虔诚臣民遭到悲惨的屠杀和放逐之后，陛下奉天承运，万众归心，登上我国王位，恢复了真正的宗教，迅速地化战争为和平，变匮乏为富庶，改劣币为精金纯银，一切光荣归于陛下。"文字虽多溢美，但这些业绩却是符合人民利益的。女王的声望在战胜西班牙无敌舰队后达到巅峰，一些歌颂蒂尔伯里阅兵和海战胜利的歌谣把全部功绩归于"神圣的女王"。女王去世后的一个世纪里，声誉依旧不衰。女王的威望使得与她同时的对手也为之赞叹。如传记所载，教皇西克斯图斯说："她诚然是一位伟大的女王。……她不过是一位妇女，是半个岛屿的女主人，然而她使得西班牙、法兰西、神圣罗马帝国和一切国家都畏惧她。"法王亨利四世在称赞女王的果断时也说："只有她才是一位国王！只有她才懂得如何统治。"

关于伊丽莎白女王的评价问题，在英国学者中间虽然过去存在不同意见。但是后来渐趋一致，大都予以肯定。英国以外的学者对女王的评价则是褒贬不一，毁誉之间差别甚大。诚然，评价历史人物是一项深入细致的工作。对于伊丽莎白这样一位在位长久，功业浩繁的君王，评价工作更是复杂艰巨。见仁见智，自所难免。这篇短短的序言是难以负担起全面评价女王的担子的。我们只打算通过对伊丽莎白时代的粗略考察，大体判定女王的历史地位。

如前文所述，16 世纪后半期英国社会发生了剧烈的变化。在伊丽莎白初登位时，英国在所有生产技术上都落后于欧洲其他国家。到了女王末年，在各个经济部门，生产力都有很大提高，各种工业都有明显发展。英国经济史专家 D. M. 帕利塞在评论伊丽莎白时期英国工业发展时指出："如果认为'都铎工业革命'是一个夸张概念的话，人们至少可以看到 18 世纪工业革命的漫长序幕的缓缓开端。"另一位英国著名学者 L. 斯通认为英国中世纪与近代的分界线应划在 1560—1640 年之间，更精确些则应划在 1580—1620 年之间。从这个意义来讲，也可认为，英国的近代历史开始于伊丽莎白在位期间。

伊丽莎白生活在 16 世纪剧烈变化的时代，君临于一个蓬勃发展的王国。但是归根结底，她是一位封建专制君主，她要维护的是封建地主阶级的根本利益。这位英国女王具有文艺复兴时期欧洲君主的各种特点，而其最大的优点则是能够顺应时代的发展趋势。她重用代表新力量的臣宰，推行符合社会发展要求的政策，取得新兴阶级的支持，促进工商业的繁荣，从而造成英国历史上的一个为尼尔所欢呼的"伟大的时代"。作为这个时期的君主，她的历史作用是应予充分估计的。然而还须看到，发生在这个时期的资本原始积累过程对于一部分劳苦大众造成了损害，尽管这在社会前进中属于不可避免，但是居于决策地位的女王政府是不能辞其咎的。评价伊丽莎白的功过，对于此点也是不容忽略的。

本书作者 J. E. 尼尔（1890—1975 年）是本世纪英国著名的正统派历史学家。他出生于利物浦，家世清寒，学习刻苦，1914 年毕业于利物浦大学。之后赴伦敦从英国史大师 A. F. 波拉德教授学习、研究。1919—1925 年在伦敦大学历史系任助教，继续接受波拉德的指导，学问日益精进。1925—1927 年赴曼彻斯特大学任英国近代史教授。自 1927 年起返回伦敦大学历史系任教授，直至 1956 年退休。他曾主持历史系系务，贡献甚多。自列入波拉德门墙以后，尼尔开始同伦敦历史学派建立联系，后来成为该学派的实际领导人。尼尔的学风承袭波拉德，极其重视史料，主张竭泽而渔。在他主持的著名的研究班里，聚集了来自大西洋两岸的学者，影响广远。尼尔是一位深受尊敬的历史学家，曾7次获得各大学和研究单位授予的荣誉学位。1955年在他临退休前以所撰伊丽莎白一世传记的卓越成就被当今女王伊丽莎白二世授封爵士。1970年尼尔80岁诞辰时，伦敦大学特为他设置了一年一度的尼尔英国史学术讨论会。

尼尔自从师波拉德起，即专治都铎时期历史，特别是都铎后期，并以伊丽莎白女王统治和议会发展问题为主要研究范围。他写出大量论文，后来汇成文集（1958年）。这本女王传记是尼尔发表的第一部著作（1934年）。迤后又陆续出版了《伊丽莎白时期的下院》（1949年）和《伊丽莎白一世和她的议会》（两卷本1953、1957年）两部专著。退休以后仍继续研究议会史不辍。

尼尔的主要学术观点有二：一是关于伊丽莎白女王的评价，一是关于议会下院的发展。第一个观点在本书中得到充分发挥。在此之前，英国史学界流行的是老一辈的都铎英国史大师J. A. 弗鲁德所作的评价。弗鲁德推崇亨利八世而贬抑伊丽莎白，说她是一个刚愎自用的泼妇，举凡她所插手的政策无不受到损坏。在尼尔这本女王传记中出现了一个迥然不同的人物形象，为读者带来的是一股"清新的空气"，这将留到下文说明。第二个观点主要反映在他关于议会的两部专著之中。议会史长期以来是英国历史研究的重要课题。自本世纪初开始，盛行的看法是都铎时期历届议会下院都是由政府包办的。持这种看法的人中也包括了英国宪政史大师梅特兰在内。然而稍后不久即有学者产生怀疑，滋生异议，其中包括尼尔的老师波拉德。他在《议会的演进》（1920年）书中指出，伊丽莎白女王时期议会并非完全由女王包办。但是这种新说一时还未能压倒旧调，力主操作说的知名学者依然大有人在，他们只承认关于专卖权的那一次争论。50年代，尼尔先后发表两部关于伊丽莎白议会的专著，否定包办之说。他在《伊丽莎白时期的下院》中指出：伊丽莎白女王基本上不曾操纵选举，下院议席的增多，并不是女王试图包办议会的结果，而是乡绅政治热情提高、积极参与政治的具体表现。在《伊丽莎白一世和她的议会》中，为了进一步证明下院获得更多的政治独立性，作者一再强调下院同女王的冲突。书中罗列历次议会就宗教、经济、王位继承等问题同女王斗争的材料，从而指出重要议案并非总是由枢密院提出的。此后，尼尔的观点逐渐受到普遍的承认。然而尼尔的冲突之说也不免失之偏颇。当代都铎英国史大师 G. R. 埃尔顿评论说，他一再强调女王与下院的冲突，导致了对某些史实的曲解，忽略了女王以及枢密院和上院对下院控制的一面，杜撰了一个清教议会反对党。

尼尔这本女王传记是为纪念伊丽莎白诞生 400 周年（1933 年）而撰写的，书刚问世，一鸣惊人。自从 1870 年以来，各种伊丽莎白传记的出版，络绎不断，1927 年到 1957 年的 30 年间，平均每年出书一种，到 80 年代初，累计在 70 种以上。然而尼尔这本传记享誉始终不衰，被称作标准传记，曾获得杰姆斯·泰特·布莱克纪念奖。

这本传记之所以深受欢迎，首先由于作者力排旧说，提出新解，为伊丽莎白勾画了一幅崭新的肖像。尼尔在书中不但描述了一位有才能、有见识、有权术、有魄力的君王，也勾绘出一位有文化、有教养、有情有义、有血有肉的人间女性。尼尔将伊丽莎白女王描写得如此动人，竟至有个女学生读后问他是否真的爱上过书中这位主人。

尼尔善于以通俗的语言描述严肃的历史，注意文字的可读性，开创了一代新风。在这本传记里，作者在体例方面又作了一次大胆尝试（后来不曾再试）。他在前言中申明：本书的撰写是为了更多"对这位伟大历史人物怀有兴趣的一般男女读者，因之舍弃了我在写此书时苦心搜集来的一批文献档案"，不列参考书目，也不加注释。其实这本传记是建立在坚实的资料基础之上而做到雅俗共赏的。对于尼尔的这种尝试，有些同事不甚赞同，有人对艾琳·鲍尔说："尼尔出卖了事业。"不料这位著名的女历史学家却回答道："可是他卖出的是两万册。"这在当时是一个极大的销售数字。

然而，尼尔这本传记也不免有矫枉过正之处。他对女王过于推崇，而对于她的专横、虚荣和晚年失策之处却着墨不多，正如一篇书评所说,"伊丽莎白太近似于一位新的神仙了。"这种对女王的过分推崇,也散见于尼尔其他著作。这正是作者史观的流露。

尼尔这本伊丽莎白传是值得向中国读者介绍的一本名著。本书对于伊丽莎白女王的统治业绩和宫廷生活作了细致的描绘,使广大有兴趣于这位身处变革时期的女王的读者得到满足。本书虽然不以专著的形式出现,但它引用材料丰富而坚实,不少内容源自不易见到的原始资料,对于历史专业工作者来说,仍然具有很大的参考价值。本书以知识读物形式问世,书中铺述生动,文字流畅,使一般读者既能获得知识,也能得到阅读方面的享受。本书的中译者翻译态度认真,译文通顺。为了准确地表达原文,翻译中曾参考了原书的法译本和日译本。对于书中出现的古典著作引文和历史典故,译者一一作了注释。译者的辛勤与甘苦,由此可见一斑。

我深深希望这个中译本的问世,能够受到欢迎,为处于危机之中的世界历史学科增加一份活力。

1989 年 3 月

《英吉利教会史》中译本序

享有"可尊敬的"称号的比德是最早出现在英国历史上的卓越学者、历史家。他在中世纪早期极其艰难的条件下奋力撰述,著作等身,为英国留下珍贵的文化遗产,确实是值得尊敬的。

比德诞生于公元672年或673年,正值英国历史上的"七国时代"。他的故乡在韦尔河畔,属于七国中的北方大国诺森伯里亚。在七岁时被送入建立在他家乡的韦穆修道院,托付给修道院长比斯科普抚养。不久他转入与韦穆修道院结为一体而且相距不远的贾罗修道院,在此后的五十多年里一直居住于此。

比德在贾罗修道院的生活,除了研习宗教经典,奉行宗教仪式以外,经常以"攻读、教授和写作为乐"。修道院里有一个图书室,经最初几任修道院长的热心搜集,藏有大量的基督教典籍和异教的古典作品。比德自幼受到良好的修道院教育,精通希腊文和拉丁文,并略通希伯来文,可以在这所图书室里尽情浏览。他深入研究《圣经》和教父著作,沿袭爱尔兰教会传统对这些典籍进行注释。这项工作占用了他一生大部分时间。他广泛涉猎古典著作,柏拉图、亚里士多德、西塞罗、维吉尔等人的作品都曾在他的著作中被援引。他担任的一项繁重工作是主持修道院所属的一所学校并从事授课。修道院中有修士六百人,另外还有大量外来者前来受业。比德为此也付出了大量辛劳。

然而,比德始终以极大兴趣从事写作。他在教会史第5卷第24章中列举了自己毕生的著述成果,计三十六种(一说三十七种)。著述的大部分是对《圣经》的阐释,有些是对圣徒的记述,还有一些以天文、历法、音乐、哲学、语法、修辞、算术、医药等为内容的作品,则是供听课者学习的教材。历史著作主要有两种,一是《英吉利教会史》，另一是《修道院长列传》，另外还有一封给埃格伯特的信，在比德著述中都成为传世之作。

比德的辛勤工作，取得了丰硕的成果。他以多方面的成就被后人誉为"英吉利学问之父"。他的讲学和著述推动了当地的学术风气。诺森伯里亚成为欧洲在7、8世纪时文化水平最高的地区。

《英吉利教会史》是比德最重要的成果，撰于暮年，此时他在各方面都已成熟。此书除以开头的半卷篇幅追记罗马不列颠时期外，下余部分叙述盎格鲁-撒克逊人入侵以后的历史，直到731年为止。这段历史虽然距离比德生活的时代并非遥远，而且最后几十年还属同时，但因时局混乱，地区阻隔，文化衰微，史料很少流传。作者为搜集材料，煞费周章。他在书的前言中列举了许多教会人士从不列颠各地区，甚至远自罗马教廷为他提供资料。作者本人除利用前人著作之外，也尽力在本地区征集口头或文字材料。这就使得大量珍贵史料凭借这本名著保存下来。

本书以罗马天主教会在不列颠的布教为主要内容，记述自奥古斯丁受命来不列颠布教开始直到罗马天主教在各国相继取得胜利前后一百余年的历史。全书五卷，如金氏在英译本序言中所指出，主要是依据教会的重大事件来划分的。对于七国的政治史，叙述则较简单。至于这一时期的社会状况，作者并未在意，只是在字里行间透露出少量消息。

基督教早在罗马不列颠时期传入，与当地的多神教并存。罗马军团撤出以后，基督教在岛上逐渐销声匿迹，只在威尔士地区继续传播，后来传入爱尔兰。盎格鲁-撒克逊人到来后，带来的是崇拜偶像的沃丁教。6世纪末教皇格雷戈里在位时，罗马教会在扰攘不安的西欧已形成强有力的组织。大量的传教士被派到日耳曼各族的国家和地区进行传教活动，并取得成就。596年格雷戈里派遣奥古斯丁赴不列颠传教，以后续有教士前往，传教取得进展。由于一些国王信仰未深，时常出现反复，教士往往被逐。幸赖此时教士信仰甚坚，不畏艰险，坚持传播，终于使各国君民皈依于罗马教皇的教座之下。在此期间，罗马教会的传教士不但要同沃丁等异教教派争夺，也要同由爱尔兰经苏格兰传回的原先流传于威尔士的基督教派竞争。比德的老师比斯科普属于罗马教会，比德在教会史中对这一派取得胜利的记载是不惜笔墨的。

书的第 3 卷第 25 章以"与来自苏格兰的那些人在复活节日期的问题上所进行的争论"为标题，以很长的篇幅记述了在英吉利宗教历史上具有重要意义的 664 年惠特比宗教会议。"来自苏格兰的人"指信奉爱尔兰教派的教士。该教派在艾奥纳岛上建立中心，称艾奥纳派，在诺森伯里亚颇有影响。这个教派主张清修，与世隔绝，不理睬罗马教皇诫令。辩论的对方则是遵信罗马教廷训令、隶属于坎特伯雷大主教的教士。辩论的焦点表面上只是无关宏旨的复活节时间和削发式的争执，但实质上却是在教派信奉上何去何从的重大问题。坎特伯雷派由于得到深受王后影响的诺森伯里亚国王的支持，获得辩论的胜利。此后罗马教会逐步扩大其在不列颠的组织，积极干预世俗事务，使英吉利成为西方基督教世界的一员，对此后英国历史的发展产生重大影响。

奥古斯丁到来之前，不列颠并无主教管区的设置。在比德书中提到此时的主教管区达十七个。坎特伯雷已成为大主教教座所在地，约克在众主教城市中也脱颖而出，就在比德修史搁笔的那一年，它也升格为大主教管区。长期存在于英国的主教管区制此时已初具规模。修道院的建立由来已久，书中更记述了许多新修道院的建立。这类有关教会组织创建的材料同样十分珍贵。

令人感兴趣的是，这位虔诚的教士在记述教会业绩的同时也记录了教士的丑闻。第 3 卷第 7 章提到一位被赶下台的主教用钱购买伦敦城主教的职位。他在《给埃格伯特主教的信》中对于一些修道院的丑闻揭露得更是淋漓尽致（第 12 节）。作者指出：这些俗人送钱给国王，以创建修道院为借口为自己买下他们能够更加自由纵欲的地方。把土地变成世袭财产，谋取特许状，攫取土地或村庄，收容乌七八糟的人滥充修士，让妻子住在修道院，或者为并非修女的妻子另造修道院等。看来教会的这些痼疾竟是与开创而俱来的。

《教会史》中政治方面材料不多，但对于七国并存局面仍能勾画一清晰轮廓。书中记载了 5 世纪中期益格鲁人、撒克逊人、朱特人迁来岛上的分布和所建的国家。新来的部族受到岛上居民，包括不列颠人、皮克特人和苏格兰人的强烈反抗。书中于此记载颇多，特别是德格沙斯坦一役尤为详细。诺森伯里亚人在此役中击败苏格兰人之后便在岛上建立起霸权。对于不列颠人的英雄国王卡德瓦龙也有不少的记载。七国之间为争夺霸权的战争连绵不断。书中记载了最初称霸的肯特国王埃塞尔伯特的"明智"统治。但更多记载的则是作者长期居住的诺森伯里亚。这个王国在 6 世纪末到 7 世纪末执掌霸权约一百年。爱德文国王在位时，国内安定，比德记下一个传说，"即使有一位妇女想抱着她新生的婴儿，从这一海边走到那一海边，走遍了全不列颠，她也不会遭到任何人伤害。"但进入 7 世纪后，麦西亚兴起，开始同诺森伯里亚争雄。比德详细地记述了 633 年的希思菲尔德战役，诺森伯里亚王爱德文被麦西亚王彭达的军队杀死，全军覆没。655 年的温沃伊德战役中，诺森伯里亚国王奥斯维又打败麦西亚并斩杀其王彭达。但在奥斯维死后，霸权终于转入麦西亚之手。

在这些不大的国家中，政府机构是十分简单的。国王是最高统治者，其人的贤惠强弱影响着国家的命运，而其宗教信仰也决定着臣民的皈依。在国王身边共商大计的是贤人会议。前面提及的埃塞尔伯特国王也曾接受这一机构的建议，效法罗马人制定法令。书中提及国王的臣属，主要有贵族、顾问官、亲兵、侍从等。贵族被国王尊为"朋友"，地位较高。此时的亲兵似乎已不是过去专门随同国王作战的战士，而是一种供国王派遣的职务，[①] 这种简单的政权机构正表明了这是一些刚刚脱离部落联盟阶段，伴随征服和战争而形成的初始的封建国家。

比德无意记述此时不列颠的社会经济状况，但是书中吉光片羽

---

① 本书第 5 卷第 13 章原文可译作"一个被安置在亲兵职位（office）上的俗人，以其处理世俗事务的敏捷颇得国王赏识"，可以说明此时亲兵的身份。

的材料依然传递了这一方面的信息。大土地占有现象业已出现，这是入侵和征服的结果。各国国王将土地封赠给从征的贵族、亲兵。诺森伯里亚国王奥斯维在击溃麦西亚国王军队之后，将住有五千户的麦西亚南部授予皮达，而将住有七千户的北部交由自己的官员治理，可以视为征服以后分封的例证（第 3 卷第 24 章）。亲兵也拥有自己的庄园，第 5 卷第 4 章中的普奇即是一例。书中关于教会获得地产的记载颇多。奥斯维在战胜彭达以后，献给修道院十二块小册封地，有住家一百二十户。圣彼得修道院修建之初，从埃格弗里德国王处获得七十海德土地。圣保罗修道院于切奥尔弗里德院长在任时，共获得三十海德土地。威尔弗里德主教曾从埃塞尔沃尔奇国王处接受八十七海德土地，后来又从阿尔奇弗里德国王手中获得四十户住家大小的土地。这些还只是来自赠赐，另外还出现了比德所谴责的"攫取土地或村庄"的现象。从这里，人们看到大土地占有制度正在形成和发展。

比德在著述中也为此时不列颠的社会阶级结构勾画出一幅草图。国王及其臣属是不同规模的大土地占有者，构成统治阶级。这个阶级在继续扩充。比德在《给埃格伯特主教的信》中有一节指责正常等级制度被破坏，于是便有许多人自称修道院长、地方官员、国王亲兵或侍从。这表明陆续又有大量获得财势的人进入了统治阶级的行列。作者无意记述被统治阶级的活动，但在书中也有时出现诸如主教的"人"，亲兵的"仆人"的字样，他们的身份可能即是奴隶。由于大批土地转入教俗领主之手，与土地同时转移的住家也不免归附于主人，成为依附农民。这个队伍也在不断扩大。值得注意的是处于这两大社会集团之间的自由农民，这一阶层在盎格鲁-撒克逊人进入不列颠以后曾经大量存在。随着封建化的进展，这一阶层的人数在逐渐减少。但是由自由农民结成的村社组织比较牢固，它对村民的自由起着保护作用。书中一再提及村庄里的晚宴，参加者都是些村民或在修道院里服务的下层人物。这反映了村民的生活还过得去，所以有时还可举行酒宴活动。然而这种好日子已经无多，就在比德《教会史》停笔以后不久，来自北欧的丹麦人就开始了对不列颠的侵犯，以后更是每况愈下，到诺曼征服时绝大部分自由农民走向破产，进入了维兰（农奴）的队伍。

从这些材料中，人们可以朦胧地看到这一时期不列颠社会经济的变化，可以看到岛上一些早期封建国家的统治和斗争，还可以清晰地看到经过罗马教廷的振兴，业已适应于封建制度并为之服务的基督教在英吉利国家的积极活动。这部教会史为人们展示出一幅英国正在循着封建化道路行进的画卷。

关于比德的治史态度，人们对于他在临终前说的那段话"我决不愿意在我死后让我的子孙后代读到谎言"往往津津乐道，对于他在书的《前言》中表示的对待史料的严谨态度也是备加称许，因之对于书的大部分内容是许为信史的。但是作为中世纪早期的虔诚修士，是无法超脱其宗教世界观的。他接受了当时盛行的圣徒显灵、救灾、医病等"神迹"的传说，并且纳入书中，使得这部巨著玉石混杂，泥沙俱下。金氏在英译本序言中的开脱之词，并不能取信于今天的读者。这些瑕疵在同时代其他国家的史书（例如［法兰克］格雷戈里的《法兰克人史》）中也出现过，这正是作者们所受的时代和阶级的局限所致。抛开这些迷信内容，这部教会史所记述的教会活动和所收集的教皇信札、宗教会议纪实等文献，仍然是十分珍贵的资料。

人们在阅读比德此书时，往往在脑中泛起这位学者的老年身影。他在垂暮之年为给后人留下一部信史而奋力撰述，直到生命的末刻。而这部教会史却成为他毕生耕耘所获得的永存的硕果。自从盎格鲁-撒克逊人迁入以后，不列颠几乎没有留下历史记载。在比德之前曾有吉尔达斯（约死于570年）撰写的《哀诉不列颠的毁灭》，但内容只是对入侵的控诉，缺乏具体人物和时间，不被认作一部严肃的历史。比德的《教会史》成为5世纪中期到731年这段时间唯一的记录，为英国保存了这段珍贵的历史。这部史书长期以来被视为英国文化遗产中的瑰宝。早在阿尔弗雷德大王时（871—899年）已被译成古英语，成为英国人的读物。后世的史家对本书继续考订、注释和译成现代英语的工作，并陆续出版了多种版本，详见英译本序言。

比德长期以来受到英人的尊敬,被称为"英国历史之父"。英国老一辈的史学大师格林评价比德时说:"作为英国学者的第一位、英国神学家的第一位和英国历史家的第一位,正是在这位贾罗修士的身上,英国的学问赖以植根。"美国著名的史学史专家 T. W. 汤普森评价这部书时说:"在材料的深度与广度以及写作技巧方面,在所有中世纪早期文献中,没有任何其他作品可以比得上它。这是蛮族时期写出的一部最伟大的著作。"可以认为,其人其书都是当之无愧的。

1990 年 12 月

《神圣罗马帝国》中译本序

19世纪60年代德意志统一前夕，在英国史学界出现了一本名为《神圣罗马帝国》的著作，这本书出于一位刚刚离开大学的青年学者之手，一鸣惊人。

作者詹姆斯·布赖斯（1838—1922年）出生于北爱尔兰的贝尔法斯特城，先后就读于格拉斯哥大学和牛津大学，1862年获牛津三一学院文学士学位，后又于1870年获民法博士学位。他学识博洽，见解深邃，是一位历史学家，一位政治理论家，也是一位积极的政治活动家。他做过从事法律研究的研究员，当过律师，也当过法学讲师和教授，1870年当选为牛津大学钦定讲座法学教授。他在政治上属于自由党，并以自由党人身份长期充任议会下院议员（1880—1907年），成为该党的领袖人物之一。他曾数度参加自由党内阁，历任外交次官、兰开斯特公爵领事务大臣、贸易大臣、爱尔兰事务大臣等要职。1907年被任命为英国驻美大使，在华盛顿任职期间赢得很高的荣誉。1913年自大使任上退休，次年被授封为子爵。1922年在德文郡锡德茅思逝世。

布赖斯一生勤于撰述。除了早年所撰的《神圣罗马帝国》之外，1888年发表的《美利坚共和国》也极负盛名，被视为外国人论述美国的经典著作之一。此外尚有有关政治制度和法律的著作多种。他曾旅行各地，足迹遍及高加索、南美、南非及英国的所有领地，每到一地，往往写下游记，这些作品至今仍然受到重视。退休以后，著述不辍，1921年出版《现代民主制度》一书，对世界上各主要代议制政府作了比较。去世的那年还有《国际关系》一书问世，可谓著述等身了。布赖斯曾和阿克顿勋爵一道于1885年创办了至今享誉不衰的《英国历史评论》刊物,对英国史学界甚有功劳。

《神圣罗马帝国》是布赖斯的第一部著作,可能撰写于他大学毕业前后,为应征悬赏论文而作。这篇论文于1863年获得牛津大学安诺德历史论文奖金,次年修订出版,以后多次再版,为作者树立了历史家的声誉。

布赖斯撰写本文的时代背景是值得注意的。到19世纪初,延续千年的神圣罗马帝国已在拿破仑战争期间遭到废除。维也纳会议后,这块曾为"帝国"称号所笼罩的土地组成了德意志联邦,奥地利成为联邦会议主席。随着德国资本主义的发展,出现了德意志统一运动。作为德意志关税同盟盟主的普鲁士在争夺统一运动领导权的角逐中,成为奥地利的有力对手。60年代初,铁血宰相俾斯麦在普鲁士当政,力图通过战争手段,实现德意志的统一。普奥两国之间,出现剑拔弩张的局势。

普奥的争雄在两国史学界也有所反映,表现为普鲁士与奥地利两学派的论战。英国著名历史学家古奇指出:"在形成德意志帝国事业中,相当大的责任落到了一群教授的肩上;他们以口头和笔杆来宣传民族主义的信条,来颂扬霍亨索伦王朝。"[①] 这里指的就是普鲁士学派,其中可以兰克的得意门生聚贝尔为代表。奥地利也成立了维也纳历史研究所,罗致学者,系统研究奥地利中世纪历史,其中最有名的是西克尔和菲克尔。双方著书立说,颂扬自方王室的功德,抨击对方,展开笔战。聚贝尔在其《德意志民族与帝国》(1861年)文中指出,奥地利纯粹是僧侣主义王朝,它从未关心过德意志的幸福,而普鲁士才是德意志的真正领导者。奥地利必须让路。菲克尔则在其《德意志王国与帝国》(1862年)文中宣扬19世纪的奥地利是中世纪帝国的代表。笔枪舌剑,争执不休,直到普奥战后才告结束。

此时的英国正积极致力于海外殖民扩张。克里木战争之后,英国几乎没有一年不在远方用兵,以夺取或镇压殖民地。它对欧洲事务无

---

① G.B.古奇:《十九世纪历史学与历史学家》,商务印书馆1989年版。第251页。

暇关注。即将兴起的统一的德意志军事帝国虽然具有一定威胁，但从其传统的均势外交政策来看，倒可以利用来作为牵制法、俄的力量。因此，当丹麦战争爆发，巴麦斯顿政府虽然表示声援丹麦，却未派出一兵一卒。英国人民虽同情小国，但维多利亚女王竟偏袒普奥。结果是丹麦败绩，丧师割地。

布赖斯密切关注德国局势的发展，也十分重视普鲁士、奥地利两学派之间的论战，并倾向于普鲁士学派一方。他也深感兴趣于兰克的另一门人魏茨在1862年对聚贝尔和菲贝尔两人著作的评论。魏茨批评了双方都具有的片面性，并且指出，像神圣罗马帝国这样一个伟大的历史结构，是不能用一元论来加以解释，而应当作为由许多局部组成的一个整体来仔细研究。魏茨的这段话很可能对布赖斯选择这个题目产生重大的影响。

作者在书的开头一再声明，他所撰写的是一篇论文而不是一本叙述性的历史著作；他不是要为曾经包括在神圣罗马帝国版图之内的德意志和意大利撰写历史，而是要将这个帝国当作一种体制或体系来加以剖析。这似乎就是从上文所列魏茨的那段话脱胎而来的。作者认为这种体制或体系乃是那些业已过时的宗教信仰和历史传统相糅合的畸形产物，意思是说帝国的这种体制正是在基督教和罗马帝国古老传统的影响之下形成的。

布赖斯选择这一角度进行撰述，从他的自身条件和学术界状况来看，不失为明智之举。此时的德国史学界，在大师兰克的带动下名家辈出，巨著如林。布赖斯作为一个异国的年轻学者是不可能同那些享有盛名的德国历史家争一日之长的。然而正是由于这种身份，他没有思想负担，不受传统约束，从自己选定的角度进行考察。由于不是"身在此山中"，遂能识得几分"庐山真面目"，使他不但应征获奖，而且蜚声史坛。

中世纪的德意志有着独特的发展道路。它不同于15世纪即已实现国家统一的英格兰和法兰西，长期处于分裂状态，直到19世纪后期。其深刻原因蕴藏于社会经济的特点之中。位于欧洲中部的德意志，其城市的利益大都与过境商业相联系，国内缺乏共同的经济中心。封建势力强大，资本主义难得发展，王权得不到新兴力量的支持，因之长期保持着分裂割据的局面。然而布赖斯所着眼的那种由宗教信仰与历史传统相结合的帝国体制，对于德意志历史的发展，的确也产生了重大的影响。

为了追溯这个糅合体制的渊源，作者将帝国历史的开端定在公元800年查理大帝在罗马加冕之年。此时尚无神圣罗马帝国之名，只是查理被尊为"受命于上帝统治罗马帝国的伟大皇帝奥古斯都陛下"，他的辖地大体相当于西罗马帝国。布赖斯认为这是一件改变世界历史进程的大事，无此则"世界历史将会是另一种样子"。（第5章）

神圣罗马帝国的名称是经过几个世纪逐步形成的。史学界通常视作神圣罗马帝国正式创建者的奥托大帝并不曾为其以德意志和北意大利为主体的帝国建此国号，自己也只沿袭查理大帝的皇帝奥古斯都称号。奥托二世（973—983年）始称"罗马皇帝"，康拉德二世时（1024—1039年），国号始称"罗马帝国"，这些都出自与东罗马帝国对抗的需要。红胡子腓特烈一世于1157年定国号为"神圣帝国"则是为了与"神圣教会"相抗衡。在迤后的岁月里，两号合一，遂称"神圣罗马帝国"。到腓特烈三世称帝时（1452—1493年），国号改称"德意志民族神圣罗马帝国"，这表明帝国疆域日缩，只限于德意志一隅之地了。

神圣罗马帝国的称号看起来确实崇高伟大，然而它为帝国及其统治者带来的，不是荣耀，而是麻烦。麻烦来自同神圣教会和教皇的争执，来自同意大利和罗马的争执，也来自同帝国内外王公诸侯的争执。

罗马教皇在西罗马帝国灭亡以后虽然逐渐成为西方基督教世界的领袖，但他没有军事力量。他在意大利半岛上时常受到伦巴德人的威胁，而对于东罗马皇帝还须遥尊为教会的首脑和保护者，直到东罗马发生破坏圣像运动后才与之分手。当罗马贵族起事时，教皇不得不向法兰克人国王查理乞求援助。法兰克人是日耳曼人中最早皈依基督教的一支。查理的先人与罗马教皇曾经相互勾结，彼此利用。此时查理应教皇利奥三世之请再度引军入意，遂有800年圣彼得教堂加冕之举。就教会来讲，它获得了新的强有力的保护者，就查理来讲，也可以说是"正中下怀"。尽管艾因哈德在查理传记中说他无意于此，然而，当人们注意到以前多少日耳曼族首领对于罗马皇帝宫廷的尊荣富贵无限歆羡，看到查理的讨伐不臣，早已以人主自居的时候，那些掩饰之词就不攻自破了。这幕喜剧的演出被本书作者视作教皇与皇帝之间少有的几次和谐中的第一次。但是这种以各自利益为前提的和谐是不可能维持多久的，利害的冲突最先反映在一系列的"理论"之中。

8、9世纪以来，一种所谓"世界宗教与世界帝国"的理论逐渐形成。它以中世纪的唯心主义和形而上学为基础，以基督教义为依据，由教会杜撰而来。这一理论认为基督教和罗马帝国都具有世界性，两者是重合的。罗马教皇作为上帝的代理人，管理下界世人的灵魂，皇帝作为上帝的代理人，管理尘世事务，而其主要职责是保卫教会。神圣罗马教会和神圣罗马帝国是同一事物的两个方面，应该相互依存。但如对这一理论细加玩味，就不难发现，两者的管理职责有灵魂与肉体的主次之别，皇帝的保卫者职责与教会之间也有高下之分。这里蕴藏着教皇地位高出皇帝之上的涵义。帝国方面对于这一理论自然不能接受，便也提出一个与之相对立的理论。它以帝国武力为基础，宣称皇帝直接对上帝负责，不承认教权高于帝权。以后到罗马法复兴时，帝国更以之为武器，论证皇帝权威直接承袭自查理大帝，并非得自教皇，皇帝理应是西方世界的最高统治者。伴随理论争辩而来的则是一系列的政治军事冲突。

11世纪的形势有利于教会而不利于皇帝。德意志封建化的完成增强了离心主义的势力。教会则因克吕尼运动而得到加强。教皇格雷戈里七世提出了皇帝之于教皇犹如月光之于日光的"理论"，指出皇帝必须依赖于教皇。70年代发生的主教授职权之争是教皇和皇帝之间第一次尖锐的冲突。教皇利用诸侯反皇帝势力的强大并凭借自己手中的绝罚权力迫使亨利四世接受卡诺沙的屈辱。这场斗争一直延续到下一个世纪之初，双方的继承者缔结了窝姆斯宗教协定才告结束。皇帝不但把从来属于自己的主教授职权失掉一半,在其他方面损失也多。经过这次较量,教皇地位高于皇帝的理论得到证实。在此期间发生的十字军东征的领导权,本来应当属于作为基督教世界捍卫者的皇帝所有,但却被教皇拔了头筹。皇帝的臣属,包括德意志的封建主和意大利的城市,都从教皇身上看到一个抵制皇帝的力量,可以引为同盟者了。

到13世纪初教皇英诺森三世在位时,更提出"帝国转移"的理论,宣称利奥三世施恩把帝国从希腊人手中取来转给日耳曼人查理,这种代表上帝行使的权利应该永远保存在后继教皇们手中,因此他们可以随时收回这种恩赐,转施给比现任者更配得上的人选或国家。此时教会势力鼎盛,教皇挟其加冕与绝罚的权力,对皇帝肆意废立,因之在这场基督教世界中谁更神圣的角逐中,皇帝只能是甘拜下风了。

皇帝自认承袭罗马帝国传统,坚持在罗马圣彼得大教堂举行加冕礼的仪式。他垂涎意大利城市的富庶,更希望把持罗马借以控制教皇。因此罗马成为许多代皇帝登位以后首先要前往的目标,同时也就成为他们丧师铩羽的陷阱。

从奥托大帝起的三个世纪中,几乎是每一个皇帝都亲自统军直趋罗马。军队沿途践踏破坏,遭到意大利居民的抵抗。其中霍亨斯陶芬王朝的红胡子腓特烈曾六次侵攻意大利,先后历时三十年,屡遭惨败。他虽然获得加冕,但却是得不偿失。皇帝因干预教皇选举而与后者结下仇恨。军队的暴行激起意大利城市的敌视,它们不再依附于皇帝。皇帝长期出征域外,无暇顾及国内,诸侯乘机扩充实力,日益坐大,至于帝国自身却如本书作者所指出,"条顿骑士的精华一代又一代的越过阿尔卑斯山,死亡于伦巴德人的剑下,或死亡于更加致命的罗马热病之中",国力消耗殆尽。

凶悍如腓特烈者尚且如此,后来等而下之的继承者就更加无能为力。随同1313年卢森堡朝皇帝亨利七世在托斯坎尼之死,帝国在意大利的历史遂告终结。加冕于罗马的传统并不曾为帝国带来多少威严与尊荣。

这个自封的世界性帝国实际上很不像样子。它是西欧唯一拥有帝国称号的国家，自认整个基督教世界都在其保护之下。在全盛时期，帝国曾拥有广阔的疆域，除德意志本土外，意大利北部、法兰西东部、瑞士、佛兰德尔、波希米亚等地均曾一度包入，并向东拓地远抵奥德河。然而周围国家并未畏服，而是设法抵制，有时还兵戎相见。当英法等国开始形成统一的民族国家时，帝国却因穷兵黩武、国力损耗而分崩离析。德意志本土以外的地区纷纷脱离帝国而他去。到1440年帝国国号改为德意志民族的神圣罗马帝国时，它的"世界性"便完全消失了。

皇帝在国内并非至高无上。几家大诸侯拥兵割据，不听皇帝诏谕，有时还兴师抗命，争夺皇位。根据传统，新皇帝要由诸侯选举产生。有选举权的诸侯逐渐形成一个由教俗诸侯七人组成的团体，称选帝侯。皇帝为了拉拢诸侯，几次发布诏书，授予他们以特权，到1356年"黄金诏书"的颁布，最终确立了选帝制，承认了诸侯在领地上的绝对权力，也规定了皇帝在帝国中有名无实的地位。由于大诸侯对帝位的激烈争夺，无人当选，一度出现历时二十年的"大空位"。在迤后的选举中，选侯们故意推选实力较弱的家族当皇帝。哈布斯堡王朝即是一例。这个王朝从1438年再度当选之后，一直统治到1806年帝国告终。王朝为保住帝号，不敢得罪诸侯，只将注意力集中于保持和扩大本皇室的领地上，一任诸侯们各自为政。16世纪初年的马克西米连为自己加上"当选皇帝"的头衔说明他认为能够当选已是万幸了。

16世纪宗教改革和农民战争的风暴席卷了德意志全境，也冲击了皇权。作为教会捍卫者的皇帝自然要站立在天主教阵营的最前列。经过长年的宗教战争，天主教阵营并未能制服新教势力，路德派在德国取得与天主教会分庭抗礼的地位，因之作为一派之首的皇帝最多只剩下了半壁江山。

30年战争后的《威斯特发利亚和约》再次给予皇帝以重大的打击。自诩为西欧各国之首的皇帝，其内政权力竟然受到国际条约的多方限制。德意志分裂为近三百个独立的诸侯领地和一千多个独立的骑士领地，它不再是一个帝国，而只是一个松散的联合体。正如书中所描绘，当时的旅行者行经德国中部，每一两个小时就穿过一个小邦而进入另一个国度。到 18 世纪，帝国的存在已不复为臣民所记忆了。

法国著名的启蒙思想家伏尔泰在评论神圣罗马帝国时有一段名言说：它既非神圣，也非罗马，更非帝国。布赖斯在这篇论文中充分地发挥了这一论点。

布赖斯的大块文章集中论述的是神圣罗马帝国的中世纪阶段历史，在最初的版本中只以末尾的两章叙述《威斯特发利亚和约》以后至帝国终结的一段。美国著名史学史专家 J. W. 汤普森曾指出，"他的最后数章透露出悬赏征文的特点。"[①] 书出以后最初几次再版时，作者根据德意志政治形势的变化，对本书内容作过少量修改补充。1873 年出第四版时，作者增添了"补编"一章，到 1904 年的最后版本中，作者曾作了较多的补充，篇幅从二十二章扩充到二十四章。前面增加了"东罗马帝国"一章（第十七章），后面把"补编"扩为两章。这部中译本即据此版译出。

布赖斯此书问世后深受欢迎。百余年来再版数十次，译成多种外国文字，传诵甚广。揆其原因，确有引人入胜之处。他出身于牛津大学，受到牛津学派严谨学风的影响。书中选用材料十分坚实。例如第十六章"中世纪的罗马城"中有一节关于皇帝赴罗马加冕的记述，描绘了教皇对皇帝的到来深加警惕，多方阻挠，罗马居民则是经常以兵戎相接待。这是一件不常见的材料，颇可说明以罗马皇帝自居的德意志君主是何等地见拒于罗马。

作者选择的剖析角度颇为巧妙，他以罗马帝国与基督教给予这个中世纪帝国的影响为线索，纵论它的成败得失，读来确是别有见地。作为一位青年资产阶级学者，他在思想上承受了自由主义、理性主义和民族主义等时代思潮影响，因之在处理上述问题时，是能够持一定的批判态度的。

欧洲形势的发展变化加强了人们对于了解德意志过去历史的要

[①] J. W. 汤普森：《史学著作史》下卷，商务印书馆 1992 年版，第 269 页。

求。从布赖斯撰写本文时开始，德意志的国势日益强盛，它谋求世界帝国的野心日益昭彰，不能不引起包括英国在内的欧洲各国人民和政府的戒惧。布赖斯在这篇长文中表达了人们憎恶侵略的心声，也向德国统治者发出了殷鉴不远的告诫。

作者除在各章中分别述及外，还在第二十二章"综述和反思"中集中表达了帝国不可能再现的论点。他指出：帝国体制只反映一个时代而非所有时代的政治理想，沿用到其他时代只能是一个没有实体的影子；过去的德意志王国业已被罗马帝国的沉重负担压得粉碎，时至今日民族感情更不可侮，任何国家，无论其力量和物质资源如何巨大，也不可能在近代欧洲重新扮演古罗马的角色。最后还指出："任何摧毁其他民族的国家生存的人们，必然会丧失他们自己的生存。"这确是相当深刻的警句。

书出之后，在西方史学界受到广泛的誉扬。巴克认为"这本书是论述精辟的不朽之作"[1]，古奇则说："经过多次修订后，这部书已成为全世界研究者了解中世纪欧洲的理论与实践的一部指导著作。"[2] 评价未免过当。但在苏联史学界所获评价却不甚高，人们批评作者"把所谓日耳曼民族神圣罗马帝国的兴起和发展同中世纪世界观的特点联系起来"。实际上，本书的主要毛病确实出在史观上面。尽管作者此文着力于上层建筑方面的剖析，提出不少独到的见解，但是对于经济基础方面的演变，在中世纪诸章中几乎不曾涉及，在近代部分的补编里也只是浮光掠影，因之对于帝国的历史是无法取得全面认识的。书中完全忽略了人民群众的活动，甚至在论述宗教改革及其对帝国的影响的一章里，对于这次席卷全德的人民革命风暴也是只字未提，而将画面移向皇帝穷于应付的场面。但是对于一些皇帝，诸如查理大帝、奥托大帝乃至红胡子腓特烈，却是颂扬备至。作者甚至将帝国不振的原因归之于皇帝位置上缺少"真正伟大的人物"。这位资产阶级学者毕

---

[1]《布赖斯勋爵》，载《英国历史评论》卷 37，1922 年。(E. Barker, *Lord Bryce*, in *English Historical Review*, Vol xxxvii, 1922）

[2] 古奇：《十九世纪历史学与历史学家》，商务印书馆 1989 年版，第 635 页。

竟不可能超越其阶级局限。

  一百多年前正值德意志统一前后，本书出版，受到欢迎，经久不衰。今天又值德国重新统一，以一个举足轻重的大国姿态出现于中欧，引起世人注目。本书中译本恰于此时问世，希望得到广大中国读者的重视。

1992 年 6 月

《罗马帝国衰亡史》中译本序

英国历史家爱德华·吉本著《罗马帝国衰亡史》全书出版至今已逾二百年。我国出版界传出它的一卷节编本中译本问世的信息，依然令人鼓舞。

爱德华·吉本出身于一个拥有大地产的资产阶级家族。据他追记，其家族在 14 世纪时开始拥有土地。到 16 世纪后期，其远祖已获得缙绅的称号。当时风气，农村殷实之家，大都把子弟送往城市习商。这个家族已有几代人到伦敦从事商业活动，并出现过一位周游西欧并远游美洲的旅行家。吉本的祖父爱德华曾任南海公司董事，由于一次船只失事而破产，但他东山再起，又复积资十万英镑。吉本的父亲亦名爱德华，曾就读于剑桥大学伊曼纽尔学院，为托利党人，拥有缙绅称号，一度担任伦敦城的区长，并曾当选英国议会下院议员。吉本的母亲朱迪思·波顿为伦敦商人之女。吉本于 1737 年出生于伦敦附近的帕特尼镇，是父母的长子。他后来在回忆录中颇以其出身门第而自豪："我出生于一个自由而文明的国家，一个科学和哲学的时代，一个门第荣耀、家资富有的家庭。"

吉本幼年身体孱弱多病，母亲连生多胎，无力照管，幸赖姨母凯塞琳·波顿悉心看护，几次转危为安。他所受的初级教育很不完整，时常因病中断，10 岁丧母后，又一度辍学，幸赖他生性好学，又得姨母辅导，读了许多古希腊罗马的人物传记，启发了对古典时期历史的兴趣。在入大学之前，他对希腊文和拉丁文都已打下良好基础。

1752 年吉本进入牛津大学莫德林学院，当时只有 15 岁。他对世界历史怀有很浓的兴趣，从古代而及于近代，几乎尽读所能得到的关于阿拉伯、波斯、蒙古和突厥史的英文著作，在他阅读的书单中也列入了中国史籍。可是过了一段时间以后,学院生活使他失去学习兴趣。他更换了一位导师,这是一位"只记得薪俸,不记得职守"的人,对学生既不指导,也乏管理,虽同住一院,却只见过一面,俨然路人。吉本深感无聊,称这段日子为修道院生活,时常离校出游,学院也不加约束。他自幼即对宗教争论感兴趣,惑于天主教秘义的姑母对他也有所影响,牛津的沉闷气息并不能为他解疑释惑。相反,他认为大学要求学生对三十九信条表示信奉之举是"装样子多于诵读,诵读多于信奉"。在彷徨苦闷之中,他接受了化体说,改信了天主教。当时他还自认是受良心驱使,但多年以后自己承认当时过于幼稚,致为诡辩所惑。的确,他这时才16岁。

父亲老爱德华得知此事,既惊且痛,向校方举发。学校虽能宽容吉本的懒散,却不能容忍他的改宗,吉本从此离开了牛津大学。父亲为了补救,重新拟订教育计划,把儿子送到瑞士洛桑去读书。

老爱德华为儿子选定的导师兼房东是一位加尔文派牧师,名叫帕维亚尔,是位博学多识的老师。1753年6月底,吉本来到洛桑,就下榻在导师的家里。帕维亚尔在一封信中记下了对新来学生的印象:"瘦小的身材,硕大的头颅,以超人的才能和卓越的议论,为天主教进行了前所未闻的辩护。"面对这个天资极高而又坚信天主教的学生,帕维亚尔为他订下周密的学习计划,循循善诱,把他一步步引向学问的高峰。在这个简朴的家庭里,缺乏莫德林学院那种讲究的宿舍和周到的服侍,但却有着大量的图书和自由的学习空气。从1753年到1758年的五年时间里,吉本无论在思想方面还是学业方面都有极大的进步,为他后来的事业打下坚实的基础。

吉本取得的第一项收获是在宗教信仰方面。来到洛桑一年半后,他放弃了天主教,重新皈依新教。他承认帕维亚尔的教诲对于他的转变起了重要作用,但他认为最主要的还是通过自己的反思。他逐渐认识到《圣经》所描述的许多现象并不能为人类感官所感知,于是"罗马的种种信条就像梦一样地消逝了"。1754年圣诞节,吉本到洛桑的教堂领受圣餐。然而这只是他的宗教观在前进中的第一步。随着迤后对哲学与自然科学的研读和他的理性主义世界观的形成,他接受了法国启蒙思想家所传播的自然神论的观点,从而掌握了在《罗马帝国衰亡史》中对基督教传统教义、信条进行批判的武器。

吉本在帕维亚尔指导下主要攻读拉丁文古典名著,兼习希腊文著作。他的课业包括四大部分:历史、诗、演说辞和哲学。在两年多的时间里,几乎是竭泽而渔了。他还广泛阅读近人著作,涉及数学、逻辑、政治、法律等方面,其中包括启蒙运动时期法、英思想家孟德斯鸠、洛克等人的著作。他还通过通信向巴黎、苏黎世、哥廷根等大学的教授请教。在离开瑞士之前,他还求见慕名已久的伏尔泰。年过花甲的大思想家在洛桑别墅里接待了这个才逾弱冠的青年。1758 年 4 月吉本离开洛桑返回英国。后来他把居留洛桑的这五年称作"幸运的流放"。

吉本返英以后,过着富裕而悠闲的生活。他不甘寂寞,以藏书和读书为遣。他曾写道:"在闲暇中我亲爱的伴侣是革命以后的英国作家,他们呼吸的是理性和自由的空气;"并认为这种阅读对于自己深受法语影响的国语也能起到纯洁的作用。他的社会工作极少。七年战争期间,当过一段时间义务职的国民军军官。他曾两度当选议会下院议员,当时正值北美独立战争,他的立场是维护母国利益,反对殖民地独立。一本法文传记说,他在议会八年,对重大问题都深思熟虑,但他从来不曾鼓起勇气,展示才华,在公共场合讲过话。由于得到首相诺思勋爵的赏识,吉本曾在政府部门当过三年的贸易殖民专员,他本人承认,这是一个负担不重而薪俸颇厚的位置。可以看出,吉本对于政治不抱多大兴趣,但对著书立说却有强烈的愿望。

吉本开始从事著述生涯,首先选定的是文学领域。他留学国外时,深感处于哲学时代的法国,对于希腊和罗马文学漠视,归国后打算写一本书呼唤法人对古典的重视。1761 年书成,用法文出版,书名为《论文学研究》。这本小册子在法国、荷兰得到好评,但在本国却受到冷遇。1770 年,他又撰写了一本题为《评〈伊尼特〉第六卷》的小册子,批驳沃伯顿主教对维吉尔这部名著的歪曲。这是吉本用英文出版的第一本书,由于内容系针对沃伯顿这个气焰熏天的人物,所以不曾署名。他在书中指出古代立法者从未制造秘义,伊尼斯也从未跻身于立法者,沃伯顿的种种臆说是对诗人的损害。一位名叫哈利的学者曾经评论说,沃伯顿对维吉尔第六卷的解释,多年来不曾受到触动,现在一位卓越但匿名的评论家在一篇公正而富于勇气的古典文学评论中"彻底推翻了这个设计拙劣的建筑物,也暴露了这个傲慢的设计师的骄横与无能"。沃伯顿未敢应战,这本小册子渐渐阒然无闻。然而从这里人们可以看到吉本敢于向教会权威挑战的勇气。

吉本自幼培养起对历史的兴趣,然而他起意当历史家的念头却是在他服役于国民军之时。他最初考虑的课题并不是罗马帝国,而是"法王查理八世远征意大利"、"沃尔持·雷利爵士传"、"瑞士解放史"、"美第奇家族统治下的佛罗伦萨共和国史"等许多题目,经过选择,选定了"瑞士解放史"的题目。1767年,他同好友戴维尔登合作,用法文写出一卷,在一个文学俱乐部中宣读,未受欢迎。休谟在信中对于此书用法文撰写也不表赞同。吉本最后承认此举失败。

至于撰写罗马史的设想,还应追溯一下他前几年赴欧洲大陆的游历。1763年,他到达巴黎,在那里会晤了许多社会名流,其中有狄德罗、达兰贝尔、爱尔维修、霍尔巴赫等著名学者。然后重访洛桑,拜谒老师帕维亚尔。以后的两年都在意大利度过。他遍访意大利名城,到处探求古迹,寻访名胜,怀千年之往事,发思古之幽情。对罗马这座永恒之城,更是流连忘返。他写道:"我踏上罗马广场的废墟,走过每一块值得怀念的——罗慕洛站立过的,图利(即西塞罗——笔者)演讲过的,恺撒倒下去的——地方,这些景象顷刻间都来到眼前。"还写道:"1764年10月15日,当我坐在卡皮托山岗废墟之中沉思冥想时,赤足的托钵僧人正在朱庇特神庙中歌唱晚祷词,撰写一部这个城市衰亡历史的念头第一次涌上我的心头。"他最早想写的还不是整个罗马帝国。

吉本在1765年回国以后的五年里,一直都为家事、社交、国民军训练以及上述小册子的撰写等活动所占据。1770年父亲病死,自己从国民军退役,他才享受到时间支配的自由,开始筹划撰写书的首卷。他回忆道,在开始的时候,一切都是模糊的,甚至连书的名称、帝国衰亡的范围、导言的界限、各章的划分、叙述的顺序等都有疑问。在第一卷序言中也说,他曾考虑只写两卷本的《罗马城衰亡史》,截止到西罗马帝国的灭亡。但是后来还是决定写到东罗马帝国的覆灭。

要想为这样一部历时长久、地域广阔、内容繁杂的巨著进行结构设计,是十分困难的,作者为此煞费苦心。他在第一卷的前言中将所包括的一千二百多年历史的进程划分为三个阶段。以自图拉真至安东尼家族在位罗马帝国臻于鼎盛时期为开始,叙述它逐步走向衰落,西半部终为蛮族所倾覆,直到6世纪初为第一阶段。以查士丁尼复兴东罗马帝国为开始,包括伦巴德人入侵意大利,阿拉伯人征服亚、非行省,直到查理大帝兴起,建立起第二个,亦即日耳曼人的西部帝国为第二阶段。第三阶段包括时间最久,达六个半世纪,从西部帝国的重建到君士坦丁堡的陷落,书中还涉及十字军的历史及其对希腊帝国的蹂躏。作者出于自身癖好,仍不免对中世纪罗马城市的状况重作一番探究。尽管有了这一框架,要想把千头万绪,枝蔓丛生的史实包容进来,也殊非易事。作者将罗马城作为全书的基本点,条条线索从这里引向四面八方。他将大量历史事件编排组合,不尽按编年顺序,而注重其内在联系,以勾画出罗马帝国逐步走向衰落的各个阶段。这种安排从他的反对者的口中也博得了"和谐一致"的赞美。

作者对于材料力求竭泽而渔。他对古典著作旧有基础,但仍做更进一步的搜求,举凡直接、间接与所撰书有关的材料,年代记,法典,地理书籍以及钱币,铭刻等等,都在收集之列。他曾以两年的时间(1771—1772年)专事这一工作,然而功夫并不止此,在他首卷问世后,又有一些古典著作被发现,人们在迤后的几卷中,可以看到采用的痕迹。

这部巨著原来是按六卷分三次出版的(现行本往往为七卷或八卷)。第一卷出版于1776年,内容写到4世纪初。第二次于1781年同时出版了第二、三两卷,内容也只包括两个多世纪。第三次出版于

1788 年，同时发行三卷，内容包括迤后九百多年的历史。但是这三卷所包括的时间并不均衡，第四卷所记亦仅百余年，详细程度与前三卷相当，而第五、六两卷所承担的则是自希拉克略死后直到东罗马帝国灭亡的八百多年。这最后两卷头绪繁杂，枝节丛生，在欧洲涉及法兰克人及其他蛮族、诺曼人、保加尔人、匈牙利人、俄罗斯人，以及十字军的历史；起自亚洲的则有阿拉伯人、蒙古人、突厥人，还有作者深感兴趣的伊斯兰教的传播，这些在两卷中都占有相当的分量。但是与前四卷相比，每个问题所占的篇幅无疑是较小的，叙述也较为简单。作者在第四十八章中对此作了解释。他认为希拉克略以后的拜占廷帝国，疆土日蹙，政局混乱，朝代的更迭只构成一部衰败与灾难的历史。如果按照前几卷的尺度来处理，只能写得枯燥无味，读来既无趣味，也乏教益。当然，这段历史的材料更加庞杂，而作者的年龄与健康也难以支持他实现更加宏伟的设想了。

吉本的著作态度是严谨的，在动笔之前考虑了文字风格。他不喜编年史的文字枯燥，也不喜演说词的辞藻堆砌，采取了介乎二者之间的笔调。开始撰写时，十分拘谨，第一卷的头一章，改写了三遍，第二、三章也写了两遍，才勉强满意。迤后各章进展顺利，但写到第十五、十六章时，又反复修改了三次，从原来相当于一卷的分量，压缩成现存的规模。他后来回顾各卷的笔路时，认为第一卷虽竭尽心力但仍感粗糙，写第二、三卷时业已成熟，笔致流畅而协调。最后三卷虽更成熟，但因娴熟法文，信笔写来，夹杂进高卢方言。

六卷的写成，前后共用了近二十年的时光。全书出齐的时刻正值吉本 51 岁的生辰。他感到欣慰："二十个幸福的岁月因我修史的辛勤而富有生气，这一成就在人世上给我以名誉、地位和声望，舍此我是无从获得的。"他无妻无子，只有少数好友相伴，而挚友戴维尔登又先他而逝。晚年继续留在洛桑，生活孤寂。1793 年夏，吉本回到伦敦，次年年初病死，享年 57 岁。

我们手中这本是原书的节编本，它将卷帙浩繁的原作删节成一厚册，篇幅仅当原书的三分之一。为了保存原书的体系与精华，节编者对于全书不是平均压缩，而是剪除骈枝，保全主干，对于精华所在，更是整章整节加以保留，因之对于帝国一千二百余年兴替衰亡的历史，勾画出更为清晰的来龙去脉；对于作者就帝国兴亡得失作出的分析论断，悉加保全，不失原旨。

节编本将原书的前三章基本保全下来。这是罗马帝国从鼎盛走向衰微的开端。书的开始先叙述了图拉真以次几个元首的文治武功，然后介绍了2世纪帝国的概况，包括疆域、居民、制度、生产、生活、宗教、文化各个方面，特别是对于军制，介绍更详。书中将这一时期称作"黄金时代"，认为是"最幸福而兴旺"的时期。然而从2世纪末开始，帝国逐步走向衰落，终至灭亡。作者试图从几个方面探求导致衰亡的原因。

书中指出，近卫军的暴乱是罗马帝国衰落的最初信号和原因，继所谓贤君而出现在罗马帝位上的是一些暴君。暴君为了保持帝位，依靠近卫军，并重用其长官，于是出现近卫军长官操纵朝政的局面。近卫军受到皇帝的恩宠，逐渐走向腐化，贪欲日增，赏赐不能满足，往往发生哗变，杀死旧君另立新帝，于是废立篡弑之事屡屡发生。近卫军还出售帝位，谁肯出大价钱，便可登位。许多僭主系由近卫军长官被拥立而来。书中第七章有数月之间六帝被杀的记载；第十章中三十僭主之数虽经作者订正，但也指出二十年间登帝位者实为十九人，都系行伍出身，为部下所拥立，且无一人得善终。行省军事长官也有为军团拥立者。一时间，数君并峙，内战频仍，各省独立，国家解体。在此期间，罗马军队兵员成分也发生变化。帝国的兵员最初只募自意大利本土，继而招募自各行省，最后则招募蛮族入伍。来自蛮族的军士积功上升为军官，把持政权，甚或取得帝位，构成帝国长期战乱和衰亡的重要因素。

皇帝与元老院的权力之争削弱了帝国的统治力量。这一斗争由来已久，但以此时为烈。好几个皇帝曾经凭借武力诛杀元老。塞维鲁在位时，将一些来自东方省份的有文化的奴隶塞进元老院，使之成为皇帝特权的拥护者。塞维鲁皇室从其统治中形成了新的准则：皇帝不受元老院和法律的限制，以自己独断专行的意志支配帝国与臣民。作者指出，这一新准则有助于军队势力的加强，消灭了残存于罗马人头脑中的法律和自由的最后痕迹；并认为塞维鲁是导致帝国衰落的罪魁祸首。

作者一再强调罗马帝国的灭亡实即蛮族与基督教的胜利，因之在这两个问题上着墨甚多，删节本也多予保全。

罗马人将帝国以外的民族统称为"蛮族"。这些居住在帝国周围的民族往往构成帝国的边患。书中最初出现的蛮族是日耳曼人，有专章叙述他们的原始生活，并指出到2世纪后期他们已拥有以铁为锋刃的武器，发动过一次各族联合对帝国的进攻，为罗马兵团所击溃。但是到3世纪时，情况有了变化。帝国面貌依旧，但雄风已消，军纪松弛，边防削弱；而蛮族人口增殖迅速，有战士百万，并从罗马学到作战艺术，因之构成对帝国边境的威胁。法兰克人、阿勒曼人、哥特人此时是帝国最危险的敌人。然而帝国仍有相当的抵御力量。特别是奥勒良在位时整饬纪律，军威复振，威服各族，安定边境。书中对于他的祝捷活动作了详细描绘，在献俘的行列中包括了哥特、汪达尔、萨马提、阿勒曼、法兰克、高卢、叙利亚和埃及等各族战俘。但这已是强弩之末了。作者还评论了帝国在边境安置蛮族的政策。普洛布斯曾招募蛮族一万六千人当兵，分成小队，驻守边疆，并收容蛮族战俘和逃亡者在边境设置新移殖区，拨给土地、牲畜、农具，指望能够从中获得兵源以充实边防。然而事与愿违，蛮族人员不习惯务农，不愿受约束，往往流窜，成为暴乱之源。而当民族大迁徙的波涛涌起时，内外呼应，西罗马帝国遂被淹没。东罗马帝国的边患主要来自东方。阿拉伯人的扩张吞食掉其东部领土，土耳其人的崛起摧毁了这个古老帝国。

关于基督教，吉本在其回忆录中写道："由于我始终相信《福音书》的传播和教会的胜利与罗马帝国的衰落是密切相联的，所以我着重于这一变革的原因和影响，把基督教徒自己的著述和辩解同异教徒投向这一新教派的公正或憎恨的目光加以对照。"为节编本全文保留的第十五、十六两章即是按照这一意图撰写的。此时吉本的理性主义世界观业已形成,对基督教的传统说教采取了批判的态度。他在第十五章开头的地方写道:"神学家可以……随心把宗教描绘为降自于天,披着原有的纯洁。史学家则……必须发现宗教在久居地上之时,已在一个软弱和堕落的人类中受到了不可避免的错误和腐化相混杂的污染。"他揭去神学家所加于基督教的纯洁外衣,冷静而客观地对基督教久居地上所沾染的尘俗现象作了深入的理性的考察。他的笔法是曲折、含蓄的,有时是借用他人的酒杯来浇自己的块垒的。他介绍诺斯替派的教义时说,这个教派"对以色列上帝作了不敬的描写,把他说成一个易于冲动和犯错误的神,爱憎无常,……不能在这样的性格中看到全知、全能的宇宙之父的特征"。这样的转述虽然冠以"不敬"字样,实际却在张扬异端,贬抑"降自于天"的基督教。书中对基督教大肆宣扬的神迹,例如驱除魔鬼,起死回生,舌割后而能言,耶稣受难后天地冥晦等一一加以否定。尽管这些神迹有教会文献可征,并经神学家、主教、教皇等先后作出见证,然而他却指出即使其中"最有力的见证"也不能"祛除不信者私下的、不可救药的怀疑",这种怀疑之所以"不可救药"是因为它来源于理性的验证。从这里人们清楚地看到吉本的历史批判精神。

第一卷出版后,引起巨大反响。老友休谟阅后写信给吉本称贺,并指出在第十五、十六两章的处理中不可避免地会引起猜忌,可以预料一阵叫嚣的到来,也许作者还会在前途遇到一场斗争。此书在读者中赢得赞赏,但也引起一些人的非议。吉本写了一篇《我的辩解》,取得了多数理智的世俗人士乃至教会人士的谅解,但仍有些人啧啧不休,其中不乏知名人物。吉本后来承认,他起初感到惊惧,继而转为愤慨,最后则是置之不理。他继续撰写下去。

第二、三卷获得与第一卷同等的声誉。宗教部分依然保持自由精神,也再次遭到反对者的抨击。抨击主要来自意大利的天主教徒,中心仍然是"神圣见证"问题。他后来回忆此事时写道:"神圣见证的证据今天在任何法庭上都会加以否定,但是偏见造成盲目,权威拒纳良言,我们的拉丁文圣经将永远蒙受这种伪造经文的玷污。"

最后三卷出版依然引起喧嚣。他自思这几本内容纯洁,笔调平和,不解何以会引起如此强烈的谴责。最后他得出结论:"这部《罗马帝国衰亡史》无论在国内还是在国外似乎都击中了要害,也许今后一百年还会继续遭到责难。"

事实果然如此。在19世纪中期,伦敦圣保罗大教堂主教米尔曼在为其所注释的《罗马帝国衰亡史》作序言时,依然对该书加以批判,用意在于防止读者阅读本书后"产生错误印象"。批判主要针对前文所引吉本在第十五章开头的那段话,认为吉本对于"宗教的神圣起源"这一主要问题,采取了巧妙的回避或假意承认的手法。另外还指责吉本对于基督教故意贬抑。这篇序言指出,罗马帝国的进攻者,无论是军事还是宗教方面的,诸如哥特人、匈奴人、阿拉伯人或蒙古人,阿拉里克、穆罕默德、成吉思汗或帖木儿,在书中都写得充实完整,颇有生气;唯独对于基督教的胜利却写成一篇冷酷的批判论文。全书对基督教也不曾只字褒扬。这些大概就是卫道人士对本书深恶痛绝的地方。

但是,广大读者对本书的看法却是截然相反的。吉本深有感受,写道:"公众是很少看错的。"而在学术界,更是受到推崇。第一卷刚出版,休谟即在信中告诉吉本:"此间所有的文化人对尊作一致赞美。"后来的历史学家也对之交相称赞。19世纪后期至20世纪初期英国著名历史学家伯里在其所注的《罗马帝国衰亡史》序言中指出:"吉本在许多细节和若干知识部门中已经落后于时代,这一点只意味着我们的父辈和我们自身不是生活在一个完全无所作为的世界里。但是在主要的问题上,他仍然是我们的超越时代的老师。对于那些使他摆脱历史家的共同命运的明显特点,诸如伴随时代前进的大胆而准确的尺度,正确的眼光,周密的布局,审慎的判断与适时的怀疑,为自己始终如一的态度做出的堪称不朽的掩饰等,是毋庸细述的。"这是对吉本准确而公平的评价。另一19世纪著名历史学家弗里曼也指出,吉本始终不失为当代研究所不曾抛弃也不拟抛弃的18世纪历史家。今天距本书问世已二百年,人们在70年代后期英法美意等国的文学杂志上又看到大量关于吉本及其巨著的论文。有些文章从政治、宗教、文学、哲学等角度对这部名著做进一步的探讨，也有些从吉本所处的时代、他的历史哲学、历史兴趣、编纂方法等方面对作者重新加以研究。看来这位 18 世纪的历史家在又经历了一个世纪之后依然不曾被抛弃。

《罗马帝国衰亡史》原文本在我国流传已久，近年来史学界有一些文章介绍和评论吉本及其巨著，可以吴于廑教授的《吉本的历史批判与理性主义思潮》（载《社会科学战线》1982 年第 1 期）为代表。这些文章的共同看法是"吉本的历史批判精神，与启蒙时代的理性主义思想是一致的，突出表现在对基督教传统教义、信条、教规等所持的批判态度"。这无疑是吉本此书的精华所在。然而，作为 18 世纪的资产阶级历史家，他的史观不可避免地受到时代和阶级的局限。吉本曾写道："战争和政事是历史的主要课题。"他在这方面的叙述是不厌其详的，但对社会经济则不加重视。抛开社会经济的发展变化来谈论帝国的衰亡，是难以收到探骊得珠的效果的。另外，他过分强调历史人物的作用而忽略人民群众的影响。书中指出：人们的祸福无常，系于一人的品格。贤君在位则国治，暴君在位则国乱。书中虽然列举了多次起义和暴动，诸如造币工起义或巴高达运动，但是都不曾写出起义群众的声势和作用。当然，作者修史远在历史唯物主义诞生之前，对于这些缺点，是不应苛求的。作者在运用史料方面有时失误，对此我们赞同米尔曼的态度："尽管书中有错误，我认为它将永远是一部卓越的著作。"特别引起我国读者兴趣的是作者在书中一再提及中国。他自承读过有关中国的材料。书中叙述奥勒良祝捷大典时，在一长串来自世界各地的使节名单中竟尔也列入中国使节。这不禁使我们联想到我国史书中大秦王安敦遣使来汉朝的记载，可能也是商人的假冒。第四十章还有一段波斯僧人受拜占廷皇帝查士丁尼之嘱从中国偷运蚕子的离奇故事，其失实之处已在齐思和教授的《中国和拜占廷帝国的关系》（《北京大学学报》1955 年第 1 期）文中得到订正。

吉本此书，风行甚久，英国出版商竞相刊印，因之版本甚多。外国书商也争相出版译本。吉本生前已出现法、德、意等文字译本。目前则有更多种文字的译本流传。名家也纷为注释，如英国伯里、法国基佐的注本都备受重视。作为一部学术著作，其流传之广，声誉之隆，在史学界是罕有其匹的。中译本最早系由王绳祖、蒋孟引合译的第十五章单行本（商务印书馆，1964年），后来又由李树泂、徐式谷续译了第十六章，与第十五章一起收入《外国史学名著选》（商务印书馆，1987年）。今天这本节编本的中译本面世，可以说是先睹为快。节编者 D. M. 洛是英国作家，著有诗文集和小说数种，对于吉本也深有研究，曾发表论著。从本书前面的节编者引言和对书中内容的删存去取来看，可知他对于这部名著沉浸甚深，因而能在节编中取舍得当，详略适宜，并尽量保存了原著中博学多识与文字典丽相结合的特点。加之中译者译笔流畅，文字传神，希望读者读后不致有未窥全豹的遗憾。

1994 年 1 月

世界名著《失去的世界》解读

英国社会史的研究，在近半个世纪里有长足的进步，20世纪40年代之初，屈维廉发表了《英国社会史》，在学术界引起一片赞誉之声。评论家称赞它是当代最迷人的著作之一，因为它提供了历代祖先日常生活的描述，诸如衣食起居、农工生计、信仰娱乐、幸福忧伤等。然而，随着大量新资料的发掘与刊印，新研究手段的采用，社会史的研究领域不断在扩大与加深。在20世纪60—70年代，英国社会史研究的新著无虑数百种，内容涉及人口、婚姻与家庭、家族与村社、阶层与等级、乡村与城镇、农业与工业，等等。其中，彼得·拉斯莱特（Peter Laslett）撰写的《失去的世界》就是影响重大的一部著作。

拉斯莱特是英国著名的社会史专家，1915年出生于贝德福德。早年在剑桥大学学习，获文学博士学位，二次大战期间服役于英国皇家海军，战后在英国广播电台主持专题讲座。60年代初重返剑桥大学，任政治学和社会构成史高级讲师。1964年，剑桥大学人口与社会构成史研究中心创立，拉斯莱特任研究中心负责人。1987年，他以古稀高龄来我国出席英国史国际学术会议，精神矍铄，谈吐幽默，给同行留下了深刻的印象。

拉斯莱特著述甚丰，早年曾出版过有关英国著名哲学家洛克的著作。在社会史方面，截至80年代末发表了专著5部，论文多篇。《失去的世界》发表于1965年。随后又有关于家庭生活、乱婚、私生、老龄生活等4部专著面世（1972—1989年），作者说，《失去的世界》在他的系列专著中虽然发表在前，其实却撰写于其他课题的草稿业已有所准备之后，故可视为他的系列著作的长篇序言，概括了他的社会史学观点。《1991—1992年国际名人录》在"拉斯莱特"词条中称他为"创新者"。他本人在 1983 年本书第三版序言中也说:"书中有一些题目是以前的历史著作从来不曾涉及过的。"的确,人们在这本书中可以看到与前人不同的内容。

《失去的世界》描述的是前工业时期英国社会的历史。英国社会史界习惯于将社会史划分为前工业时期和工业时期两大阶段。拉斯莱特将前者称作失去的世界,后者称为当今的世界。但书中所着眼的主要是都铎和斯图亚特两王朝的统治时期,即 16 和 17 世纪。对于我们所习惯的划分历史为古代、中世纪和近代的分期,作者虽未加抛弃,却视之为"次一级的划分",置于上述分期之下。

关于本时期英国社会的特点,作者提出一个"单一阶级社会"的理论。他为"阶级"所立的界说是:"联合在一起共同行使政治和经济方面具体权力的一部分"。这里指的是大、小贵族,人数虽然不多,但拥有大量土地和财富,掌握国家权力,构成此时的单一阶级。作者认为,他的这一提法或许不适用于其他欧洲国家,但对英国却是适用的。在这个单一阶级之下存在着若干由农村和城市的劳动者组成的阶层,书中称之为"身份群体",意指他们保持同等的社会地位。在这两部分人之间还存在着一个正在形成的"中等阶级",包括各类商人,也包括城市居民和农村的约曼农,这一阶级的形成则要等到工业时期。

以上提法貌似新颖,实际都脱胎于西方史学界的传统说法。拉斯莱特的创新之处并不在于这些理论,而在于内容方面的开拓。

书中探讨了自中世纪晚期以来的英国人口增长趋势,指出由于生存条件有利于人口的增殖,从伊丽莎白一世到詹姆斯一世时期,人口增长速度超过欧洲其他国家。此后在查理一世及其继承者时,增长速度锐减。而在詹姆斯二世和威廉与玛丽时期,增长竟成负数。直到乔治诸王时期才重新增长,在乔治三世时,达到空前的速度,而到维多利亚时期增加更速,全国人口已超过 2000 万之多。书中还探讨了与人口密切相关的生育、死亡和外流问题。尽管此时人们的寿命还不长,但出生率仍高于死亡率,加之移居海外人数也不多,因之英国人口从 1541 年的 277 万增长到 1871 年的 2150 万,增长了 7 倍。

书中还提出了英国农民是否有人因饥馑而致死的问题。作者只是依据 17 世纪的一些资料作出了回答。由于食品缺乏导致营养不良而致死者时或有之,但直接饿死人的事则不曾发生,原因是各级政府采取了预防措施。但是作者也不免为自己的根据不足而慨叹:我们对于国家和议会的发展,对于帝王将相的生活,所知甚多;但对于我们的祖先有无足够的食物充饥却所知甚少。我们的谱系学对于前工业时期一部分人的世系研究甚深;但对另一部分人的寿命多长以及他们有无信心延续其后代,却毫无所知。甚至直到今天,我们对于这些问题也还无暇一顾。

家庭问题是本书的研究重点。此时的家庭规模以包括亲子两代为主,也有超过或少于两代的,视其等级地位和经济收入而异。17 世纪的一份材料表明,贵族之家往往有 10—20 口,最多可达 40 口;劳动人民一家只有 3—4 口。家长在家中居主导地位,作者称之为"家长制家庭"。这种家庭在前工业时期长期存在。

斯图亚特时期有 1/4 至 1/3 的家庭蓄有仆役,包括佣人和学徒。有的贫困家庭亦复有之。许多家庭将幼子送出去充当仆役,还有一种邻里之间易子而役的做法。书中称这种现象为"仆役制",认为是前工业时期英国社会的一个具有普遍性的特点。

对于劳动者来说,家庭即是其劳动场地,全家都在此劳动。书中引用一份 1619 年伦敦面包师的材料。他们的家既是住宅,也是作坊兼原料仓库,还是销售门市。这里聚集着面包师全家、帮工、学徒和女仆,一起生活,一起操作。作者认为这一时期的家庭是将夫妻、亲子和主仆三种社会关系融于一体的。

书中描写家庭生活是和谐的。作者虽然也承认其间存在着从属和剥削的关系,但认为这些外来的成员是高度满足的。仆役在这里的饮食起居与本家子女无大差别。成员之间存在着彼此爱护的关系。作者不无惋惜地慨叹这种制度遭到资本主义的破坏,友爱关系为金钱关系所取代。

关于婚姻,书中探讨了早婚问题。作者认为妇女早婚属于误传。

莎士比亚笔下 14 岁的新娘是文学创作,并非事实。实际上伊丽莎白时期的妇女往往是在劳动一段时间以后略有积蓄始行结婚。新娘平均年龄为 24 岁,新郎则为 27 岁。书中还探讨了非婚生子问题,认为情况因地而异,但并非严重。

作者依照自己的"单一阶级社会"的体系来描绘此时英国的社会结构。对于构成那个单一阶级的公侯伯子男等大贵族和准男爵、骑士、缙绅、贵人(实即作者回避使用的乡绅)等小贵族、构成中间阶级的内外贸商人以及城市居民和农村约曼农、被称作"身份群体"的农户、手艺人、雇工、茅舍农、贫民等,逐一作了描述,指出他们在等级、权力和财产方面的差别。书中引用了一条 1660 年人头税税额的材料:普通百姓每年纳 6 便士,而贵人须纳 5 镑,缙绅 10 镑,骑士 20 镑,准男爵 30 镑,男爵 40 镑,伯爵 50 镑,侯爵 60 镑,公爵 100 镑,足以说明等级森严,贵贱悬殊。另一项例证表现在称谓方面。贵族拥有爵衔,受到尊称,至今英语中传留下勋爵、爵士、大人、先生等称呼,百姓没有尊称、只有职业名称,另外则是绰号。这些职业名称,有的至今沿用,有的则已消失。书中对于各类农业人口的名称由来、含义以及彼此异同都有较详细的介绍,读起来饶有趣味。

作者还指出这个单一阶级并非不可渗透,在这个阶级同社会的其余部分之间的分界线上始终存在着运动。一些贵族之家衰落,另一些新的增补上来。书中举了一个例证。詹姆斯一世于 1611 年封授了 204 家准男爵,但到 1769 年,其中的 116 家绝了嗣。因此作者指出,世家望族的精英分子不可能是累世不绝的,因之在那条分界线上的运动便永远存在,而且是双向性的。此时出现了许多名人,但不一定出自名门。事实上,这种身份或等级变化的运动,在当时多变的社会里同样也存在于所谓的"身份群体"之间的分界线上。例如有的农户发了家可以变成约曼农,还可以跻身于乡绅之列,而属于中等阶级的商人通过各种途径进入乡绅行列,也非难事。

书中还为社会生活提供了一些饶有趣味的材料。在都铎和斯图亚特时期,有 4/5 以上的人口住在农村。尽管经过圈地运动,但整个的村社生活变化不大。邻里之间除部分家庭迁徙外，往往毕生厮守，相互熟识。庆丰收是村中最大的活动。主人大摆筵席宴请参加收割的人及其妻子，席上陈列蛋糕、火腿、炖牛肉等佳馔，并备有成罐的奶油供客人食用，所以这种宴会得到"奶油罐"的名称。宗教活动是村民的另一乐事，做礼拜、领圣餐是妇女儿童在家庭劳动之外唯一可以外出参加的活动。当时饮酒成风，啤酒馆是男人们经常聚会的场所，这里有"穷人议会"之称。

拉斯莱特还就16和17世纪英国历史上的几个有争议的问题发表了看法。第一个是资本主义萌芽问题。作者从其前工业分期的立场出发，对之采取否定态度。关于圈地运动的问题，书中虽承认它所造成的社会移位的作用，但估计甚低，认为"无论何处出现圈地运动，甚至是在近代，它所造成的影响，从村社生活的角度来考查，可能要比人们所期待者为小"。关于手工工场问题，作者认为"没有人能准确知道工场出现于何时"。对于经常被历史家引以为据的《纽伯里的杰克趣史》一书，认为它问世较晚，系狄洛尼于17世纪初写出，目的在于取悦于伦敦呢绒商人，所以故意夸大其词。作者摘引了该书的一段话："这个大家庭专有一位屠夫，每星期屠宰10头牛供其成员吃肉"，可以认为这里所讲的工场依然是一个家庭。作者承认有个别的工业家雇佣几个、几十个家庭为他工作，但这种形式，包括上述的纽伯里的杰克，依然属于他所主张的家内制。可见作者举出的家内制在前工业时期几乎是无所不包的。

第二个问题是乡绅的兴起。自从1941年陶尼发表《乡绅的兴起》长篇论文，论述乡绅在经济和政治方面势力增长，"掌握了未来的钥匙"以来，引发了长期的学术论战。站在对立方面的主要是特雷弗—罗珀，他认为乡绅只是一部分兴起，另一部分则衰落。许多专家学者参加了讨论。美国历史家赫克斯特也发表了几篇倾向于特雷弗—罗珀的文章参加讨论，并收入他的论文集《历史再评论》(1961年)之中。拉斯莱特为赫克斯特这本书写了引言，赞同他的观点。在《失去的世界》书中，又重复了写在前书引言中的看法，认为陶尼所列举的事例失之于过分强调，他只承认乡绅的发展主要在于文化和政治方面。他的结论是，"乡绅的兴起"不过是历史家的一句口头禅。

第三个是英国资产阶级革命问题。1940 年希尔发表《英国革命》一书，在英国史学界引起长期争论，许多历史家就英国革命的起因、性质、影响，甚至于可否称作革命等一系列问题展开讨论。希尔本人也一再发表著述，并对自己的论点有所修改。拉斯莱特在《失去的世界》书中以一章的篇幅探讨了这个问题。由于他不承认革命以前资本主义的成长，不承认资产阶级的存在和乡绅的兴起，因之认为 1642 年发生的那场冲突不属于他认为的那种"意味着整个社会结构发生不可逆转的社会革命"，而只是一场"内战"。他还说，如果愿意使用"革命"一词，则应该说整个 17 世纪是一个"革命的世纪"，在 1642、1646—1649、1660、1668—1690 年都曾发生过革命。但是如果以之同法、俄等国的革命相比较，则"英国革命"的说法是应该埋葬掉的。1987 年拉斯莱特来华出席英国史国际学术会议时，依然坚持这一论调。

我手边现有的《失去的世界》是该书 1983 年第三版，距第一版问世，历时近 20 年。作者说在此期间作了许多修正或改写，吸取了一些新的研究成果。我认为本书确有一些明显的特点。首先，是考察的目光主要集中于当时英国社会的中下层，对于王公贵胄述及较少，而于乡绅以至茅舍农的情况却着墨颇多，读来令人耳目一新。为了搜集这方面的材料，作者及其同伴投身到浩如烟海的教会档案，特别是教区记录中去搜求，取得了有价值的资料。书中还利用所取得的数据编成表格多幅，充分发挥计量史学的效用。可以认为，这本书在英国社会史领域中是一部富有开拓性的权威著作，作者确实无愧于"创新者"的称号。然而拉斯莱特作为一位资深的剑桥学者，在史观方面往往墨守英国史学界的正统观点，不相信历史唯物主义，他将如火如荼的 16—17 世纪英国描绘成一片祥和平静，极少冲突的景象，即是证明。

1994 年

《盎格鲁-撒克逊编年史》中译本序

《盎格鲁-撒克逊编年史》是英国最著名的史书之一，也是中世纪早期西欧最重要的史学著作之一。

日耳曼民族大迁徙的疾风暴雨，使西欧的古典园地出现了百卉凋零的局面。经过一段时间的休养生息，首先复苏的是历史撰述。而在这片当时还是稀稀疏疏的园地里，《盎格鲁-撒克逊编年史》却是成长茁壮的一株。

中世纪的编年史来源于基督教会的复活节表。复活节是基督教的重大节日，但它没有固定的时间，而是定在春分过后月圆之后的第一个星期日，其时间浮动变化于3月21日至4月25日之间，因此需要在前一年预先计算安排。这一工作落在修道院的头上。修道院院长根据太阳和月亮的运转周期，根据基督教、犹太教和罗马小纪的纪年，推算出当年复活节的日期，排列成表，是即复活节表。在表的最后留下空格，以待填写本国或当地在本年发生的重要事件。这种纪事逐年积累，遂发展为编年史。

在英格兰，约在6世纪末奥古斯丁来到不久，开始形成在复活节表边缘填写纪事的习惯。这种纪事起初十分简短，后来则不断扩充，例如757（原稿本755）年关于梅雷顿政变的记载已写成一篇完整的纪事。

《盎格鲁-撒克逊编年史》一书的编写，起始于9世纪之末。一位12世纪的编年史家曾指出，英王阿尔弗雷德曾指使用英文写成一部有关当地的事件、法律、战役和有关从事战争的国王的书籍。阿尔弗雷德虽未必直接下令，但此书确实始撰于他在位期间，通常称为《阿尔弗雷德编年史》。

这部编年史的材料来源是多种多样的。它采用从前已经写成的著作,也汲取当代的年代记;它记录政府的露布,也收录国外的事件;它收集文字资料,也采集口头传说以及歌谣史诗之类。正因如此,我们从本书中能够读到古代的世界历史或比德的教会史所记载的某些内容,也能读到西撒克逊的年代记中有关 8 世纪丹麦人入侵的记载,或者是一些追忆往事的诗歌。编年史所收集到的比较丰富的材料填补了几百年间的历史空白。

为了防止孤本重要文献档案的丧失毁灭,阿尔弗雷德国王下令添置复本分藏各处,这部编年史遂也交由受他护持的教堂和修道院分头保存和续编。续编的内容,一部分来自西撒克逊宫廷,一部分则采自当地。因此各地所编撰的手稿所记内容大同小异,一些主要史实基本一致,而另外一些材料则因撰写人关注不同而各异。

流传下来的《盎格鲁-撒克逊编年史》稿本主要有七部,它们分别被近人编号为 A($\bar{A}$)、A^2（A）、B、C、D、E、F 本。

A 本（盎格鲁-撒克逊史名家普卢默 [C. Plummer] 称之为 $\bar{A}$ 本）由于成稿地点而被称为温切斯特稿本,是七部中最为古老的一部。它所记载的年限为公元前 60 年至公元 1070 年,从笔迹看,经过十三四位书手书写而成。其间详略不一,例如关于阿尔弗雷德及其子爱德华的武功记录极详,但对阿塞尔斯坦到埃塞尔雷德的 50 年间的辉煌业绩却记载极简,但总的看来,不失为记录英人抗击丹麦人入侵的一部信史。11 世纪,A 本被移往坎特伯雷的基督教堂,并以其故主坎特伯雷大主教帕克（M. Parker, 1559—1575 年在任）之名而通称《帕克编年史》。该本转移到坎特伯雷之后,在当地作了某些增补。为了腾出篇幅,对原有内容略有删减。但在转移之前,该本被誊成一本复本,是为 A^2 本（普卢默称之为 A 本）,由于曾归属于罗伯特·科顿爵士（Sir Robert Cotton）,通称《科顿编年史》。1731 年,由于收藏地科顿图书馆失火,此本被烧得只剩几页,故亦称科顿残片。幸得起火以前也曾誊录复本,保存下来,并由惠洛克（A. Wheloc）整理、翻译,于 1643 年出版。因此 A^2 本又称为 W 本,亦称 G 本。

B 本与 C 本同称阿宾登稿本。B 本约成稿于 10 世纪后半期,C 本则成稿于 11 世纪中期，后者编撰以前者为蓝本，地点在阿宾登。B 本包括年限为公元前 60 年至公元 977 年，C 本则延伸至 1066 年。盎格鲁-撒克逊史名家普卢默给予 C 本续写部分以很高的评价，认为它是 D 本和 E 本所编这一时期纪事的原本。

D 本为伍斯特稿本，约始撰于 11 世纪中期，所包括年限为公元前 60 年至公元 1079 年。稿本于 16 世纪在伍斯特发现，因而得名，成稿地点可能是伍斯特。这部编年史的撰写不同于其他手稿，不是照录前人而是有所去取，补入一些采自比德《英吉利教会史》和诺森伯里亚与麦西亚的史乘的材料。它对苏格兰宫廷颇感兴趣，1016 年克努特登位后，它对英格兰北部，特别是同斯堪的纳维亚的关系关注尤多。这部稿本之所以具有较浓厚的地方色彩，是因为伍斯特教区与约克教区于 972 年至 1016 年间一度由同一人兼任牧首，两教区关系密切，因而所获得的信息也就更多。

E 本以其成稿地点而称彼得伯勒稿本，通常也以其主人坎特伯雷大主教劳德（W. Laud, 1633—1645 年在任）之名而称《劳德编年史》。1116 年彼得伯勒的修道院失火，所藏的书籍均付之一炬。后来从坎特伯雷的圣奥古斯丁修道院借得一部编年史稿加以誊录，并续加编写至 1154 年，遂成为几部稿本中最后的一部，也是最长的一部，包括年限自公元前 60 年至公元 1154 年。在誊录过程中，执笔人补入了与彼得伯勒修道院有关的某些事项、伪造文件以及其他内容，而其续写部分更成为独到之笔，为诺曼王朝的封建混战留下了实录。

F 本为坎特伯雷双语概要。诺曼征服以后不久，政府在官方文件中开始停用古英文，但一些修道院在征服后的一个世纪内仍然继续使用。这部编年史稿本大约产生于 1100 年前后，在坎特伯雷的基督教堂里以 E 本所依据的底本为基础删节而成，包括年限自公元元年至 1058 年。使用文字仍为古英文，但每段之后附以拉丁文译文，因此而得双语之名。

由上可知，这七部稿本可以分为四组：除 D 本外，A（$\bar{\text{A}}$）本与 A^2（A）本，B 本与 C 本，E 本与 F 本均属姊妹篇。七部虽共同冠有

《盎格鲁-撒克逊编年史》之名，但正如普卢默所指出，A（Ā），C，D，E 四稿本各具特点，可以单独成篇，不必合成一部。然而，正是由于存在差别，可以为后人提供更多的研究材料。

除上述主要稿本外，尚有 H 本，可能作于温切斯特，现仅存残页，其中所记为 1113 年至 1114 年间之事。另有 I 本，写在一份复活节表（988—1268 年）上，可能作于坎特伯雷基督教堂。虽然条目不多，记事又颇简短，它却是现存唯一的一份以复活节为纪年的编年史稿本。

编年史实际上应以 5 世纪中盎格鲁人来到不列颠为开始，在此之前的材料都是转录自其他史乘有关本岛和欧洲大陆的事情。它在 443 年写到不列颠人派人去请盎格鲁人前来协助抵御皮克特人一事。此后盎格鲁人、撒克逊人、朱特人相继移居岛上，建立起七个国家，形成"七国时代"。在长达三四个世纪里，各国争雄，征战不已。到 829 年，韦塞克斯国王埃格伯特征服麦西亚，统一亨伯河以南之地。编年史称他是第八位"不列颠统治者"，同时还列举了以前的七位国王，勾画出前此列国代兴、交替争霸的局面。

编年史除记载王位继承及篡弑外，极少谈到列国的内政，更不涉及典章制度。然而在其字里行间，人们依然可以捕捉到某些信息。

在盎格鲁-撒克逊时代，王位继承还未形成定制，依然带有军事民主制的残余。国王由御前会议推选，国王无权选立自己的继承人。王位的递传，既有父死子继，也有兄终弟及，还有母后居摄。御前会议也有权罢黜国王，例如 757（原稿本 755）年韦塞克斯国王西吉伯特因行为非法被御前会议所罢。但到诺曼征服以后，国王有权任命王位继承人，王位世袭制度确立。

盎格鲁-撒克逊王国政府的组织机构还很不完备。朝廷的主要机构是御前会议，有权决定国王废立、对外战和等国家大事。地方划分成许多郡，作为司法和军事单位。书中还出现过百户区字样，是郡以下的区划。

王国的各级官职都由大小贵族担任。编年史称大贵族为郡长，他们在朝廷里是御前会议的组成人员，称议政大臣，在地方是一郡或数郡之长，掌管地方行政和军事权力，战时指挥军队，冲锋陷阵。后来由于郡长工作繁忙，责任重大，管理郡务的工作改由另设的郡守担任。郡的首长之下有一批管事人员协助工作，负责国王的税收等事务。这些管事人员主要由塞恩和格塞思充任，他们是小贵族，一般拥有5海德土地。

基督教的传布和教会的发展在编年史中占有很大的篇幅。596年的纪事写到格雷戈里教皇派遣奥古斯丁偕同修道士多人来到不列颠传教。在此之前，基督教曾经传入过不列颠，但此时业已中断，岛上有基督教异端和异教流行。奥古斯丁及其徒众和后继者以艰苦卓绝的努力，先从列国的社会上层入手，逐步扩大影响，几经反复，屡遭镇压，最后得到全岛的皈依，建立起一套完整的体制。书中略去了标志基督教在不列颠取得胜利的惠特比宗教会议，但是记录下它的敌手科尔曼携其徒众离岛返欧一事。书中还记述了坎特伯雷大主教西奥多为加强教会而采取的措施，列举了大量主教区的设置和主教的任命。与此同时，修道院也在迅速成长。编年史中几次记述国王向彼得伯勒修道院馈赠土地、特权之事，并载录教皇的确认其权益的诏书。这些内容尽管被认为属于彼得伯勒稿本的增补，原编译者对其真实性亦存质疑，却为修道院之享受特权提供了重要参考资料。主教和修道院院长们既是民众的精神领袖，也是国王的左辅右弼，参与国事，甚至带兵出征。

编年史所记的第二件大事是反丹麦人入侵的斗争。835（原稿本832）年的纪事写道："这年异教徒蹂躏谢佩。"第二年国王埃格伯特率军迎战，是为战争的开始。此后兵连祸结，战事绵延。书中以大量篇幅记录了阿尔弗雷德国王对丹麦人的英勇抵抗和爱德华国王对丹法区的光复；也记述了10世纪末丹麦人的卷土重来和巨额丹麦金的勒索：从991年的1万镑，数年一增，到1012年高达4.8万镑之多。等到丹麦人入侵势头衰落的时候，编年史也进入了新的时代。

编年史最后部分记的是诺曼人入侵后所建的新王朝。征服者威廉1066年在黑斯廷斯战役取得胜利后加冕称王。在这个不足百年的朝代里，几乎充满了战争：有镇压当地贵族反抗的战争，有对付诺曼底的动乱的战争，有王室内部争夺王位的战争，还有抵御北欧人入侵和在欧洲大陆同邻国的战争。为了进行战争，诺曼诸王对岛上居民进行了尽情地搜刮。编年史中多次出现沉重赋税的记载。1083 年的纪事中还提供了每海德土地提供 72 便士的宝贵数字。1085 年朝廷开始进行全国土地调查，编年史作者更写下一段深沉而激昂的评论。作者认为这种刨根问底的做法说起来简直是一种耻辱。编年史末尾部分记录了诺曼王朝末王斯蒂芬统治时期的社会骚乱和民不聊生的景象，为这 19 年的艰难岁月作了概括。

整个编年史结束于 1154 年斯蒂芬逝世和安茹伯爵亨利入主英国。全书包括年代共 1200 余年。

编年史不曾对这一时期的社会制度有所记载，但是在字里行间仍然透露出这方面的信息。在此期间，不列颠正经历着一场封建化过程——封建土地所有制的形成和自由农民的农奴化。编年史中较早地出现了郡长和塞恩的名称。他们是国王的辅弼、侍从和亲兵，都占有大面积的土地。我们知道，每一塞恩占有土地一般至少为 5 海德，每海德的面积因所在地区的不同而异，少则 40 英亩、60 英亩，多则 80 英亩、120 英亩。因此这种被列为中小贵族的塞恩所占土地数量已十分可观。然而被称作大贵族的郡长，其所占有土地数量之大则更是惊人了。盎格鲁-撒克逊时期的自由农民所占土地约 30 英亩，有的还不足此数，其经济基础十分薄弱，经不起频繁的天灾人祸，因此逐渐走上对大土地所有者依附的道路。诺曼征服加速了这一进程。编年史记录了大批郡长的被诛杀，由来自诺曼底的封建主取代。他们运用在大陆上的一套剥削方式肆行掠夺。本来业已处于困境的农民，在书中一再提到的重税盘剥、战争困扰与自然灾害的侵袭之下，逐渐沦为农奴。从《土地清丈册》统计出来的数字表明，在英格兰，封建化过程业已基本完成了。

对于这部编年史，英国学者喜爱地称之为"古英文史书的基础权威著作"，也称之为"一个西方国家以其自己的语言写成的第一部连贯的本国历史"，还称之为"第一部伟大的英文散文著作"。诚然，这部编年史奠定了英国古史的基础。在中世纪早期的西欧，拉丁文的流风余韵在书籍撰写方面仍然具有很大影响，而这部《盎格鲁-撒克逊编年史》却是以其本民族的语言写成，而且连续不断，即使是在外族入侵和征服的情况下，继续撰写不辍，撰写时间延续200余年，实录岛上史事长达700年有零，的确是值得英人为之骄傲的。

编年史的撰写愈后愈细。从阿尔弗雷德在位时（871—899年）起，书中已很少出现"这年某人逝世"或"天见异象"之类寥寥数语的纪事，而是对某些事情作出较为完整的记载。以后的两个半世纪更逐渐加详，对许多重大事件都能原原本本道出来龙去脉。特别是诺曼征服之后的百余年间，不仅提供许多珍贵史料，而且还有一些针对时事的史官评论反映了民间的看法。一段段长达数百乃至千余字的纪事，读来俨然是一篇引人入胜的故事，或是一篇流畅精美的散文。

书中还出现了一些当时传颂的诗歌，有的或被认为系出于王室告示。这些诗歌，有的是歌颂战功，有的是悼念先王，也有一些是讥讽时政，甚至抨击暴君的。以937年的一首歌颂阿塞尔斯坦国王在布朗南堡战胜丹麦王奥拉夫战功的长诗[①]为例。全诗长达74行，记述了这场前此史书所未载的大战，颂扬了国王及王弟的英武，歌颂了军队捍卫国土的勇敢，记录了战斗的惨烈厮杀，读来铿锵有声，犹如身临其境。再以1087年讽刺征服者威廉的一首为例，诗中控诉国王搜刮财富，大兴土木，臣民哀怨，只能祈求天主的宽恕。

值得提及的是书中的持论方面。在1085年记载威廉一世发动土地清查之后，又加上修史人的看法："他令人调查得如此详尽，乃至没有一海德土地，也没有一维格特土地，……也没有一头公牛、一头母牛、一头猪被遗漏而没有记录在案。"从清查结果的报告中人们可以看到威廉的贪婪之手业已伸进了每个臣民的钱袋。这的确使修史人不能不为之感到羞愧。1087年威廉死后，在上面提到的那首讽刺诗的后面，紧接着有一段警戒世人的文字："关于他，我们写了这些事情，有

[①] 原为头韵体诗，原编译本中以散文形式出现。

好有坏，以便好人可以仿效其中的优点而完全避免劣迹，在引导我们通向天国的道路上行进。"在评论斯蒂芬在位期间的长期内战造成生灵涂炭，村落为墟，加以酷刑泛滥，聚敛成风之后，修史人叹为前所未有的灾难，只好沉痛地引用人们公开谈论的一句话进行归纳："基督和他的圣徒们都睡着了。"这种大胆的评论写于封建时代，出自修道士之手，应该说是极其难能可贵的。

综观以上，无怪乎这部编年史被英人珍同瑰宝，也被世人视为名著。至于书中存在的一些为封建史家所难以避免的糟粕，也就无足轻重了。

早自17世纪起，英国学者就已开始对这部编年史进行整理、研究和从古英文转译为现代英文的工作，成果累累。例如纪年的厘定工作，编年史虽然效法比德《英吉利教会史》的体例，采用耶稣纪元，但在以何时作为一岁之首的问题上，各种记载却显得十分混乱。被采作岁首的有：9月24日，圣诞节（12月25日），圣母领报节（当年或翌年之3月25日）等等。以现时通行的格雷戈里历法核对，编年史所记事件，有的需要溯前或推后多达一年之久。幸得后来学者的厘定，使读者能够获得正确的纪年。至于纪事中的舛错之处，更是经过几代学者的考证，得到订正。这些考订成果已收入注释，随正文一道译出。

至于转译成现代英文的工作，三个半世纪以来，共出版稿本译文达十多种，各种研究成果和注释大量涌现。其中著名的有1823年在伦敦出版，后经数次重印的英格拉姆（J. Ingram）的译本，1861年索普（B. Thorpe）的译本，1865年厄尔（John Earle）的译本和1892、1899年先后由牛津大学出版的普卢默的上下两卷译本。1953年，加蒙斯韦（G. N. Garmonsway）的新译本在伦敦问世。该书以普卢默的译本为蓝本，以Ā本和E本为主，依照原来的排印格式，将几种穿插合编的稿本逐页重译。该书于1972年再版，几度重印。译文通俗易读，风行多年，被英国史学界誉为各种译本中之上乘。另一种合编本刊载于道格拉斯（David C. Douglas）主编的《英国历史文献》（*English Historical Documents*）中，由怀特洛克（Dorothy Whitelock，担任约500—1042年阶段）和塔克（S. I. Tucker，担任1042—1154年阶段）译出，分别于1955年、1953年在伦敦问世。嗣后合成一部，由怀特洛克领衔署名并与道格拉斯和塔克合作，于1961年在伦敦再版。怀特洛克为当代英国史学界名家，对盎格鲁-撒克逊时期的历史深有研究，著述极多。中译本系根据《英国历史文献》中的译本译出。本书的特点是将几种稿本的同年纪事排在同一版面，重复处尽量归并，避免雷同，歧异处予以注明，以示区别。其内容基本一致者作为几种稿本的共同纪事通栏排印，文字则以其中一种为主要依据；其内容不尽相同者左右并列，以资对比。为此，原编译者对所采用的各稿本作了认真核对，并为了兼顾各稿本，又对版面编排作了精心设计，使人一目了然。编年史各年纪事的年代，经原编译者校订，以订正者置于纪事之始，而各稿本原附年代之与此不符者，则放在括弧中。该书文字流畅，便于阅读和对照，注释颇为丰富。但在材料内容方面，则对原稿本后来增补的个别段落，特别是在彼得伯勒补入E本的有关彼得伯勒修道院的几段文字，因其有欠真实，未予采用。中译本对这些部分已由译者根据加蒙斯韦编译本译出补上。

最近又出现了斯旺顿（M. J. Swanton）的新译合编本，1996年在伦敦出版，并于2000再版。根据书中引言所讲，由于考古科学发展和电脑复原技术进步，需要重新翻译，本书即是应此要求而产生，因之增添了一些注释。

本书译者学风严谨，为了减少重复，便于阅览，翻译工作依据怀特洛克和塔克编译本，并参照加蒙斯韦编译本新版进行，历时多年，临到完稿，又见到新面世的斯旺顿编译本，于是再以译稿与此新版本对校，又经半载有余始告完工。从整体看，三种版本取材稿本或有侧重，内容则无甚出入，译文亦基本相符。个别歧异或疑点，由译者予以注明。（注释凡未注明出处者，均指怀特洛克和塔克编译本的原注。）如今读者一册在手，可以兼睹三种版本之优长，实为便利。

1999年

《英国都铎王朝议会研究》序

新成同志新著《英国都铎王朝议会研究》行将问世，索序于我，特赘数言，以为介绍。

都铎王朝在英国历史上是一个充满曲折变化的时期。在社会经济方面，无论是农业、工业还是商业，都有着明显的发展；在宗教信仰方面发生了改革；在政治制度方面也出现了巨大的变化，其中以议会的成长最引人注目。作为上层建筑，都铎王朝议会制度清晰地反映了当时英国经济的发展，同时也积极地促进了后者的进步。这一问题长期集中了各国历史学家的目光。

在英国史学界，宪政史的研究一直居于热门地位，而以辉格派的研究最负盛名。自从该派大师 T. B. 麦考莱以降，名家代出，师承不断。在上一世纪，辉格派史学家把研究重点放在 17 世纪议会与王权的冲突上，借以颂扬议会的历史作用。进入本世纪，依然居于正统地位的辉格派传人进而探讨革命以前议会的发展，A. F. 波拉德和 J. E. 尼尔都曾就都铎时期议会写出传世的著作，但是其思路依然不曾越出传统的窠臼。从 20 世纪 30 年代起，辉格派史学观点开始受到其他史学流派，包括马克思主义学派的批评。到 70 年代，形成了以都铎史大师 G. R. 埃尔顿为代表的修正史学流派。这个流派把注意力集中在议会的机制和立法的职能方面，认为尼尔的著作夸大了都铎晚期议会同国王的冲突，而忽略了长期的合作。这一学派注重对文献资料的重新考查，其著作读来确能使人耳目一新。然而，无论是正统学派还是修正学派都拒绝承认历史唯物主义，无视都铎社会新兴阶级的出现，因之不可能对都铎时期议会的性质和作用作出妥当的评价。为数寥寥无几的根据马克思主义理论写出的有关都铎时期的著作，大都着眼于阶级结构变化和革命背景等问题，对于议会这个课题，还不曾深入。

我国史学界在建国以前对于这个问题几乎不曾涉及，只是在一些论述各国政府的著述中约略提到。建国后的世界史学界对于英国议会制度问题，虽曾加以重视，然而评论之文甚多，缕述之作极少，至于在此方面选定专题，广搜资料，细加剖析的论著，更是前未之见。本书之作，可以视为拓荒之举。

作者刘新成长期肆力于都铎英国史的研究，侧重于政治制度方面。他攻读硕士和博士学位的论文都以英国议会制度为题目，论文受到国内同行前辈的期许。获学位后留首都师范大学历史系工作，继续从事本课题的研究不辍，近年来更得到英国驻华使馆的帮助，同英国牛津、剑桥等大学的学者建立联系，从英国直接获得大量的珍贵资料，眼界益形开阔。这本专著正是在他多年勤奋研习包括赴美留学期间所搜集到的丰富资料的基础之上完成的。

本书虽如作者前言所说，倾向于对问题的"描述"，然而迤逦写来，往往夹叙夹议，对一些有争议的问题提出自己的中肯意见。作者在阐述议会的构成、权力、职能及其与国王的关系之后，笔锋更转向都铎王朝政体性质这一英国史学界长期存在争议的问题。书中对英国史学家历来主张的君主专制说提出疑议，在旁征博引、反复辨析的基础上，阐述了自己的见解，言之成理，持之有故，显示了我国青年学者的智慧和勇气。

本书在材料运用方面与欧美学者同一领域的著述相比较，似已无逊色，然而在观点方面却有自己的优长。作者坚持历史唯物主义理论，运用阶级分析方法，故能鞭辟入里，探骊得珠，为都铎英国史的研究领域，提供一项十分可喜的成果。

新成从我治都铎史已十余年，相知甚深，故乐为介绍如上。是为序。

1994 年 11 月

刘新成：《英国都铎王朝议会研究》，首都师范大学出版社 1995 年版。

《英国中世纪教会研究》序

刘城博士新著《英国中世纪教会研究》行将面世，索序于我，博士从我学久，相知甚深，故愿为缀数语。

刘城博士于英国史研究深感兴趣，她在读本科时，曾写出有关威克里夫的论文，受到学校奖励；读硕士和博士学位时，写出有关英国宗教改革的两部论文，深受国内同行好评；赴英国访问时，与英国中世纪教会史专家斯旺森博士相值，切磋探讨，搜集新资料甚多。她从事英国史研究前后历时十五六年，孜孜不倦，如今典学有成。

国内史学界于英国史研究开始未久，学者目光大都集中于"运动"和"革命"之间。博士于此独具慧眼，专门从事英国教会史的研究。她认为教会史的研究并非局限于宗教一隅，还要涉及政治、经济和社会诸多方面，特别是在中世纪，历史事件无论大小，往往都与宗教相联系，社会阶层无论高下，往往都同教会相关联，因此，教会史的研究领域是十分广阔的。博士为此拟定较长期的规划，第一步则是就宗教改革以前的英国教会作一较系统的研究。这本专著即是她多年研究的成果。

基督教自传入英格兰后，经过几个世纪的传布，在这个岛国上逐步树立起精神世界的统治地位，教会势力足与国王分庭抗礼，甚或过之。然而，对于此时教会的组织机构和典章制度，国内史学界目前尚少研究，因之每读到论及当时的政教之争或迤后的宗教改革文章时，辄有语焉不详之感。博士本书对于此时教会的组织机构、教士职业、宗教活动以及教会的司法和税收活动都——加以论述，特别是对一些与后来历史密切相关的问题着墨尤多。

书中对此时英国教会的教阶制度作了介绍，对各级教座都有所说明，这是许多史书忽略了的。书中还指出罗马教皇对英国教会的至高权力，为后来的宗教改革埋下伏线。书中对教会法庭也作了介绍。中世纪的英国曾存在着多种司法审判系统，弄清不易。作者特辟专节，论述教会法庭与国王法庭这两种系统之间的平行、交叉和冲突的关系，堪为读者释疑解惑。书中的教会税收一章，是作者着力之笔。中世纪教会财政收支，不仅为当时人士所瞩目，也为今日学者所关心。书中就其向国王和教皇所交纳税款、教职收入、税款征收机制等问题作了介绍，并将各派史学家对纳税总额的估算作出介绍。一些数据是十分珍贵的。

书后所附书目开列英文参考书约 50 余种，大都为近一二十年出版的专著，作者用功之勤，可见一斑。

全书读来，既非纪传体裁，也非纪事本末，乃是一部近似于中国古史中的《通考》、《通志》之类的"政书体"著作，颇不同于近年面世的世界史著作。然而它却为读者提供了崭新的内容，为世界史园地填补了一块空白。

1996 年 1 月

刘城：《英国中世纪教会研究》，首都师范大学出版社 1996 年版。

《英国都铎时期经济研究》序

王乃耀博士新作《英国都铎时期经济研究——英国都铎时期乡镇经济的发展与资本主义的兴起》一书行将面世，索序于我，特为缀数语。

资本主义萌芽问题，长期以来成为史学界的一项重大课题，而就老牌资本主义国家英国来看，其资本主义兴起问题，更为国内外学者所瞩目。国外学者对此问题探讨已久，聚讼纷纭，具见本书首章。国内近年来，亦有学者从不同角度进行研究，提出有价值的见解。乃耀博士从事本问题的探究已历多年。他从生产力与生产关系相互关系这一历史唯物主义原理出发，依据丰富材料，对本时期英国农、工、商业的发展，新旧城市的兴衰和阶级结构的变化各个方面细加研究，从而得出全面的结论。这在本课题的研究中，尚不多见。

本书于全面论述的同时，对各个方面的叙述，也时有珍贵的材料和精辟的见解，例如在农业发展一章中，对于农牧业生产技术的介绍；在圈地运动一章中，对于长期以来形成的传统观念，作了若干补充与订正，饶有新意。讲述新旧城镇兴衰的几章，是作者着力之笔。旧城镇因受封建桎梏而日趋衰落，新城镇作为资本主义摇篮而日益兴隆，此是英国社会向资本主义过渡的关键所在，读来令人信服。英国学者在对本时期商业的研究中，由于材料所限，历来详于外贸而略于内贸。作者在本书中撰成"国内市场的发展"一节，勾画出国内贸易的轮廓，刻意谋篇，难能可贵。最末的"都铎时期阶级关系变化"一章，可视为创新之作。章中论及的乡绅、约曼是与本时期资本主义兴起密切相关的两个社会阶层，在国外史书中屡见不鲜，但在国内书中出现不多。乡绅阶层且往往混同于"新贵族"一词。书中对于这两个阶层的社会地位与作用等都作了较为详细的介绍，读来耳目一新。

作者十分重视国际学术讨论动态，书中多所提及。例如首章"西方关于'过渡'问题的基本流派"，罗列了六个基本流派，对之逐一介绍并加以评论。又如圈地运动，是一个历时已一世纪的老课题，研究者迄今兴趣不衰。书中从利达姆和盖伊的研究开始，直到近年来西方学者的研究进展，对于一些传统观点的修改补充作了较系统的介绍。再如，乡绅兴起问题，也是一个争议了半个世纪的老课题，争议还包括了贵族衰落的另一方面。书中对于参与争议的几个主要派别的代表人物及其观点都扼要介绍，是颇富于启发性的。

作者撰写本书时，参考了大量图书资料，书后附录英文书目达200种，大多出版于本世纪后半期，反映了学术界最新水平。书中选载了许多统计表格，提供了珍贵的数据。作者还采用计量史学的方法对本时期农业劳动生产率、毛纺织业的发展以及阶级关系等方面试行定量分析，从而取得可信的成果，这是一项可喜的尝试。

乃耀博士师事我久，勤奋好学，多年积累。遂成此书，读来不无青蓝之感，故乐为介绍如上，是为序。

1996年2月

王乃耀：《英国都铎时期经济研究——英国都铎时期乡镇经济的发展与资本主义的兴起》，首都师范大学出版社1997年版。

《伊丽莎白一世时期英国外交政策研究》序

一个多世纪以来,英国都铎时期历史的研究,国外不但经久不衰,而且高潮迭起。20世纪40年代,英国史学界出现了"都铎热",70年代又兴起了"修正史学",对以前的研究成果重加评论,新著如林。但是对于本书所提出的课题,研究成果却属寥寥无几。在我国,对都铎史的研究只是最近20年的事。一些中青年学者就本时期的经济、政治、宗教等问题写出了不少颇有分量的著作。[①]但是对于外交政策问题,仍付阙如。夏继果博士这本专论可谓是补阙之作。

伊丽莎白是都铎王朝最末的一位女王,继乃祖、乃父、乃弟、乃姊而登位,享国最久(1558—1603年),约占这一王朝的五分之二。都铎王朝所处的是一个充满变化与冲突的时代。在欧洲发生了民族国家形成、地理大发现、文艺复兴、宗教改革等一系列重大事件。在英格兰国内也出现了曲折的发展变化。亨利八世为了恢复在大陆上失去了的王室领地而发动战争,劳而无功;为了摆脱罗马教皇羁绊而进行宗教改革,导致分裂;为了搜括财富而滥发劣币,损害经济。爱德华六世幼弱无能,出现了贵族结党和人民暴动。玛丽女王恢复天主教导致了宗教纷争,追随西班牙进行战争结果是丧师失地。因此伊丽莎白即位之初,可以说是疮痍满目,亟需医治。然而更为严峻的还在于国际方面。

此时在英格兰周围已兴起两个强大的民族国家法兰西和西班牙。

---

① 参见钱乘旦《中国的英国史研究》,载《历史研究》1997年第5期。

都铎王朝之前，曾有两个王朝由来自法国的封建主建立。英国王室在法国境内曾拥有大片领地，但在百年战争期间丧失殆尽。就在伊丽莎白女王登位之前，作为英国在大陆上至关重要的最后据点加来，也为法人夺回。两国之间兵连祸结，积怨已深，此时尚未缔结和议。法国还通过婚姻关系，把影响深入及英国北邻苏格兰，可见其对英格兰的王冠依旧垂涎三尺。西班牙在地理大发现中获得了最大的利益，此时又一度与葡萄牙合并，兼有其殖民地，成为领土最广的国家。西班牙王腓力二世曾与伊丽莎白之姊玛丽结婚，还曾获得英格兰王称号。此时玛丽已死，腓力对于英国王位则未尝忘情。两强之外，还有一股来自罗马教廷的压力。英国奉行新教，被教廷视为异端，而欧陆各国的新教徒却视之为堡垒，指望得到助力。因此，罗马教皇和欧洲的旧教君王都欲铲除掉这个异端君主而后甘心。

对比法西两国，英国不仅在土地和人口方面相形见绌，而且在经济和国防方面也是大为逊色。英国此时还没有军火工业，都铎政府虽然早就发布鼓励造船的政策，但此时还未拥有多少可供作战的船只，国王府库空虚，不足以支持长期作战，而前朝遗留下来的各种问题还有待清理。幸而法西两国各有自己的麻烦，无暇他顾，为英国留下喘息的时间。

伊丽莎白不愧是英国历史上一位有作为的君王，这从她的敌手的评价中可以证明。教皇西克斯图斯说："她诚然是一位伟大的女王，……她使得西班牙、法兰西、神圣罗马帝国和一切国家都畏惧她。"法王亨利四世也说："只有她才是一位国王，只有她才懂得如何统治。"她知人善任，身边聚集了一批名臣良辅，诸如威廉·塞西尔以及一批同样来自乡绅家世的枢密大臣，又如格雷善一流的商业巨子，再如德雷克之类的习于冒险的小贵族，他们上下一心，共谋御敌，保卫国家。

女王政府执行了一系列增强国力的政策和措施，例如引进大陆先进技术，兴建军火工厂，奖励造船工业，鼓励捕鱼事业，等等。女王兼容并包的宗教政策缓和了新旧教之间的矛盾，在英格兰避免了像欧陆国家那样的内部宗教冲突。政府重新铸造良币以驱除先朝所铸的劣币，博得了臣民的信赖。还通过文人发布小册子教育民众恪尽义务，保卫国家。这一系列措施为女王政府的外交活动提供了坚强有力的基础。

在新的国际形势下，女王政府调整了外交战略。伊丽莎白以前的在位者对于百年战争中丧失的王室在大陆上的领地始终不曾忘怀，力图恢复，结果是徒劳无功，连最后的据点加来也都丢掉。此时塞西尔等人主张放弃，不再背起劳师远征的包袱，并提出解决苏格兰问题的政策，以谋求与之联合，进而推行独立自主的外交政策。

面对西法两强的威胁，女王政府采取了灵活多变的外交手腕。他们善于捕捉时机，利用矛盾，恩威并用，软硬兼施，甚至把女王的婚姻问题，当作谈判筹码，因之能够消战火于未然，化干戈为玉帛，为英格兰赢得了三十年的和平时间，蓄积国力，等到西班牙无敌舰队大举进犯之时，已经拥有足够的实力与之一决雌雄了。书中指出英格兰海战的胜利是她外交政策的胜利，诚属不易之论。

女王政府这种纵横捭阖的外交政策归纳为"均势政策"，为后世所沿用达三数百年，成为英国的外交传统。

本书作者夏继果同志，曾两度在首都师范大学世界中世纪史研究室攻读学位。这个研究室的主要研究方向是英国都铎时期历史。室内同仁和已毕业的研究生在这一领域中曾就经济、政治和宗教等方面取得了一定的成果。但是对于外交政策的研究，却迄未有人着手。继果同志在攻读硕士学位时，曾完成了一篇关于威廉·塞西尔评传的学位论文，得到国内同行专家的嘉许，也成为本书的基础。毕业后返故乡曲阜师范大学任教，过了四年又重返首都师范大学攻读博士学位。他毅然选定这长期无人问津的都铎外交政策作为研究课题。经过三年不懈的努力，广事搜集资料，悉心探讨，写出成为本书原稿的学位论文。经过张椿年、马克垚等国内名家的审议，一致给予好评。取得学位后，重又回到曲阜师大，工作之余继续就本课题进行补充修改，又历三年，终于使这本书成为定稿，综计前后已是十多年的功夫了。

本书有幸承商务印书馆允为出版，并嘱我作序。继果同志从我游已逾十载，知之较深，爰缀数语如上，聊充弁言云尔。

1999 年 2 月

夏继果：《伊丽莎白一世时期英国外交政策研究》，商务印书馆1999 年版。

《世界中世纪史研究
——郑如霖教授论文集》序

郑如霖先生离开我们已经六年了,今天他的文集在门人的努力下,终于面世,足堪告慰。

我和如霖先生相识于1981年在北戴河举行的中国世界中世纪史研究会学术年会上。由于志趣相投,颇有相见恨晚之感。此后鱼雁往还,文字交流,遂成莫逆。

如霖先生于1949年考入福州师范学院(现福建师范大学),1953年毕业,是共和国培养的首届大学生。毕业后分配到华南师范学院(现华南师范大学),从事世界中世纪史的教学与研究工作,前后40年,勤勤恳恳,兢兢业业,做出了卓越的成绩。本文集收集的主要是如霖先生"文革"以后直到逝世前的研究论文,共达30多篇,真可谓著述等身了。

世界中世纪史的时间跨度很大,国别众多,从事教研难度极大。教者往往择其一国一事加以研究,以收解剖麻雀之效,而如霖先生却着眼全局,特别对中世纪晚期开展全面的研究,对于一些重大历史事件,例如农民起义和农民战争,资本主义萌芽,文艺复兴,地理大发现,宗教改革,价格革命等,都作了较为深刻的探讨。所涵盖的地域包括英、法、德、意、西、葡、尼德兰、捷克以及东罗马、阿拉伯、拉丁美洲等国家和地区。

英国是他研究的重点,文集中所收篇幅较多。他以都铎时期作为主要的研究范围。他研究了英国封建社会经济发展的特点和16世纪工商业迅速发展的原因,以及15、16世纪的圈地运动;他剖析了英国专制政治制度的特点及其作用。对于都铎时期的主要国王，他撰述了亨利七世、亨利八世、伊丽莎白一世三位在位时期较长的国王的传略，最后他还写了一篇《略论英国与中国封建君主政治制度的政策——开放与锁国》。可以认为，如霖先生已经为都铎史勾画出一个清晰的轮廓。

关于法国，他写了《略论法兰西君主专制制度的特点和作用》、《略论法兰西文艺复兴的特点及其产生的原因》两篇，材料充分，分析深刻，是很有分量的文章。其他如德意志、意大利、罗马教廷等国家和地区也都有所论列。西班牙和葡萄牙一般不太受到中世纪史工作者重视，但先生对此也下过一定的工夫。记得在北戴河学术年会上，我曾提到《西班牙的黄金世纪》一书，唤起他的兴趣，我打算代他转借，他则说广州离香港很近，他自己可以弄到。过了半年，他来信告我书已买到，并已看过，可见其搜集之勤。又过数年，我受中国社会科学院世界历史研究所委托，主编《外国历史大事集》（中古部分），其中《收复失地运动》和《西葡殖民帝国》两个选题无人承担，我想起了如霖先生。承他慨然接受，并于几个月后寄来书稿。我发现文稿写得很充实，特别是西葡殖民帝国一文中引用了许多采自普雷斯科特的《墨西哥的征服》和《秘鲁的征服》的材料。他的严谨学风令我钦佩。

如霖先生十分重视世界史资料的介绍和翻译。早在参加工作之初，他就翻译了《马丁·路德的九十五条论纲》和《乌利赫·芬·胡登上萨克森选侯书》。在学会编辑出版译文集时，他又寄来了一些翻译的诗文。他的译文信实，译笔流畅，具见功力。

先生关心后学，一些青年朋友的译文曾得到他的校阅。我的一些硕士研究生和博士研究生的论文都曾寄给先生审阅。在他寄回的评阅书中，可以看到他细心的审阅和公正的评价，有些还附有中肯的意见；对于他身边的青年教师，先生也是悉心指导，有多篇门人的译著，都曾经由他校阅过；足见先生爱护后学，奖掖后进的风范。

如霖先生积极参加专业学会的活动。他曾任中国世界中世纪史研究会副秘书长，中国英国史研究会理事，曾和门人沈之兴先生在广州组织过英国史研究会的年会。他还主编《世界中世纪史研究通讯》1990年第6期,参与编辑其他论文集,备著贤劳。

先生业余喜好写诗,他翻译了意大利文艺复兴时期彼特拉克和薄伽丘的诗,颇具神韵。他也爱好书法,能写出秀丽的蝇头小楷。我收藏了几篇他对我的博士生论文的评语,珠玑满纸,成为我珍藏的纪念品。

如霖先生和我已是天人永隔。但是他高尚的人格、忠厚的为人、踏实的工作、诚挚的态度,是令人难以忘怀的。这本文集,是他多年治学的成果,幸得之兴先生等义重师门,为他广泛收集,细心编排,得以付梓,为我们中世纪史研究留下一本内容广泛的资料,也为同行后学提供了一部可供参考的读物,既可告慰先生在天之灵,又寄寓我们对先生的缅怀,实为世界中世纪史学界的一件深为可庆的幸事。

谨以此文作为对如霖先生的纪念。

1999年7月

沈之兴等编:《世界中世纪史研究——郑如霖教授论文集》,广东高等教育出版社2000年版。

《世界中世纪史散论》序言

兆璋教授以耄耋之年点拣有关世界中世纪史著述结集面世，可喜可贺。我和兆璋教授专业相同，过从较多，借此机会，特弁数言。

世界中世纪史在建国之初属于新兴专业，此前高校开设不多，名师也少。我们接受的遗产寥寥无几，英国史亦然。建国之初，百废待兴，我们这一代出道不久的学人担当起学科创建的任务，困难自然不少。无论是理论、资料、外文（俄文）都深感不足。各校限于编制，教师往往孤军作战，忙于编写讲义，缺少校际交流，其最佳水平只表现在周一良、吴于廑主编的《世界通史》而已。

"文革"暴风骤雨打断了学术研究的进程。我们这一批中年人受到了不同程度的冲击，只好抛弃所学，随运动之波而浮沉上下，直到十年之后拨乱反正。

打倒"四人帮"之后，这批人虽然已生华发，但是壮心未已，重拾旧业，再踏征途。此时学术界的艳阳春光已经到来，大量的西方资料引入，各种学术活动展开。兆璋教授参加了中国世界中世纪史研究会和中国英国史研究会，适与我相同，因之见面机会渐多。她每次出席会议，总携来佳篇宏论，使读者为之心折。

《试论拜占庭帝国从奴隶制向封建制过渡的几个问题》是兆璋先生早年之作。当时我国世界史学界正笼罩在学习苏联的氛围中。她对苏联某些专家认为拜占庭帝国从奴隶制向封建制过渡的时间在公元4世纪的看法产生疑问，于是从拜占庭帝国奴隶制度的特点、直接生产者地位的变化、城市经济生活以及军事、政治、制度各方面加以剖析，从而认定拜占庭帝国从奴隶社会向封建社会过渡的时间为公元7世纪，而不是4世纪。该文发表后，获得同行好评，对于她的胆识表示赞赏。

拨乱反正以后,世界史的研究出现了空前繁荣。一些同行把目光集中到了欧洲经济史领域,兆璋先生也是其中的一位。她先后发表的《西欧封建社会的产生与生产力》、《中世纪西欧城市与市民的特点》、《西欧封建社会初期的商业与商人》都是对这一领域的探索。《西欧封建社会初期的商业与商人》探讨了在西欧封建社会初期是否存在着商品经济、其内容如何、商人状况如何等问题。作者率先提出一些新的看法。其他两篇亦复如是。三文受到史学界的重视,《中国历史学年鉴》均曾载录。

此后,作者的目光转向英国封建制度方面。《英国封建制度的完备性、不完备性与资本主义的起飞》是一篇颇有分量的力作。关于英国封建社会特点的问题,我国史学界长期持有两种不同的看法。多数主张"完备",但也有主张"不完备"者。兆璋先生认为无论主张"完备"或"不完备",都失之片面。文章尚未发表,作者仅在1981年北戴河中国英国史学术讨论会上口头表达自己的看法,即引起学术界的极大重视。《光明日报》史学动态专栏和《世界历史》杂志都加以报道,《中国历史学年鉴》还作了介绍。两年以后,在南京举行的英国史国际学术讨论会上,这一论点又被提及,引起与会的英、美学者的重视和关注。

《论中世纪英国向资本主义的过渡》和"Seeds of the British Industrial Revolution in the Middle Ages"是提交英国史国际学术讨论会的学术论文和发言提纲。在发言中,兆璋教授摈弃了流行多年的"新贵族"旧说,而把目光集中在乡绅和约曼上层,表明她已走上了与国际学术研究接轨的水平。

本集最后一篇是《创造性地坚持唯物史论——关于世界中世纪史几个问题的再认识》。文中指出,"创造性地运用唯物史观就要在唯物史观指导下,从具体史实出发,具体问题具体分析,得出正确结论。切忌简单化、公式化和教条化。""创造性地坚持唯物史观,主要是坚持马克思主义基本原理与方法,切不可囿于马列主义经典著作中个别词句。对于马列主义经典著作中的个别词句,有的是从不同的角度作不同的理解,这里有个如何正确理解的问题;有的是随着时间的推移,掌握的材料多了,有所补充,有所发展。"这是她数十年间学习理论和钻研业务的心得体会,也是她赠给后学的金石良言。

附录数篇,亦属力作。《十字军东征》是为全国哲学社会科学"六五"期间国家重点项目《外国历史大事集》而写的,与《教书育人,寓育于教》,堪为课堂教学之参考;《抹去历史的尘封》以活生生的历史资料见证了举世同钦的厦门大学前校长萨本栋的德业;作者与夫君郑道传教授合撰之《难忘的友情》不但足以表彰他俩的老友姚一苇先生一生的劳绩,抑且成为贤伉俪唱随之永恒纪念。

我和兆璋教授相识二十余年,拜读过她的全部著作,对于她不断克服困难,不断前进,不断探索,特别是不断求新的精神深为钦佩。今值文集出版,不顾年迈鲁钝,特赘数言,是为序。

戚国淦

2003 年 3 月

时年八十五

陈兆璋:《世界中世纪史散论》,厦门大学出版社 2003 年版。

中国史探研

燕京大學文學院歷史學系學士畢業論文

曾惠敏公年譜

系主任
評閱者院長
導師

戚國淦　學號三八〇六六
民國三十五年五月

序

年譜之學，肇自趙宋，或追記遠人，或表彰時彥，知人論世，迴乎尚己。明清兩代，著者輩出，名作如林，蔚然稱盛。曾惠敏公紀澤，名父之子，歷歷中外，卓然為一代純臣，而於近百年之外交界，尤放異彩。塗生心晚，固已心儀其人，鈴次年月，草撰是譜，世有同好，俯加校正，俾將來得以補充修潤刊板行世，斯固塗之馨香禱祝者也。

三十五年五月

戚國塗序於海甸燕大

曾惠敏公年譜

公諱紀澤,字劼剛,湖南湘鄉人,曾文正公長子也,曾氏祖籍衡陽,清初有孟學公者,始遷湘鄉,傳至元吉公,遂為湘鄉人,元吉公仲子曰輔臣,輔臣公子曰竟希公,以文正公榮顯,誥贈光祿大夫,公之高祖也,妣彭氏,誥贈一品夫人,曾祖諱玉屏,字星岡,誥封中憲大夫,累贈光祿大夫,妣王氏,誥封恭人,累贈一品夫人,祖諱麟書,字竹亭,誥封中憲大夫,累封光祿大夫,妣江氏,誥封恭人,累封一品夫人,註一考文正公諱國藩,字伯涵,號滌生,武英殿大學士,一等毅勇侯,妣歐陽氏,誥封一品夫人,叔父諱國潢,國華,國荃,國葆,國華字溫甫,謚愍烈,國葆後更名貞幹,字季洪,文字事恒,皆卒於討洪楊軍次,國荃字沅浦,總督,一等威毅伯,謚忠襄,公有兄名禎第一,生於道光十七年,三歲時染痘瘍,弟一人,女弟

六八

道光十九年己亥（一八三九）公生

公以十一月初二日生於湘鄉白楊坪宅。文正公於十八年殿試告捷，改翰林院庶吉士，請假返里，於是日啟行北上註二

道光二十年庚子（一八四〇）公二歲

十二月公隨祖父竹亭公、母歐陽太夫人、叔父忠襄公入都。其後歐陽太夫人每言當時苦況，謂正值隆冬，嚴寒晝短，攜幼婢一人坐騾車，往往深暮到店，未黎明即起，呵氣著被邊頭，遂成冰凍，小兒啼號不絕，有時均哭註三是歲鴉片戰起

道光二十一年辛丑（一八四一）公三歲

十一月公長妹生，後適湘潭袁秉楨

道光二十二年壬寅 一八四二 公四歲

是春英艦駛入鎮江,沿江諸城多不守,結江寧條約

道光二十三年癸卯 一八四三 公五歲

七月公次妹生,後適茶陵陳遠濟

道光二十四年甲辰 一八四四 公六歲

公於是歲入家塾,塾師為長沙馮樹棠先生卓懷,首讀三字經 讀爾雅 註四八月

道光二十五年乙巳 一八四五 公七歲

公三妹生,後適湘鄉羅兆升

道光二十六年丙午 一八四六 公八歲

是歲畢爾雅,讀詩經及古詩 註五

九月曾祖妣王恭人卒 公四妹生後適湘陰郭剛基 是歲續讀詩經及古詩

道光二十七年丁未 一八四七 公九歲
讀論語 註六

道光二十八年戊申 一八四八 公十歲
是歲李鴻章郭嵩燾成進士

道光二十九年己酉 一八四九 公十一歲
二月公弟紀鴻生 是歲讀孟子 註七
十月曾祖考星岡公卒 是歲畢書經、讀綱鑑並溫詩經、學作史論、略成章句 註八

道光三十年庚戌 一八五〇 公十二歲
五月公五妹生後殤 是歲洪楊亂起

咸豐元年辛亥 一八五一 公十三歲

咸豐二年壬子 一八五二 公十四歲

正月公從文任吾先生讀書註九 是春訂婚於賀氏,係雲貴總賀公長齡女三月公

六妹生,後適衡山聶緝槼,六月祖妣江太夫人卒,文正公自江西試差奔喪,公侍歐陽

太夫人留京

咸豐三年癸丑 一八五三 公十五歲

四月公奉歐陽太夫人及諸弟妹隨舅父歐陽牧雲先生柄銓自京返籍,至襄陽登

舟,途中公幾失足溺於水幸為其舅所見,極出險註十 五月抵長沙尋歸湘鄉,十月

文正公奉東征之命,公在籍讀書

咸豐四年甲寅 一八五四 公十六歲

正月文正公率舟師發衡州,七月東下公赴長沙送文正公行

咸豐五年乙卯　一八五五　公十七歲
是歲文正公在江西軍次,忠襄公以優貢出辦團練

咸豐六年丙辰　一八五六　公十八歲
三月賀夫人來歸註十一是年文正公仍在江西軍次,愍烈公亦率隊援江西

咸豐七年丁巳　一八五七　公十九歲
二月祖考竹亭公逝,文正公在瑞州聞訃奔喪,賀夫人亦於是年以產難逝世註十二公長女生

咸豐八年戊午　一八五八　公二十歲
六月文正公返江西,八月公以蔭生應鄉試不售註十三,九月叔父愍烈公歿於三河之役是歲公始從鄧寅階先生讀,英法聯軍於是年陷大沽,訂天津和議

咸豐九年己未　一八五九　公二十一歲

九月繼配劉夫人來歸 陝西廵撫劉公蓉女也註十四文正公三月初三日家訓云「爾以後作文作詩賦均宜以有摹仿而後間架可立其收效較速其取經較便」註十五惠敏文集擬古諸作註十六似當成於是時或稍後也

咸豐十年庚申 一八六〇 公二十二歲

是年文正公在安徽軍營、四月奉署理兩江總督之命、移駐祁門、旋授欽差大臣、六月公赴祁門省親是年英法再起聯軍、陷北京結北京條約

咸豐十一年辛酉 一八六一 公二十三歲

是歲公仍在籍讀書、多致力於小學訓詁、作說文分韻解字凡例註十七

同治元年壬戌 一八六二 公二十四歲

仍研小學兼致力於四五言詩註十八十一月叔父靖毅公病逝於樅陽軍次

同治二年癸亥　　　一八六三　　公二十五歲

六月公赴安慶省視文正公、歐陽太夫人嗣於八月攜兒女自湘起程九月到安慶

同治三年甲子　　　一八六四　　公二十六歲

是春公在安慶患病、六月江寧克復、九月全眷赴寧

同治四年乙丑　　　一八六五　　公二十七歲

是年捻亂熾烈、五月文正公帶兵北上、駐節徐州、八月公在江寧染病、九月代文正公作檄何原本序註十九十二月赴徐州省視文正公留徐度歲

同治五年丙寅　　　一八六六　　公二十八歲

正月在徐又病、二月自徐返寧、四月奉歐陽太夫人暨眷屬自江寧啟程返籍時忠襄公任湖北巡撫留歐陽太夫人小駐武昌撫署度夏、九月起程返湘、是年有寄李眉生、景

桓樓題壁、不雨、七月七日喜雨中秋寄李申夫寄李眉生、壽九叔父咸毅伯、送四妹歸

郭氏呈筠仙丈二首寄吳竹莊題張鑄庵邑侯樹萱種竹圖小像、新居詩、存歸樸齋集中 註二十

同治六年丁卯　一八六七　公二十九歲

正月公次女生、後適歸安吳永註二一是年春文正公在周家口軍次旋奉命回兩江任秋間公攜劉夫人、從弟紀渠赴金陵督署就學是歲有山居春日晨起、送從弟紀渠之鄂清明、銅梁山、昭忠祠、苦雨歎灰、弔劉伯岡、七月八日作、雨懷人、丁卯仲秋送諸弟省城應鄉試、侍霞仙丈池上夜話、題尹金湯蒼茫獨立圖、九日偕栗誠登鶴鳴山、十月朔日詠桂、病中口號、上外王父歐陽福田先生外王母邱太宜人、次韻黃少崑重陽展重陽二首十月十五夜過洞庭、過武昌小住等詩 註二二

同治七年戊辰　　一八六八　　公三十歲

三月歐陽太夫人自湘至寧,四月公侍文正公出巡查閱上海鐵廠製造火輪船,公有詩紀之註二三,十一月文正公以奉命調補直隸總督北上,時歐陽太夫人患喘欬甚劇,故暫居寧署,公留侍焉,公長女廣璇許嫁於合肥李經馥,是歲有銀髮赤登樓題陳杏生小像贈五崧生,遊秦淮河次崧生登黃鶴樓詩韻諸詩註二四,是年捻亂平

同治八年己巳　　一八六九　　公三十一歲

三月公奉歐陽太夫人自江寧赴保定,乘舟至清江,副舟不戒於火,公之詩文襍草所著小學訓詁聲韻諸書稿本,及手校子史若干部,皆蕩為煨燼註二五,換車北上,炎熱塵坌,至保定多病者,歐陽太夫人偶乘肩輿,或乘後檔車,餘人則驛車顛簸,不堪其苦,公到保後患痢,為醫所誤致成胃疾二六,是歲刊所著說文重文本部考

同治九年 庚午 一八七〇 公三十二歲

三月公自保入都赴蔭生試,四月二十五日試竣,二十八日吏部帶領引見,奉旨本日引見之正二品蔭生曾紀澤著加恩以員外郎行走註二七籤分戶部。五月天津百姓聚眾毀法領事豐大業,文正公奉旨前往查辦,行前書遺教一紙,示公兄弟,以備不虞,七月文正公調補兩江總督,力辭不許,九月入都,公從侍焉。歐陽太夫人并眷口由運河南下,十月俱抵金陵,是年有呈吳竹莊方伯,贈許仙屏諸詩註二八

同治十年 辛未 一八七一 公三十三歲

正月舉一子,名廣銘,七月殤,公弟紀鴻憐公過於悲苦,願聽擇一子,嘗為撫養,因以廣銓嗣焉註二九

是歲有贈曹鏡初比部，送劉康侯南歸兼示伯固諸作註三十

是年俄人據伊犁回亂，派兵佔伊犁，

同治十一年 壬申 一八七二 公三十四歲

二月初四日，文正公薨於金陵督署，四月公隨叔父國潢與弟紀鴻扶柩回籍，瀕行為祭文正公文註三一五月抵長沙，滅葬於南門外金盆嶺，復於城內洪家井購宅，遂卜居焉

公居喪在家，與弟紀鴻文正公門人李鴻裔、黎庶昌等，蒐檢文正公平生詩文，輯為全集。

是歲公始研西文，大英國漢文正使梅君碑銘云：

「紀澤旣嘗治形聲詁訓之學，則欲遠紹旁搜，參稽異同，同治末年，結

盧先太傅鑒次，貴土阮菱，以吾舊時所知傳聲叶韻音和雙隅之術，訊取泰西字母切音之法，辨其出入，而觀其會通，久之亦稍稍能解英國語言文字，然窮鄉僻左，無友朋相與講證，不敢謂閉門造車，出門而合轍也」註三二

光緒四年九月十七日日記又云

「余能山音，然在湘無師友，取英文字典，鑽研逾年，事倍功半」註三三

九月長子廣鎏生註三四

同治十二年 癸酉 一八七三 公三十五歲

是歲有叔父威毅伯五十壽詩序註三五

同治十三年 甲戌 一八七四 公三十六歲

是歲五月服闋,歸樸齋詩中,屢有人觀之句,如別舍弟業咸二首,其一云「天教法護劍奔馳,鄒魯僧彌盡夢思,棧豆瓻舟容可免,鮑悽泥首未宜遲,夜牀風雨相歎約,春草池塘起夢思,衍祝萱堂千萬壽,與君同賦碧挑詩」七月晦日,舟次嘉魚,次鈞文賜詩原韻云詩禮無由奉鳳庭,輕將薄植貢王廷」懷李眉生云鄒承勛陰拜彤墀註三六疑公於是年七月首途北上,旹歐陽太夫人仍在堂,旋以大未人病卒,

公後折歸

八月歐陽太夫人薨,十一月改葵文正公於善化奉太夫人柩合葬

是歲越南與法國訂約於西貢

光緒元年 乙亥 一八七五 公三十七歲

在家守制,公連遭大故,哀毀幾不勝表,然塋廬之中,仍潛心有用之學,註三七

四月叔母戚毅伯夫人卒,公為作墓誌銘 註三八 是歲並有送李幼梅、柬劉伯固康侯兄弟,叔母熊伯夫人輓詞諸詩 註三九

光緒二年 丙子 一八七六 公三十八歲

是年仍在家守制,

郭嵩燾於是歲派充出使英法欽差大臣,黎庶昌隨行

光緒三年 丁丑 一八七七 公三十九歲

是歲服闋,承襲侯封,秋間至京覲謝,奉旨以四五品京堂候補 註四十

公廨禁城東南,與泰西諸國使館舍毗鄰,遂與英國梅輝立、璧利南、艾

約瑟，德約翰，美國丁韙良諸人訂交,註四一

光緒四年 戊寅 一八七八 公四十歲

七月二十七日奉旨賞戴花翎，派充英國法國欽差大臣註四二

九月初四挈眷自京起程過天津晤李鴻章二十三日抵上海，十月初五日致函揚商襄云

「今世所謂清議之流，不外三種，上焉者硜硜自守之士，除高頭講章外，不知人世更有何書，井田學校必欲遵行，秦漢以來，遂無政事，此泥古者流，其識不足，其心無他，上也。中焉者好名之士，附會理學之緒論，發為虛懸無薄之莊言，或陳一說，或奏一疏，聊以自附於腐儒之科博持正之聲而已，次也，下焉者視洋務為終南捷徑，鑽營不得

，則從而詆毀之，以媢嫉之心，發為刻害之詞，就三種評之，此其下矣，中西通商互市，交際旁午，開千古未曾有之局，蓋天運使然，中國不能閉門而不納，束手而不問，亦已明矣，窮鄉僻左，蒸汽之輪楫，不經於見聞，抵掌抨諆，放言高論，人人能之，登廟廊之上，膺事會之乘，蓋有不能以空談了事者註四三

蓋公之講求西學，為友朋所規阻者屢矣，商農曾來函以清議為言，公以此答之，初六日，補授太常寺少卿，奏報抵上海隨帶人員一摺，附片奏報開用關防註四四 二十四奏謝補授太常寺少卿一摺，二十六日奏報起程日期一摺，二十八日乘阿馬松輪船出洋十二月初八日抵馬賽，十二日抵巴黎，十八日晉勒立色宮呈遞國書，二

十三日奏報抵法呈遞國書一摺,附奏請賞法蘭亭寶星一片,及派員駐法一片

是歲有大英國漢文正使梅君碑銘,代威毅伯作歐陽母邱太夫人九十壽序,汪芝房文法舉隅序諸文,及次韻答郭丈,十一月晦日泊紅海盡處,山行,緝園,戊寅臘月謁法蘭西國君長,授受國書諸詩註四五

是年左宗棠平定新疆回亂

光緒五年 己卯 一八七九 公四十一歲

正月公偕隨員自法赴英,初四日至倫敦接篆,初九日奏報抵英接篆一摺,附片繳呈木質關防及奏報派員駐英,並致函總署總辦論事三條,十四日返巴黎,十八日朝賀法新總統格勒斐

二月赴英，二十八日赴溫則行宮覲謁英王呈遞國書

三月初五日，往拜英首相華根士費爾德，是日奏報謁見英王呈遞國書一摺，二十三日赴倫敦市長宴，即席致詞曰「奧國公使既為各公使申謝，各公使可以無言矣，本爵初涖使任，當為中國致謝英國，上年山西河南旱災，承英人慷慨好義，捐貲甚多，拯濟饑民，不可勝數，捐賑者出於至誠惻怛之懷，非以邀譽而望謝也，然而受貲重惠者，豈可默不一言，本爵敬舉此觴，為本國大皇帝致謝，為本國執政大臣致謝，為受賑之饑民致謝，且為吾叔父巡撫山西者致謝焉」註四六語畢，滿堂拊掌稱善，二十六日與巴西駐英公使白乃多議中巴立約事，白乃多奉其國君諭，擬就近與中國駐英公使訂約，公告以中國與各國訂約，皆係該國遣使詣華，

而中朝特派大臣相與商訂,若兩國公使訂約於外國,不謂無此辦法,抑且無此權柄,白乃多乃偕公轉達總署,閏三月初三日,公復遣馬格里至白乃多處商阻巴西遣水師赴中國事,五月初一日,奏遞法國鑄錢咨請轉奏緣由一摺,十五日致函總署總辦論巴西修約及招工事

「巴西招工之事,細訪總未明晰,以臆揣之,其待客工亦不甚公平,殆與祕魯古巴等大同小異也,該使適來詢問覆音,故於接奉電音之後,即輕描淡寫,照覆一文,錄稿呈覽,據紀澤愚蒙之見,如其公使果到中國,不必明言拒其換約,而不宜遽許其招工,如中國不願添此交涉,則拒其招工,亦即所以疏而遠之,蓋巴西注重在招工一著也,或另設一二難題使其廢然思返,亦無不可,惟閩粵津滬各口,似宜密諭關道

，接待其使，不可不以禮貌，蓋巴西為美洲最大之國，近來政治蒸蒸日上，英法諸國，亦皆敬而重之，中國可疏之而不可侮之也」。註

六月二十六日，公復與白乃多及巴西派往中國之使喀拉多商談巴使赴華事，惟於招募華工，公甚堅拒之，九月初一日至巴黎，詣勒立色宮謁法總統呈遞國書，旋返倫敦，十一月二十七日奏報參贊期滿銷差揀員充補一摺，附片奏報譯官張斯枸暫歸美日秘使臣差遣緣由，十二月初五日致函總署總辦，再論巴西遣使換約事．

「巴西公使喀拉多副使穆達，譯官法國人微席葉，均經晤會數次，大約今臘明正啟行赴華，乘坐本國兵巡遊海上，由印度洋直達香港，計

明春二三月間可抵上海，承堂憲錄示咨南北洋文稿，定由外間議約，紀澤恐其到中國後，聽信旁人唆聳，不肯輕易就我範圍，是以先期告知，俾臨時不致多費脣舌，茲將往來兩函，譯呈台覽，抑紀澤尚有管見，不可不陳備堂憲採擇者，頃接李湘來函，言巴西之能否善待華工，固未可知，要以不立約最為省事，若必纏擾不休，亦維堅拒招工，庶議約之時，或稍就我範圍云云，是該使到華之後，即議約之事，亦將稍示回翔，以昭鄭重，愚意則以為招工二字，宜慨然許之，蓋紀澤近日細訪巴西情形，其遣使赴華，竟是君臣同心，上下壹志，使臣奉其國家之命，越重洋數萬里，興高采烈，前赴中華，若巳至津門，而拒其立約，則其羞辱實甚，斷無不咆哮纏擾之理，倘必俟其纏擾然後許以立約，竊恐其於招工二字，亦將纏擾不休矣，巴西與中國風無往來，使臣初次前往，尚有敬畏之心，文牘語言，恂恂恭謹，似宜推誠待之，俾他國公使領事，無從煽播其間，則將來易於控馭，中國與各國交涉，少一處即省一處煩惱，李湘所以言能不立約最為省事，職此之故，然紀澤既無蘇張隨陸之才，不能於英法之間游說而阻止之，該使既抵津門，距京咫尺，即不宜更存拒絕之心，拒絕之則不僅使臣之恥，乃係巴西通國之恥，而西洋各國又將摩起而嘲笑之，挑生事端，所關匪淺，故紀澤不敢不剴切言之，不敢為非分內之事，而漠然視之也．」註四八

十七日補授大理寺少卿，十九日奏請獎期滿人員一摺，附片特參不法武

弁,是歲清廷以崇厚使俄,求返伊犁,與俄結里發抵亞條約,擅許賠欵割地通商諸欵,消息傳至,朝野大譁,清廷欲殺使毀約,復陳兵邊上,兩國戰事,一觸即發,幸公於次春,膺使俄之命,斡旋折衝,始化干戈為玉帛也.

光緒六年 庚辰 一八七九 公四十二歲

在倫敦,正月初三日派充出使俄國欽差大臣,十四日至巴黎,十六日致函總署,時中英正商談鴉片釐稅事,公函中謂中國議鴉片釐稅之案,無論如何堅執,英之達官衹能以言語糾纏,斷無因此肇釁之理,署中儘可放心爭辯也」註四九 二十四日又函致總署.

「二十三日接正月初三日電示,知紀澤奉派使俄,將崇大臣所定約章,再行商議，展誦之下，惶懼失措，地翁謙和委婉，善結主國之歡，然且不能訂一公平之約，紀澤才不如地翁，而承其後，且須障川流而挽既逝之波，探虎口而索已投之食，事之難成，已可逆覩，覆車有轍，欲避何由，刻下函牘未至，不可得詳，不審係由本任兼派赴俄議事，抑係改派出使俄邦，而英法另有使臣接手，又不審地翁所定約章，條欵均須修改，抑僅摘一二大端，須俟奉到明文，乃可詳晰奉商，查此事有大難處一端，紀澤身當此任，較他人尤難者一端，民間戶婚田土，市肆貿易，立一合同，寫一券據，猶須令受損者先行畫押允許，受益者再行畫押，乃可成事，況兩大國立一條約，豈可冒昧從事，專顧一邊，地翁所定之約，明係中國吃虧，乃不先行奏進，靜候俞旨，而邊請俄皇畫押,未免過於性急,然俄皇亦大國之帝王也,臨朝簽字,批准條約,本國臣民,遠近鄰友,莫不周知,一旦將巳押未行之約,廢而不用,從新商議,渠若允我,辱孰甚焉,此大難處之一端也,英俄兩大相競,猜疑日滋,中俄交涉事件,稍有不順,俄人則曰此英國之所唆聳也,紀澤適以駐英使者前赴俄都,凡有商議之件,主國皆將或以為必有先入之言,此紀澤身當此任,較他人尤難之一端也」註五十

二月十五日又有函致譯署云

「俄約葉經全權大臣與俄皇面訂,忽欲翻異,施之至弱極小之國,猶未肯帖然順從,況以俄之強大,理所不能折,勢所不能詘,紀澤之往,直無法目列於公使之班,無論商議事件之齟齬也,竊嘗思之經旬,僅

得一策,查泰西各大國遇有爭持不決之案,兩雄並競將成戰鬥之局,而有一國不欲成爭殺之禍者,可請他國從中評斷事理,所請之國宜弱小,不宜強大,恐其乘間存漁利之心也,宜遠不宜近,恐其於事勢有所牽涉也,既請小國評斷,則兩大國皆當唯命是從,雖以英國之強,而於北花旗爭辯英船阿拉巴馬幫助南花旗一案,聽命於比利時國,出英金二百萬磅,而無難色,此近事之證也,中國與俄爭辯伊犁一案,無論俄人如何不公,如何欺騙,然使臣既已請其國君畫押矣,再遣使者數輩,亦斷不能挽回,徒助波瀾,徒添痕跡而已,計不如由中國發議,請一西洋小國,評定是非,剖斷交易,使因此而原約稍有更改,固屬甚佳,即使小國所斷仍如原約,無所更改,則我國之曲從為以全公義於天下,非詘於勢也,各國將群起而頌之,即英國亦不能因我國之讓利於俄而有所觀覦矣,凡有一國請他國評斷,而一國不受評斷者,則不受之國為顯悖公論,各國將群起而非之,俄人必不出此,紀澤所慮者,中國不發此論而俄人先發之耳,所請之小國,如得素與吾華無約者更佳,俄人更無所藉口也,小國之國君亦非能自判曲直而定交易也,必將延請有名律師,據公法以論理,巡視伊犂以察局勢,然後判斷焉,律師之費不貲,中俄當分任之,然較之用兵之費,所省為不少矣」註五一

按此策以後未行,因總署大臣不以為然也,三月初一日奏謝補授大理寺少卿一摺,十五日奏謝派使俄國大臣一摺,又函致總署各堂陳商與俄商

議辦法・略謂

「若無崇大臣一段公案，則使者今日於商務界務償欵三事，原可徐徐爭論，務求辯勝方休。取舍之權，未嘗不操之於我，既有前訂之約，今欲悉舉而更張之，而別無以餍其欲，不惟未易就我範圍，抑且難於發端立論。一思有以餍之，則益於彼者未有不損於我。竊以為損益之間，惟當權其輕重。俄人於伊犂全境不肯悉還，其措詞必非強我以割地也。必仍藉兵費以立言，曰五百萬魯布兒未足以盡償兵費，故於伊犂境內割留某處某處，以上地准折資財也。又曰五百萬魯布兒未足以盡償兵費，故於通商政務推廣某事，以商販之利，准折資財也，此事縱辦得順遂，大約界務稍有更改，則兵費不能不加。商務係俄人所最重者,必不能全行駁改。若能勸其歸於另案辦理,即屬萬幸,然此案若不兼議商務,則兵費又不能不加,紀澤雖尚未赴彼都,然以愚意揣之,斷無駁改全約而不加兵費之理。刻下急務誠如鈞諭所云,能將原定約章專條,置諸不論不議,是為最妙。惟竊思第二步辦法與第一步辦法,乃係相因相成,一氣聯貫之事,蓋俄人因不肯默然輕廢前約,而不更議新約也。即使俄人肯將已議之約作為罷論,而在我亦有難罷之勢。何也,第一步辦法將原定約章專條,置諸不論不議,是索還伊犁亦當置諸不論不議也,中國七重兵於伊犁邊境,既不能進又不能退,界址未定,何以自固,何以持久,此係軍國大政,雖非使者所能與聞,然爭辯之際,若於本國主見毫無依據,將何由自伸其氣而暢其說乎。

或仍索伊犁全境而可以酌加兵費，或暫不索伊犁，而以伊犁更換東境、舊挖某地以難之，皆是立言之法。要之使者已至，既言舊約之不公不妥，則約章必須如何乃為公平妥當之處，勢必連類談及，斷無含糊中立之勢。故曰第二步辦法與第一步辦法乃係相因相成，一氣聯貫之事也。至於俄人接待情形，誠難逆料，然主憂臣辱，夫復何辭，倘彼竟不認作公使，是為決意失和，雖百端將就，終歸無益，戰守之備，在廷者自有嘉謨，紀澤何敢妄議，然竊揣西陸一帶，左相手握重兵，取伊犁或猶可期得手，海疆各口北南洋大臣亦當能先事綢繆，且係通商總匯，彼或有所顧忌而不敢遽逞，惟迤北萬餘里，處處毗連，而尤以東三省為重，或者謂俄國鐵道未出歐洲，轉運東方，殊非易易，且民心不靖,未必能兩道入寇,而紀澤則正恐其盡敬犯法亡命之徒,使其擾我邊境,擄掠即以充賞賚,則人自為戰,而無轉餉之勞,其鋒固未易當也」註五二

四月十九日上敬陳管見一摺

「奏為敬陳管見仰祈聖鑒事,竊臣於光緒六年三月二十六日承准軍機大臣字寄,光緒六年二月初一日,奉上諭前因崇厚與俄國所議交收伊犁條約章程等件,經王大臣等會議,諸多窒礙難行,業經降旨將該革員治罪,并派曾紀澤為出使俄國欽差大臣矣,俄人佔我伊犁,其理曲·崇厚奉命出使,議收伊犁,竟不熟權利害,任其要求,遽與定約,殊出意料之外,曾紀澤到俄國後,察看如何情形,先行具奏,此次前

往另議,必須力持定見,慎重辦理,現已頒發國書,由總理各國事務衙門遞寄,並令該衙門將條約章程等件,詳細酌覈,分別可行及不可行之欵,奏准後知照該衙門,以便與俄人商辦,縱或一時未能就緒,不妨從容時日,妥慎籌商,總期不激不隨,以全大局將此諭令知之,欽此,仰見我皇太后,皇上慎重邊防,曲全鄰好,既寬假以時日,復旨授以機宜,跪讀之餘,莫名欽感,旋承准總理各國事務衙門,將國書封寄前來,臣現在倫敦祗候該衙門將條約章程等件,詳細酌覈,分別可行及不可行之欵奏准後,知照到臣,即當趕緊啟程,恭齎國書,取道巴黎前赴俄國,除屆時另摺恭報起程日期,及抵俄以後情形,容臣隨時陳奏,並恪遵奏准之條,妥慎辦理外,所有收回伊犂一切事宜謹先就微臣管見所及,敬為我皇太后皇上詳陳之,竊為伊犂一案大端有三,曰分界,曰通商,曰償欵,籌辦之法亦有三,曰戰,曰守,曰和,言戰者謂左宗棠金順劉錦棠諸臣,擁重兵於邊境,席全勝之師,不難一鼓而取伊犂似也,臣竊以為伊犂地形嚴險,攻難而守易,主逸而客勞,俄人之堅甲利兵,非西陲之回部亂民所可同日而語,大兵履險地以犯强鄰,真可謂之孤注一擲,不敢謂為能操必勝之權也,不特此也,伊犂在中國之地,中國以兵力收回舊疆,於俄未有所損,兩兵戈一啟,後患方長,是伊犂雖偉而克復,祇可為戰事之權輿,而不得謂大功之已蕆也,俄人恃其詐力,與泰西各國,爭為雄長,水師之利,推廣至於東方,是其意不過欲藉伊犂以啟釁端,而所以擾我者，固在東而不在西，在海而不在陸，我中原大難初平，瘡痍未復，海防甫經創設，布置尚未悉周，將來之成效或有可觀，第就目下言之，臣以為折衝禦侮之方，實未能遽有把握，又況東三省為我根本重地，迤北一帶，處處與俄毗連，似有鞭長莫及之勢，一旦有急，尤當防不勝防，或者謂俄多內亂，其君臣不暇與我為難，臣則以為俄之內亂，實緣地瘠民貧，無業亡命者眾也，俄之君臣，常喜邊陲有事，藉候伐之役以消納思亂之民，此該國以亂靖亂之霸術，而西洋各國之所稔知，凡與之接壤者，固是而防之益嚴，疑之益深，顧未聞有幸其災而樂其禍者，職是故耳，又或者謂連結歐洲各邦，足以怵俄人而奪其氣，是固欲以戰國之陳言，復見諸今日之行事，不知今日泰西各國之君，猶是戰國時之君,各國之政,非猶是戰國時之政也。各邦雖不盡民主,而政則皆由議院主持,軍旅大事,尤必眾心齊一,始克有成。今日之使臣,雖得辯如蘇張,智如隨陸,亦不能偏詣各國議院之人而說之,即令激之以可怒,動之以可欲,一旦奮興,慨然相助,試思事定之後,又將何以厭其求。囊者俄土之役,英人助土以拒俄,大會柏靈,義聲昭著,卒之以義始者,實以利終。俄兵未出境,而賽卜勒士一島,已入英人圖籍矣。況各邦雖外和內忌,各不相能,而於中華,則獨有協以謀我之勢,何也,一邦獲利,各國均沾,彼方逐眈眈,環而相伺之不暇,豈肯顯違公法,出一旅以相助,是戰之一說,刻下固未易言也。言守者,則謂伊犁邊境一隅之地耳,多予金錢多予商利以獲之,是得邊地而潰腹心,不如棄之,亦足守吾固有,伏維我朝自開國以來,所以經營西域者至矣,康熙雍正之間,運餉屯兵,且戰且守,邊民不得安處,中原不勝勞敝,而我聖祖世宗不憚勤天下之力以征討之,良以西域未平,百姓終不得休息耳,迨至乾隆二十二年,伊犂底定,西陲從此安枕,腹地亦得以息肩,是伊犂一隅,夫固中國之奧區,非僅西域之門戶也。第就西域兩論,英法人謂伊犂全境為中國鎮守新疆一大礮台,細察形勢,良非虛語。今欲舉伊犂而棄之,如新疆何,更如大局何,兩說者又謂姑紓吾力,以俟後圖,然則左宗棠等軍將召之使還乎,抑任其逍遙境上乎,召之使還,而經界未明,邊疆難保無事,設有緩急,不惟倉卒無以應變,即招集亦且維艱,任其久留無論轉餉浩繁不可以持久也。夫使歲費不貲,而終歸有用,猶之可也,若竭天下之力以注重西陲,歷時既久,相持之勢,漸有變遷,典兵者非復舊人,將帥之籌畫不同,兵卒之勤惰不一,誠恐虛糜餉糈,仍歸無用,而海防之規模,亦因之不能逐漸開展,則貽誤實大,此固廷臣疆臣所宜及今統籌全局,不可視為日後之事而忽之者也。我皇太后皇上憫念遺黎,不忍令其復遭荼毒,遣派微臣,思有以保全二百年以來之和局,則微臣今日之辯論,仍不外分界通商價欵三大端,三端之中,價欵固其小焉者也,即就分界通商言之,則通商一端,亦似較分界為稍輕,查西洋定約之例有二,一則長守不渝,一可隨時修改,長守不渝者,分界是也,分界不能兩全,此有所益,則彼有所損,是以定約之際,其慎其難,隨時修改者,通商是也,通商之損益,不可逆睹或間辦乃見端倪,或久辦乃分利弊,或兩有所益,或立有損益,或偏有所損,或兩有所損,是以定約之時,必商定若干年修改一次,所以保其利而去其弊也。中國自與西洋立約以來,每值修約之年,該公使等必多方要挾,一似數年修改之說,專為彼族留不盡之途,而於中華毫無利益者,其實彼所施於我者,我固還而施之於彼,誠能深通商務之利弊,酌量公法之平頗,則條約之不善,正賴此修改之文,得以挽回於異日。夫固非彼族所得專其利也,俄約經崇厚議定,中國誠以顯受虧損,然必欲一時全數更張,則雖施之於西洋至小極弱之國猶恐難於就我範圍,俄人桀驁狙詐,無端尚且生風,今於已定之約,忽云翻異,而不別于一途,以為轉圜之路,中國人設身處地,似亦難降心以相從也。臣之愚以為分界既屬永定之局,自宜持以定力,百折不回,至於通商各條,唯當即其太甚者,酌加更易,餘者似宜從權應允,而採用李鴻章立法用人之說以補救之,如更有不善,則俟諸異日之修改,得失雖暫未公平,彼此宜互相遷就,庶和局終可保全,不遽決裂。然猶須從容辯論,紓與委蛇,非一朝一夕所能定議也,俄約之准駁,應經廷臣分別奏明,而臣未至彼都,已先進通融之說,未免跡涉畏葸,以致物議沸騰,顧臣竊思之,秉一定之規模,但責臣以傳兩國之語言,艫列應駁之條,屢辯而力爭之,事之成敗,非所敢知,是臣之責任,較輕於臣之私計,實為甚便。伏念微臣世受國恩,濫躋卿貳，即使身在事外，苟有一知半解，猶宜盡獻芻蕘，以備聖明採擇，況既膺使職，責任攸歸，豈敢緘默，唯阿鹵莽從事，自避嫌疑之譏，上貽宵旰之憂，臣所鰓鰓過慮者，窃恐廷臣所議，除償欵以外，所有通商分界各條，逐條均須駁改，在議者所持，固屬蕩蕩平平之道，堂堂正正之辭也，然言經而不言權，論理而不論勢，俄人之必不見允，不待智者而後知之，如此，則日後之事，不外三途：一曰俄人不允則稱十比戈，聲罪致討，此戰之說，廟堂自勝算，非使之所敢議也，一曰俄人不允，則暫棄伊犂存而不論，此守之說也，是邊界不可稍讓，而全境轉可盡讓也，臣亦未敢以為是也，一曰俄人不允，然後取現今之所駁者陸續酌允，委曲求全，此和之說也，然則目前之所駁，是姑就吾華之公論，聊以嘗試之耳。嘗試不效，乃復許之，此市售物擡價之術耳，非聖朝所以敦信義以馭遠人之道也。俄人本以夸詐為能事，若此時逐條駁改，日後又不得已而允之，則將益啟其詐譎之謀，且使西洋各國從而生心。誠恐此時伊犁約章所挽回者無幾，而從此中外交涉之務，議論日以增多。臣所以言分界之局，宜以百折不回之力爭之，通商各條，則宜從權應允者，蓋以准駁兩端，均貴有一定不移之計，勿致日後為事勢所迫，復有先駁後准之條，此臣愚昧之見也。事體如此重大，本非一人之見所能週知，請旨飭下總理衙門王大臣及大學士六部九卿原議諸臣詳細酌覈，臣行抵俄都，但言中俄兩國和好多年，無論有無伊犁之案，均應遣使通誠，此次奉旨前來，以為真心和好之據、至辯論公事、傳達語言、本係公使職分、容俟隨接奉本國文牘、再行秉公商議云云、如此立言、則入境或不致遽見拒絕、至於約章如何辯論、計原議諸臣此時必業經奏明准駁、知照前來、惟軍國大政、所關實非淺鮮、似不厭再三詳審、精益求精、當俟廷臣細行商定之後、由總理衙門咨行到臣、始敢與該國平情爭論、若臣言力爭分界酌允通商之說、稍有可採、則在廷諸臣、自必考究精詳、斟酌盡善、乃定准駁之條、即臣說全典是處、通商各條、必須全駁、臣俟接准總理衙門文牘、自當恪照指駁之條逐一爭辯、臣自惟駑下、勉効馳驅、除此艱難、益形竭蹶、惟有懍遵不激不隨之聖訓、殫竭愚忱、冀收得尺得寸之微功、稍維大局、所有微臣管見所及、謹繕摺馳陳、伏乞皇太后

皇上聖鑒訓示施行，謹奏」註五三

附片奏報與總署電報密商情形，並致總署總辦一函。五月十八日，致總署一函，論法謀安南、俄日圖高麗事，並請轉囑邊帥嚴戒士卒毋啟釁端謂「若和局幸得保全，則俄人派船添兵，修築鐵路，設電線諸務皆其私設之設私耗之費也。西塞一與交綏，即使旋發旋收，彼必將所用諸欵，盡欲取償於我。竊恐使者方議事於俄廷，而邊軍前敵已挑釁於疆場，一失一石可生無窮之患」註五四

六月初三日，奏報由英啟程日期一摺，附片奏陳刊刻三國參贊木質關防，初八日抵巴黎，十九日自巴黎啟行，二十四抵俄都森比德堡，二十九日赴俄外部見尚書吉爾斯，馬駐華公使布策，外部總辦梅尼廓福，公日記

載「吉爾斯面冷詞橫，始言約不可改，繼言各國訂約誠有商改之事，惟未經商改，即罪其全權之使，增兵設防，有意尋釁等，詰難良久，最後乃允代奏國君，請示呈遞國書」註五五

七月初四日，奏報抵俄接印日期一摺，並致函總署告以俄人所重之三事，一為速辦邊界要案，以平俄人之心而示中國和好之意，二為赦免崇罪以先，措詞切不可云姑赦斬罪，仍俟新使辦事得手，乃予真赦，三為先派為頭等公使，今派二等公使，俄人以為減色，註五六十七日赴薩思克行宮謁俄皇呈遞國書，十八日公赴外部晤吉爾斯，布策，梅尼廓福及外部侍即熱梅尼，聲述中國議改諸條本意謂「中國之意有三，所有前定約內，有於中國不甚相宜礙難應允者一也，約內有聲叙不詳之處，恐日

後不易照辦,故有須加詳者二也,舊約所准之利益,不必復叙於新約之內三也。中國有此三意,本大臣分為六條。第一條,中國不願將自己疆土讓與別人,貴國既有交還伊犁之善意,請將伊犁全境交還。第二條,塔爾巴哈台喀什噶爾交界只能照舊址,如實有小處必須酌改,應由兩國特派大員前往查勘面訂,我等作欽差者未履其地,不得其詳,不敢妄指地名。第三條,鄂國所要好處如嘉峪關通商、尼布楚、科布多開兩條道路行走等事。如果第一條議定之後,中國亦願應許。第四條,鄂國議設領事之處太多,夫領事之設,原於中國無損,而不曉事者,以為欽差所凭太多,且議定許多地方,將來鄂國亦未必逐處全設,除嘉峪關可設一員外,其餘應俟通商開辦之後再行酌議。第五條,設領事之處既未訂定西疆,哈密,古城,巴里坤等城,鄂國可以擇一處留貨,照張家口情形辦理,比方嘉峪關為天津一般,第六條,新疆貿易不比沿邊地境,若處處免稅,中國甚是吃虧,尚須與貴國商量辦理,註五七吉爾斯意不滿,約定由公送節略說明後再談,故決意派公使到北京議約,二十四日奏報謁見俄君呈遞國書日期商談,二十八日奏報俄使到京議約派員回京一摺,以俄使將赴京議約,擬派駐俄參贊邵友濂回京以備總署諮詢,附片奏報遼員署俄法參贊事,八月十四日公晤熱梅尼,俾其奏請俄皇留布策在俄商議,熱稱本國非不欲在俄商談,第以中國不照公法辦理,不得不到北京商辦,蓋恐再行商議後,復欲翻悔也,公以「不致仍蹈覆轍,在北京商議,不如在此商議較為妥便,在此不能允者,即在北京商議,亦不能允」註五八答之,十八日接俄外部覆文云,俄皇先召布策回俄,布策返俄後,迭與公商,公堅持前議,故布策謂公「中國總以前約內已得好處,作為補償,本國以此為已得之利益,不能作抵,須另補償償方可,不然難以商議也」註五九九月十七日公赴俄外部晤熱梅尼,初俄皇以八月二十八日始限以一月為商議之期,因雙方意見相距過遠,限期將滿而成議毫無,俄擬派遣水師赴華威脅,公謂不如依熱及布策前議,逕將舊約廢棄,伊犁地方,暫時仍不索取,以期兩便,至於通商利益,如所請者中國可以答應,仍可從容商議熱梅尼要求伊犁地方永歸俄屬,公嚴拒之,其後屢次會談,公以俄方所索補償,不在分付之內,皆加峻拒.

十月初　公再赴外部商議，俄始允歸帖克斯川，俄請將原約照舊批准，另立專條以載新商改者，公許為代奏，俄復要求賠償兵費，公拒之，僅許增代守之費而已，十五日續商兵費事，二十二日商塔爾巴哈及喀什噶爾界務，二十九日商索伊犁西邊地方，十一月十四日雙方意見已漸趨一致，此後所商，多屬細節，十九日俄方並許廢棄里發底約舊約，另訂新約，二十八日商償欵事，俄方願任滙費，是年公次子廣錫生，註六十　是歲公有仲父　侯大人仲母汪孺人壽序及八月十五日森比德堡對月襍感，讀史漫成，香嚴書詢近況詩以代柬，次韻酬俞蔭甫懷人諸詩 註六一

光緒七年　辛巳　一八八一　公四十三歲

正月初三日以後公逐日與吉爾斯布策磋商條文，對酌字面，至二十六日

午後四時條約畫押，歷時達七閱月，爭辯約數十萬言，所謂挽既逝之波中，索已投之食，竟獲有成，斯已難矣，交涉情形，詳載公所著金軺籌筆中，二十八日奏報遵旨改訂俄約蓋印畫押一摺

「竊臣於七月二十三日，因俄國遣使晉京議，當經專摺奏明，并電報總理衙門在案，八月十三日接准總理衙門電稱奉旨著遵疊電與商，以維大局，次日又接電稱，面奉諭旨，俄事日迫，能照前旨，爭重讓輕固妙，否則就彼不強中國概允一語，力爭幾條，即為轉圜地步，總以在俄定議為要各等因欽此，臣即於是日往晤署外部尚書熱梅尼，請其追回布策，在俄商議，其時俄君正在黑海，熱梅尼允為電奏，布策遂召回俄，嗣此往返晤商，反覆辯論，疊經電報總理衙門，隨時恭呈御覽，

欽奉四月初五、五月十九、七月十七、三十、八月初五等日，軍機大臣密寄上諭，令臣據理相持，剛柔互用，多爭一分，即少受一分之害，聖訓周詳，莫銘感悚，臣受恩深重，目擊時艱，統籌中外之安危，細察時機之得失，茍獲稍酬高厚，敢不勉竭駑庸，無如上年條約章程專條等件，業經前出使大臣崇厚蓋印畫押，雖未奉御筆批准，而俄人則視為已得之權利，臣奉旨來俄，商量更改，較之崇厚初來議約情形，難易迥殊，已在聖明洞鑒之中，俄廷諸臣，多方堅執，不肯就我範圍，彼各有忠於所事之心，亦無怪其然也，自布策回俄後，向臣詢及改約諸意，臣即按七月十九日致外部照會大意，分條繕具節略付之，布策不置可否，但允奏明俄君，意若甚難相商者，臣屢向熱梅尼處催詢各條,彼見臣相逼太甚,遂有命海部尚書呈遞戰書之說,臣不得已,乃遵總理衙門次電報,言可緩索伊犁,主廢舊約,熱梅尼又欲臣具牘言明永遠不索伊犁,經臣嚴詞拒絕,而微示以伊犁雖云緩索,通商之務,尚可與商,旋接外部照會,除歸還帖克斯川外,餘事悉無實際,爰據總理衙門電示,分列四條,照覆外部,又與之事事面爭,熱梅尼等嫌臣操之太戚,不為俄少留餘地,憤懣不平,布策又以通州准俄商租房存貨,暨天津運貨,准用小火輪船拖帶兩事,向臣商論,臣直答以原約之外,不得增添一事,雖其計無可施,而蓄怒愈深矣,臣日夜焦思,深恐事難就緒,無可轉圜,適俄君自黑海還都,諭令外部無使中國為難,於無可讓中,再行設法退讓,但經此次相讓後,即當定議云云,外部始不敢固執前議,於十一月二十六日,送來照會兩件,節略一件,第一照會,言此次允改各條,中國若仍不允,則不得在俄再議,且將外部許臣商改之事,全行收回,第二照會,言交收伊犂辦法三條,節略中,則願叙允改之事,約有七端,臣請逐欵詳其始末,第一端,曰交還伊犂之事,查原約伊犂西南兩境,分歸俄屬,南境之帖克斯川,地當南北通衢,尤為險要,若任其割據,則俄有舊地之名,我無得地之實,緩索之說,誠屬萬不得已之舉,否則祖宗創業艱難,百戰而得之土地,豈忍置為緩圖,臣奉命使俄後,通盤籌畫,必以界務為重者,一則以伊犂,喀什噶爾兩境,相為聯絡,伊犂失則喀什噶爾之勢孤,此時不索,再索更待何時,一則以伊犂東南北三界,均與俄兵相接，緩索後不與議界，恐致滋生事端，若竟議界，又嫌跡近棄地，而又慮其得步進步，伊犁雖已緩索，而他事之爭執如故也，嗣因挽留布策，非將各事略為放鬆不可，遂舍西境不提，專爭南境，相持不下，始允歸還，然猶欲於西南隅割分三處村落，其地長約百里，寬約四十餘里，臣檢閱輿圖，該處距莫薩山口最近，勢難相讓，疊次屬色爭辯，方將南境一帶地方，全數來歸，其西南隅，允照前將軍明誼所定之界，第二端，喀什噶爾界務，從前該處與俄接壤者，僅正北一面，故明誼定界，祇言行至蔥嶺靠浩罕界為界，亦未將蔥嶺在俄國語係何山名，照音譯出，寫入界約，今則迤西安集延故地，盡為俄居，分界誠未可索，崇厚原約所載地名，按圖懸擬，未足為憑，臣愚以為非簡派大員親往履勘不可,吉爾斯必欲照崇厚原議者,蓋所爭在蘇約克山口也,臣答以巳定之界,宜仍舊,未定之界可另勘,吉爾斯躊躇良久,謂此事於中國有益,非俄所求,既以原議為不然,不妨罷論,臣慮界址不清,則釁端易啟,特假他事之欲作罷論者,相為抵制,布策又搦原議所分之地,即兩國現管之地,臣應之曰,如此,何妨於約中改為照兩國現管之地勘定乎,最後吉爾斯乃允寫各派大臣秉公勘定,不言根據崇厚所定之界矣,第三端,曰塔爾巴哈台界務,查該界經明誼奎昌等分定有年,追崇厚來俄,外部以分清哈薩克為言,於是議改,考之輿圖,已占去三百餘里矣,臣每提及此事,必抱舊界立論,吉爾斯知臣必不肯照崇厚之議,始先於崇厚明誼所定兩界之間,酌中勘定，專以分清哈薩克為主，所擴直線，自奎峒山至薩烏爾嶺者，即指崇厚所定之界而言也，日後勘界大臣辦理得法，或不致多所侵佔，以上界務三端臣與外部先後商改之實在情形也，第四端，曰嘉峪關通商，允許俄商，由西安漢中行走，直達漢口之事，總理衙門駁議，以此條為最重，疊議商務者，亦持此條為最堅，蓋以我之內地，向無指定何處，准西商減稅行走明文，此端一開，效尤踵至，後患不可勝言，外部窺臣著重在此，許為商改，及詢以如何商改之處，則云須各大端商定，再行議及，臣親詣布策廂所，告以事關全局，儻不見允，則餘事盡屬空談，詞意激切，布策言於吉爾斯，於是允將嘉峪關通商，仿照天津辦理，西安漢中兩路及漢口字樣，均允刪去不提，第五端，曰松花江行船至伯都訥之事，查松花江面，直抵吉林愛琿城，定立條約時，誤指混同江為松花江，又無畫押之漢文可稽，致俄人歷年藉為口實，崇厚許以行擅至伯都納，在俄廷猶以為未能滿志也，現將專條徑廢，非特於崇厚新約其利，直欲為愛琿舊約辯其証，臣初慮布策據情理以相爭，無詞可對，故擇語氣之和平者，立為三策，一，徑廢專條，二，稍展行船之路，於三姓以下酌定一處為之限制，三，仍允至伯都訥，但入境百里即須納稅，且不許輪船前往，布策均不以為然，適奉電旨，責臣鬆勁，於是抱定第一策立言，務期廢此專條，布策猶糾纏不已，吉爾斯恐以細故傷大局，不從其言，遂允將再條廢棄，聲明愛琿舊約如何辦法，再行商定，第六端，曰添設領事之事，查領事之在西洋各國者，專管商業，其權遠在駐紮中國領事官之下，故他國願設者，主國概不禁阻，臣此次欲將各城領事刪去，外部各官，均以為怪，隨將中國不便之處與之說明，吉爾斯謂領事之設，專為便商起見，係屬賓主兩益之事，中國既有不便，即僅於烏魯木齊添設一員何如，臣因其多方相讓，礙難再爭，而總理衙門電鈔編修許景澄摺內，稱科布多，烏里雅蘇台，烏魯木齊三處，其次爭烏魯木齊，烏里雅蘇台兩處等語，臣乃復見布策，懇其商改，節略內始將烏魯木齊改為吐魯番，餘俟商務興旺時，再議添設，第七端，曰天山南北路貿易納稅之事，新疆地方遼闊，兵燹之後，凋敝益深，道遠則轉運維艱，費重則行銷益滯，招商伊始，必限以行走之路，納稅之章，商販實多未便，閱總理衙門來電，曾言收稅為輕，臣因將原約內均不納稅字樣，改為暫不納稅，俟商務興旺，再訂稅章。查西例納稅之事，本國可以自主。日後商情果有起色，即伊犁等處亦不妨逐漸開徵，以充國課，以上商務四端，臣與外部先後商改之實在情形也，此外節略所敘，則又有償欠一端，凡商改之事，益於我者則損於彼，熟悔尼布策等本有以地易地之請，臣稱約章事祇可議減，不可議增，彼逐謂中國各路徵兵，顯敵搆釁，俄遣船備邊以相應，耗費盧布一千二百萬圓，向臣索價，且言如謂未實交綏，無索兵費之理，則俄正欲一戰，以補糜費等語，臣答以勝負難知，中國獲勝則俄國亦須償我兵費，彼之言雖極恃強，臣之意未為稍屈，旋接總理衙門覆電，囑臣斟酌許之，至多不能逾二百萬兩，又電言如無別項糾纏，統計約五百萬兩償欵，即可商定云云。臣見吉爾斯熱梅尼等，始則爭易兵費之名，繼則爭減代守伊犂償欵之數，久之熱梅尼謂遲一年收回伊犂，又加還帖克思川，以代守費，論至少亦須加盧布四百萬元。臣照會中但允加代守費盧布二百五十萬圓。若并歸伊犂西境，猶可略議增加，吉爾斯不談西境，僅稱連上年償欵統算非盧布一千萬圓不可，臣嫌爲數過多，吉爾斯笑曰，俄國豈以地出售者，果爾則以帖克斯川論之，豈僅值五百萬圓乎，不過改約多端，俄國一無所得，面子太不光彩，假此以自慰耳，臣察其意甚決，乃言熱梅尼所說，僅四百萬，何得又增百萬，吉爾斯無詞折辯，故節略內仍以添償盧布四百萬圓定數，查上年崇厚所議兵費償欵，盧布五百萬圓，合銀二百八十餘萬兩，此次俄國認出自華至英滙費，則金磅之價較賤，合前後盧布九百萬圓而統算之，約計銀五百萬兩以內。臣總觀界務商務償欵三大端，悉心計較，與總理衙門來電囑辦之意，大略相同，即摘錄照會節略大意，電請總理衙門代奏，並與外部說明，俟接奉電旨後，再行畫押。一面與布策先行商議法文條約章程底稿，逐日爭辯，細意推敲，稍有齟齬，則隨時逕赴外部詳晰申說。於和平商搉之中，仍亦以不肯苟且遷就之意，且以有益於中國、無損於俄人等語，開誠布公而告之。於崇厚原訂約章字句，陸續有所增減，如條約第三條刪去伊犂已入俄籍之民，入華貿易游歷，許照俄民利益一段；第四條，俄民在伊犂置有田地，照舊營業，聲明伊犁遷出之民,不得援例,且聲明俄民管業,既在貿易圈外,應照中國民人一體完納稅餉,並於第七條伊犁西境安置遷民之處聲明係安置因入俄籍而棄田地之民,以防遷民雖入俄籍,而仍有佔據伊犁土之弊。第六條,寫明所有前此各案,以防別項需索。第十條,吐魯番非通商口岸,而設領事暨第十三條張家口無領而設行棧,均聲明他處不得援以為例,以杜效尤。第十五條,修約期限,改五年為十年,章程第二條貨色包件下,添註牲畜字樣,其無執照商民,照例懲辦,改為從嚴罰辦。第八條,車腳運夫繞越捷徑,以避關卡查驗,貨主不知情,分別罰辦之下,聲明海口通商及內地,不得援以為例,凡此增減之文,皆係微臣與布策商酌法文約稿之時,反覆力爭而得之者,較之總理衙門三月十二日所寄廷臣奏定准駁之議,雖不悉數相符,然合條約章程計之,則挽回之端,似已十得七八,此臣與吉爾斯布策等商量條約章程底稿,於節略七端之外,又爭得防弊數端之實在情形也。十二月十七日,接准總理衙門電示,奉旨覽來電均悉,該大臣握要力爭,顧全大體,深為不負委任,即著照此定約畫押,約章字句,務須細心斟酌,勿稍疏忽,餘依議,欽此,臣告知外部轉奏俄皇,此邦君臣仰慕皇仁,同深欽感,俄皇諭令外部久廢崇厚原定約章,另立新約,又飭催布策速行繕約畫押,臣因節略七端之外,所爭諸條,字句尚未周妥,日夜與布策晤談面筆削之,直至光緒七年正月初九日,始將法文約章底稿議定,又彼此商定漢文俄文條約章程,各繕二份,而將先訂之法文繕正二份，以資考證，逐條參酌校對無訛，於正月二十六日與外部尚書吉爾斯，前駐京使臣布策，公同畫押蓋印訖，電請總理衙門代奏。仰慰宸廑，伏念臣以菲材膺茲重任，深懼措施失當，上負天恩。幸蒙皇太后皇上指授機宜，不責以強爭必行，但責以羈縻無絕，更喜總理衙門王大臣平心體察，艱矩周知，遇事提撕，遵循有自，縱絜長較短，仍不免顧此失彼之虞，而酌理準情，尚不憚拳拳讓輕之義，除鈔錄臣與吉爾斯熱梅尼布策歷次問答節略，咨呈總理衙門存查，並將條約章程各一件，派駐俄頭等參贊官二品頂戴道員邵友濂，齎回京師，進呈御覽，請旨飭下總理衙門覈議恭候聖裁外，謹將條約章程底稿先行鈔錄，咨呈總理衙門查核，所有與俄國外部改定條約章程，

遵旨蓋印畫押原由，理合繕摺馳陳，伏乞皇太后皇上聖鑒，謹奏」註

六 二另奏謝恩繳電旨一摺，改訂俄約艱難情形一摺．

二月離俄赴法，又赴英，旋於十九日返巴黎，二十六日奏請揀員補新嘉坡領事一摺．四月十九日自法赴英，五月二十七日補授都察院左副都御史，七月初一日

初五日奏謝補授府丞一摺，十一日補授宗人府丞，六月致函總署條陳香港澳門設領事及洋約釐稅三事，十一日奏報赴俄換約日期一摺，十三日自英抵法，轉赴俄國，二十五日赴俄外部互換條約，三十日入宮謁俄皇呈遞國書，閏七月旋法，初三日奏報遵旨互換條約一摺，附奏謁賀俄君呈遞國書一片，及遵旨照會索取逆犯一片，二十一日至法外部與尚書桑廸里談越南事，八月初一日致函總署議越南事，公意謂

「如撥派（水師）數艘移近南服，使敵人有所顧忌，或不致於剝膚噬臍之悔註六三，初六日公晤桑廸里，談越南事，公謂中國視安南較之琉球尤為緊要，琉球尚有海洋之隔，安南則邊界毗連，痛癢相關，中國保護該國之心，直與保護內地省分無異，中法和好多年，商務茂盛，彼此親切，萬不可因此事生出意見，桑云法國但願越南遵守甲戌之約，並非多求進步，公答以此等大事辦至結局，往往有非始謀時所能逆料者，法國此時並非多求進步，中國亦能諒之，但恐日後為事勢所廹，有不能不謀進步之一日，是以中國豫為言明，法越甲戌之約，中國本不能認，若法國之志僅欲與越南通商，不求進步，則越南私立之約中國猶可勉強優容，不欲阻法國已有之權利，致損法國之顏面也，如法國得寸思尺，使中國為難,則是辜負中國保全友誼之苦心矣,桑力言法必格外留心,不與中國為難註六四,初八日奏請獎期滿人員一摺,並致總署函,九月十七日奏謝補授左副都御史一摺,翌日奏公妹(適郭剛基)旌表節孝一摺,十月二十四日奏報逆酋白彥虎等竄入俄境,該國允嚴禁錮一摺,並致函總署籌議越事七條云:

「法人覬覦越南已久,越南危非中國之福,中國不宜稍存畛域之心,越南不宜自外生成之德,必須聲氣相通,謀猷不紊,乃得輔車唇齒之益。紀澤愚致書越南國王,既恐體制不妥,卑亢失宜,又因未得堂憲指授機宜,或致措詞失當,茲將鄙意所及,臚陳於後,是否可由衙門飭諭該國王之處,求密回堂憲,斟酌行之,一越南除例遣貢使之外,宜專派精通漢文明白事體大員,長住京師,聽候分示,轉報該國,一越南係中國屬國,例不得擅遣使臣駐紮他邦,然該國如派一精通漢文明白事體之員,帶同法文翻譯官一人,前來西洋,作為散處隨員,亦可常探西洋消息報其國家,一法人自以法越前立之約,語弊甚多,官紳私議,常欲脅之以兵,另立一約,即其近來辦理去尼斯國事務之成法也,乞諭越南,切不可與法人輕立新約,一法人常以約中許在紅江門埠通商,而今尚未舉辦,以為口實,按法越之約,中國可以不認,越南不能不認,宜勸越南慨然將紅江開埠通商,而不可引法國條約為言,可明告西洋各國,言現遵守中國之命,將紅江開設通商埠頭,允與西洋各國貿易,各國得此消息,既服中國之能調停,又見我與越南情無隔閡,可省無數窺伺之心,一法人常以紅江多盜為言,無論盜之真偽,越南宜以除盜自任,力不足則求助於中國,查法越之約,越南有事越王乞法人助以兵力,法人不得推諉,然並未言越南不得乞助於他國,亦未言不得乞助於中國,亦未言越南未經乞助,法國即可經派兵助之也,一法越條約,西洋各國並未認之,如別國人與法人在越南爭論,歸法國駐紮大臣審判,及別國人在越南犯事,解歸法國西貢地方辦理,此各國斷不能允者,一條不允則全約如廢也,一越南宜嚴束士民,勿予法人以口實,致成開釁之由,殺人焚屋等事,皆無益而有害者也

註六五

十一月十七日,奏請旨定出洋章程一摺,十二月初一日,奏請獎駐俄人

員一摺,初八日,奏請獎出洋文武員弁一摺,初十日出使期滿,奉旨再留三年,十五日奏請揀員補署參贊官一摺,十九日,覆陳法國大概情形疏云:

「伏查法人覬覦越南,蓄意已久,緣該國初據西貢柬埔寨等處之時,滿意瀾滄口湄河可以直通雲南,其見該二水淺涸多處,不能通舟,遂欲佔據越南東京,由富良江入口,以通雲南瀶開商埠,該國圖越之事,新報則議論紛紜,官場則機鈐秘密,然而議紳士廢論及此事,視取越南東京皆謂易如反掌,上年冬間,臣在俄議約,因聞法國有派兵前往越南之議,此即照會法國外部,並與法國駐俄公使商犀晤談,力言越南受封中朝,久列屬邦,該國如有緊要事件,中國不能置若罔聞,本年間七月間,臣由伐換約事畢,回駐巴黎,又於八月初一日照會外部,將總理衙門歷年未認法越所訂條約之意,剴切聲明,日久乃接外部尚書剛必達覆文,措詞雖尚剛硬,然法廷於進取之謀,似已稍作回翔之勢。緣法國商人堵布益,昔年往來滇越經營貿易,即為法國西貢總督堵白當圖佔越南之綫索,後因事端敗露,西貢總督所派守備噶業,為越南人所殺,商人堵布益所齎成本,亦致虧折數百萬佛即,該商歸向法廷索取,法廷許以俟定計佔取東京之時,給予償欵,本年該商業已函致廣東上海舊日同夥之西人,前來巴黎領取償欵,是法廷定議佔取東京之據,厥後該商夥德爾吉者來巴黎,無欵可領,失望而歸,有臣處翻譯官馬格里之友,上海載生洋行之史密德親聞德爾吉言之甚詳。

是此事暫得寢息之據,微臣揣度大概情勢,法國除在廷數員之外,能深明東方情形者,實無多人,竟有不知越南為中之屬邦者,繼見總理衙門,屢次聲明,不認法越條約,又屢次聲明中國保全屬國,以固邊圉,不能漠視之意,該國或者畏威懷德,有所顧忌,而不敢遽發,亦在意中,惟臣處未接該外部確實覆文,仍不敢謂遂有把握,總理衙門王大臣原奏所稱爭以空言,必須見諸實際,實屬至當不移之論,各疆臣欽奉寄諭之後,如何遵旨妥為佈置,自必先後據實陳奏,臣當欽遵諭旨,堅持前議,總以不認法越前約為根,以冀形格勢禁,消弭釁端,御慰聖慮。 註六六

是歲三月公弟紀鴻卒於京,五月公四妹(適郭)卒於長沙,十月次妹(適

陳)卒於法國,公有哭稟誠第、四妹輓詞,仲妹輓詞諸作,及寄示申夫、後園牡丹盛開內人索詩口占一律兼示康侯、仙女、輓沈文定相國、送左子興之官新嘉坡領事、鳳、衡嶽圖、七夕、閏七夕諸詩註六七

光緒八年 壬午 一八八二 公四十四歲

公在巴黎,二月十二日奏出使期滿再留三年謝恩摺,二十七日奏請定寶星章程一摺,三十日公受巴西頭等玫瑰寶星,周中巴訂約之始,由公發端,巴西國王特命巴西駐法署公使轉貽以謝,三月初一日,奏謝頭等薪俸一摺,五月公長女偕女婿至法省公,七月赴英,二十四日參加英王主持之廷訊公署落成典禮,二十七日奏請揀員補參贊各缺一摺,八月十一日覆陳索倫四旗事宜一摺

九月旋巴黎，二十一日函復陳俊臣論洋務之要端，公謂「辦洋務並非別有奧，遇事仍宜以吾華之情理酌之，理之所在，百折不回，不可為威力所詘，理有不足，則見機退讓，不自恃中華上國而欺凌遠人，可許者開口即許，不可許者，始終不移，庶交涉之際，稍有把握註六八」

十月初四日復叔父威毅伯一函，言與法人交涉情形云「法人厝甫夷即姪前此寄呈鈔案全冊，去臘復奏摺中所述之商人堵布益也，當時運銅虧本，實有其事，法人之圖越，該商與其黨實慫恿之，蓋法為民主之國，商民勢大，政府權輕，政府之所行，一商一民，足以把持而梗阻之，政府所不願行，一商一民，足以搖惑眾心而脅制之，此近年法國政府之所以屢次換人也，姪之難處，亦在乎此，蓋一傅眾咻，一暴十寒，而能有成者鮮矣，前寧佛來西尼因姪屢次爭辯，又見吾華備兵派艦，並非徒托空言，是以其氣甚餒，已將拖宕茲事，不復興辦，未幾而法人嫌其畏懦，遂易他相，畏懦雖非專指越事，然今相杜克來鑒於佛相之覆轍，事事改從剛勁勇往一路，越南之患仍未已也，杜相於姪面談，則含糊答應，於姪文牘則延閣不覆，計此事殊非口舌所能奏功，奈何註六九

初九日赴倫敦與英外部尚書葛蘭斐爾伯爵，侍郎龐斯苾德商議洋藥正稅釐金並徵事，二十六日返巴黎，翌日有函致總署，十一月二十七日復致函總署論吉林交涉案，十二月二十三日致郭嵩燾函云

「法人陰懷吞併越南之心，陽藉通商紅江為詞，若吾華將開通富良通商各國之舉，毅然引為已任，可以收越南之權，延各國之譽，而奪法人之口實，且猛虎臨門，拒之不可，投一羊以閒眾虎，未必非策之中者」

註七十

是歲有次韻答周荇農閣部丈、次韻答楊商農、異俗、游眺、哀余佐卿久不為文視火作翻以為佳賦自警、養生、無題、懷王壬甫、四十四歲生日作，翼日又作二首、諸詩註七一

光緒九年 癸未 一八八三 公四十五歲

二月初四日與俄駐法公使議伊犁分界事，緣中俄於勘分新疆南段界務時，將界牌立於中國境內之貢古魯克山口至別疊里一帶，故公奉命向俄商

討四月初五日啟程赴俄,賀俄君陞晃,十六日至莫斯科,次日晉宮觀見俄皇,二十一日參加俄皇加冕典禮,其間屢與俄外部交涉,俄許查明辨理,五月初八日有函致越南王云:「法蘭西之心存覬覦也,匪伊朝夕,謀國之臣,經商之客,未嘗一日忘之,然而猶遲遲至於今日者,則以其國內兩君民兩黨交訌,外與德意奧三國不和,時虞強鄰之窺伺,勞師襲遠,力有未遑,近乃存行險徼幸之心,希冀勿庸多費兵餉,可底於成,商人是以聳其執政,以是慫其議紳,然而一二有識之士,未嘗不於議院顯斥其非,無如利令智昏,實繁有徒,故欲罷而未能也,此時而出以舍容,彼族必且益肆其志,雖使者之脣焦舌敝,恐未易言挽回,惟有經武整軍,懍然有不可犯之勢,彼或心懷震讋,潛遏亂萌,然後由使者與之和平商議，庶幾其有濟耳，且夫兵者實事也，虛聲恫喝，蓋長其驕，所宜外示和平，內存準備，使彼暗窺事勢，相喻於不言，則不必血及，而其氣自沮矣。近聞貴國王頗欲與各國通商，此誠釜底抽薪之計，所宜實力推行。柳紀澤更有慮者，此次法使東行，必攜帶約章，強請貴國王畫諾，一經應允，後患何可勝言，惟當正辭拒絕，明告以須稟命天朝，此事關係匪輕，務宜再三審慎」註七二蓋斯時法政府對越態度突積極，方以阿曼為越南領事，布耶及派巴整海陸軍備戰，公以此書示越南王以預為備也，旋自俄赴英，二十九日有函致左宗棠論法越事云

「李相與法使特立古議越南之事，聞尚未有頭緒，此案每況愈下，始終誤於三字，曰柔，曰忍，曰讓，吾華早示剛嚴，則法人必不敢輕於舉

發,既屢下越城而有倖心,又自喪其良將而有怒心,則法人雖欲縮手而不能,吾華兵力不足禦敵,既無把握,則雖欲不讓而不得」註七三

六月初三日奏覆陳中俄議界情形疏,旋至巴黎,十七日致總署函

「越南之事,自法使特力古與李相商議無成,李相赴津之後,情形又稍不同,惟紀澤之不見禮於法廷,則依然如故,中國意見既已疊次向彼陳明,近日未接衙門電諭,並無新授要語前往商論,沙梅拉庫前在議院詆毀紀澤,語言過肆,若紀澤無事往商,而猶循平日拜謁之虛文,則可謂頑純無恥,辱身即以辱國,且忍辱往晤仍不見答,是於公事無益,徒亦弱耳註七四」

七月初九日復郭飴孫、豐飴兩甥函云

「法蘭西欲吞併越南,蓄謀已久,余為末雨之綢繆亦四年於茲矣,始也樞廷譯署諸公暨合肥相國,均於鄰說不甚措意,事已發動而後圖之,未免遲晚,其間李相又為法使寶海所騙,遂致不可收拾,現已成相持之勢,能否免戈戰禍竟不可知」註七九

是歲法人侵越益急,秋間阮福昇立,乞降於法,與結順化條約二十七條許割東京並承認為法保護國,公奉命抗議無效、

十一月初一日奏遵照部議分別人員請獎一摺

是歲公有叔父威毅伯六十壽詩序及清臣約登南山俯瞰木司姑城,書太公六家要指後,次韻答袁翔甫,演司空表聖詩品諸詩註六七

光緒十年 甲申 一八八四 公四十六歲

在倫敦，正月二十三日致陳俊臣函云

「法越之事，雖强鄰蓄意已久，然實由吾華示弱太甚，醞釀而成，目前相持不下，日在危機，我誠危矣，彼亦未嘗不危，若我能堅持不讓之心，一戰不勝，則謀再戰，再戰不勝，則謀屢戰，此彼之所甚畏也，越國鄰遠，以爭地於數萬里之外，謂之不危得乎，十餘年前，麥西哥之役，即彼國前車之鑒也，今彼所夸俸者，謂我器械不備，訓練不精之役，即彼國前車之鑒也，今彼所夸俸者，謂我器械不備，訓練不精，必無再接再厲之力，故欲輕於一試，將以戰艦十餘艘，土客兵萬餘人，遂羈束東方，我若為彼所懾，遽如其願，豈非亘古一大恨事 註七」

又致邵友濂函云

「越事三年以前兄即深抱杞憂，屢次嘵嘵，當時士大夫必嗤笑紀澤如狂生所謂見卵而求時夜,見彈而求鴞炙者,豈知事到臨時,乃有迅雷不及掩耳之勢。中人西人多言李傅相為主和之黨,紀澤為主戰之黨,弟深知我,必辨其隱微,夫主戰與主和,語雖不同,意豈有異,若早操主戰之言,斷不致有戰禍,正坐持重太久,而今日之戰禍乃難免矣。兄曾告譯署言法之財力,不能發兵二萬人東行,今法土客兵在越者,已有萬五千人,論者必謂兄言之不聽,不知陸續增添以解騎虎之厄,與一鼓作氣同時調發者,情形本甚不同,拮据借債,竭蹶增兵,法人已甚悔此舉,而其勢已不可中止,鄉使吾華早示夏日之威,俾知炎焰之下,必不可以釀酒者,則斷不至費米耗麴,以成今日之醋也。兄知事勢日迫,然仍欲和平了事,故如北寧之有官兵,許久不敢明言,最後譯署通咨之牘，電屬風行，兄乃電詢北寧有官兵可否明告法國，譯署復電囑明告之，且囑添山西字樣，此可見譯署之主剿，更甚於紀澤矣。惟山西既破，不聞朝旨命撤使署，使各國疑譯署通咨之牘，紀澤明告官兵所駐之牘不足據信，又使法人疑攻北寧，與攻西山無異，此則愚見不同之處，然亦不敢自是也註七八」

二月二十三日有函致李李嚴云

「法越一案，弟雖屢進曲突徙薪之策，然內審國勢，外度敵情，實未敢徼倖生事，存孤注一擲之心，傳聞異詞，乃有李主和曾主戰之說，夫紀澤所謂備者，特欲吾華實實籌戰備，示以形勢，令彼族知難而退，即使終歸無濟，而法人辦理此事，尚有寸寸節節阻難之勢，則他國生心於吾華屬國屬地者,不至接踵而赴,此區區之苦衷也,至於不欲啟釁之心,未始不與合肥同也,惜備戰稍遲,法人增兵略地,獲利已多,譬諸騎虎,勢難復下,吾華以懼戰過甚,反釀成不得不戰之勢,此可為太息者也,註七九

三月至巴黎,四月四日奉旨交卸駐法之任,專英俄使事,蓋公自上年,與法人交涉越南事,態度強硬,詞意正嚴,頗為法人所忌憚,每逢談判,法人輒設法延宕,故公函稟之中,屢言及不見禮於法廷之事,順化條約結後,公對法嚴重抗議,談判瀕於決裂,其後中法兩軍衝突於山西北寧,而中朝和法之議興,以公素主剛激,故以許景澄出使法德意和奧欽差大臣代公,許使未至前,更以李鳳苞兼署焉,十七日公自法赴英,閏五

月十八日奏請獎兩次期滿之翻譯官摺及交卸法篆謝恩摺,十九日左宗棠遵旨保荐人才,以公名入,奉旨交軍機處存記,二十三日有書陳叔父忠襄公云

「吾華兵力不足,議和亦是正辦,惟所議之和約,姪愚未敢以為是耳,吾華聞法不索兵費,遂將全越讓之,且云中國南界,亦由法人保護,後患何可勝言,姪於公事,則一腔憤血,寢饋難安,至於私情,則不惟不怨李相,且深感之,向使姪留巴黎,而吾華訂此條約,姪亦無可如何,而數年豪氣,一朝喪盡矣,將姪調開,乃訂此約,姪之志願雖未遂,姪之體面仍存,中國議論,則不可知,若西洋各國,則尚無議姪者,此李相之見愛處也 註八十

六月二十五日奏請卹故參贊陳遠濟一摺,遠濟公仲妹之婿也。光緒四年從公出使,於本年六月初五日病卒於倫敦使署,七月十三日奏懇將新嘉坡領事左秉隆留任一疏,十五日奏軍機處存記謝恩一摺,十月初三日補授兵部右侍郎,十二月初九日奉旨曾紀澤、鄭藻如出使期滿,均暫留半年,十八日奏謝補授兵部右侍郎一摺,

是歲公有輓陳松生、送松生殯城西饗堂、哀弟棠諡、從弟符卿、恩臣暨余佐卿、陳松生,次韻答日本人金尾藍田、哭外姑劉母王夫人諸詩、

註八一

是年四月李鴻章與法總兵福祿諾訂約於天津,閏五月以諒山衝突,戰端再啟,法將孤拔以兵艦窺閩臺,八月上諭命岑毓英潘鼎新進兵與法人戰

於豐谷、谷松一帶、十二月諒山失守。

光緒十一年 乙酉 一八八五 公四十七歲

二月十三日奏出使期滿再留半年謝恩疏、三月十五日奏請獎期滿員并疏
、六月十六日接譯署電、朝命以劉瑞芳為出使英俄大臣代公之任、七月
初一日奏報遵旨議烟臺續增專條及先後辦理情形一摺、附片進呈煙臺條
約與新訂續增專條合繕冊、初公於三月初十日、奏與英外部商辦洋藥稅
釐之命、先後與英外相葛蘭斐爾及沙力斯伯里商談、至六月初七日議竣
、其間經過詳見公奏疏中

「先是臣於光緒八年秋間、接准總理衙門七月初三日函稱、洋藥加稅一
事、屢與威使商酌、迄未就緒、嗣因北洋大臣李鴻章議於正稅之外、

加徵八十兩,統計釐稅一百一十兩,威使加至百兩之語,並據照會已咨本國,倘外部詢及,即望與其酌議,自仍抱定一百一十兩一層辦理,如能就範,自屬妙妙,倘彼堅持,不精轉移,或我示以大方,即照威使百兩之議辦理,此事即可定局,嗣准該衙門光緒九年四月初五日函稱,威使原允百金,如不能議加,中國亦衹可俯從,內地免釐,自應切實擔承,酌議辦法,拆色零賣,即未便另收稅項,土煙釐金亦須酌加,決無偏抑洋藥之理,惟土烟成本既輕,難與洋藥一律,且此會亦關係中國自主,即各國科稅,往往重於客而輕於土,勢不能以柄授人一措詞應留地位等因,伏查洋藥稅釐並徵一案,曾經前任駐英出使大臣郭嵩燾與前任英國外部尚書侯爵沙力斯伯里面商,擬收每箱釐金銀六十兩，合共稅共銀九十兩，沙力斯伯里堅持不允。又經原任直隸總督張樹聲與英商沙苗商議承攬之法，合計費稅釐金共一百兩，經總署王大臣議駁，並於覆奏摺內聲明，將來英國如果自願設立總商承辦，屆時應如何議定稅釐併徵確數，再行奏明辦理等因。其時英廷既不以沙苗承攬為然，亦不允照沙苗所擬章程中百兩之數，沙苗一案遂亦作為罷論。臣思大學士左宗棠奏請洋藥稅釐並徵一百五十兩之議，原非專為稅釐起見，實欲藉擴洋藥價值，便民間吸食漸少，其後數處商議，陸續跌至百二十兩，百一十兩，一百兩，九十兩，紛紛不一。及臣遵旨與英國前任外部尚書伯爵萬蘭斐爾暨侍即龐恩蒂德克蕾等商論之時，或具分條節略，或與逐條面談，該外部援引前說，力爭數目久而未定,禁烟會紳,屢發莊論,責以大義,外部始允加至一百零五兩,臣恪遵諭旨,仍未敢遽行鬆口,最後乃爭得一百一十兩之數,本年二月准外部允照一百一十兩之議,開具節略,咨送前來,並據照會聲明,專條既定,中國如不能令有約各國一體遵照,英國即有立廢專條之權等因,外部始欲將此意載入專條,經臣爭之再四,乃改辦照會,查總理衙門光緒九年四月初五日來函即稱,如議定併徵稅釐章程,不患各國不允,臣愚蒙之見,亦以為英國約章既定之後,在我儘可將各國未向海口照章納釐之洋約,准其進口而加重內地釐金,務使各國不能不遵英約,本非甚難之事,然各國不遵英即廢約之語,如經載入約內,誠恐各國串通挾制,抑或藉此市惠,希圖別項利益,臣所以力爭不肯載入約中也，臣細查所送之節略，即係商定之約稿，其首段限制約束之語，先經屢次爭論，乃得寫入專條，緣逐年遞減之說，印度部尚書堅持不允，據印度部侍郎酡德爾密告臣處參贊官馬格里云，照專條辦法，印度每年已減收稅課英金七十餘萬磅，中國欲陸續禁減洋藥入口，惟有將來陸續議加稅金，以減吸食之人，而不能與英廷豫商遞減之法，蓋即度種煙之地，未盡隸屬於英，英廷雖允遞減，亦無權力見諸實行等語，臣知英吉利係君權有限之國，該侍即所稱，無權力見諸施行者，係屬實情，遂未堅持固爭，而請外部於專條首段，加入於行銷洋藥之事，須有限制約束之意一說，以聲明此次議約加稅之恉，而暗伏將來修約議加之根，至如何酌定防弊章程，設立稽徵總口之處,查煙台條約第三端第五節,原有由英國選派領事官一員,由中國選派乎等官一員,由香港選派英官一員,會同查明核議定章,總期於中國課餉有益等因。臣於此次所訂專條第九欵,又復聲明前說,將來派員商定,自不難妥立章程,嚴防偷漏,其餘各條,核與聲准總理衙門函電囑辦之意,情形相同,此即摘要電請核議代奏,旋於五月初二日承准該衙門覆電,洋藥事即照議畫押,遵旨電達等因,維時適當英外部尚書伯爵薩蘭斐爾退位,前外部尚書侯爵沙力斯伯里,推為英國首相,仍兼外部尚書之任,該尚書即係前出使大臣郭嵩燾稅釐九十兩之議者,臣恐事有中變,疊次催請訂期畫押,該外部忽稱印度部因內閣學士周德潤奏參鳳陽關違例收稅一摺,索臣文據,擔保此次所訂專條,不致為官吏所壞,卒致不行等語,臣復向外部辯說,最後具牘聲明,條約既定,不至有例外之勒索,照覆去訖,始准該外部於月初三日來文定期初七日畫押,臣屆期帶同英文參贊官馬格里,法文翻譯官慶常,前往外部與沙力斯伯里將續增條約專條漢文英文各二份,校對清楚,互相畫押蓋印,此先後辦理茲案之大略情形也,伏念臣以菲材膺茲重任,深懼措抱失宜,上負天恩,茲幸英外部允如所議,按此次所訂條約,除第二條稅釐併徵數目恪遵諭旨,議得百一十兩外,又於第五條議得洋藥於內地拆包零賣仍可抽釐,是內地並未全免稅捐,將來若於土烟加重稅釐,以期禁減,則洋藥亦可相較均算,另加稅釐,至總理衙門函稱土烟加稅,措詞應留地位一層,臣於專條中並未提及土烟加稅之說，以保我中國自主之權，凡此皆仰蒙聖訓，指授機宜，許臣以酌度情形，妥為商辦，加以總理衙門王大臣平心體察，函電周詳，俾臣有所遵守，是以英國廷臣，雖經屢次更易，終得就我範圍也

註八二議定之後，歲可增收二百餘萬兩註八三初七初九兩致李鴻章函言英人欲開通印度與西藏通商，派遣印度督署參贊官馬科當為專使，赴京交涉事，公函中言「窃思西洋各大國近者專以侵奪中華屬國為事，而以非真屬國為詞，蓋中國之於屬國，不問其國內之政，不問其境外之交，本與西洋各國之待屬國，迥然不同，西藏與蒙古同乃中國之屬地，非屬國也，然我之管轄西藏，較之西洋之約束屬國者猶為寬焉，西洋於該處亦只稱中華屬國而已，視內地省分，固為有間，我不於此

時總攬大權，明示天下，則將來稱屬地為屬國者，將復稱屬國為非真屬國，又有侵奪之虞矣，茲幸英人不萌侵奪之念，但以通商為請，在我似宜慨然允之，且欣然助之經營商務，商務旣旺，則軍務難興，此天下之通理也，我之主權旣著，邊界益明，關權日饒，屏籬永固，與利也而除害之道在焉，馬科蕭之奉使卽度西藏通商一事，與馬嘉公使不同，故未齎進國書，然英人視為公使，我卽以公使之禮待之，俟其到京，與訂通商條約，大端一二段，而議定各遣使臣赴藏，視察彼處情形，訂立通商章，仍由中朝批准，大端細目，分兩次辦理，自可益臻妥善，至將來是否應援粵海關監督與督撫平行之例，設立駐藏監督，與駐藏大臣平行，攜帶稅務司洋員赴彼設關，斟酌海關收稅之

例,襲通行之,是則樞廷譯署自有權衡,非紀澤所敢妄為擬議也」註盃

八月奉旨向英製船廠定製鋼面快船,公於船式速度礮口裝甲,悉心考察後,與匠師詳加研討,並致函李鴻章許景澄久復磋商,遂訂安阿模士莊廠新式快船二艘,九月初六日奉旨醇親王總理海軍事務,慶郡王奕劻、大學士李鴻章會同辦理,善慶及公帮同辦理,二十七日有函致李鴻章商訂船事

十月初六日,奏請獎續調期滿人員一摺

十一月初七日,奏帮辦海軍事務謝恩疏

十二月二十七日,補授兵部左侍郎

是歲二月,馮子材復克諒山,法軍敗衂,岑毓英軍復破法軍於臨洮,法

人介赫德言和，清廷不明外情，六月李鴻章與法使重訂和約，許割安南，秋間英人假判斷木商歇業為名，由印度進兵侵緬甸，據其王流於孟買，公奉命與英外部會商緬事，初議立君存祀，俾守十年一貢之例，不可得，旋議由英駐緬大員，按期遣使齎送儀物，其界務商務兩事，則擬先定分界，再議通商，英人自以戡闢緬甸全境，所獲已多，有稍讓中國展拓邊界之意，英外部侍即克蕾楠，英廷願將潞江以東之地，自雲南南界之外起，南抵暹羅北界，西濱潞江，即洋圖所謂薩爾溫江，東抵瀾滄江下游，其中北有南掌國，南有撣人各種或留為屬地，聽中國自裁，公轉咨總理衙門，言南掌本中華貢國，英人果將潞江以東讓我，宜即受之，將撣人南掌均留為屬國，責其按期朝貢，並將上邦之權，明告天下,方可防後患而固邊圉,公又向英外部索還八募,八募即蠻幕之新街,昔時蠻幕土司地甚大,後悉併於緬,其商貨滙集之區,謂之新街,洋圖譯音則為八募,距騰越邊外,百數十里,在大金沙江上游之東,龍川下游之北,檳榔江下游之南,向為滇緬通商巨鎮,英人以其為全緬菁華所萃,不許,爭論久之,克蕾始云英廷已飭駐緬英官勘驗一地,以便允中國立埠,且可在彼設關收稅,參贊官馬格里言,八募雖不可得,其東二三十里舊有八募城,似肯讓與中國,日後貿易亦可大興,且允將大金沙江為兩國公共之江,如此則利益與彼分之,其隱裨大局,尤較得潞東之地為勝,議未定,公以十二年六月回國註八五

光緒十二年 丙戌 一八八六 公四十八歲

二月十二日電致譯署諭緬事,二十四日奏謝補授兵部左侍即一摺,三月初六日奏請獎期滿人員一疏,四月初三日交卸英篆,奏交卸英篆事務疏,初五日謁英王辭行,初七日以後游觀英國各地製造廠局,六月二十五日離英赴德,翌日晤德相畢斯馬爾克,二十八日至柏林,七月初一日謁德太子於行宮,初二日以後游德各地,初六日赴俄,至森比德堡,十二日謁俄皇辭行,十八日交卸俄篆,奏交卸俄篆事務疏,九月十二日攜眷自馬賽乘河筏輪啟程返國,繪碑傳集云,"公在外蓋九年矣,歷俄英法三大國,適值多故,憂勞備至,鬚髮皆白"註八六十月二十三日抵上海,三十日赴南京省叔父忠襄公,十一月初十日抵津晤李鴻章,十六日入京,十八日入覲後,奉派總理各國事務衙門行走,醇親王知公諳達洋務,每事必諮焉,註八七。二十九日賫大小荷包,是歲中英訂約察緬甸,公仲父國瑨卒,公有哭仲父澄侯公詩及留別劉芝田太常,次韻答王子褱詠寬,次韻答楊誠之兆鋆,次韻答許竹篔,魏李杳嚴,次韻答左子興諸作,註八八

崇德老人八十自訂年譜記是年云「惠敏出國於是八年,年甫四十六歲而頤下鬒鬒矣,註八九按公長崇德老人十三齡,老人是歲三十五,公實四十晉八,崇德謂年甫四十六,當係記錯。

光緒十三年 丁亥 一八八七 公四十九歲

在京供職,正月二十三日調補戶部右侍郎,兼管錢法堂事,次日上謝恩疏,二月公次子廣錫患腹疾殤,註九十為詩哭之,公精繪事,早年文正

公聖哲畫像記註九一：諸像皆出於公手，及奉使在外，日與外人辯論，遂無暇事丹青，回京以後，休沐之暇，每作畫以自遣，尤喜繪翎毛，蓋使歐時，嘗流連於動物園中，蟲魚鳥獸蹲伏行卧之諸形狀，皆久蓄藏於胸次矣。

是歲有次韻答陶梁林丁亥元日，次韻答王壬甫，疊梁林前韻柬草衣，仁安，光菁，瑞生兼呈逸齋徵菴，壽彭麗生丈，題索佳奇卓崖先生家書冊後，題日本使署參贊官梶山龍溪鼎介所藏石拓賀季貞草書孝經，題張友生中丞頤園圖，題吳禮耕遺像並事蹟圖，題自作畫，苦瓜，龍眼諸詩。

註九二

光緒十四年 戊子 一八八八 公五十歲

公仍在京供職，六月二十日派充管庫大臣，管理戶部三庫事務，次日上謝恩疏，九月初六日奉旨兼署刑部右侍郎，是年有次韻答何潤夫乃瑩見貽五十歲生日，及題畫諸詩 註九三

光緒十五年 己丑 一八八九 公五十一歲

公仍在京供職，正月二十四日因文正公受賜餘一壇，公上疏謝恩，二月二十九日公與徐用儀奉派管理同文館事務，翌日謝恩，八月初六日兼署吏左侍郎，次日上謝恩疏，是年有題畫詩甚多

光緒十六年 庚寅 一八九〇 公五十二歲

公以閏二月癸巳卒 註九四，公體弱多病，續碑傳集云，在俄時積受陰寒，得中消之疾至十六年春，方與諸王大臣會議朝鮮事，咸取決於公，而公

旋病，病且不起矣。註九五越二日詔曰「戶部右侍郎曾紀澤，才猷練達，任事勤能，由蔭生部屬，承襲一等侯，同治年間，奉特旨以四五品京堂用，朕御極後，疊加遷擢，洊陟卿貳，簡任出使大臣，聯絡邦交，熟悉一切情形，辦理悉臻妥協，嗣在總理各國事務衙門行走，並幫辦海軍事務，均能盡心職守，日前偶染微疴，賞假調理，方謂即可就痊，長資倚畀，忽聞溘逝，軫惜殊深，加恩賞給太子少保銜，照侍郎例賜卹，任內一切處分，悉予開復，應得卹典，該衙門察例具奏，伊子廕生曾廣鑾，着候服闋後，由該部帶領引見，兵部主事曾廣銓，着以員外郎補用，以示篤念藎臣至意」註九六三月詔從大學士李鴻章請，將公生平事蹟宣付史館立傳，並予謚惠敏。

跋

公幼承庭訓博讀群書，壯入仕途，持節異域，歷經三國、歲星八易，中外多故，懋著勳勤，每於折衝之際，表見異才，獻替之間，發抒卓識，如伊犂之役，世事主戰、而公力主和，知和之可久也，如越南之役，世事主和、而公力主戰，知非戰不能和也，非於敵我之勢，成敗之機，洞若觀火，孰能若是，不獨為我外交人材之首選、即相與爭辯之外人，亦未嘗不心折公之才若智也，清廷召還之役，眷遇日隆，冠蓋搢紳，更相推重，舉凡一切圖強柔遠之方，朝野上下期待於公者方殷，而公竟以中壽逝，公逝後十年而庚子之亂起，使公仍在，其禍當消弭於無形，是公之逝，實天之不佑吾華，故匪獨為清廷惜耳。

國淦附識

更正

光緒九年六月初三日紀事倒二行
『頑純無恥』应作『頑鈍無恥』
光緒十五年紀事末行
『吏左侍郎』应作『吏部左侍郎』

註一、黎庶昌、曾文正公年譜(世界書局、民國二十八年仿古字版曾文正公全集冊二)頁一

註二、同上、頁四。本文所記惠敏公早年事，多取材黎譜、以事涉瑣細、其後凡引用是書、不再為註．以免贅冗．

註三、聶曾紀芬、崇德老人八十自訂年譜(北平京城印書局、民國二十二年)葉七上

註四、曾國藩、曾文正公家書(曾文正公全集冊四)卷二、頁二八

註五、同上、卷二、頁三三

註六、同上、卷四、頁九十、六月二十七日致諸弟書
云「紀澤讀書己至宗族稱孝焉」

註七、同上、卷二、頁四二

註八、同上、卷二、頁四三、又卷四、頁九八

註九、同上、卷五、頁二五

註十、聶曾紀芬崇德老人八十自訂年譜葉一下

註十一、曾國藩曾文正公家書卷五、頁一三八

註十二、聶曾紀芬崇德老人八十自訂年譜葉二上

註十三、曾國藩曾文正公家訓(曾文正公全集冊四)頁三

註十四、聶曾紀芬崇德老人八十自訂年譜葉二下

註十五、曾國藩曾文正公家訓頁八

註十六、曾紀澤曾惠敏公文集曾惠敏公遺集冊四—五
江南製造總局，光緒十九年刊本卷一有擬揚
子雲解嘲、擬太常博士答劉歆書諸篇

註十七、曾國藩曾文正公家訓頁二四

註十八、同上頁二五—二六又頁三四

註十九、同上頁五十、又曾惠敏公文集卷一葉二六上
—二七上

註二０、曾紀澤曾惠敏公詩集(曾惠敏公遺集冊六—七

註二一、聶曾紀芬崇德老人八十自訂年譜葉五下又繆荃孫纂續碑傳集(江蘇書局光緒十九年刊本)冊四、卷十五、俞樾撰曾惠敏公墓志銘葉二十上、

註二二、曾紀澤曾惠敏公詩集戊上卷、葉五上—十三下、

註二三、同上戊上卷葉十三上下

註二四、同上戊上卷葉十三下—十五上

註二五、同上曾紀鴻序

註二六、聶曾紀芬崇德老人八十自訂年譜、葉七上

註二七、曾國藩曾文正公奏稿(曾文正公全集冊二)葉九一六
註二八、曾紀澤曾惠敏公詩集戊上卷、葉十五下―十六下
註二九、聶曾紀芬崇德老人八十自訂年譜葉七下
註三〇、曾紀澤曾惠敏公詩集戊上卷、葉十七上下
註三一、曾紀澤曾惠敏公文集卷二、葉二九上―三三下、
註三二、同上、卷二、葉三六上
註三三、曾紀澤曾惠敏公日記(曾惠敏公遺集冊八)卷一

、葉十三下

註三四、鼰曾紀芬、崇德老人八十自訂年譜、葉八下

註三五、曾紀澤、曾惠敏公文集卷二、葉五上—七下

註三六、曾紀澤、曾惠敏公詩集戊下卷、葉三下—五下、

註三七、繆荃孫續碑傳集冊四卷十五、葉十八上

註三八、曾紀澤、曾惠敏公文集、卷五、葉二八上—三二下、

註三九、曾紀澤、曾惠敏公詩集、戊下卷、葉七下—八上

註四〇、清史列傳(中華書局、民國十七年鉛印本)卷五八、葉二九上

註四一、曾紀澤、曾惠敏公文集、卷二、葉三六上大英國漢文正使梅君碑銘

註四二、曾紀澤、曾惠敏公日記卷一、葉一上、本文所記惠敏公出使事、多取材公之日記、以後凡屬瑣、不另作註、

註四三、同上卷一葉十五下—十六上

註四四、曾紀澤曾惠敏公奏疏(曾惠敏公遺集冊一—三)卷一葉一上—三下、本文所引惠敏公奏摺多

採自是書、以後凡無關重要者、不另作註。

註四五、曾紀澤、曾惠敏公文集卷二、葉一上—四下、二三上—二五下、三六上—三八下、曾惠敏公詩集己上卷葉一上—二下

註四六、曾紀澤、曾惠敏公日記卷二、葉十下

註四七、曾紀澤、曾惠敏公文集卷三、葉五下—六上

註四八、同上、卷三、葉十下—十一下

註四九、同上、卷三、葉十二下—十三上

註五○、同上、卷三、葉十三上—十四上

註五一、同上、卷三、葉十六上—十七上

註五二、同上、卷三、葉十八上—十九下

註五三、曾紀澤、曾惠敏公奏疏卷二、葉三上—十上

註五四、曾紀澤、曾惠敏公文集卷四、葉二下—三上

註五五、曾紀澤、曾惠敏公日記卷二、葉三七下

註五六、曾紀澤、曾惠敏公文集卷四、葉五上

註五七、曾紀澤、金軺籌筆(清光緒十三年楊楷等校刊本)卷一葉六下—七下

註五八、同上、卷一、葉九上—十上

註五九、同上、卷一、葉三六上

註六〇、聶曾紀芬崇德老人八十自訂年譜、葉十五下

言光緒十三年廣錫人歲故生於是年

註六一、曾紀澤、曾惠敏公文集卷二、葉八上－十下

註六二、曾紀澤、曾惠敏公奏疏卷二、葉二八－三六
又曾惠敏公詩集己上卷、葉三上－七下。

註六三、曾紀澤、曾惠敏公文集卷四、葉十五上

註六四、同上卷四、葉十五下－十六上

註六五、同上卷四、葉十六下－十七上

註六六、曾紀澤、曾惠敏公奏疏卷四、葉十一上－十

二下

註六七、曾紀澤、曾惠敏公詩集己上卷、葉七下―十七上

註六八、曾紀澤、曾惠敏公文集卷五、葉一下―二上

註六九、同上、卷五、葉二下―三上

註七〇、同上、卷五、葉六下―七上

註七一、曾紀澤、曾惠敏公詩集己下卷、葉一上―四下、

註七二、曾紀澤、曾惠敏公文集卷五、葉七下―八上

註七三、同上、卷五、葉九上

註七四、同上、卷五、葉九下―十上

註七五、同上、卷五、葉十一下

註七六、曾紀澤、曾惠敏公詩集己下卷、葉五上—十一上

註七七、曾紀澤、曾惠敏公文集卷五、葉十二上

註七八、同上、卷五、葉十二下—十三上

註七九、同上、卷五、葉十三下—十四上

註八〇、同上、卷五、葉十四上—十五上

註八一、曾紀澤、曾惠敏公詩集己下卷葉十一下—十三上

註八二、曾紀澤、曾惠敏公奏疏、卷五、葉二十五上

註八三、清史列傳、卷五八、葉三四下

註八四、曾紀澤、曾惠敏公文集、卷五、葉十七下—十八下

註八五、清史稿(聯合書局影印本、民國三十一年)屬國傳三、葉一六九二

註八六、卷十五、葉十九下

註八七、繆荃孫、續碑傳集卷十五葉十九下

註八八、曾紀澤、曾惠敏公詩集己下卷、葉十四上—十七下

註八九、葉十五下

註九〇、聶曾紀芬崇德老人八十自訂年譜葉十六上

註九一、曾國藩、曾文正公聖哲畫像記、(京師國群鑄一社、石印本民國三年)卷首趙衡序云曾文正公所記聖哲畫像為惠敏公所圖、圖久不傳、

註九二、曾紀澤、曾惠敏公詩集、己下卷葉十七下一二一下

註九三、同上、己下卷葉二四上—三二下

註九四、繆荃孫續碑傳集卷十五、葉十七下按是月無癸己、疑誤

註九五、同上,卷十五,葉十九下。
註九六、清史列傳,卷五八,葉三五上

參考書目

曾紀澤　曾惠敏公遺集　清光緒十九年江南製造總局活字本

曾紀澤　曾侯日記　清光緒七年申報仿聚珍板叢刊本

曾紀澤　出使英法日記　清光緒十七年上海著易堂小方壺齋輿地叢鈔十一帙冊四

曾紀澤　使西日記　清光緒十七年上海著易堂小方壺齋輿地叢鈔再補編冊十

曾紀澤　金軺籌筆　清光緒十三年楊楷等校刊本

曾紀澤、金軺籌筆　清光緒三年挹秀山房刊本

曾紀澤 中俄交涉記 清光緒二十二年積山書房石印本

曾紀澤 說文重文本部考 清同治八年刊本

曾國藩 曾文正公全集 民國二十五年世界書局仿古字本、印

曾國藩 曾文正公家書附家訓 清光緒十年上海申報館印

曾國藩 曾文正公手書日記 清宣統元年中國圖書公司影印本

曾國藩 曾文正公聖哲畫像記 民國三年京師國群鑄一社石印本

聶曾紀芬崇德老人八十自訂年譜、民國二十二年北平京城印書局鉛印本

清史稿 民國三十一年 聯合書局影印本

清史列傳 民國十七年 中華書局鉛印本

繆荃孫纂 續碑傳集 清光緒十九年 江蘇書局刊本

劉錦藻 皇朝續文獻通考 民國十年自序鉛印本

王夫之年表[1]

　　王夫之（公元1619—1692年），字而农，号姜斋，人称船山先生。生活于明末清初"天崩地解"的大动荡年代，出生于湖南衡阳一个中小地主的知识分子家庭。祖先在明朝初年以军功起家，最高做到二品武官。祖父时，家世已经中落，给三个儿子只留下了遗产一顷多田地。父亲朝聘，博学而屡试不第，入北京国子监肄业多年，又因不肯请托钻营而未授官职，愤然回乡，隐居不仕，授徒课子。为学推崇朱熹，反对"心学"，不信佛道，"穷极天性物理，斟酌古今"，"以真知实践为学"。叔父廷聘，工诗能文。大哥介之，二哥参之，对经史亦有研究。王夫之所处的时代，家庭的经济地位和政治态度，以及儒学家风，都对他思想的形成和发展有着深刻的影响。

1619年（明万历四十七年）一岁

　　夏历九月初一日生。

　　是年，明朝东北地方官吏满族贵族首领努尔哈赤公开起兵反抗中央政府。此后，多次派兵深入河北、山西、山东地区。明朝统治趋于解体。

1622年（明天启二年）四岁

　　从长兄介之受读，至七岁读完"十三经"。

1628年（明崇祯元年）十岁

　　从父朝聘受经义，学习以经文为题的应试文章。

　　此时地主和农民的阶级矛盾已极其尖锐，1627年3月陕西爆发的农民起义，掀开了明末农民大起义的序幕。

---

[1]《王夫之年表》是1974年下半年至1975年上半年戚国淦先生带领师生查阅史料编写而成。

1632 年（明崇祯五年）十四岁

　　考取秀才，入衡阳县学。

1634 年（明崇祯七年）十六岁

　　开始学作诗，大量阅读古人、今人所作诗篇。

　　此时，农民起义蓬勃发展，已成燎原之势。1635 年 1 月，各地农民起义军领袖集会荥阳，在李自成的提议下，确定了"联合作战，分兵迎击"的战略方针。

1637 年（明崇祯十年）十九岁

　　从叔父廷聘读史书。

　　王夫之从少年起就关心时事政治，对于历代政治、经济、军事制度的沿革，以及各地江山险要、风俗民情等方面都注意研究。

1639 年（明崇祯十二年）二十一岁

　　与友人管嗣裘、文之勇等组织"匡社"，名为"以文会友"，实为议论朝政。

1641 年（明崇祯十四年）二十三岁

　　建造潇涛园，种竹植花。

1642 年（明崇祯十五年）二十四岁

　　考中湖广壬午科第五名举人，是冬取道江西赴北京参加会试。由于湖北、河南、安徽等地此时皆被农民起义军占领，道路不通，行至南昌返回。

1643 年（明崇祯十六年）二十五岁

　　刻《潇涛园诗集》，不久毁于兵火，未传于世。这是王夫之第一部作品，思想还不成熟，他晚年回忆此稿失散时深感庆幸，"赖以自勉笑悔"。

　　是年三月，农民起义军打到衡阳，张献忠慕其名，邀请赞助军务，王夫之"劈面伤腕"，伪为伤状，不肯参加。

1644 年（明崇祯十七年，清顺治元年）二十六岁

　　三月，李自成率领农民起义军攻克北京，推翻明王朝。五月，汉族官僚大地主勾结满族贵族入关，镇压农民起义，攻占北京，民族矛

盾进一步激化。

南明福王即皇帝位,号弘光。

王夫之闻知明王朝的灭亡和满清贵族的入关,哀痛不食数日,作《悲愤诗》一百韵,思想上受到极大的震动。

1645年(清顺治二年,南明弘光元年,南明隆武元年)二十七岁

五月,南明福王灭亡;六月,南明唐王称帝,为隆武元年。

1646年(清顺治三年,南明隆武二年)二十八岁

1645—1646年,李自成、张献忠相继被害,农民起义军采取"联明抗清"的方针,反对清王朝的民族压迫政策。

是年夏,王夫之赴湘阴上书南明湖北巡抚章旷,建议调停何腾蛟、堵胤锡两督师之间的不和,联合农民起义军抗清,但未受重视,"含默而退"。

开始注释《易经》,研究哲学,编写《莲峰志》、《春秋家说》。

1647年(清顺治四年,南明永历元年)二十九岁

清兵至衡阳,王夫之"避钩索"走上湘。

1648年(清顺治五年,南明永历二年)三十岁

十月,与友人管嗣裘等在衡山举兵抗清。失败后赴南明桂王朝廷所在地肇庆,不久复返湖南。

1649年(清顺治六年,南明永历三年)三十一岁

回乡后几为"土人弄兵者"所害,再赴肇庆。

1650年(清顺治七年,南明永历四年)三十二岁

赴南明桂王朝廷所在地梧州,经大学士瞿式耜疏荐,任行人司行人介子。此时权臣王化澄勾结宦官,排斥异己。王夫之三次上疏参奏王化澄结奸误国,几遭陷害,幸由农民军将领高一功营救,才免于难。王夫之"愤激咯血",痛感国事已不可为,请求解职,次年返回家乡,"誓不剃发"。从此开始不定居的流亡生活。

1652年(清顺治九年,南明永历六年)三十四岁

隐居衡阳县西耶姜山侧。

是年八月,农民军将领李定国率部打到衡州,派人招请,王夫之

有意前往，但因孙可望挟持桂王朝廷，不愿受其节制，犹豫未决。不久，李定国兵败西退。

1653年（清顺治十年，南明永历七年）三十五岁

孙可望挟桂王西走滇黔，有人邀王夫之往投，仍以孙可望之故不赴。

作《章灵赋》，以"退伏幽栖，俟曙而鸣"，表明他的隐居是为了从事另一种形式的战斗。

1654年（清顺治十一年，南明永历八年）三十六岁

避乱于邵阳、祁阳、零陵一带。冬，徙居常宁县西庄源，变姓名为瑶人。居常宁两年余，以授徒为生，讲解《周易》、《春秋》，并对附近少数民族生活进行考察。这段生活，对于他厚今薄古的进化历史观的形成，有重要影响。

1655年（清顺治十二年，南明永历九年）三十七岁

开始著《周易外传》，十年后完成。书中把朴素的辩证法思想和唯物主义在一定程度上结合起来，表明他朴素唯物主义的世界观已基本形成。

《老子衍》写成。在自序中，提出了"入其垒，袭其辎，暴其恃而见其瑕"，表明了他对传统儒学特别是宋明理学的批判精神和战斗特点。

1656年（清顺治十三年，南明永历十年）三十八岁

《黄书》写成，书中在对明王朝的灭亡"哀其所败，原其所剧"的基础上，提出了"功力以为固，法禁以为措"的革新政治主张。

1658年（清顺治十五年，南明永历十二年）四十岁

于上年自西庄源徙归衡阳。

本年九月，《家世节录》写成。

1660年（清顺治十七年，南明永历十四年）四十二岁

迁居于在湘西金兰乡建造的几间简屋，取名"败叶庐"。

1661年（清顺治十八年，南明永历十五年）四十三岁

正月，清顺治帝死，子玄烨即位，定明年为康熙元年。

南明桂王于 1659 年流亡缅甸。本年十二月，吴三桂率清军入缅，索求桂王，缅王迫于压力，将永历帝及其家属送交清军带回昆明。

1662 年（清康熙元年，南明永历十六年）四十四岁

四月，永历帝及其眷属被吴三桂绞杀于昆明，南明亡。

王夫之惊闻此消息，悲愤至极，作《续悲愤诗》一百韵。此前在听到南明福王、唐王遇害消息时，均有《续悲愤诗》之作。

1663 年（清康熙二年）四十五岁

《尚书引义》写成，暮年又加重订。书中强调正视现实，力行求知。

本年前后，1662 年李定国忧愤而死，1664 年其子李来亨战死。至此，以农民军为主体的抗清斗争最后失败。王夫之在后来编成的《永历实录》中，记载了李定国等人英勇抗清的战斗事迹。

1665 年（清康熙四年）四十七岁

《读四书大全说》重订成书。书中用解释《四书》的形式，以"入其垒，袭其辎"的方式，批判了自孔孟以来的传统儒学。

他的重要哲学著作《周易外传》写成。提出了"天下唯器"、"道不离器"的唯物主义论断和"太虚本动"、"天下日动"、"推故而别致其新"的变化发展观点。在一定程度上把朴素的辩证法思想和唯物主义结合起来，将中国古代的唯物主义发展到一个新的高度。

1668 年（清康熙七年）五十岁

《春秋家说》、《春秋世论》两书写成。

1669 年（清康熙八年）五十一岁

《续春秋左氏传博议》写成，辑三十岁以来所作诗为《五十自定稿》。

定居于衡阳县西北石船山下，"筑土室，名观生居，遂以地之僻而久藏焉"。堂联"六经责我开生面　七尺从天乞活埋"，表明著书立说"虽饥寒交迫，生死当前而不变"的决心。

1671 年（清康熙十年）五十三岁

友人方以智（永历时授礼部尚书、东阁大学士，不就，南明亡后

出家为僧）屡次劝他出家，他以"人各有心"之语拒之。

1673年（清康熙十二年）五十五岁

《礼记章句》写成，四年后重订定稿。

是冬，吴三桂据云南叛清。之后，耿精忠在福建、尚之信在广东相继响应，是为"三藩"之乱。

1674年（清康熙十三年）五十六岁

吴三桂兵攻入湖南。王夫之"因避滇氛，泛宅数载"，此后的五六年间，或远出至长沙、岳阳、萍乡等地，或避入深山，迄无定所。

1675年（清康熙十四年）五十七岁

在石船山麓筑"湘西草堂"。

1678年（清康熙十七年）六十岁

吴三桂在衡阳称帝，其部下要王夫之撰写"劝进表"，他断然拒绝，逃入深山，作《祓禊赋》。

1679年（清康熙十八年）六十一岁

避乱山中，写成《庄子通》。

清兵收复衡阳，王夫之回到湘西草堂，"定经诠，秩散稿，辑闲吟"，开始对从前关于经书子史的论述、注释及诗文的旧稿进行了整理修订工作。

1680年（清康熙十九年）六十二岁

"三藩"之乱平。王夫之辑五十岁以后所作诗为《六十自定稿》，并作序。作《蚁斗赋》，中有"夫有畛者无畛者也，有群者无乎不群也"之句。

1682年（清康熙二十一年）六十四岁

《说文广义》、《噩梦》两书完成。在《噩梦序》中，说明作者写作意图是针对明朝弊政，"因时之极敝而补之"，提出改革主张。书中提出"若土，则非王者之所得私也"以及反对豪强兼并，改革吏治，整顿钱法等见解。

1683年（清康熙二十二年）六十五岁

重订《诗广传》。

1684年（清康熙二十三年）六十六岁

《俟解》写成，四年后重加修订。书中以劄记的形式就孔孟之道，特别是宋明理学的一些说教加以评判，书前的《题词》指出，"所言至浅，解之良易"，然而许多人为所蒙蔽而"果于不解"，所以命书名为《俟解》，等待"有志者"赋予正确解释。

1685年（清康熙二十四年）六十七岁

《周易内传》、《楚辞通释》写成。

1686年（清康熙二十五年）六十八岁

补辑三十岁以前所作诗为一集，题名《忆得》，订《传家十四戒》。

1687年（清康熙二十六年）六十九岁

自六十岁以后多病，本年病愈重，"迄于暮年，体羸多病，腕不胜砚，指不胜笔，时置楮墨于卧榻之旁，力疾而纂注。"

本年度所作诗中一再提到读史，可知他正从事史论著作的写作，这就是他在去世前完成的《读通鉴论》。

1688年（清康熙二十七年）七十岁

辑六十岁后所作诗为《七十自定稿》。《南窗漫记》写成。

《张子正蒙注》、《思问录》约在1679至1688年之间写成。是两种在内容上"互相发明"的重要哲学著作。在理气关系问题上，阐发了"太虚即气"、"太虚一实"的唯物主义自然观，论述了运动是"气"的根本属性。坚持和发展了气本论，批判了理本论，从根本上动摇了宋明理学的唯心主义思想体系。

1689年（清康熙二十八年）七十一岁

重订《尚书引义》。

清湖南巡抚郑端因王夫之拒为吴三桂写劝进表事，派衡州知府崔鸣鹫前去拜见，并馈赠粟帛，他称病不见，受粟返帛。

1690年（清康熙二十九年）七十二岁

写《夕堂永日绪论》，编各种诗文评选。

1691年（清康熙三十年）七十三岁

《读通鉴论》、《宋论》写成。王夫之以"所贵乎史者，述往事以为来者师也"的见解，总结了上千余年来中国历史上的兴亡得失以及明王朝灭亡的经验教训，以期"求适于用"，突出反映了他的进化历史观。

1692年（清康熙三十一年）七十四岁

夏历正月初二逝世，葬于衡阳金兰乡高节里大罗山。遗命禁用僧道。生前自题墓铭："抱刘越石之孤愤，而命无从致，希张横渠之正学，而力不能企。幸全归于兹丘，固衔恤以永世。"

王夫之小传

  王夫之（1619—1692年），字而农，号姜斋，湖南衡阳人，晚年居住在衡阳县西北石船山下，人们称他船山先生。
  王夫之生活于明清之际的大动荡年代，风起云涌的农民起义和波澜壮阔的抗清斗争把他卷入了时代的洪流，推动他走上了尊法反儒的道路。
  王夫之在近四十年著述生涯中，写成著作一百多种，四百多卷，八百多万字。他以峥嵘的笔锋，"入其垒，袭其辎"的斗争方式，对当时占统治地位的宋明理学展开批判；并在斗争中继承发挥我国古代唯物论的优良传统，建立起超越前人的唯物论体系，把我国古代朴素唯物主义推向一个新的高度。
  王夫之出生于一个中小地主的知识分子家庭。祖先在明朝初年以军功起家，最高做到二品武官。祖父时，家世已经中落，给三个儿子只留下了遗产一顷多田地。父亲朝聘，博学而屡试不第，入北京国子监肄业多年，又因不肯请托钻营而未授官职，愤然回乡，隐居不仕，授徒课子。为学推崇朱熹，反对"心学"，不信佛道，"穷极天性物理，斟酌古今"，"以真知实践为学"。叔父廷聘，工诗能文。大哥介之，二哥参之，对经史亦有研究。王夫之所处的时代，家庭的经济地位和政治态度，以及儒学家风，都对他思想的形成和发展有着深刻的影响。
  今天，研究一下王夫之这个人物，对于我们学习中国哲学史，仍然有着重要的意义。

一、"地裂天倾"的时代

  王夫之出生于明神宗万历四十七年（1619年）。这时的明王朝，正濒临着"地裂天倾"①的局面。

土地兼并达到了登峰造极的地步。皇室、王公、勋戚、大臣占据了大量的土地,往往高达几千顷、几万顷。明神宗朱翊钧(1563—1620年)的爱子常洵受封到洛阳当福王时,被赐给河南庄田两万顷。另外的两个儿子惠王常润和桂王常瀛也受赐湖广庄田三万顷。当地拨不出这么多土地来,就向邻省搜刮,实在凑不足数,就把应收的地租摊派到各州县。公主们被赐的庄田也动以万顷计。明熹宗朱由校(1605—1627年)时的大太监魏忠贤所受的赐田累计不下万顷。勋戚官僚霸占的土地,多的达几千顷。地方豪强也大肆侵夺,南直隶有占田七万亩的大地主,浙江奉化有承担全县钱粮半数的豪绅。土地兼并的疯狂进行,使广大农民走向破产,阶级矛盾日趋尖锐。

赋役的压榨是沉重的。万历末年,我国东北地区由满族贵族建立的地方政权日益强盛,明王朝以对辽东用兵为借口,向百姓加派名为"辽饷"的赋税,每亩田加银九厘,每年加征银五百二十万两。崇祯年间,又以练兵镇压农民起义的名义,加征"剿饷"和"练饷"。三种加派合称"三饷",加在一起年达一千六百七十余万两,相当于正赋的好几倍。

这些沉重的赋税并不是平均负担的。王公勋戚享受免税的特权,豪民大姓想方设法逃避赋税,因此全部的赋役重担都落到贫苦农民的身上。当时有人记述湖广地区的情况是"富者连阡陌而嫁税于贫,贫者或不厌糠粃而代富人输"。②全国各地也都如此。

明朝统治者也把贪婪之手伸向了工商业。朱翊钧从万历中叶起,派出大批太监到全国各地去搜刮财富,其中有到产矿地区开矿的"矿监"、到通都大邑征税的"税监"、到两淮征盐税的"盐监"、到广东搜罗珠宝的"珠监"等等。于是造成了"中官遍天下,非领税即领矿,驱胁官吏,务朘削焉"③的局面。这些家伙所到之处,敲诈勒索,

---

① 王夫之《春秋家说叙》中以"黄地既裂,昊天复倾"概括他所生活的时代。
② 《古今图书集成·方舆汇编·湖广总部汇考》。
③ 《明史·食货志五》。

奸淫掠夺，简直是无恶不作，而被派赴湖广的陈奉，则是其中最暴横的一个。

统治阶级日益腐朽。朱翊钧在位四十八年，整天在皇宫里享乐，很少出朝视政。大臣缺额，长期不补，有一个时期，内阁大学士只有一人，六部尚书、侍郎只剩下四五人，九卿只有一人；地方的督抚监司大员也是屡缺不补。皇帝不理朝政，一切交太监处理，太监便乘机独揽大权，明熹宗时的魏忠贤就是一个典型的例子。他势倾朝野，被尊称为"九千岁"，各地建起他的生祠，大批官僚投靠他的门下。明王朝专制政权，弊端重重，呈现出"职业尽弛，上下解体"[①]的景象。

一部分对时政不满的官僚聚集在无锡"东林书院"议论朝政，各地士大夫闻风附和，于是便形成"东林党"。以后又陆续出现齐、楚等许多党派。各派之间由于争权夺势，互相攻讦，从此在明朝统治阶级内部开始了长期的党争。东林党人在明熹宗天启年间遭到魏忠贤阉党的迫害和杀戮，但到崇祯年间又出现了与之类似的"复社"。复社表面上是一个"以文会友"的团体，实际上干预朝政，操纵黜陟。由于入社的人有入学中举的希望，于是读书人士纷纷参加，复社和其他名义的文社遍布全国各地，王夫之和他的朋友管嗣裘等人所结的"匡社"也属这类性质。官僚士大夫间的党争，终明朝之世连绵不断，甚至后来在偏安一隅的南明小朝廷里，也还是纠缠不休。统治阶级的内部争斗，造成了四分五裂的局面，在一定程度上削弱了自身的力量，等到农民起义的风暴来临的时候，摇摇欲坠的明王朝就终于被埋葬掉了。

随着土地兼并的疯狂进行、封建剥削的不断加重、专制制度的日益腐败和统治力量的日渐削弱，人民群众也在积聚力量，开展斗争，并在斗争中发展自己的力量，酝酿着一场震撼天地的大风暴。

万历年间，蓟州人王森创立"白莲教"，利用宗教组织农民，准备起义。教徒遍布河北、山东、河南、山西、陕西、四川等地。王森被捕牺牲，其弟子徐鸿儒于天启二年（1622年）在山东郓城发动起

---

① 赵翼《廿二史劄记·万历中缺官不补》。

义，山东、河北各地农民纷纷响应，起义队伍迅速发展到几十万人。这次起义虽然不久便遭到失败，但却揭开了明末农民战争的序幕。

城市的手工业者和商人也展开了反税监、矿监的斗争。太监陈奉被派到湖广去征税兼采矿，他和党羽们胡作非为，荼毒凌虐，激起湖广地区各城市人民的痛恨。万历二十八年（1600年），武昌市民一万多人聚集起来同陈奉作斗争。这个家伙吓得抱头鼠窜，躲进巡抚衙门才得幸免。接着在汉口、黄州、襄阳、宝庆、湘潭等地相继发生市民斗争，"变经十起，几成大乱"[①]。可是，陈奉由于有朱翊钧的庇护，不但毫无收敛，继续为非作歹。武昌市民决心除掉这个坏蛋，展开了更大的斗争，陈奉逃进楚王府再度幸免，但他的十六个党羽却被一起投进了长江。愤怒的群众还烧毁了包庇陈奉的巡抚衙门。类似的斗争也同时发生在山东、江苏、江西、福建、云南等省的许多城镇，给予那些行凶作恶的太监及其爪牙以应得的惩罚。

各地人民的零星斗争，终于汇成了全国规模的农民大起义。天启七年（1627年），陕西澄县农民的暴动，迅速蔓延成燎原烈火。饥饿的农民，因驿站裁撤而失业的驿卒，因军饷积欠而哗变的士兵，大量涌入起义队伍，陕西全省到处打起了起义的旗帜。各支农民起义军转战陕西、山西、河南、湖北、四川各地，愈战愈强。到崇祯八年（1635年），起义军在河南举行荥阳大会时，共有十三家七十二营之多。著名的首领闯王高迎祥、闯将李自成、八大王张献忠等都参加了这次会议。大会采纳了李自成提出的联合作战，分兵迎击的作战方针。此后，起义军在战斗中逐步实现联合行动和统一指挥，最后形成两支分别由张献忠和李自成领导的强大队伍。

张献忠起义军从崇祯九年（1636年）起，转战湖广、河南、四川诸省，冲破明朝督师杨嗣昌的重重包围，挥师东进，驰骋于江淮之间。崇祯十六年（1643年）五月，起义军攻下湖广省会武昌。张献忠在这里称大西王，设立六部、五府，任命各级官吏，着手建立起农民

[①]《明史·宦官列传二》。

革命政权。王夫之的朋友原蕲州举人奚鼎铉在此之前不久参加了农民起义队伍，此时在大西政权中任知县官。①

李自成在崇祯九年（1636年）高迎祥被俘牺牲后继任闯王。这支起义军在川、陕及湖北交界的丛山中度过了一段困难时期。崇祯十四年（1641年），李自成进军河南，饥饿的农民踊跃参加，起义军队伍猛增到几十万之多。李自成根据部将李岩建议，提出"均田免粮"的战斗纲领，同时又对军队进行整顿。此后，这支队伍到处获得人民群众的积极支持，革命战争迅速发展。崇祯十六年（1643年）初，李自成攻占湖北大部，在襄阳称"新顺王"，建立农民革命政权。军队分为五营，由权将军、制将军等将官统领。文官设上相、左辅、右弼及六政府（六部）侍郎等职。这年秋天，李自成为了推翻明王朝，采纳部下顾君恩先取关中为基业的建议，挥师北上，于同年十一月攻下西安。李自成在这里进一步进行政权建设。次年（1644年）正月，立国号"大顺"，建元永昌，以西安为西京，并积极准备进取北京。明王朝的覆亡，已经迫在眉睫。

就在明王朝摇摇欲坠的时刻，我国东北地区由满族所领导的地方政权开始强大起来。满族原称女真族，是中华民族的组成部分，长期以来繁衍在东北的广阔原野上。女真贵族建立的金王朝灭亡后，后裔仍居住在东北地方。明太祖时就在元朝辽阳路设置辽东都指挥使司，明成祖时在黑龙江口奴儿干地方设置奴儿干都指挥使司，并从开原东北到松花江以西一带置建州等卫及所，设都督、都指挥使及千百户等官职统辖。建州左卫指挥猛哥帖木儿因与明成祖的妃嫔有亲戚关系，得以晋升为都督，他就是以后清朝皇室的祖先。

明神宗万历年间，猛哥帖木儿的后裔努尔哈赤（1559—1626年）受明朝任命为都指挥使，后来晋升为都督，并得到"龙虎将军"的封号。此时明王朝已经十分腐朽，它对东北地区的统治业已无法维持，努尔哈赤开始接管明朝的东北疆土，至十七世纪四十年代之初，努尔

---

① 见《绥寇纪略》卷十，《平寇志》卷六。

哈赤的儿子皇太极（1627—1643年）已经把从鄂霍次克海到贝加尔湖，包括外兴安岭以南和库页岛在内的原属于明朝版图的广大地域都纳入自己的管辖之下。

万历四十四年（1616年），努尔哈赤建立后金政权，称皇帝，此后与明王朝不断发生军事冲突。王夫之出生那年（1619年），明与后金之间发生第一次大规模的战斗。明王朝筹集了几百两白银的辽饷，抽调了各路精兵良将，花费了一年的准备时间，企图一战成功。可是在萨尔浒（辽宁新宾县）一战中，被努尔哈赤以寡敌众，打得落花流水，几乎全军覆没。从此，后金势力日益发展。而明朝政府由于内部党争激烈，驻防辽东将帅时常撤换，战守策略也不断变更，削弱了防御力量；农民起义爆发后，又以主要力量投入对内的镇压，因之无力抵御后金的进攻。1636年，皇太极改国号为清，夺取全国政权的野心更加迫切，对明朝的进攻也更为频繁。清兵先后七次从长城各口深入河北、山西、山东等地，掠夺大量人口、牲畜、财物，其中有一次"车驼亘三百余里，渡卢沟桥，兼旬未毕"。[1]可是集结在通州的大量明朝军队，竟然没有一支敢于邀击。1642年，明辽东督师洪承畴投降了清太宗皇太极，明王朝尽失山海关外的土地，从此只能凭关而守。洪承畴投降后，悉心竭力地为清统治者出谋划策，清统治者对洪极力拉拢，称他为"引路者"[2]，这表明满族贵族和汉族官僚大地主的勾结已经初步形成了。

二、世系绵衍

王夫之出生在衡阳的一个"世系绵衍"[3]的家族。始祖王仲一在元朝末年参加反元起义军，随从朱元璋渡江作战有功，授山东青州左卫千户。仲一子王成在永历年间又以辅佐朱棣"靖难"有功，升衡州卫

---

[1] 魏源《圣武记》。
[2] 昭梿《啸亭杂录》卷一，《用洪文襄》。
[3] 《章灵赋》。

指挥同知，子孙世袭，从此定居衡阳。他的后代有的以军功做到二、三品武官，在一些史籍中留传下名字①。这个家族传到王夫之这代已是第十一代。

衡阳是一座古老城市，地处通向两广的大道上，形势冲要，历来成为西南重镇。在明代，它隶属于湖广布政使司，是衡州府的首县，府治所在地。此时长沙还不是湖南的政治经济中心，从内地赴两广贸易的商人都聚在衡阳，城北的下关和青草桥一带，"皆夹道为廛，列肆百余间"，"自昔繁盛"②。但是到了明朝末年，这里也同全国各地一样，濒临着"天崩海涸"的局面。

衡阳历来被认作是"孱邑"，地域不大，"沮洳居半"③。桂王就国衡阳时，在这一带分派庄田两千五百顷之多。④地方官只搜集到从前雍王所遗下的庄田近两千顷，不足的五百多顷，最后只好由当地农民把应征的地租承担下来。当地的世族大家也拥有大量土地。王夫之元配陶氏的娘家"赀累钜万"，在衡阳占地千亩以上。⑤王夫之一族所占有的土地为数也不会少，衡阳境内有王衙冲、王衙山等地，可能都是这个家族的地产。正像当时人所指出的那样："富者连阡陌而嫁税于贫，贫者或不厌糠粃而代富人输"⑥。衡阳的土地集中现象，正是如此。

官吏对百姓的压榨是残酷的。"胥吏舞弊、飞诡、影射、悬虚、那移、隐没、兼并，其奸状若猬毛。"⑦桂王朱常瀛的世封，给衡阳人民带来新的灾难。从天启二年（1622年）起，朝廷派来了大批官员和太监，他们驱使军匠民夫为桂王建造王府。从"见说荣封内旨行，部曹宫监两纵横"⑧这两句当时人的诗句中，人们不难想见这些鹰犬们的凶暴和百姓受奴役的情况。经过五年时间，在衡阳这座周围只有七里

---

① 《皇明世法录》记载有王成曾孙王纲随从都御史秦金镇压郴桂瑶民起义的事迹。
② 见《古今图书集成·方舆汇编·衡州府部》及《衡阳县志·山水》。
③ 《古今图书集成·方舆汇编·衡州府部》。
④ 《衡阳县志·陈宗契列传》。
⑤ 王之春《船山公年谱》。
⑥ 《古今图书集成·方舆汇编·湖广总部汇考》。
⑦ 《古今图书集成·方舆汇编·湖广总部汇考》。
⑧ 《衡阳县志·山水》。

多长的小城里，修成一所周围达三里多长的豪华府邸，占全城面积近四分之一。朱常瀛至衡阳后又翻修一次，前后共糜费白银几十万两，这笔钱如果折成米，足够全县人民食用一年还有富余。

哪里有压迫，哪里就有反抗。衡州府一带各族人民的反抗斗争在有明一代是史不绝书的。明武宗正德年间，在江西、湖南、广东交界的山区爆发了声势浩大的各族人民起义。在湖南由龚福全领导的一支瑶族起义军就以衡州府境内的桂阳、郴州为根据地。江西南部的起义遭到王阳明的血腥屠杀，郴桂的瑶民起义则为秦金所镇压。前面提到的王夫之第五代祖先王纲曾参与了这次军事行动。万历二十八年，税监陈奉在武昌激起的市民斗争，也波及衡阳的邻县宝庆、湘潭。在王夫之十九岁那年（崇祯十年，1637年）衡州府南部临武、蓝山县从事采矿的手工业者和农民在刘新宇、郭子奴的领导下发动起义，"一方倡乱，四省震惊。"① 起义军曾两度围攻衡阳城。从明崇祯之末到清顺治年间，这里长期成了农民战争和反清斗争的重要战场。

衡阳自宋朝以来，在学术思想方面可以算作一个比较发达的地区。衡阳石鼓书院被列为天下"四大书院"之一，理学名儒如宋朝的朱熹、张栻，明朝的湛若水、邹守益，都曾在这里讲学。附近的衡山是五岳名山。这时书院林立，分别以宋明儒者命名（例如胡文定公（安国）书院、南轩（张栻）书院、白沙（陈献章）书院、东廓（邹守益）书院等），传播理学诸家的思想。明朝中叶以后，王阳明心学盛行。得王学真传的江右学派的中心江西安福②，与衡阳隔武功山相望，成为衡阳儒生游学的地点。加以当地官员和本乡显宦的提倡，于是"衡人士翕然喜王、湛之学矣"③。衡阳地方当时被奉为大师的就是王夫之父亲朝聘的业师伍定相。

---

① 《续文献通考·征榷六》。
② 黄宗羲《明儒学案·江右王门学案》指出："姚江之学，惟江右为得其传。"所列代表人物邹守益、刘文敏、王时槐等均安福人。
③ 《衡阳县志·伍定相列传》。

伍定相，字学父，万历年间贡生，曾在南京国子监肄业，未做官，以授徒为业。他虽然也深通性理之学，但"以天下多故，病士大夫空言高远而无实用"①，摒弃了虚伪的良知说，转而从事于研究天文地理、政制军事、农事水利的实学。他还十分推崇张载和朱熹"动静语默，必与横渠延平两先生相吻合"②。这在王学风行时代，确实是很少见的。可见，伍定相并不是一个王门信徒，颇有些离经叛道的味道。他的这种学风，通过王朝聘传给王夫之，对后者产生了一定的影响。

王夫之的家庭从"家世荣戟"转为诗书门第，开始于他高祖王宁那一代。王宁是父亲的小儿子，不能承袭世职，在当时重文轻武，崇尚科甲的风气下，为了谋求上进，他便开始"以文墨教子弟，起家儒素"③了。不过在这个当时还是"家世弁组，颇务豪盛"④的家庭里，子弟们习于嬉游闲散，在科举功名方面并未见什么起色，只出现了几名秀才和一个州县的教官而已。

到王夫之的父亲朝聘这一代，由于先世的家产一分再分，加之其父惟敬又"素不屑治家人产"⑤，所以兄弟三人只继承到一顷多土地，经过再次析产，每支仅分到几十亩地，开始了中小地主的生活。

王朝聘，字逸生，一字修侯，后学称他武夷先生。王朝聘早年从当地大儒伍定相受业，定相授徒近百人，朝聘是其中最出色的一个。伍定相家藏书万余卷，王朝聘在这里博览群书，"究极天性物理，斟酌古今"，承袭了老师"天人理数，财赋兵戎"的学识和"居敬穷理，实践虚求"⑥的学风。他还步行北赴湖北访亭州杨氏，东往江西访安成刘氏⑦，登门求教。后来又游学于邹守益的儿子邹德溥的门下，"讲性

---

① 《衡阳县志·伍定相列传》。
② 罗正钧《船山师友记》卷五《伍先生定相》。
③ 王夫之《家世节录》。
④ 《家世节录》。
⑤ 王夫之《显考武夷府君行状》。
⑥ 《显考武夷府君行状》及《船山师友记》卷五《伍先生定相》。
⑦ 亭州即湖北麻城县，亦称西阳。安成即江西安福县。明嘉靖、隆庆年间，安福县姓刘的名儒有刘文敏、刘邦采、刘阳、刘秉监、刘晓等，都是江右学派的健将，朝聘走访是在万历初年，请教的可能是他们的后人。

命之学,""承东廓(邹守益)之传"。① 当时王阳明心学盛行,王朝聘从学问道的人也大都是王派健者,但是对他影响较大的,还是伍定相的传授。所以在"新学浸淫天下"的情况下,他"独根极理要,宗濂洛正传"②,不肯随波逐流。他对朱熹极为崇敬,立志要访问朱熹游过的武夷山,并把"武夷"作为自己书斋的斋名,这就是他被称为"武夷先生"的由来。由于持有这种不合时宜的学术思想,这个饱学的秀才从万历中叶起一连参加了七次乡试也不曾中举。在这二十多年中,他以授徒为业,在门人中倒有几个青出于蓝中举做官了。

到王夫之三岁那年(1621年),这个五十二岁的老秀才又作了一次最后的尝试,但是由于卷中文字犯了考官的名讳,没有中举,只中了副榜③。这年正值明熹宗朱由校即位改元,特准中副榜的人入国子监肄业。于是王朝聘就以"贡生"身份来到北京国子监。按照规定,贡生在国子监肄业三年期满后,可以选授地方官佐。由于当时"选政大坏,官以贿定"④,王朝聘不肯干求巴结,被定了个相当低的级别正八品。他没有等候任命,回到家乡。崇祯元年(1628年)春,五十九岁的王朝聘为了替先人挣得一纸诰封,又仆仆风尘地赴北京候选求官。但是由于他既不愿依靠相识的官员为他帮忙,又不肯向主管官吏贿赂,一直候了三个年头,也不曾得到一官半职。最后他向一位对他进行劝慰的官员讲了下面一段话:"我有田可种,有儿子可教,决不敢欺骗上天,以黑夜行贿的手段求得一官半职",便雇了一头驴,连夜离京还乡。这时他的小儿子王夫之已经十三岁,转眼就快要做秀才了。

王朝聘回乡以后,闭门课子,过着隐逸的生活。他把生平所学传授给儿子。但是使王夫之受益最深的,并不是那种猎取科第的应试文字,而是他平生治学所持的严谨态度和积累起来的一些不寻常的见解。他的"敦尚践履,不务顽空"⑤的学风,可能就是王夫之"欲

---

① 见《家世节录》及《显考武夷府君行状》。
② 《显考武夷府君行状》。
③ 明朝乡试在正榜之外,另取若干名为副榜。中副榜者可以入国子监肄业,叫做贡生。
④ 《家世节录》。
⑤ 《家世节录》。

尽废古今虚妙之说而返之实"①的志向的渊源。他的博学多闻，也启发儿子"自少喜从人间问四方事，至于江山险要，士马食货，典制沿革，皆极意研究"。②他不信佛道，"终身未尝向浮屠老子像前施一揖"③，这种无神论的思想必然给儿子以影响。在他做学问中更可贵的一点，则是他不迷信古人，敢于提出异议。他在从亭州杨氏和安成刘氏受业回来之后，开始对当时墨守前人所作的经文传注的读经方法和专考死记硬背的科举考试办法表示怀疑。他是专门研究《春秋经》的。宋儒胡安国所著的《春秋传》在明代被列为应试必读的权威著作，可是王朝聘却对这部书提出批评，他认为书中为了反驳王安石所谓的"天命不足畏"而大量列举灾异迷信，是一种偏激的做法，不能正确阐释天人关系。④这种批判精神显然也传给了王夫之。当然，王夫之的进步思想是在后来置身于阶级斗争和民族斗争的时代洪流中逐步形成的，但是父亲的早年教导，对于他以后的成长必然产生一定的影响。

王朝聘兄弟三人。二弟延聘，字蔚仲，号牧石，少与朝聘同受业于伍定相，长于诗，早岁中秀才，参加乡试几次不中，就过起优游林泉，莳花种药的隐士生活。王夫之曾从他读史，学诗。三弟家聘也是秀才，在王夫之的著作中很少提及。

王夫之兄弟三人。大哥介之，字石子，一字石崖，早年中秀才，曾一度以录取副榜入北京国子监肄业。由于当时重视科举，他不愿以贡选为出身，不久返回家乡。王介之年轻时就设塾授徒，王夫之从四岁开始跟随大哥读书，他的经书基础就是介之给打下的。二哥参之，字立三，也有文名。王夫之有句诗："有兄有弟伯与仲，时人误拟等三凤"⑤，说明三兄弟在当时湖南文坛所享的声誉。

王夫之一家是个讲究伦常道德的门庭。王朝聘管教儿子，"以方

---

① 王敔《姜斋公行述》。
② 《姜斋公行述》。
③ 《家世节录》。
④ 见《春秋家说叙》。
⑤ 王夫之《姜斋诗集》、《忆得》"放杜少陵文文山作七歌"。

严闻于族党"。全家子弟都以友友闻名乡里。王夫之甚至曾夸耀他家家风的影响所及,形成了"三湘风化,胥重天伦"①的风气。这种封建纲常礼教的观念,从幼小时起就在王夫之的思想深处扎下了根,形成一条终身摆脱不掉的巨大绳索。

王夫之的早年生活可以说是一帆风顺。一定数量的祖产,父兄的教读收入和母亲的勤俭持家,为他创造了温饱的环境。书香门第又为他提供了读书的便利。他七岁时已经跟大哥介之读完十三经,在父兄的继续指导下,十四岁上(1632年)便取中秀才,入衡阳县学。在以后的十年里,他除了潜心读书之外,还随两个哥哥三度赴湖广省会武昌参加乡试,虽然不曾得中,但却增长了见识,扩大了交游。

这时,王夫之与同里的一些青年读书人结识,时常文字往还,诗酒唱和。他二十一岁那年(1639年),同管嗣裘、文之勇、郭凤跹等人效法当时盛行于东南的"复社"组织,结成"匡社",从名称看来,显然也是以匡复明室为宗旨的。这几个人后来都成了明王朝的"贞士"。

就在这个农民起义烽火连天的年代,王夫之的生活里充满了闲情逸致。他二十三岁那年(1641年),修建了一座小花园,取名"漧涛",园内种植竹木花卉,中筑小轩,供读书坐卧。过了二年,他把早年所写的诗刻成一部诗集,就以"漧涛园"命名。这部诗集的刻板不久毁于兵火,没有流传下来。但王夫之在暮年病中把回忆起来的青少年时期作品辑成一部叫做《忆得》的诗集,其中保存了二十三岁以前所作诗十首。诗的内容,有的怀人,有的送别,或者中秋观灯,或者月下小饮,充分反映了王夫之早岁的悠闲岁月。这就难怪他在《忆得》前面的自叙中为该书刻板的损毁感到庆幸,"赖以自勉笑悔"了。

二十四岁那年(1642年),是王夫之早岁生活中最得意的一年。年初,省里两个官员先后来到衡阳,一是主管学校的湖广提学佥事高

---

① 《姜斋文集》"武夷先生暨谭太孺人合葬墓志"。

世泰,一是巡按湖广刑狱的蔡凤,他们看了王夫之的文章都大加赞赏,以"国士"相期许。[①] 为了做好秋天乡试的准备,王夫之在初夏就随同两个哥哥去到武昌。考前,聚集在武昌的秀才一百余人在黄鹤楼举行了一次诗酒盛会,王夫之在这个"酒气撩云,江光际天"的场合下,即席赋诗,显示了自己"天人有策"[②] 的抱负。

在这次乡试中,衡阳一县出了七个举人。王夫之以《春秋经》的试卷魁冠全场,中第五名举人,大哥介之也中了第四十名,此外还有管嗣裘、郭凤跕、夏汝弼、李国相和包世美五人中式。五人除包世美事迹不详外,其余后来都成为与王氏弟兄志同道合的好友,管、夏二人还和王夫之一起参加过抗清斗争,所以《衡阳县志》记载说:"同举者衡阳七人而得六节士。"

王夫之在这次考试中还认识了一些考官,其中有当时任沔阳知州、后来成为南明朝廷主战派重要人物的章旷。这些年轻的官员和举人出于对摇摇欲坠的明王朝的共同担忧,在考试以后便结成了知己,互以忠义相勉励。

这年冬,王夫之和王介之准备赴北京参加来春的会试。当时任分巡上湖南道参议的金九陛为了资助他们北上的费用,曾暗示一个犯了死罪的有钱人送一千两银子给王家兄弟,可以饶他不死。王夫之弟兄不肯接受不义之财,严词拒绝。十一月,两弟兄冒着隆冬严寒,取道江西上京赶考去了。

一路上,"江水清浅,重山叠嶂"[③],壮丽的景色使王夫之心潮起伏。他想到"中原多故"的时局,想到父母的盼望和师友的期许,"学而优则仕"的念头更加迫切。这种心情在他到南昌后写给乡试中曾经举荐过他的试卷的恩师欧阳霖的一首诗[④] 中得到了倾诉。

---

① 高世泰是著名东林党人高攀龙的侄子,曾评论王夫之的文章:"忠肝义胆,情见乎辞。"蔡凤事迹无考,王夫之送给他的诗中有"方期收国土"之句,可见两人对他的期许。
② 《忆得》"黄鹤须盟大集用熊渭公韵"。
③ 《忆得》"江行代记诗序"。
④ 《忆得》"上举主欧阳公"。

"三苗未格七政乱，支祈横流夷羊舞"①，天灾人祸、战乱、饥馑，不但使明王朝面临覆亡的命运，也使王夫之感到自己的处境严峻，"跻我于竦峙之危岑"。但是，"敢不自珍以答师"，他决心不辜负师友的期望，去做一番事业。"扫天狼兮长彗，舞九辩兮云旗。"②他要化作横扫天狼星骚扰的长尾彗星，要挥舞《九辩》赋中的云旗以捍卫明朝社稷。"明堂玉简从封禅，方今圣人待者谁"？等到海晏河清，还要献赋明堂，从祀山岳。当他问道当今天子所期待的这类人材到底是谁的时候，其答案自然是王夫之本人了。

但是在当时条件下，他没有可能施展这种抱负，也不可能挽救明王朝的灭亡。假如他真的中了进士，做了高官的话，恐怕也只能当个明堂献赋的词臣，最多成为另一个魏藻德③而已。幸好明末农民战争的滚滚风雷摧毁了他的青云之路，促使他改弦更张，终于走上了康庄大道④，当然，在芟除前进道路上的荆棘障碍时，所经历的磨炼是十分痛苦的。

三、衡山举兵

这年（1642年）年底，王夫之抵达南昌，正值农民起义军迅猛发展的时刻。张献忠的部队转战鄂东皖南一带，在这年十二月攻占了桐城、无为、黄梅、太湖等县，准备挥师西进，直取武昌。李自成的部队自河南南下进攻襄樊，这时正驰骋在汉北平原上。王夫之北上的道

---

① 三苗是我国远古时代居住在长江中游一带的部落，被舜打败。七政指日月五星。支祈即无支祁，是传说中禹治水时所获的水怪。夷羊是传说中象征国家兴亡的神兽。这两句诗描写了明末政局的混乱，灾异时现和无力制服满族贵族的侵扰。
② 天狼，星名，古代认为天狼星"主侵掠"。彗，扫帚星。九辩，《楚辞》篇名，战国楚宋玉作。云旗，见《九辩》第九章："载云旗之委蛇兮，扈屯骑之容容。"这两句诗表达了他舞云旗、扫天狼，保卫明王朝的愿望。
③ 魏藻德是明朝末科状元（崇祯十三年庚辰科），崇祯皇帝认为他"有抱负"，及第两年，超擢为大学士，但是"一无建白"，李自成农民起义军入北京，魏藻德在追赃后被处死。
④ 王夫之在《柳岸吟》"读易赠熊体贞孙倩"诗中有"荆棘是芟，庶显康庄"之句，表述自己在研究《易》学中唯物主义观点的成长过程。

路被截断，所租的船只好停泊在南昌城下，度过残岁。在癸未（1643年）元旦那天，王夫之写下了一首述怀诗：

> 闲心欲向野鸥参，更听鱼龙血战酣。
> 何事春寒欺晓梦，轻舟犹未渡江南。①

第一句显然不是发自内心的话，因为王夫之这时心中还充满着功名利禄的念头。第二句却是他当时最关心的事，"鱼龙血战"，起义军连续打败明朝官兵，占领了河汉江淮间的大片土地，也阻挡了他进京会试的道路。因此他深深感到这阵阵的"春寒"刺骨，停泊江南的轻舟恐怕北进不成，而他的玉堂金马的"晓梦"也就无法实现了。这时，明朝政府决定把会试推迟到八月举行，王夫之从江西返回湖南。

这次旅行使王夫之有机会亲身接触到明王朝腐朽政治的一个侧面。归途经过吉安时遇见明朝北调的军队到处掠夺骚扰，甚至连这位新举人也几乎不免。王夫之把这段经历写进了"江行代记"的诗中："虏兵入卫气骄横，归路庐陵（吉安）屡夜惊。"

回到家乡后，王夫之继续过着闲逸的生活。《漧涛园诗集》就在这时付刻。但是好景不长，他在"江行"诗中所担心的"还恐南枝栖不稳"的情况果然来到了。

1643年八月，张献忠部队从湖北攻入湖南，一路上势如破竹，连下岳州、长沙，到月底，就占领了衡州。然后三路进军，一路进攻永州，追赶南逃的桂王常瀛，一路攻入广西，一路进取江西，并分兵攻占攸县、宝庆、常德等地。张献忠坐镇长沙，指挥战局。他向各州县发布檄文，宣布"钱粮三年免征"，号召"军民人等各宜报册归顺"。②一时湖南、江西各州县穷苦人民，纷纷携浆担酒，开城迎降。起义军所过之处，摧毁学宫孔庙，衡阳有府学、县学各一所，"圣庙

---

① 王夫之《王船山诗文集·忆得·元日泊章江用东坡润州韵》，中华书局1962年版。
② 《平寇志》卷七；《绥寇纪略》卷十。

暨两庑斋舍悉焚炮无余"[1]。但对于愿意归附的地主阶级知识分子，则加以吸收、任用。张献忠在武昌时，曾在王府前树起两面大旗，上面写道："天与人归"，"招贤纳士"；开科取士七十八人，"皆楚孝（孝廉，即举人）秀（秀才）也"[2]。到湖南后，继续执行这一政策，举行科考，招募士绅，充当官吏。在衡阳，王夫之兄弟自然成了被招罗的对象。

但是在王氏弟兄看来，这种重视却成了灾祸临头，赶忙逃避。王夫之同大哥介之逃到衡山莲花峰下，藏在好友夏汝弼的一所草舍里。王参之则躲进另一座深山。起义军找到王朝聘，好言劝说，让他把儿子招回参加农民政权工作。这个顽固的老秀才装聋作哑，拒不听从，并准备上吊自杀，以死对抗。王夫之听到家奴报信，让介之留在山里，自己在脸上、臂上做了一些假伤，装成重伤垂危的模样，让人把他抬到起义军驻地。此时，王夫之的旧友奚鼎铉随起义军队伍从武昌来到衡阳，他对王夫之的固执立场比较熟悉，替他向统军将领关说。起义军并不勉强，把王夫之父子放了回去。王夫之连夜跑回莲花峰下的黑沙潭，继续隐匿起来。他在这里写了《九砺》诗九章，稿子后来散失，只在《忆得》中保存了一首。诗前的小引写道："缘从贼者斥国为贼，恨不与俱碎，激而作此"；诗的内容则是对包括奚鼎铉在内的参加起义队伍的人的破口大骂。

这年十二月，张献忠决定入四川，带领部队从岳阳北渡长江，向西挺进。过去被起义军打得销声匿迹的明朝官兵、地方官吏以及地主武装，这时在湖南各地重又活动起来，纷纷以"恢复"上奏，邀功请赏。衡州府同知郑逢元在起义军到来之前早已逃得无影无踪，现在也带领一支地主武装，"收复"了宝庆、邵阳。王夫之在深山里听到这个消息，赶忙"下山而西"，"将往赴之"。他写了两首诗，记录了向王介之及一同隐匿的人告别的情况，表达了自己要"尽收云水答清平"的壮志，并且还不恰当地把那个郑逢元比作了唐朝安史之乱时起

---

[1] 《古今图书集成·方舆汇编·衡州府部》。
[2] 《平寇志》卷七。

兵抗击安禄山的名臣颜真卿。① 王夫之此行并无结果,可能是因为郑逢元这时已离开邵阳,东趋衡州,来捞取新的功劳了。②

王夫之这一时期的活动,最充分地反映了立场。他所坚持的"君子小人"的"天下大防"③,决定于他的爱憎去从。尽管在后来的抗清斗争的经历中,使他在一定程度上改变了对农民军的看法,但是这道"大防"却始终是一条他毕生不能逾越的界限。

正当张献忠进入四川的时候,李自成开始了埋葬明王朝的进军。大顺军于1644年二月从西安出发,进入山西,一路上摧枯拉朽,连克太原、大同、宣府、居庸关,直取北京。三月,明崇祯皇帝吊死煤山,农民军取得推翻明朝政权的胜利。

汉族官僚大地主不甘心失败,勾结满族贵族,图谋颠覆大顺农民政权。明朝山海关守将吴三桂,向清朝投降并请求出兵,于是满汉地主联合起来,一起向农民起义军反扑。李自成大顺军于四月末撤出北京,向陕西转移。五月初,清军进入北京,九月,清朝从沈阳迁都北京。

明福王朱常洵的儿子由崧在其父被李自成起义军处死后,逃到南方,这年五月在史可法、马士英等人的拥戴下,于南京即帝位,改元弘光,是为弘光帝。这个朝廷当时管辖江淮以南的半个中国及湖广、河南、山东各一部分,拥有军队百万以上,人力物力很雄厚。但是,群臣上下,耽于酒色,忙于党争,只求苟安,不思进取。甚至当清世祖福临迁都到北京的时候,还派出使臣,携带大量金银布帛,前往求和,希望维持一个南北朝的局面。这样一个腐败透顶的政权自然也无法苟延下去,一年以后的1645年五月,为南下的清军所摧毁了。

王夫之的家乡在此期间比较平静。在远方炽烈燃烧的阶级斗争和民族斗争的烈火,一时还不曾延烧到湖南地区。明王朝被农民起义军

---

① 见《忆得》及《嶽餘集》癸未年诗。
② 据《古今图书集成·方舆汇编·衡州府部》记载,衡州为当地一支地主武装"恢复",而郑逢元正从邵阳赶来,"攘为己功"。
③ 《读通鉴论》卷十四。

推翻的消息传过来,确曾给王夫之以巨大的震动,使他"悲愤不食者数日,作悲愤诗一百韵,吟已辄哭"。① 但是这种悲愤不久应为弘光帝即位南部的消息所冲淡。他在前一年避居的黑沙潭上修建了一座住所,叫做"续梦菴",并向邵阳、武冈、东安、常宁、永兴等地走了一转。时任湖广巡抚、后来成为南明政权抗战派主要人物的堵胤锡,对王夫之兄弟十分器重,寄赠诗文,并把重修二贤祠和方广寺的工程委托王氏兄弟和夏汝弼、管嗣裘经理。王夫之同堵胤锡从此缔交,后来王夫之到广东肇庆永历朝廷时,曾得到堵胤锡的推荐。但是到了1646年,湖南的局面也开始紧张进来。

清兵入关后,打着"雪君父之仇"的旗号,继续对农民军作战,借机扩大统治地区。这时李自成大顺军还拥有陕西、山西及河南的一部分,兵力还达几十万人。不幸的是在转移途中领导核心发生分裂,李岩及其弟李牟因谗言被杀,军心开始涣散,失掉了战斗力。1645年初,农民军由陕西转入湖北。四月,李自成在通山县九宫山遭到地主武装的突然袭击而牺牲。农民军失去领袖后,一时出现群龙无首的情况。

1645年初,清政府分出一支兵力进攻江南,五月克南京,摧毁福王政权。六月,明唐王朱聿键在福建福州即帝位,改元隆武,是为隆武帝;明鲁王朱以海在浙江绍兴称监国。清兵继续南下,两个小朝廷互相猜忌,不能拼力抵抗。1646年夏,清兵占领全浙,鲁王以海走海上。八月,清兵入福州,摧毁唐王政府。十一月,桂王朱常瀛之子由榔在广东肇庆即帝位,以明年(1647年)为永历元年,是为永历帝。这时南征的清兵已有一部分进入江西和湖北,开始威胁湖南了。

1646年三月,清政府派出一支军队进攻四川,张献忠疏于防守,部下又出现叛徒,这年十二月在西充县凤凰山仓促遇敌,负伤被俘,不幸牺牲。余部五六万人由孙可望、李定国、刘文秀等率领进入云南、贵州。

---

① 《姜斋公行述》。

清王朝在实现武力统一的同时，执行高压政策，许可满族贵族跑马圈地，支持地主阶级对农民反攻倒算，强迫汉人剃发，如此等等。清王朝的一系列措施激起了汉族和其他少数民族人民的强烈反抗。各族人民以反民族压迫为内容的抗清战争，构成了这一时期阶级斗争的焦点。农民军则是这场斗争中的主力。

李自成牺牲后，数十万农民军分成几支队伍，分别由他的侄子李过、妻弟高一功、部将郝摇旗、袁宗第等率领，相继进入湖南，驻扎在洞庭湖的四周。他们拒绝清朝的招降，决定采取联明抗清的方针。1645年秋，郝摇旗等同明湖广总督何腾蛟建立联系。接着，李过、高一功也同明湖南巡抚堵胤锡联合，号称"忠贞营"。农民军虽然接受南明朝廷的封号，但却保持自己独立的体系，对内称李自成为先帝，称自成妻高氏为太后。

张献忠的部队进入云贵后，也采取了联明抗清的方针。但由于部队首领孙可望权势欲极大，要求封王，引起永历朝廷中的争执，议久不决。孙可望因而按兵不动，直到1652年，才派出李定国、刘文秀分头进攻湖南、广西和四川。此后，李定国这支部队成了后期抗清斗争的中流砥柱。

1646年，清朝派孔有德、耿仲明、尚可喜进入湖广、两广。湖南上空战云密布。这时洞庭南北集结着大量南明军队，系统复杂，来源不一，除农民军外，有何腾蛟所部原驻湖南的官兵，还有已故明将左良玉的旧部，其中包括归降的原起义军将领。官兵军纪松弛，到处骚扰百姓。不同系统的部队，时因猜忌，发生内讧。更严重的则是统帅之间的矛盾。当时湖广总督统帅明官兵各部防守洞庭以南地区，湖广巡抚堵胤锡节制忠贞营各部防守洞庭以北地区，何、堵两人不和，不能协同作战。因此驻扎湖南的军队人数虽达几十万之多，但防御力量是十分薄弱的。

随着抗清斗争形势的发展，王夫之也开始被卷入了这个时代的激流。1645年夏，福王政权的覆亡，再次使他感到震动，并续作悲愤诗一百韵。1646年初，清兵已经打到湖南岳州，而福建地方的唐王政权也已处于崩溃的前夕。王夫之深感形势危急，便于这年六月前往湘阴，上书给他乡试时的分考官时任湖北巡抚的章旷，"指画兵食，且谏其调和二公，以防互溃。"① 他写了一首诗送给章旷②，道出他对时局的忧虑。"铜马已闻心匪石，巴蛇敢恃骨成山。"他并无根据地认为农民军（"铜马"）抗清的决心在动摇，并把他们比作《山海经》里所记载的能够吞象的"巴蛇"，认为不可依恃。"师克在和公自省，丹忱专在念时艰。"他提醒章旷：军队只有团结合作才能胜利，应该说服何、堵两人顾全大局，同献忠忱。后一种认识自然是正确的，而前一种忧虑则显然出于他的偏见。章旷对此的回答是："本无异同，不必过虑"③，这可能出于他不愿把上司之间的分歧公之于后学新进的缘故。王夫之上书未获采纳，默然回乡。不久，唐王被俘的消息传来，再次使他感到悲愤；而那个从衡阳南逃的嗣桂王朱由榔在肇庆的登位，又重新给他以希望。

1647 年春，清兵大举进攻湖南，南明军队全线崩溃，衡阳于五月为清兵攻克。王夫之在此之前由于听到桂王由广东来到湖南武冈的消息，同夏汝弼结伴取道湘乡前往投奔。路上遇见"淫雨弥月"，困在车架山中，无法行进；这时家乡又被清兵占领，他们这些知名人士，正是清兵"钩索"的对象，也不敢返回，因此只好在湘乡暂时住下，"借书遣日"。与王夫之同时代的崇阳秀才蒙正发是章旷的幕僚，随军转战湖南各地，此时驻在东安。他写的一本《三湘从事录》中有这样一段记载："衡州举人王介之、夫之、邹统鲁、夏汝弼、李跨鳌、管嗣裘……虽匿影南山僻谷，或密报情形，请商方略，或悲歌唱和，缄寄诗篇；风雨邮筒，间道不绝。"可知王夫之此时已同抗清活动保持了联系。王介之这时已在东安，可能直接参与活动，但未留下记载。

一年间，王夫之先后失去几个亲人。元配陶氏于前年冬季在忧患中病死。二哥参之、两个叔父廷聘和家聘在这年中相继去世。八月，

---

① 《姜斋公行述》。
② 《忆得》"盛夏奉寄章峨山先生湘阴军中"。
③ 《姜斋公行述》。

父亲朝聘也"忧愤成疾"①，王夫之兄弟回家探视，朝聘不久死去。王夫之在上奏永历朝廷的"请终丧免阁试疏"中说他的衡山举兵是"奉父遗命"②，看来这个遗命是王朝聘在病危时同就地安葬、"无以榇行城市"③的遗嘱一起讲给儿子的。

王夫之居丧期间，仍然不免"婴勾索之酷"。④但是这次他不准备束手就擒，而是要进行反抗了。

1648年，抗清斗争形势达到高潮。清江西提督金声桓、广东提督李成栋先后以本省归降永历朝廷。农民军和何腾蛟部官兵在湖南全线出击，收复湘西湘南大片土地。此时南明辖地包括云南、贵州、广东、广西、江西、湖南、四川七省，联成一片。清军在湖南只保有湘东地区湘江沿岸的一些府县，耒阳和衡阳已处于南明军队的钳形包围圈中。

王夫之在这种形势下，开始了"涉历险阻，涓戒同志，枕戈待旦，以有事焉"⑤的活动，准备武装起事。他所联合的"同志"，除管嗣裘及其兄嗣箕外留下姓名的不多。在衡阳的几个好友，似乎不曾参与这一行动。他进行串联的地域很广，衡阳附近的一些县份似乎都曾去到。常宁人阮志道曾任华州同知，居乡颇有声望，王夫之在这年夏天，同他"芒屩晤于山中"，大约是商量起兵的事。先于王夫之起兵的耒阳的一个明朝宗室，应该也同他有联系。经过一番准备，便在衡州举起反清的义旗。但是这支以地主阶级知识分子为核心的乌合之众，战斗力微弱，在久经战斗的清军攻击下，一触即溃。王夫之、管嗣裘逃脱了性命；管嗣箕被捕入狱，幸而不久南明部队收复衡阳，才免于被杀。

王夫之从失败中总结了"孤掌之拊，自鸣自和，至于败绩"⑥的教

---

① 《龙源夜话》卷一。
② 《龙源夜话》卷一。
③ 《家世节录》。
④ 《姜斋文集·显妣谭太孺人行状》。
⑤ 《章灵赋》。
⑥ 《章灵赋》。

训,认识到不能孤军作战。这时,家乡已经待不下去。投奔农民军,他想也不曾想过。唯一的目标就是永历朝廷。于是,他便取道耒阳、郴州,"岭表从王"去了。

他曾在耒阳稍作勾留,等候起事的伙伴。他写了一首诗《耒阳曹氏江楼迟旧游不至》[1],其中有一句回顾这次起事:"韩城公子椎空折。"把这次举兵比作韩公子张良在博浪沙对秦始皇的袭击,事情未成功,却白白损失了人员和武器。伙伴没有等到,他便"独倚吴钩赋远游"了。

四、岭表从王

1648年冬,王夫之到达广东肇庆。他后来在《章灵赋》的注解中记载道:

> 举兵不利,遂由郴桂入粤,皇路可通,虽险阻如平夷也。先世既以从王起家,胡为释此不图,而咨南征之策也。戊子冬,既至行阙,所见尤为可忧。

他历尽险阻,来到岭南"从王",原指望能够为明朝的复兴做出贡献,可是既到之后,却不免大失所望。此时的永历朝廷的确存在着许多令人可忧的问题。

军事上不断失利。1649年二月,江西省为清兵占领,守将金声桓自杀。三月,李成栋率兵援救江西,兵败身死,部下退回广东。在湖南,李过的部队在茶陵遭到挫败,衡州复为清兵占领。永历朝廷的疆土比前一年缩小了许多。

政治上十分腐败。"纪纲大坏,骄帅外讧,宦悻内恣,视弘(光)隆(武)朝之亡辙而更甚。"[2] 朱由榔是个昏庸无能的小皇帝,内惑于

---

[1] 《五十自定稿·七言近体》。
[2] 《姜斋公行述》。

后妃宦官，外制于权臣悍帅，贪生怕死，毫无振作。"大小臣工，不能进忧国难，退审生死，迷瞀经营，争巍竞廡。"① 小朝廷上贿赂公行，名爵滥施，大大小小的官僚塞满了肇庆这块弹丸之地。他们只是追求利禄，贪图享受，根本不顾国家的安危。前线战局稍呈好转，近臣们便怂恿皇帝大修仪仗，准备"回銮"。外戚骄帅们每天酣歌纵饮，还要由演戏班子演奏助兴。六部九卿等官也竞相效法。"中夜炬烛相望，识者为之寒心。"②

党争依旧炽烈。朝臣中结成了吴党和楚党两大派，这主要是乡里关系的结合，没有重大的政见歧异。吴党以长江下游籍贯人士为主，楚党以湖广籍贯人士为主。两党战争主要是为了权位，只有楚党中的金堡、刘湘客、蒙正发、丁时魁、袁彭年等几个中下级官员"志在振刷"，③ 有一些改革积弊的想法，但因遭到吴党的反对，未获实施，而且还被加上"五虎"的诨号。两派为了扩充势力，分别结交一些军政大员作为靠山。因之朝廷上一切军国大计都不免涉及两派的利害，也必然引起无休止的争执，其结果是任何计议都无法付诸实行，而清兵却已经度岭南下了。

更为严重的是在大小官僚中滋长着的投降主义风气，在大官僚地主面前本来就不存在民族的藩篱。当他们听说清朝有关于明朝官吏"持故衔投款降级叙用"④ 的规定时，"益思躐尊贵为他日自鬻计"⑤。还有一些"江楚间塾师、游客、卜筮、胥史，皆冒举贡自称全发起义，趋行在求仕"。⑥ 捞取投降资本，有时"干请不遂，则号哭阙下"⑦，闹得乌烟瘴气。永历朝廷对于降清官吏更采取姑息包容的态度，许可他们自由往返。崇祯年间的大学士何吾驺是个"富甲东南"⑧ 的大官僚地

---

① 《龙源夜话·陈言疏》。
② 《永历实录·晏黄二刘列传》。
③ 潘宗洛《船山先生传》。
④ 《永历实录·吴何黄列传》。
⑤ 《永历实录·金堡列传》。
⑥ 《永历实录·吴何黄列传》。
⑦ 《永历实录·金堡列传》。
⑧ 《永历实录·吴何黄列传》。

主，家有"银山"十几座，曾参加隆武政权，后归附清朝，此时又在永历朝廷以原官入直。与何吾驺一起行动的另一大官僚黄士俊也当了大学士。这种纵容的做法更助长了官吏们的投降风气。

这些现象使王夫之感到十分可忧。他"迟回再四"[①]，觉得无能为力，所以虽然被堵胤锡推荐为翰林院庶吉士，却以为父亲服丧为理由辞谢了。在肇庆停留不久，就在第二年（1649年）春，取道梧州、平乐前往桂林，去投奔抗战派首脑人物留守大学士瞿式耜。他在桂林也未留多久，于这年初夏返回湖南去看望母亲谭氏，并想整理藏书。

此时衡州再度被清兵占领不久，秩序混乱，土匪出没。王夫之家就被土匪一抢而光，连他这两年所写的诗稿《买薇集》都被抢走，本人也几乎遭害。家乡无法住下去，在母亲的催促下，王夫之于这年秋天再度踏上南征的旅途。

王夫之抵达广州后似乎不曾在肇庆逗留，而是溯西江而上，在德庆同邹统鲁、管嗣裘会面，并谒见了堵胤锡，然后前往桂林。瞿式耜曾上疏推荐他参加阁试[②]，他仍以未终丧为理由，向永历帝上了一封《请终丧免阁试疏》，获得同意和"足见孝思，更征恬品"[③]的批示。这以后，他便在桂林住下来。这段时间，他写了不少的诗。

    悲风动中夜，边马嘶且惊。
    壮士匣中刀，犹作风雨鸣。
    飞将不见期，萧条阻北征。
    ……

——《杂诗四首》之一

    千古英雄无死处，酒徒高唱感夷门。

——《答姚梦峡秀才》

[①] 《章灵赋》注解。
[②] 《龙源夜话·请终丧免阁试疏》。
[③] 《龙源夜话·请终丧免阁试疏》。

> 挥刀难割空中烟，长叹流光坐闲掷。
>
> ——《独漉篇》①

这些诗句反映了王夫之抗清的要求和对永历小朝廷只图苟安、不思抵抗的憎恶。

第二年（1650年）春，王夫之丧服届满，续娶继配郑氏。这时清兵由湖南攻入广东，占领韶州，永历帝从肇庆逃到广西梧州。王夫之面对这种时局，感到不应再隐居不出，叹息说："此非严光魏野时也。违母远出，以君为命，死生以尔！"② 决心为永历政权效一把力，便于三月间由桂林去到梧州，在朝廷上当了行人司行人的八品小官。

自从王夫之于上年春季离开肇庆时起，小朝廷上的党争愈演愈烈。1649年夏天，孙可望曾献给永历帝黄金马匹，上书请求封他王爵。孙可望原是一个混进农民起义军队伍的野心家，骗取到张献忠的信任，与李定国、刘文秀、艾云枝同为献忠的义子。献忠牺牲后，孙可望继为农民军首领。他由于感到自己的威望不足以服人，所以想"假王命自尊，雄长三部"③ 以巩固其地位。事情不大，却构成了吴、楚两党争执不休的焦点。吴党主张封授，用意是为了讨好孙可望，以便利用他的力量去吞并一贯支持楚党的高一功部队和李成栋的旧部，赶掉抗战派首领瞿式耜，并把楚党人士一网打尽。楚党看破吴党的意图，极力加以反对，并取得首辅严起恒的支持。一番争执之后，事情虽然暂时搁置下来，但是吴党却加紧同可望暗中勾搭，甚至假造敕册印宝，同意封孙为秦王、总管天下兵马大元帅。

小朝廷迁到梧州后，吴党首脑王化澄当了大学士，吴贞毓、张孝起率吴党几十人连疏攻击金堡等"把持国政，裁抑恩纪，谋危社稷"④，金堡及刘湘客、丁时魁、蒙正发被革职下狱，受到严刑拷打。

---

① 均见《五十自定稿》。
② 《姜斋公行述》。
③ 《永历实录·李定国列传》。
④ 《永历实录·金堡列传》。

受刑最重的金堡被打得鲜血淋漓，腿骨折断，此后便成了"跛汉"。

王夫之来到梧州时，金堡等人仍被系狱中。他虽然不属楚党，与他们也非素识，但出于政治主张的相近，立即投入营救的活动。他约同当时任中书舍人的管嗣裘一起去见首辅大学士严起恒，劝他进谏永历帝赦免金堡等人，但永历并未听从。

随后，吴党便把攻击的矛头集中到严起恒身上，打算把他逼走，以便独揽大权。这年四月，王化澄指使给事中雷德复参劾严起恒二十四罪，自己则在所拟诏旨中使用"春秋笔法"对严起恒加以冷嘲热讽，激他去职。严起恒此时是永历朝廷的中流砥柱，他的留去关系到"半壁存亡"[①]。因此，王夫之立即上了一道《陈言疏》，为严起恒进行辩护，对雷德复加以驳斥，锋芒所向直指雷的后台王化澄，揭穿他们的"造端本末，授受机关"[②]。与王夫之同时上疏的还有另一个任行人职的董云骧，他在上疏之后不等答复就离职而去了。吴党人士对于王夫之敢于奏劾他们首脑人物的行为大为恼火，请求永历将他逮捕惩治，幸而农民军将领高一功此时正在朝廷，力争不可，才免遭毒手，但在批回的诏旨中仍不免受到一番责备。

王夫之接着又上了两道奏疏，参王化澄结奸误国。王化澄为了进行报复，利用有人假冒王夫之的名字所写的一篇诗序作为罪证，准备构成大狱，把他置于死地。王夫之为这莫须有的陷害气得咯血，请求解职。这次又是靠着高一功的大力营救，请假获准，摆脱险境。但是，王夫之此时还把高一功当作"国仇"，对于两次营救，竟不肯去谢一谢。

至此，王夫之认为"三谏不听，谏道穷矣"，[③]当臣子的职责已经尽到，再留无益，于是便于这年七月离开梧州，经昭平、平乐，前往桂林去投奔瞿式耜。

王夫之此行的重大收获是结识了明末大科学家方以智。在西方科

[①]《永历实录·瞿严列传》。
[②]《龙源夜话·陈言疏》。
[③]《章灵赋》注解。

学传入的影响下，方氏一家祖孙几代都喜好"质测之学"。所谓质测，指的就是实验。方以智在明亡以前已经写成一本《通雅》，是他对名物、象数、训诂、音声等各方面多年来留心考究的成果。永历三年被任为礼部尚书、东阁大学士，他不肯出仕，隐居在平乐县平西村。"相知不贵早"①，王夫之对方以智确是一见倾心，以后也音书不断。这位科学家对于王夫之此后产生一些科学见解，从唯心主义转向唯物主义，都起了一定的影响。王夫之晚年在《搔首问》中写道：

> 密翁（方以智）与其公子为质测之学，诚学思兼致之实功。盖格物者，即物以穷理，唯质测为得之。若邵康节、蔡西山，则立一理以穷物，非格物也。

可见，方以智质测之学的科学方法，确曾为王夫之后来对于"立一理以穷物"的理学唯心主义的批判提供了有力的武器。

在桂林未住多久，由于清兵进逼，王夫之携眷西走永福。当时已是隆冬，却一连下了六十天的大雨。王夫之困在永福的水砦，好几天连饭也没有的吃，历尽千辛万苦，直到第二年（1651年）初，才回到衡阳，这时母亲谭氏已经死去近半年了。

王夫之还乡以后，痛定思痛，回顾两年多岭表从王的生活，确实有许多问题值得认真思考。

明末腐败政治导致了明朝的灭亡，但是这套制度在南明几个小朝廷不但故辙重蹈，而且变本加厉，有人主张振刷，反而遭到排挤、打击，原因何在？

前线农民军浴血奋战，小朝廷却有人擅挪军费，阻挠北征，甚至有人准备纳款清朝，接受新职。蚂蚁尚且要自护族类，这些人为什么连蚂蚁也不如？

小朝廷重用的权臣、悍帅、宦官、外戚，实际上是一伙"国之蟊

---

① 《姜斋诗分体稿》《广哀诗》。

贼"，只图自己私利，不顾国家安危，然而他们总是大权在握，而一些正人贤士却被排除在外，这是什么原因？

更严重的则是这些祸国殃民的家伙却都是一些儒家信徒。他们满口道德，却可以拿"仁义"作为投降主义的掩饰；满腹经书，却可以用《春秋》当作攻击政敌的武器。连高一功也在永历君臣面前指责过"春秋笔法"是朝廷不安的根源。① 那么，现行的儒学究竟是不是治国安邦的学问，符合不符合圣人之道？

这些都是关系到明王朝覆亡的大问题，必须加以解答。王夫之在此后几年"退伏幽栖"的生活中，"哀其所败，原其所剧"②，认真总结了明王朝灭亡的教训，终于找到了答案。

五、退伏幽栖

1651年（顺治八年），王夫之回到家乡。这年是抗清斗争形势低落的一年。

清兵于前一年冬陆续攻占了两广各地，瞿式耜死守桂林，城陷被杀。永历帝先逃往浔州，又逃到南宁。驻守广西的农民军高一功、党守素、贺锦和李来亨四部在向贵州转移的途中，竟然遭到孙可望的截击，高、党、贺均牺牲，部队为孙可望所兼并。只有李来亨所属几万农民军力战得脱，此后转战于贵州、四川东部，最后来到湖北西部的巴东、归州一带，同先已在那里的刘体淳、郝摇旗部会合，开辟根据地，蓄积力量，等待时机。

孙可望此时据有云南、贵州地区，南明驻滇黔将领杨展、王祥的部下均为所并，兵力共约二三十万人。但是他的野心越来越大，处心积虑要当"后明"皇帝。他于1651年三月派人到南宁向永历朝廷逼索封他为秦王的册宝。并打死大学士严起恒等大臣。这年冬天又把永历帝迎到贵州安龙，置于自己的控制之下，准备随时取而代之。王夫

---

① 《永历实录·丁王朱列传》。
② 《黄书·后序》。

之在《章灵赋》中记载道:

> 时上受孙可望之迎,实为所挟,既拂君臣之大义;首辅山阴严公,以正色立廷,不行可望之王封,为可望贼杀。君见挟,相受害,此岂可托足者哉!

王夫之面对这种局势,认为无法与孙可望共事,只好"屏迹居幽",暂时隐退,于是便于次年(1652年)避居于衡阳县西的耶姜山侧。

1652年的抗清斗争形势由于原张献忠部农民军的出击而发生变化。三月,李定国和刘文秀带领大军分头向湖南和四川进攻。刘文秀所部六万大军攻入四川,连下叙州、重庆等城,把清将吴三桂打得狼狈逃窜。到十月,部队一直打到川北的保宁,遭到挫败,加之粮草不继,撤回云南。孙可望借机进行打击,解除了刘文秀的军权。李定国带领大军十万,战象五十,从贵州攻入湖南,连下靖州、武冈、宝庆、东安等城,南下广西,直取桂林,清守将定南王孔有德自焚,南明降将陈邦傅被活捉,部队迅速地攻占了广西全省。"定国既平西粤,整饬军政,于民一无所犯"[1],保持和发扬了农民军的优良传统。他还把当时避居山中的永历朝臣刘远生、管嗣裘等招请来,"与议兴复"[2]。这年八月,李定国又从广西进军湖南,攻取衡州、长沙,到十月,一直打到岳州,并分兵进入江西,攻下永新、安福等地。"兵出凡七月,复郡十六、州二,辟地将三千里,军声大振"[3]。不幸的是,李定国的节节胜利却招致了孙可望的嫉妒,这个野心家"不欲定国之成功,而思陷之败死"[4]。十一月,正当李定国做了周密部署准备与清大将军敬谨亲王尼堪在衡阳夹蒸水进行决战的时刻,孙可望却密令埋伏在白杲市的侧翼军队后撤,从而打乱李定国的作战部署。在激烈的战斗

---

[1] 《永历实录·李定国列传》。
[2] 《永历实录·李定国列传》。
[3] 《永历实录·李定国列传》。
[4] 《永历实录·李定国列传》。

中，李定国军虽然有所斩获并杀死尼堪，但因援军不至也遭到相当损失，退屯宝庆。此后，洞庭湖南之地复为清军所占。孙可望阴谋得逞，就派人召李定国到武冈议事，实际上是"将以衡州败为定国罪而杀之"。① 定国获悉这一诡计后，便率军再入广西。

李定国驻衡阳期间，也向王夫之发出招请。这一招请在王夫之的思想上引起了剧烈的斗争。"当斯时也，欲留则不得干净之土以藏身，欲往则不忍就窃柄之魁以受命。"② 他对于"屡有克捷，兵威震耳"的大帅李定国，固然崇敬备至，但对于孙可望这条贪婪的"巴蛇"，却不无戒心，怀疑他会干出东晋桓温、刘裕那样的篡夺勾当。如果接受他的任命，自己的"皓素之姿"就会"受染于淄黄而中变其故，则终至暮年，不可复改"③。他反复思考，终于没有前往。同九年前一样，王夫之又一次谢绝了农民军的招请，但是两次的心情却不完全一样。正是农民军反民族压迫和阶级压迫的长期英勇斗争和他本人在被卷入这一时代洪流中的亲身经历，终于促使他对农民战争的看法产生了某种程度的改变。

第二年（1653年），又有人邀王夫之投奔在安龙的永历小朝廷。此时孙可望图谋篡位的野心更加急迫，已经拟定"后明"的国号，并自设内阁和六部官员。抗清形势也由于他的阴谋破坏而日益不振。王夫之更不准备前往，于是写了一篇《章灵赋》以见志。

这是一篇采用楚辞传统形式写成的赋，文字艰深，词意隐晦，幸而作者在每节之后作了注解和说明，帮助读者了解到这篇纪事诗的内容。赋最末的说明写道："思主则怆悦而烦心，求仁则坚贞而不怨，章灵之作，意在斯乎！"说出了这篇作品的主题思想。一方面是"爱主之心，尤不能忘"，另一方面是"欲往就之，奸雄窒路"；既要想"得遂所托以西归"，又希望"保吾正大光明之气"；这种矛盾的心情曾长期使他"中心聚讼"犹豫不决。这时便假托信从"神筮之善告"而

---

① 《清史稿·李定国列传》。
② 《章灵赋》注解。
③ 《章灵赋》注解。

"幽栖之志益坚矣"。当然,这种"幽栖"并不是消极的隐遁。他在赋的末段写道:"既非所能为,则将退伏幽栖,俟曙而鸣",①表明他此时还在等待天明,还要继续战斗,不过此后的战斗不是在政治舞台,而是在理论战线上了。

1653 年,清王朝命洪承畴以大学士经略两湖两广云贵地方,总督军务兼理粮饷。这个双手沾满农民军鲜血的刽子手,为了替主子效死力,"亲历衡永察机宜"②衡阳成为他经常驻留的地方。他在这里"加田税饷银,治兵攻云贵",③把衡阳变成了向农民军反扑的大本营。

在这种形势下,耶姜山已不再是王夫之所能安居的地方,于是,他便离乡外出,"随地托迹,或在浯(浯溪,在祁阳县西南),或在郴(郴州),或在耒(耒阳),或在晋宁(兴宁),或在涟邵(宝庆)",④在湘江上游一带过着政治流亡的生活。

湖南从古以来聚居着汉族和少数族,特别是郴州一带,"当楚之僻也,邃洞深谷,瑶苗杂处"。⑤这些地区的少数族人民由于长期与汉人交往,农业、手工业都有一定的发展,生产关系也与当地汉人相近。另外有一部分居住在深山密林中,还保留着原始社会制度的残余,采用刀耕火种的耕作方法。明朝统治阶级称前一部分为"熟户",后一部分为"生界"。⑥明王朝在这些地区实行土司制度,封授原来的少数族统治者以宣慰司、宣抚司等名义,利用他们进行统治。

王夫之在这一带地方流离转徙了半年多,观察了居民的生活,接触到当地的人士。这段经历对他后来形成的进化历史观很有启发。面对少数族人社会的现实,使他联想起古史的记载。"生界"的生活似乎就是"三代"的再现。土司制也很像分封制的重演。那么所谓的"三代盛世"不过一个远远落后于后世的"文之不备"的时代而已。

---

① 本段引文均见《章灵赋》。
② 《清史稿·洪承畴列传》。
③ 《衡阳县志·事纪第二》。
④ 《姜斋公行述》。
⑤ 顾炎武《天下郡国利病书·湖广六》。
⑥ 《姜斋文集·殷浴日时艺序》。

这些想法，他在后来写进了《思问录》、《读通鉴论》等著作之中。

王夫之在 1654 年冬季来到常宁县西南乡的西庄源。这里是瑶族人的居住区，王夫之也更名换姓，假充瑶人暂时住下。附近有一个隐居的绅士王文俨，对他十分敬重，时常以粮食相接济。王夫之在此停留了三年。

王夫之在这里设塾授徒，"为训诂师以自给"。[①] 他以《周易》、《春秋》两经为讲授内容，从学者很多。王夫之授课之余，从事著述，短短三年的流亡生活中共写三部重要著作。

第一部是《周易外传》。这部著作开始写于 1655 年，完成约在几年以后。王夫之后来回顾写作本书的动机和经过时写道：

> 夫之自隆武丙戌（1646 年）始有志于读《易》。戊子（1648 年）避戎于莲花峰，益讲求之。初得观卦之义，服膺其理，以出入于险阻而自靖，乃深有感于圣人画象、系辞，为精义安身之至道，立于易简以知险阻，非异端窃盈虚消长之机，为翕张雌黑之术，所得与于学《易》之旨也。乙未（1655 年）于晋宁山寺，始为《外传》。[②]

由此可知，王夫之对《周易》的研究是同他参加政治斗争交织在一起的。他以所体会到的"义理"来指导自己的行动，又从克服艰难险阻中进一步领悟其中的"至道"。这样，他就逐步从《周易》中提炼出唯物主义的思想资料，并做了进一步的发挥，从而写成这部把我国古代朴素唯物主义推向新高度的著作。他在阐发朴素唯物主义和辩证法思想的同时，还对那些利用《周易》大讲占卜迷信、宣扬唯心主义的"异端"进行了深刻的批判，批判的锋芒集中地指向了宋明的理学唯心主义。例如，把《周易》视为《火珠林》一类的占卜书籍的朱熹，就是王夫之在上段引言后面点名批判的一个。

[①] 《姜斋文集·殷浴日时艺序》。
[②] 《周易内传发例》。

王夫之在《周易外传》中首先通过对"道器关系"所作的唯物主义的阐释，批驳了历代学者在这个问题上的唯心主义观点。《周易·系辞》中有这样两句话："形而上者谓之道，形而下者谓之器。"程朱理学曾对这个问题大作其文章。朱熹说："天地之间，有理有气。理也者，形而上之道也，生物之本也。气也者，形而下之器也，生物之具也。"① 就是说，形而上之道是派生万物的根本，是第一性的；形而下之器是道所派生的，是第二性的。朱熹还说过："未有天地之先，毕竟也只是理（道）。有此理便有此天地。""且如万一山河大地都陷了，毕竟理却只在这里。"② 他们这种说教其用心就是要使人们相信有一种独立于有形之器之外的无形之道——先验的绝对精神的存在，要人们信守体现这种绝对精神的封建纲常道德，不许违抗。

王夫之说："盈天地之间，皆器矣。"又说，"据器而道存，离器而道毁。"所谓器，是指客观存在的各种具体的物质性东西，"道"是具体事物的规律；没有事物，就不存在事物的规律，所以"道不离器"。为了进一步论证，他又说：

> 无其器则无其道，人鲜能言之，而固其诚然者也。洪荒无揖让之道，唐、虞无吊伐之道，汉、唐无今日之道，则今日无他年之道者多矣。未有弓矢而无射道，未有车马而无御道，未有牢醴璧币、钟磬管弦而无礼乐之道。则未有子而无父道，未有弟而无兄道，道之可有而无者多矣。故无其器则无其道，诚然之言也，而人特未之察耳。③

王夫之这种"无其器则无其道"的道器论，坚持唯物主义路线，肯定物质第一性而精神第二性，初步奠定了他的唯物主义体系的基础，并把理学唯心主义歪曲道器关系的种种谬论驳斥得体无完肤。

---

① 朱熹《朱子全书》卷四九。
② 朱熹《朱子语类》第一。
③ 《周易外传·系辞上传第十二章》。

王夫之在《周易外传》中也提出了一系列辩证法的命题，并对宋明理学所散布的形而上学观点进行了批判。

　　《周易外传》中辩证法思想的第一点是，气经常在运动之中，事物经常在变化之中。王夫之说："太虚者本动者也；动以入动，不息不滞。"① 太虚即气，是构成宇宙间一切事物的本源。太虚之气不断运动，万事万物也就永远处于运动变化之中。他又说："天下日动而君子日生，天下日生而君子日动。动者，道之枢，德之牖也。"② 这里明确指出，运动的观点是认识一切事物的基本原则（"道之枢"），也是区分事物不同性质的根本门径（"德之牖"）。作为君子，必须坚持这种运动的观点以适应运动变化着的天下事物。他尖锐指出从老庄、玄学到宋明理学所宣扬的"主静"哲学，都是"禽鱼"、"块土"的哲学，他痛斥周敦颐、朱熹等宋明理学家所鼓吹的"吉一凶三，动不可不谨"的"禁动"哲学，不过是"避祸畏难之私，与禽兽均焉而已矣"。③ 正是这种"主静"、"禁动"的哲学，贻害无穷，断送了宋、明两朝的天下。

　　第二点是，任何事物都与其他事物互相依存，互相联系。王夫之在《无妄》一节中提出了"物物相依"的命题。他指出人们"依粟已饥，依浆已渴"；而"粟依土长，浆依水成"；可是粟的生长还要"依种而生"，水的取来也要"依器而挹"；可见每一事物都是与其他事物相依存的。而这些互相依存的事物都是实有的，"夫可依者有也"。④

　　第三点是任何事物都是对立面的统一；而对立面又可以互相转化。王夫之在《杂卦传》中提出了"反者有不反者存"的观点。"反者"是对立面，"不反者"是两者的统一。他举例说："如水谷燥润之交养其生，生固纯矣。……如温暑凉寒之交成乎岁，岁有常矣。"水谷燥润、温暑凉寒各自构成了对立面，但又分别统一于"生"和

---

① 《周易外传·系辞下传第五章》。
② 《周易外传·系辞下传第一章》。
③ 本段引文均见《周易外传·系辞下传第一章》。
④ 本段引文均见《周易外传·无妄》。

"岁"之中。可见一切事物都是对立面的统一,"相反而固会其通"。因此作为君子,是不必担忧"其终相背而不相通",而应该"乐观其反"的。①

王夫之在阐述对立面可以互相转化观点的同时,痛斥了宋儒邵雍之流所宣扬的"截然分析而必相对待"的形而上学谬论。他指出阴阳、刚柔并没有固定的界限;是非善恶都可以互相转化。从而论断邵雍之流所宣扬的谬论毫无根据。无论在天地间、万物中、人心里都无从证实。他嘲笑那些鼓吹"截然分析"的人看待天下万物就像"斧之斯薪,已分而不可合;沟之疏水,已去而不可回",其结果只能是"使万物之性命分崩离析,而终无和顺之情"。②

王夫之关于矛盾双方可以互相转化的论述,大胆地否定了一向被儒家视为永恒不变各种传统观念,为他的政治改革主张提供了理论依据。但是,他过分地强调"和顺",夸大矛盾的统一性,否认了斗争的绝对性。这是他辩证法思想中的根本缺陷。

《周易外传》是王夫之开始致力于理论斗争后写成的第一部重要哲学著作。书中一系列哲学命题的提出,标志着王夫之朴素唯物主义和辩证法思想体系的初步形成。对于儒学唯心主义,特别是宋明理学的批判,也表明他业已从儒家营垒杀了出来。当然,书中还存在许多缺点和不足,体系还不够完整、系统,以前受到的孔孟之道的影响还不能完全摆脱,对于儒家的批判,更多地集中在少数宋儒和王阳明心学,对于一些儒家头面人物还有所保留,不曾全面展开。尽管如此,这本著作在我国古代哲学史上还是一株呈放异彩的奇葩。

1655年,王夫之还写了一部《老子衍》。《老子》的世界观的核心是"道"("无"),它提出:"道生一,一生二,二生三,三生万物";"天下万物生于有,有生于无。"王夫之在《老子衍》中清算了《老子》"无"的世界观,破无立有,建立了唯物主义思想。他在这本书的《自序》中还记述了自己写书的经过:

---

① 本段引文均见《周易外传·杂卦传》。
② 本段引文均见《周易外传·杂卦传》。

> 夫之察其悖者久之，乃废诸家，以衍其意；盖入其垒，袭其辎，暴其恃，而见其瑕矣，见其瑕而后道可使复也。①

他把王弼、何晏以来历代名家阐释《老子》的种种说法搁在一边，自己深入到这本书的内部，审查它的材料根据，揭穿它的谬误，从而暴露出它的本来面目。王夫之不仅以这种勇于批判、敢于创新的风格完成了这部《老子衍》，而且还以同一风格写出了以后的其他著作。

第二年（1656年），王夫之又写成了《黄书》，这是一部表述其政治主张的著作。他针对明朝覆亡的惨痛教训和永历小朝廷的腐朽现象，提出了政治改革主张，希望能够继承黄帝，复兴"黄中"（中央地区），重建汉族地主阶级的政权。《黄书》就是因此而命名的。

王夫之在书的《后序》中写道：

> 昔在承平，祸乱未臻，法祖从王，是为俊民。虽痛哭流涕以将其过计，进不效其言，而退必灾其身矣。天下师师，谁别玉珉，荏苒首解，大命以沦。于是哀其所败，原其所剧……②

他愤慨地指出明王朝长期推行一条"法祖从王"、复古倒退的政治路线，不许改革，不准前进，有谁敢于反对这条路线，就要遭殃。这一点，他在永历小朝廷上是深有感受的。然而正是这条路线导致了明王朝和南明小朝廷一个接一个的解体、沦亡。所以他决心要找出覆亡的原因，求得挽救的办法。

王夫之对于中央集权制度是肯定的。认为是"自秦以下不能易也"③。但对于明朝专制制度存在的层次重叠、机构瘫痪的弊病，则认为必须改革，以实现"分兵民而专其治，散列藩辅而制其用"④，使地

---

① 《老子衍》。
② 《黄书·后序》。
③ 《黄书·宰制第三》。
④ 《黄书·宰制第三》。

方机构事权专一，充当捍卫中央政府的屏藩。他批评明王朝设官用人过于浮滥，提出一条慎选贤良、珍惜名位的用人路线。在《大正》篇中，作者一方面以同情的笔调写下了"农夫泞耕，红女寒织，渔凌曾波，猎犯鸷兽，行旅履霜，酸悲乡土，淘金、采珠、罗翠羽、探珊象，生死出入，童年皓发以获嬴余者"①的艰辛生活；同时对那些因对劳动人民"巧为射弋"而"渔猎大官"的统治者的荒淫腐化作了无情的揭露。王夫之指出这种过度的压榨必然会造成"和平消贲，倾否折足"，对于封建王朝很可能带来灾祸。因此逐步形成了"严以治吏，宽以养民"②的政治主张。

在《后序》中，作者作了公开的政治表态，宣布他这部著作主张"功力以为固，法禁以为揩"，是"异乎《春秋》之度"的。就这个以《春秋经》起家的儒生来说，这一离经叛道的声明，标志着他思想上的一大飞跃。

书中不仅批判了明朝统治者奉行的复古倒退的儒家政治路线，而且还谴责了他们在"仁义"的幌子下推行的民族投降主义。他严厉质问投降派们："今族类之不能自固，而何他仁义之云云也哉？！"书中使用了一些带有侮辱性的字样指称我国各少数民族，则是他的地主阶级民族偏见的流露。

王夫之在书中勾画了一幅复兴汉族地主阶级政权的图景：

> 是故中国财足自亿也，兵足自强也，智足自名也。不以一人疑天下，不以天下私一人，休养厉精，士佻粟积，取威万方……③

他还在指望南明小进行能够"踵迹灵区，以光赞我成祖也"④。但

---

① 《黄书·大正第六》。
② 《读通鉴论》卷八。
③ 《黄书·宰制第三》。
④ 《黄书·后序》。

是，这一希望注定是要破灭的。李定国和刘文秀两支农民军的抗清斗争由于孙可望的掣肘，连续遭到失败，此时已退回滇黔，两广复为清朝所有。孙可望因谋篡不成，于1657年到洪承畴军前投降，并且还无耻地"因洪承畴请兵取云贵，尽图山川迂曲及诸将情形、兵食多寡献之"[①]，换取了"义王"的封号。至此，永历小朝廷的命运已经危在旦夕了。

六、六经责我开生面

清廷接受孙可望投降后，尽知南明虚实，于是分军三路，进取云贵。一路发湖南，一路发四川，一路发广西，分别由洪承畴、吴三桂等率领，于1658年齐向贵州进攻。

此时李定国也正在筹划恢复。他派人分赴台湾和荆西，去约会郑成功和李来亨等人，定期大举反攻。清兵来攻，定国接战不利，贵州、云南相继失守。李定国和白文选两支部队退据滇缅边境。

1659年，李来亨、刘体淳、郝摇旗为了策应李定国，出兵攻入襄阳，由于寡不敌众，不久退回鄂西川东一带。

永历帝在清兵入滇时，逃入缅甸。1661年，吴三桂率兵入缅，执永历帝北还，绞死。李定国驻军边徼，恢复无望，不久病死。李来亨在清军大举进攻下，孤立无援，于1664年遣散部队，举家自焚。至此，历时二十年之久的轰轰烈烈的农民抗清斗争终于失败。

此时的衡阳，由于战场西移，趋于安靖。王夫之于1657年夏从常宁返回家乡。起先住在莲花峰下的续梦菴，三年后，在湘西金兰乡的茱萸塘畔建造了几间简陋的小屋（取名"败叶庐"），搬了过来。这几年，他继续过着"栖伏林谷"的生活，不曾外出，除了一些诗外，也没有什么著述。1661年，同他一起饱经忧患的继配郑氏病死。王夫之悲痛之余，写下了多首悼亡诗。在《来时路》诗中写了"哀哉

[①] 《永历实录·李定国列传》。

白日变"的句子,他已深深地预感到正在缅甸流亡的永历帝的覆灭命运了。第二年,永历帝被害消息传来后,王夫之除照旧写《续悲愤诗》一百韵外,还写了《来日大难》、《长相思》两篇乐府诗。

"来日大难",这确是王夫之的心声。他切盼能够"踵迹灵区,光赞成祖"的永历帝死掉了。农民军最后的一支部队李来亨失败后,出现了"中原无寸土一民为明者"[1]的局面。他"俟之方将"的一切希望都破灭了。四十四岁的王夫之,面对未来的漫长岁月,确实感到是难以驱遣的。友人方以智当了和尚,多次写信寄诗劝夫之也出家:"何不翻身行别路?"但是王夫之总以"人各有心"为词加以谢绝。[2]他抱的是什么心呢,这在他后来(1669年)构筑的新居"观生居"墙上挂的一副联语中做了解答。"六经责我开生面,七尺从天乞活埋。"[3]如果上天不把他这付七尺之躯活埋的话,他要继续生活下去,也要继续战斗下去,以他自己的多年斗争实践中所形成的朴素唯物主义和朴素辩证法的观点,对儒经做一番别开生面的阐释。这就是他面对未来的艰难岁月所下定的决心。过了两年(1671年),他写了一首述怀诗寄给方以智,前四句是:

"洪炉滴水试烹煎,穷措生涯有火传。

哀雁频分弦上怨,冻蜂长惜纸中天。"[4]

告诉老友他正在自己选择的道路上艰难地行进着,决心把他从经书中发掘到的火光传递给后世。

王夫之在这项宏大计划之外,还有一项重要的心愿,就是要为永历小朝廷留下一部史乘。此项工作大约在永历帝死后两三年间完成。这就是《永历实录》。

《永历实录》是按照旧史书的体例写成的,内容包括永历帝纪和列传两部分,共二十六卷。(阙第十六卷)。本书与旧史不同的地方,

---

[1] 《永历实录》卷十五。
[2] 见《南窗漫记》。
[3] 《船山鼓棹初集》:《鹧鸪天 自题画像》注。
[4] 《六十自定稿》。

是为农民军首领高一功、李过、李定国、李来亨，以及郝摇旗等人都立了传。这样就为这一时期的农民军抗清斗争留下了珍贵的史料。书中刻画一些农民军首领坚贞不屈的气节，记载李定国所部"于民一无所犯"，李来亨部"招居民与士卒杂处"、"亦不夺掠"的事迹，都属于翔实的史笔。

但是，书中也充斥着王夫之的地主阶级偏见。他以大量篇幅歌颂了"死节名臣"，但对多数农民军首领横加贬抑，就是对高一功、李定国等，往往也是从"雅有志义""尽忠本朝"的角度加以褒扬，对于其他各支农民军更是肆加诋毁，视同"盗贼"，甚至把南明官军所过烧杀淫掠、遇敌一溃千里的罪恶行径，也强加到农民军的头上。此外，永历朝廷上的吴、楚党争，原本是统治阶级内部争夺权势的斗争，是明朝末年党争的继续。王夫之由于有过在梧州时那段经历，在本书中褒楚贬吴，有些地方不免有失公允。不过，总起来看，本书仍不失一部记录永历一朝的重要史料。

从十七世纪六十年代中期起，王夫之埋首著述。在迤后的十年间，是他写作成果的高产时期。他的"开生面"的工作是在对历代儒家解经说教的批判中进行的。批判的锋芒首先指向明朝中期以来风靡一时的王阳明心学。

王夫之有个门人唐端笏，年轻时很喜欢王阳明的《传习录》等书，受心学影响很深。从王夫之受业后，夫之"为剖析源流，因知有朱陆同异，及后来心学之谬"[1]。此后二十多年，唐端笏一直随从老师，成为夫之的入室弟子。可见，夫之当时的讲学和对心学的批判具有多么巨大的吸引力和说服力。

但是，王夫之的批判并不仅限于王阳明一派。他的锋芒所向，从心学的主观唯心主义进而指向程朱理学的客观唯心主义，更上溯汉魏神学、玄学，旁及佛道异端，有时甚至一直点到儒学祖师爷孔子、孟子的头上。

---

[1] 《船山师友记》卷十三。

王夫之这一阶段所评论阐释的经书，几乎包括了儒家的全部经典：《四书》、《尚书》、《礼记》、《春秋》等。关于《周易》，他在此以前已经写成了《周易外传》。至于论《诗经》方面的《诗广传》，则是稍后一些时候完成的。可见，他那句"六经责我开生面"，并不是一句空洞的联语，而确是他几十年奋斗的目标。他以精辟的见解，峥嵘的笔锋，汲取前代进步思想家的成果，批判历代儒生的讲经论道，在斗争中发展了古代朴素唯物主义，形成了凌越前代的唯物论体系，在十七世纪的世界文化宝库中留下了光彩夺目的著作。

　　这里，我们对王夫之的几部主要著作，做一些简单介绍。

　　《尚书引义》约写于 1663 年。王夫之通过对《尚书》经义的阐释，评论历史，批判先儒，提出了自己的政治主张和哲学观点。全书共五十篇，每篇各就经义内容引申发挥，提出论点。各篇之间不相连属，实际上是一部哲学、政治思想短篇论集。

　　本书的主要成就在于哲学思想方面。王夫之用了大量篇幅，通过对"明"与"诚"、"人"与"天"、"心"与"事"、"名"与"实"、"能"与"所"等一对对范畴的分析，认证了主观与客观的关系，坚持了唯物主义，批判了唯心主义。这里且以《召诰无逸》篇对"能"与"所"关系的论述为例。

　　"能"与"所"是佛教哲学中的一对范畴，"能"指主观认识活动，"所"指认识对象。佛教虽在表面上作出这种分别，但实际上却极力混淆两者，通过"能其所，所其能"，以达到"消所以入能，而谓能为所"的目的，也就是把客观归结为主观，而称主观为客观。王夫之借用这对范畴，赋予了唯物主义的解释："境之俟用者曰所，用之加乎境而有功者曰能。"这是说，客观的"所"是有待于人们去加以认识、利用的东西；主观的"能"是人们作用于客观对象并能够产生实际效果的能力。他还指出："乃以俟用者为所，则必实有其体；以用乎俟用而以可有功者为能，则必实有其用。"这是说，作为人们去认识、利用对象的所，必须是确实存在的实体，这样才能接受主观的作用；作用于客观对象的能，必须表现出实际的效果来，这样主观作用才非虚构。王夫之这一论点,与佛教的"惟心惟识"、陆王学派的"意之所在便是物"等唯心主义观点,是根本对立的。他更进一步指出,主观和客观虽然存在着上述的差别和联系,但归根结底,客观的东西是第一性的。人们在认识过程中,总是先有认识对象,"因所以所能",然后才产生认识活动。而人们的主观认识必须与客观相符合,"能必副其所",这样才能正确。王夫之对主观和客观的这种严格区分和深刻阐述,在认识论的领域中坚持了唯物主义的反映论,打击了各种唯心主义的谬说。

《说命中二》是本书中论述知行关系的一篇好文章。知行关系是认识论上的根本问题。宋明道学唯心主义和佛道唯心主义在这个问题上制造了种种谬论。王夫之在文章中一方面对这些唯心主义谬论进行了批驳,另方面提出了以"行"为基础的唯物主义知行观。

文章首先揭露陆王学派在知行关系上所鼓吹的"知行合一"、"知不先,行不后"是一种欺骗天下的"浮游之说";指出"彼非谓知之可后也,其所谓知者非知,行者非行也"。因为这一派所宣称的"知",不过是一种"恍然若有所见"的先验道德观念;而他们所说的"行","则确乎其非行,而以其所知为行也,"这种"以知为行",也就是"以不行为行",这同佛教的"销行以归知,始终于知"是一路货色,都是只讲"知"不讲"行"的。文章接着也批判了程朱学派提出的"知先行后"的主张,指出他们为了反对陆王一派的"知行合一",却把知与行割裂开来,结果在知、行之间"立一划然之次序,困学者于知见之中,且将荡然以失据",同样陷入了"离行以为知"和"先知以废行"的错误。朱门后学奉行这种"知先行后"论的结果,只会"寻行数墨",死抠书本,一到接触实际,就难免"不相应以适用",到处碰壁。所以,王夫之得出的结论是:"朱门后学之失,与陆、杨(简)之徒异尚而同归"。也就是说,从理论实质和危害性上看,朱熹的"知先行后"与陆、王的"知行合一"根本是一路货色,并没有多少不同。

王夫之在文章中也提出了自己的唯物主义知行观点,认为,在知和行的关系上,"行"对于"知"起着决定作用。他说:"且夫知也者,固以行为功者也;行也者,不以知为功者也。""行焉可以得知之效也;知焉未可以得行之效也。"这是说,"知"是靠"行"取得的,而"行"的成功却不必依靠事先的"知"。"知"的真假正误是靠"行"来检验的,而"行"的功效只能靠行取得,光靠"知"是达不到的。可见,"行可兼知,而知不可兼行",这就是结论。王夫之关于知行关系的论述,是对我国古代唯物主义认识论的一个重要发展。

书中还有一些关于政治思想方面的文章。《冏命》篇中指出一个王朝"迨及末造"往往出现"主暗臣奸"的局面,宦官乘机弄权,于是"宫府交违,国是益乱,成乎积重不返之势"。这是王夫之对明王朝覆亡的历史教训的一项总结。《立政周官》篇中,嘲讽那些因循守旧的人根本不懂:"世已易,俗已移,利已尽,害已生,其可相因而不择"的道理,拼命叫嚷什么"吾固以前王为师",简直就像"操舟者见上游之张帆,而张之于下游"那样,结果是"不背于彼之道而背于其道矣",表达了他因时变法的政治主张。本篇和其他篇中都提到"理"和"势"问题。《武成》篇中指出:"势者事之所因,事者势之所就,故离事无理,离理无势。势之难易,理之顺逆为之也。理顺斯势顺矣,理逆斯势逆矣。"王夫之这种理势统一的观点,是他政治改革主张的理论依据,也是他的进化历史观的理论基础。

王夫之在《尚书引义》中所阐发的一系列的唯物主义命题是他哲学思想的重要成就。这些问题的解决,使他在写《周易外传》时初步形成的朴素唯物主义思想体系得到充实、发展。但是本书也和《周易外传》一样,是以阐释儒家经典的形式来表达自己思想的,因此在内容和文字叙述方面都不免受到经文的束缚,保留下许多封建糟粕。

书中提出的反对保守、主张改革的政治思想,是具有进步意义的。但其出发点仍然是为了维护地主阶级的封建统治。他一再提到"民嚣可畏",说明他对农民起义是抱着敌对态度的。这些都是他的时代和阶级的局限性。

另一部重要著作是《读四书大全说》。王夫之在 1665 年写的《和梅花百咏诗序》中有一句"时方重定《读书说》",指的可能就是《读四书大全说》,因此可以认为,这本著作是在这一年订定成书的。

本书以读《四书大全》一书的札记形式写成。《四书大全》是明成祖永乐年间敕令翰林学士胡广等人编纂的。书中把宋、元以来程朱派道学家对《四书》的解释汇集一起,作为儒生学习《四书》的标准读本。朱熹所作的注释《四书章句集注》构成《四书大全》一书最主要的内容。《四库全书简明目录》中《四书大全》一条下面写道:"有明取士,惟重四书义,四书义惟重此书。"到了清朝,仍然以朱熹的《集注》试士。可见这部宣扬孔孟之道和唯心主义道学的儒家经典一直取得"钦定官书"的地位。

王夫之的《读四书大全说》实际上是一部对该书的批判论文集。他按照《四书》原来的篇章次序,就经文发表自己的见解,同时对《大全》所收罗的各家注释加以批判。他不但批判了那些朱门后学,而且也不曾放过程、朱,甚至在有的地方一直点到孔、孟本人头上。王夫之在当时的条件下对这样一部"钦定官书"敢于如此地加以批判,的确是一种难能可贵的行动。而更可贵的则是他在对唯心主义道学的批判中,又提出了一系列新的唯物主义命题,进一步丰富了他的哲学思想体系。

"天命"思想是一条贯穿《四书》的黑线。孔子提出"畏天命",子思在《中庸》的开头就讲"天命之谓性",孟子也大讲其"莫之为而为者,天也;莫之致而至者,命也"。[1]他们宣扬天有意志,人的生死祸福、富贵贫贱以至国家的治乱兴亡,都由天的意志即"天命"来决定。宋代的道学家们对这种"天命"思想下了一番修饰的功夫,宣扬在自然界和社会之上存在着一个支配和主宰一切的"理"。正像列宁所指出的那样:"哲学唯心主义不过是隐蔽起来的、修饰过的鬼神之说。"道学家们拈出了"天理"的概念来代替和发挥"天命"那种鬼神之说。

王夫之否认天是有意志的,认为是由物质性的气构成的。他说:

---

[1] 《孟子·万章上》。

"天者，固积气者也。"① 又说："天只阴阳五行，流荡出内于两间。"② 所以天只是自然界，是"无心"即没有意志的。自然界对人和生物发生作用，人和生物从自然界获得生命。只是从这种意义来讲才有所谓的"天命"。他在《论语·雍也篇》说："圣人说命，皆就在天之气化无心而及物者言之。天无一日而息其命，人无一日而不承命于天。"他驳斥那种"死生有命，富贵在天"的谬论说："士之贫贱，天无所夺；人之不死，国之不亡，天无所予；乃当人致力之地，而不可以归之于天。"同时还揭穿那种宣扬"莫之致"的说教是束缚人的手脚，不许有所作为："且以未死之生，未富贵之贫贱统付之命，则必尽废人为，而以人之可致者为莫之致，不亦舛乎！"③ 他嘲笑"先儒说天如水晶相似，透亮通明，结一盖壳子在上。以实思之，良同儿戏语"。④ 又说假如："人之所性，皆天使令之，人其如傀儡，而天其如提彄者乎？"⑤ 对于这些"先师""先儒"们所宣扬的天命观，这是多么辛辣的讽刺。

《春秋诸说》：历来讲春秋者的观点，夫之的新解。（未完成）

《礼记章句》：历来讲礼记，夫之的释礼。（未完成）

七、泛宅避乱（1674—1679 五十六至六十一岁）

写作提纲：

三藩之乱

避乱出走　遇都护刘君　程奕先　李缓山　蒙圣功

筑船山草堂　《草堂记》

拒撰"劝进表"作《袯襫赋》。

作《蚋斗赋》，辑五十岁以后所作诗为《六十自定稿》。

避乱中的著述：

---

① 《读四书大全说 卷十·孟子·尽心上篇五》。
② 《读四书大全说 卷二·中庸·第一章一》。
③ 《读四书大全说 卷十·孟子·尽心上篇六》。
④ 《读四书大全说 卷五·论语·子罕篇十一》。
⑤ 《读四书大全说 卷二·中庸一》。彄，音 kou（抠），作弦解。

《周易大象解》
《庄子通》

八、总结工作（1679—1692 六十一岁以后）

写作提纲：

"定经诠，秩散稿，辑闲吟"

康熙二十五年（1686），始接受清统治的现实，子敔应童子试（三十岁），取为秀才。

《七十自定稿序》

衰病　力疾著述

几部总结性的著作：

　　《张子正蒙注》

　　重订《尚书引义》

　　《读通鉴论》

　　《宋论》

其他：

　　《俟解》

　　《周易内传》(《周易外传》的补充)

　　《噩梦》(改革弊政)

　　《传家十四戒》(无神论)

　　等等

九、结束语

写作提纲：

自题墓石

后人评价

现实意义

西太后篡政夺权纪实

篡政夺权的阴谋家①

一、辛酉政变，垂帘听政

那拉氏出生于1835年11月（道光十五年十月），成长在一个满洲官员的家庭里，乳名兰儿。她的父亲名叫惠征，当过安徽徽宁池广太道道台。那拉氏从小受封建教育，满脑子装着攀龙附凤、富贵荣华的思想。但她早年丧父，家业中落，一时找不到缔姻显贵、出人头地的机会。

可是，事有凑巧。1851年（咸丰元年），那拉氏在她十六岁的时候，作为秀女被选入宫中。②她入宫后，被清帝奕詝（咸丰）看中，很快就被封为贵人。那拉氏善于"先意承旨"，很得奕詝的宠幸，1854年（咸丰四年）进封为懿嫔。1856年（咸丰六年），她生了一个儿子，"母以子贵"，再进位为懿妃。次年（咸丰七年），更进位为懿贵妃，不几年就爬到了仅次于皇后和皇贵妃的地位。

鸦片战争以后，中国的民族矛盾和阶级矛盾日益尖锐。外国资本主义的加紧入侵和中国封建统治阶级的残酷剥削，激起了中国人民的无比仇恨和反抗。19世纪50年代至60年代，爆发了以太平天国革命为中心的农民大起义，形成了近代中国人民第一次反帝反封建斗争的革命高潮。

---

① 本文为集体著作《祸国殃民的西太后》中的第一部分，由作者撰写。
② 清朝制度，凡旗员的女儿适合年龄者每三年一选，由八旗都统造册咨送户部奏请引阅，以备妃嫔之选或指配宗室近支，叫做秀女。

正当太平天国革命狂飙席卷长江两岸，清王朝反动统治摇摇欲坠的时候，1856年至1860年，英、法在俄、美支持下，趁机发动了第二次鸦片战争。英、法侵略者的目的是企图扩大它们在第一次鸦片战争中得到的权益，威慑清政府，进而勾结它共同镇压太平天国革命，确保它们在中国的利益。

由于清朝政府腐败无能，妥协投降，1860年（咸丰十年）英、法侵略联军气势汹汹地闯进了北京城。奕詝带着后妃、皇子和一些贵族官僚，仓皇逃窜到承德的行宫避暑山庄；他的弟弟恭亲王奕訢则奉命以钦差全权大臣的名义留在北京，与英、法、俄、美四国侵略者谈判，卖国求和。奕訢秉承奕詝的旨意在北京与英、法侵略者签订了丧权辱国的中英、中法《北京条约》，又在沙俄侵略者的胁迫下签订了《中俄北京条约》。第二次鸦片战争结束。

1861年8月22日（咸丰十一年七月十七日），奕詝病死于承德避暑山庄。死前，即8月21日（七月十六日），奕詝遗诏立年方六岁的载淳为皇太子，继承皇位；同时任命怡亲王载垣、郑亲王端华、户部尚书肃顺等八人为"赞襄政务王大臣"，要他们"尽心辅弼，赞襄一切政务"①。

八大臣根据遗诏拥立载淳嗣位，以明年为"祺祥"元年。二十六岁的那拉氏以皇帝生母的身份与奕詝的皇后钮祜禄氏同被尊为皇太后。钮祜禄氏称"母后皇太后"，那拉氏称"圣母皇太后"，合称"两宫皇太后"。接着又为两宫皇太后上徽号，② 钮祜禄氏称"慈安"，那拉氏称"慈禧"。这是她们最初加上的徽号（后来还曾上徽号多次），以后便分别称作慈安太后和慈禧太后。这时朝廷上，载垣、端华、肃顺等人按照奕詝的遗诏，开始主持政务。为了保持清代从无母后临朝听政的祖宗家法，防止皇太后干预朝政，他们最初规定皇帝谕旨由赞襄王大臣拟定后，送呈两宫皇太后钤用"御赏"和"同道堂"印玺，不得更易；臣工的奏折，不送呈皇太后阅看。他们还规定内外臣工呈

---

① 翁同龢：《翁文恭公日记》，第2册，第57页（遗诏原件藏故宫博物院）。
② 徽号是封建时代专给帝后的美称。

递的折报，只写"皇上"字样，不准书写"皇太后"字样。[1] 这些规定都是为了防范那拉氏干预政务而设的。

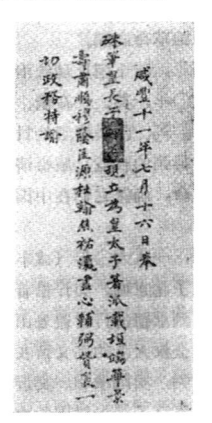

图一 奕詝任命载垣等赞襄政务的遗诏

可是，那拉氏是一个野心勃勃的权欲狂，她对奕詝的遗诏和八大臣的限制极端不满。她为了自己掌权，根本不顾什么"祖制"、"家法"，决心抓住奕詝刚死、载淳年幼这个有利时机，推翻奕詝的遗命，公开出面从赞襄政务王大臣手中夺权。于是在那拉氏与载垣、端华、肃顺等人之间，不断发生剧烈的冲突。殿堂之上时常出现"晓晓置辩"[2] 的场面。那拉氏无法折服载垣等人，便施展阴谋诡计，策划宫廷政变，夺取清王朝最高统治权。

图二 "御赏"、"同道堂"印

---

[1] 《赞襄王大臣在咸丰十一年九月二十一日的信》（原件藏故宫博物院）。
[2] 《清穆宗实录》，第5卷，第28页。

首先，那拉氏设法拉拢奕詝的皇后钮祜禄氏。钮祜禄氏以前与那拉氏后妃之间原不和睦，奕詝死后，在奠祭礼节上也发生过争执。① 这时，那拉氏为了取得钮祜禄氏的助力并利用她顶头出面，便一反常态，对她竭力奉承、拉拢。她危言耸听地劝诱钮祜禄氏出来垂帘听政，说载垣、端华、肃顺等人跋扈狂悖，很像康熙初年鳌拜的行径，只有两宫垂帘听政才能免除这伙人的篡权。经过那拉氏的挑拨和鼓动，钮祜禄氏终于同意了垂帘听政，并同那拉氏一起密订了政变计划。

接着，那拉氏又去勾结恭亲王奕䜣。奕䜣是旻宁（道光）第六子、奕詝的异母弟，属于近支亲王。他在留守北京期间，与英、法、俄侵略者签订了一系列不平等条约，大量地出卖了祖国利益，于是便以"通晓洋务"而担任了总理各国事务衙门的大臣。此后，奕䜣经常和外国侵略者厮混在一起，深受洋人的赏识。那拉氏这时之所以要与奕䜣勾结，一方面是想利用他与赞襄政务王大臣之间的矛盾，更主要的则是打算通过他以获取外国侵略者的支持。

奕䜣也是一个野心家。他在清皇室中宗支最近，地位较高，在"抑民奉外"的活动中显示出来的反动"才能"也颇得朝廷上下的赞许。奕詝死后，他未尝不想仿效清朝初年多尔衮的故事，以叔王身份出掌中枢权力。但是赞襄政务王大臣的名单中却没有他，实权落入了宗支较远的载垣、端华、肃顺手中。这使他很不甘心。加之载垣等人出于猜忌，又对他极力排挤，就使得他更加仇恨。

奕䜣与载垣、端华、肃顺等人虽然在镇压国内农民革命运动的问题上立场一致，但在对付外国侵略者的问题上却不无分歧。例如英、法联军入侵广州时，在奕䜣召集的御前会议上，"䜣主和，顺主战，哄于御前不能决。"② 特别是在同沙俄关于我国东北领土的交涉中，肃顺在1859年（咸丰九年）曾愤怒地驳斥过俄使伊格纳切夫的侵略要求，把沙俄强

---

① 《热河密札》第十二札记载有："凤闻两宫不甚惬洽，所争在礼节细故。"（《热河密札疏证》，1962年4月16日《光明日报》）那拉氏所争的是在向奕詝灵前奠酒的顺序问题。她原排在琳妃之后，但她认为自己的儿子已立为皇帝，这样的奠酒顺序是对她的贬低。争执以后的第二天，她即获得圣母皇太后的尊称。

② 沃丘仲子：《慈禧传信录》，卷上，第2页。

迫签订的《瑷珲条约》抛在桌上，严正宣布它不过是一张废纸。而奕䜣在第二年留守北京期间，则同英、法、俄侵略者分别签订了《北京条约》，大量地出卖了领土和主权。两人态度迥然不同，因之外国侵略者对他们的看法也不一样。英国侵略军头目、全权大臣额尔金在《北京条约》签订以后就曾考虑到咸丰帝同"他身边那些歹毒的谋臣"（指载垣、肃顺等）一旦返回北京，外交上很可能出现反复，而恭亲王奕䜣很可能在这次反复中为肃顺等所压倒。因此他力主英、法联军应对奕䜣加以支持。他在1860年11月10日的一封信中写道："恭亲王将会由于能够劝使我军从北京移驻天津而获得声望。同时，我军继续留驻近在咫尺的天津这一事实，在支持恭亲王的妥协政策方面也将成为一个具有警告意义的论据。"① 这种支持奕䜣的主张，在许多外国人的公私函件中都有所流露。外国侵略者"为了可以通过满清朝廷而指挥那种适合他们的利益的政府"，② 自然希望更换这批不友好的实际掌权者，而代之以驯顺的走狗。那拉氏、奕䜣之流便都成为他们中意的人选。

那拉氏想凭借奕䜣的实力，奕䜣想依靠那拉氏当后台，两个野心家在篡夺清王朝统治大权的问题上，相互利用，一拍即合。奕䜣在与英国侵略者进行密谋策划之后，便于1861年9月5日（八月一日）借口去哭祭奕詝，奔赴承德。

八大臣对奕䜣此行，事先虽有所防范，发出诏谕要他"无庸前赴热河"，但奕䜣以"叩谒梓宫"为借口，无法阻止。奕䜣到承德后，立即受到那拉氏的召见，"奏对良久"。③ 就是在这次召见中，他们秘密商订了政变计划，准备搞掉八大臣，夺取统治权。奕䜣还向那拉氏保证："外国无异议，如有难，惟奴才是问。"④ 密谋已定，奕䜣匆匆赶回北京，两下里分头下手。

这时，八大臣在朝廷上据有重要职位，他们或是亲王，或是御前

---

① 转引自坂野正高：《中国与西方（1856—1861）》，1964年哈佛大学版，第218页。
② 拉铁摩尔：《现代中国之创造》，1945年伦敦版，第119页。
③ 翁同龢：《翁文恭公日记》，第2册，第65页。另外《热河密札》第七札记载有："太后召见，恭邸……独对，约一时许方出。"
④ 王闿运：《祺祥故事》，见邓之诚辑《旧闻零拾》。

大臣，或是军机大臣，另外兼管许多差使，掌握军政大权。京城警备和皇帝禁军的指挥权，都操在他们手中。当时的热河行宫①也完全处于他们的控制之下。那拉氏处在这种不利的情况下，对八大臣暂时采取了"外示优礼"的手法，等待时机，以求一逞。

奕䜣返回北京后，立即积极行动，在满汉官僚中间吹风点火，勾结串联，煽起了一片要求由两宫皇太后垂帘听政的喧嚣，作为他们篡权擅政的舆论。

带头的是兵部侍郎胜保，这是一个掌握近畿兵权的实力人物，也是一个镇压北方人民起义的刽子手。他在奕䜣死后八大臣开始掌权的时候，就曾发出过"清君侧"的叫嚣。这时他与山东巡抚谭廷襄联衔，故意违反清代祖制，在9月11日（八月七日）用黄折向皇太后请安，作为效忠的表示。

大学士周祖培、贾桢等人也不甘落后，他们为了替皇太后垂帘听政寻找根据，就在奕䜣离京赴热河与那拉氏进行密谋的时候，找到帮闲文人李慈铭，"属为检历代贤后临朝故事"，②编成材料备用。李慈铭举出汉、晋、辽、宋四朝八个太后的事迹，并附带辑录了一些"无贤称者"，汇成《临朝备考录》一书，交给周祖培。但是，这些老官僚们一时还举棋不定，为了慎重起见，先让御史董元醇出马。

董元醇是周祖培的门生。他按照老师的授意，于9月14日（八月十日），直截了当地上了一个奏折，以皇帝年幼为理由，请求"皇太后暂时权理朝政"，并请"更于亲王中简派一二人，令其同心辅弼"。奏折中还说："虽我朝向无太后垂帘之仪，而审时度势，不得不为此通权达变之举。"③

"审时度势，通权达变"，这是董元醇奏折要求那拉氏打破祖制、垂帘听政的理论根据。当时热河行宫的一个官员在寄给北京的同僚的一封信中也指出："夫今日之事，必不得已，仍是垂帘。"④他们所讲的

---

① 即避暑山庄。
② 李慈铭：《越缦堂日记补》，第11册，第104页。
③ 董元醇：《敬陈从权守经疏》，见《皇朝道咸同光奏议》，第40卷，第2页。
④ 《热河密札》，第四札。

"时势",主要指的就是当时遍及全国各地的农民起义。农民起义的燎原烈火,使得整个地主阶级感到自己的统治岌岌可危。他们需要更加凶狠残暴并能依靠资本主义侵略者的刺刀来镇压农民起义的统治工具,以苟延自己的残喘,而那拉氏则成为他们属意的人物。这样,那拉氏的篡政阴谋就获得了有力的支持。

载垣、端华、肃顺等八大臣,对那拉氏所发动的舆论攻势,进行了抵制和反击。他们以载淳名义发出上谕,指责胜保、谭廷襄具折请皇太后安是"有乖体制",在穿孝期间呈递黄折"亦属不合",将两人交部议处,并通令各级官员,今后不准向两宫皇太后请安。董元醇奏折上后,那拉氏召见八大臣,要他们照董折所奏实行。载垣、端华、肃顺等"勃然抗论,以为不可"。① 双方激烈争论,"声震殿陛,天子惊怖,至于啼泣,遗溺后衣"。② 载垣等退朝以后,又拟了一道严厉斥责董元醇的上谕,说:"我朝圣圣相承,向无皇太后垂帘听政之礼",董元醇所奏,"甚属非是",另行简派亲王辅政,"尤不可行"。当这道上谕送交那拉氏盖印时,由于"西边(那拉氏)执不肯下,定要临朝",③ 争执又起。载垣三人"决意搁车",④ 撂挑子不干,以示反对。双方僵持不下。最后,那拉氏看到三人还控制着热河行宫的大权,而自己的政变阴谋尚未布置就绪,不敢公然闹翻,只好暂作妥协,"卒如所拟"。⑤

下一步,那拉氏便施展阴谋去夺取兵权。胜保提出叩谒奕詝梓宫的请求,得到那拉氏许可,借机把所部军队部署在密云一带。另一个拥有重兵的实力人物僧格林沁也已受到奕䜣的拉拢。僧格林沁这时正统带蒙古骑兵在山东一带镇压捻军,也致书八大臣,指责他们"拘泥旧制","不能取信于天下"。⑥

那拉氏所深感不安的是载垣等人手中掌握的那部分兵权。10月7

---

① 薛福成:《庸盦笔记》,第1卷,"咸丰季年三奸伏诛"条。
② 李慈铭:《越缦堂日记补》,第12册,第13页。
③ 《热河密札》,第四札。
④ 同上。
⑤ 《清史稿·宗室肃顺传》。
⑥ 《僧格林沁的信》(原件藏故宫博物院)。

日（九月四日），她抓住"载垣、端华、肃顺面奏因差务较烦，请将管理处所恳恩酌量改派"①的时机，解除了三人的许多兼差，其中包括步军统领、管理火器、健锐营等皇帝禁军以及扈从护卫等差事。八大臣军权的解除，使那拉氏可以放心大胆地返回北京，逐步实现其篡权阴谋了。

10月26日（九月二十三日），奕詝的灵柩起运回京。从热河到北京只有三百多里的路程，在当时条件下，普通行旅只需五六天即可到达。但是，奕詝的灵柩既大且重，要用一百二十人肩抬，沿途山路崎岖，沟梁纵横，行进十分迟缓。按照嘉庆帝死时的礼制（他也是死在热河，归殡北京的），大行皇帝灵柩启行之前，新帝及后妃在灵前祭奠已毕，即可先行，以快班轿夫兼程前往，先期返京，以便当灵柩到达时，在城门口恭迎。那拉氏袭用旧制，在其亲信荣禄率兵保护下，偕同钮祜禄氏和小皇帝载淳匆匆上路。她故意把护送灵柩的重任交给赞襄政务八大臣中的核心人物肃顺，把他拖在后面而让其他王大臣扈从帝后先行，这样，就把八人拆散开来。先行的七人离开肃顺，变得群龙无首；肃顺一人在后，也落得孤掌难鸣。在那拉氏精心设置的圈套面前，他们陷入了只能束手就擒的不利局面。

那拉氏在路上行了六天，于11月1日（九月二十九日）抵达北京，比奕詝的灵柩早到四天，这就为她发动政变赢得了时间。回到北京的当天，她不顾长途跋涉的疲劳，立即召集奕訢和其他亲信大臣秘密部署。第二天黎明，在那拉氏和奕訢的主持下，发动突然袭击，在宫廷当场逮捕了载垣、端华。这时肃顺护送奕詝灵柩，还在密云途中，也被那拉氏派去的醇亲王奕譞逮捕，押解来京，一起交宗人府②治罪。

11月8日（十月六日），那拉氏以幼帝载淳名义发出上谕，宣布八大臣被罗织的罪名和应受的处分。载垣、端华赐自尽，肃顺斩决，其余五大臣革职。按照清制，宗室有罪至死者，只在宗人府赐自尽。由于那拉氏对于肃顺最为嫉恨，特地将他斩首示众。肃顺在菜市口刑

---

① 《清穆宗实录》，第4卷，第5页。
② 掌管皇族的谱牒、爵禄、支派、教诫、赏罚、祭祀等的机构，长官为宗令、左右宗正、左右宗人。

场临刑之前,面对围观群众,愤怒斥责那拉氏"废弃遗命,紊乱家法,妄干政事";[①]并说:"我没想到竟上了你这娘儿们的当。"[②]他的确是疏于防范,结果上了那拉氏的圈套。

11月11日(十月九日),那拉氏先为载淳举行登基大典,正式即皇帝位,废除八大臣所拟的年号"祺祥",以明年为"同治"元年。这段期间,她改组了军机处,并把一些亲信安插到政府的重要部门。为了酬谢这次政变的主要帮凶,她授任奕訢为议政王,在军机处行走,实际成为这个中枢部门的主持者。曾与外国侵略者签订过《天津条约》的卖国贼桂良,经常与外国侵略者打交道的文祥,都被任命为军机大臣。通过一系列的任免措施,那拉氏在奕訢等人的支持下把清王朝的最高统治权全部攫取到自己手里。

但是,那拉氏这时并没有急忙粉墨登场。因为她懂得自己干下的篡夺勾当既须取得舆论的公认,更要获得外国侵略者的支持。这还需要时间。

11月2日(九月三十日),原先留在北京的一些大臣贾桢、周祖培、沈兆霖、赵光等在那拉氏回京召见之后,联合上了一道请皇太后听政的奏疏。奏疏就"赞襄"二字大作文章说:"臣等……寻绎赞襄二字之义,乃佐助而非主持也。若事无巨细,皆凭该王大臣之意先行定议,然后进呈皇上,一览而行,是名为佐助,而实则主持,日久相因,中外能无疑虑乎?"[③]接着他们提出"为今之计,正宜皇太后敷宫中之德化,操出治之威权,使臣工有所秉承,命令有所咨决,不居垂帘之虚名,而收听政之实效。"[④]但是这种劝进,还不能使那拉氏感到完全满意。

同一天,胜保也上了一道劝进的奏疏。他写道:"为今之计,非皇太后亲理万机、召对群臣,无以通下情而正国体;非另简近支亲王

---

① 沃丘仲子:《慈禧传信录》,卷上,第27页。
② 章士钊:《热河密札疏证补》,《文史》第2辑,第97页。
③ 贾桢等:《政权操之自上疏》,见《皇朝道咸同光奏议》,第40卷,第2页。
④ 同上。

佐理庶务、尽心匡弼，不足以振纲纪而顺人心。"① 疏中还举出"我文皇后（顺治帝之母——引者）当国初年，虽无垂帘明文，而有听政实用"，② 为那拉氏垂帘听政找到了本朝的先例。这道奏疏切合了那拉氏的心意，也博得了地主买办阶级大大小小人物的赞许。

舆论制造得差不多了，但还留下一个问题：奕訢让八大臣赞襄政务的遗诏早已颁布天下，事实俱在，如何抹掉呢？这只能由那拉氏亲自下手。她在11月8日（十月六日）以载淳名义发布的上谕中公然说："实则我皇考弥留之际，但面谕载垣等立朕为皇太子，并无令其赞襄政务之谕。载垣等乃造作赞襄名目，诸事并不请旨，擅自主持。"③ 把奕訢遗诏否定得一干二净，真是弥天大谎。那拉氏在垂帘听政以后，本来还打算进一步销证灭迹，将那道遗诏销毁，但她毕竟作贼心虚，又无法以一手遮尽天下人的耳目，因之未敢下手。12月20日（十一月十九日）下诏说："所有造作赞襄政务谕旨，确系矫传。……惟遽将其销毁，又恐无以示将来而征罪案。"④ 那道遗诏于是得以保存下来，成为那拉氏篡权窃国的千秋罪证。

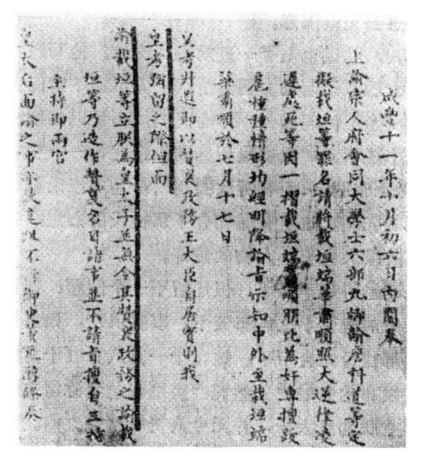

图三　那拉氏否认奕訢遗诏的上谕

---

① 胜保：《请亲理大政疏》，见《皇朝道咸同光奏议》，第40卷，第3页。
② 同上。
③ 《清穆宗实录》，第6卷，第15页。
④ 《清穆宗实录》，第10卷，第32页。

那拉氏为了替自己的阴谋从历史上寻找根据，还在 11 月 17 日（十月十五日）命令南书房、上书房、翰林院等"将历代帝王政治及前史垂帘事迹……择其可为法戒者据史直书，简明注释，汇为一册"。[①] 张之万、许彭寿等一些词臣学士奉命编辑成书呈进。那拉氏阅后大喜，赐名《治平宝鉴》，张之万等都受到丰厚的封赏。

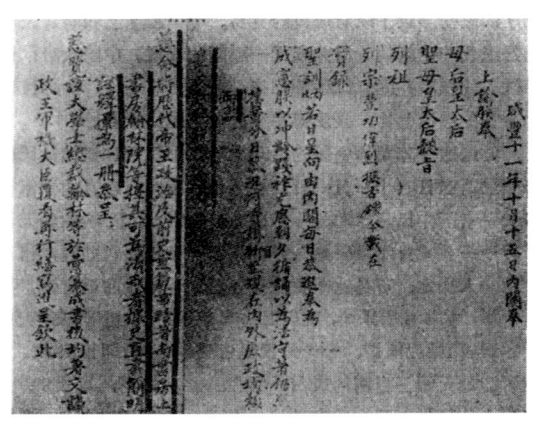

图四　那拉氏下令编纂"前史垂帘事迹"的上谕

在此期间，那拉氏还奴颜婢膝地去乞求外国侵略者的支持。她在宣布八大巨罪状的那道上谕中竟然把"不能尽心和议……以致失信于各国，淀园被扰"[②] 也列为一大罪状，公然替英、法联军侵略我国、骚扰北京、焚烧圆明园种种暴行开脱罪责。她任用奕訢之流代替肃顺等人，自然能获得外国侵略者的欢心。因此，在政变之后，英国的外交次官拉雅德于 1862 年 3 月 18 日在下议院一次关于中国问题的辩论会上讲道："最近期间（中国）发生了一次重大变化，一次成功了的政变导致了政府成员的更易。……恭亲王和两宫太后已经组成一个新的政府并奉行一项新的政策。中国政府承认外国人的权利并同意以平等相待，这还是第一次。"[③] 那拉氏和奕訢的摇尾乞怜，果然博得了外国主子的欢心。

---

① 《清穆宗实录》，第 7 卷，第 20 页。
② 《清穆宗实录》，第 5 卷，第 26 页。
③ 转引自坂野正高《中国与西方（1856—1861）》，第 241 页。

经过这一阵紧锣密鼓的活动之后，那拉氏和钮祜禄氏便于 12 月 2 日（十一月一日）在养心殿垂帘听政。由于钮祜禄氏平素的作风是"和易少思虑"，[①]"见大臣，呐呐如无语者，……或竟月不决一事"，[②] 那拉氏便乘机大权独揽，诸事多由一人决定。可是这个权欲狂还假惺惺地发布谕旨说："垂帘之举，本非意所乐为，唯以时事多艰，该王大臣等不能无所秉承，是以姑允所请。……一俟皇帝典学有成，即行归政。"[③] 这种此地无银三百两的表白，实在是欲盖弥彰。

由此可见，那拉氏发动的"辛酉政变"（1861 年旧历是辛酉年，因此，这年政变史称"辛酉政变"）是中外反动派相互勾结的产物，是清政府走向买办化的严重步骤。那拉氏的上台，在国内代表了地主买办阶级的利益，在国外代表了帝国主义在华的利益，因而获得了他们的全力支持。从此以后，清政府与外国侵略者加紧勾结，使中国半殖民地化程度步步加深。那拉氏就是这样作为地主买办阶级的政治代表和帝国主义的侵华工具，通过"辛酉政变"爬上了统治人民的"宝座"，正式揭开了她的反动历史。

二、再立幼帝，二次垂帘

那拉氏垂帘听政，独揽大权，直到 1873 年（同治十二年）。这年，载淳已经十八岁，比起清朝初期顺治和康熙两帝开始亲政的年纪还大了三四岁。前一年又已册立了皇后阿鲁特氏。按理说，早就应该亲政了。因此，那拉氏不得不来个假交权。2 月 22 日（正月二十五日），发布上谕，宣布两宫皇太后撤帘归政。23 日（二十六日），发布上谕，由载淳亲政。

那拉氏名义上归了政，实际上仍然暗中操纵，时时干预朝政。载淳对此极为不满。这种局面，维持未到两年，载淳由于荒淫无度，身

[①] 沃丘仲子：《慈禧传信录》，卷中，第 58 页。
[②] 薛福成：《庸盦笔记》，第 2 卷，"慈安皇太后圣德"条。
[③] 《清穆宗实录》，第 8 卷，第 40—41 页。

染重病，于 1875 年 1 月 12 日（同治十三年十二月五日）病死。

在此以前的清朝皇位，都是父死子继的。载淳没有儿子，由谁来继承皇位，就成了问题。不甘寂寞的那拉氏，认为这是她重新登台、再次听政的绝好时机，于是便施展阴谋诡计，在嗣帝问题上大做文章。

载淳断气不久，那拉氏召亲王大臣进宫举行会议。她一开头就提出了"此后垂帘如何"①的问题。有的大臣认为"宗社为重，请择贤而立，然后恳乞垂帘"。②接着便议论起立谁为帝的问题。

按理说，继承载淳皇位的人，应该从比他低一辈的"溥"字辈宗室中去选择。当时，在道光帝的后代中属于这一辈的只有一个刚刚在两个月前出生的溥伦，是道光帝长子奕纬之后。不过他父亲载治并非奕纬亲生，而是从旁支过继来的。因此，那拉氏及其附和者便以血统较疏、不能算作近支为理由加以否决。

"溥"字辈既然没有适当人选，只好从"载"字辈（载淳这一辈）去挑选。按照排行来说，恭亲王奕訢的长子载澂，比较合适。载澂是咸丰帝奕詝的亲侄，血统较近，十七岁了，接近成年。于是有人提出他来，但那拉氏又不同意。

王大臣们摸不清那拉氏的葫芦里到底卖的是什么药，只好等她自己发表意见。于是她说："文宗无次子，今遭此变，若承嗣年长者，实不愿，须幼者乃可教育。现在一语即定，永无更移。我二人同一心，汝等敬听！"③接着便宣布："溥字辈无当立者，奕譞长子，今四岁矣，且至亲，予欲使之继统。"④处于那拉氏淫威之下的王大臣，不敢违抗，只好同意。于是，那拉氏便派出孚郡王奕譓和御前大臣等连夜到醇亲王府去迎接载湉进宫，继承帝位。新帝的年号称作"光绪"。那拉氏为了替她这种违反祖制的决定进行辩护，特发出一道懿旨说：由于同

---

① 翁同龢：《翁文恭公日记》，第 13 册，第 104 页。
② 同上。
③ 同上。
④ 罗惇曧：《德宗继统私记》。

治帝没有太子,"不得已以醇亲王奕𫍽之子载湉承继文宗显皇帝为子,入承大统为嗣皇帝。俟嗣皇帝生有皇子,即承继大行皇帝为嗣"。[①] 这道懿旨,为下一代帝位的继承制造了更大的混乱,曾引起朝野上下的议论纷纭。但是,那拉氏对此毫不在意,此刻她最关注的是今后如何再度垂帘听政的事。

就在迎立载湉的第二天,王公大臣按照那拉氏的意图上了一道吁请两宫皇太后垂帘听政的奏折。两天以后,1月15日(十二月八日),那拉氏降谕说:"垂帘之举本属一时权宜。惟念嗣皇帝此时尚在冲龄,且时事多艰,王大臣等不能无所禀承,不得已姑如所请。"她还保证,"一俟嗣皇帝典学有成,即行归政"。[②] 在讲了这番旧调重弹的骗人鬼话之后,她便同钮祜禄氏以皇太后的身份再度垂帘听政。

那拉氏为了这次的登台,又耍尽了阴谋手段。她的窃权野心,充分地流露在她向王大臣所讲的那段话语中。

她首先以"溥字辈无当立者"为借口,拒绝为载淳立嗣。这是她能否再度垂帘的关键。因为,如果按照以往父子相承的"祖制"为载淳立嗣来继承皇位,那拉氏就成了太皇太后,地位虽尊,但不能再垂帘听政。即使嗣帝年幼,须由母后垂帘,那也应该是载淳的皇后阿鲁特氏的事,与那拉氏无干了。现在既然认为溥字辈没有适当人选,只好从载字辈去挑,新选立的幼君与载淳为兄弟行,当然不能承嗣他而只能承嗣奕詝。这样一来,那拉氏的皇太后身份就可以继续保持,如果需要临朝听政,也就非她莫属了。

她还提出一个条件:"若承嗣年长者,实不愿,须幼者乃可教育"。这是十分荒谬的。按照常理,故君绝嗣,择立新君,就年龄条件而言,应该挑选年纪稍长而不应选择年幼的。这在宋、明两代都有先例。那拉氏为什么扬言"不愿"呢?因为,如果择立年长者为嗣,一即位就可以亲自掌权,她最多也只能短期"训政",这当然是她所不愿的。所以她坚持选一个无知的幼儿,倒不是为了"教育",而是

---

① 《清德宗实录》,第1卷,第6页。
② 同上书,第10页。

为了操纵，以便长期把持统治大权。

此外，她还提出一项"至亲"的附带条件，这是有其特殊含义的。惇、恭、醇、锺、孚诸王都是道光帝的儿子，奕䜣的兄弟。这些亲王的儿子，同为奕䜣的侄子，并无远近之别。但如就那拉氏而言，载湉与载澂等人之间，则确有亲疏之分。原来，醇亲王的"福晋"① 是那拉氏的同胞姊妹，因此在载湉与那拉氏之间，还存在一层甥姨的关系，自然可算是至亲了。

不过，那拉氏拒绝恭亲王奕䜣之子载澂而择立醇亲王奕譞之子载湉，并非单纯出自姻亲关系的考虑，这其间还隐藏着政治上的原因。奕䜣由于"辛酉政变"之功，以议政王、军机大臣掌握权柄。1865 年，那拉氏曾一度将奕䜣革去一切差使，赶出政府。但是由于亲王大臣的力保和外国势力对奕䜣的支持，那拉氏勉强收回成命，只解除他的议政王封号。奕䜣执政多年，在朝廷上拥有很大的权力，这不能不引起那拉氏的猜忌。因此，对于载澂的嗣位，她是绝对不能同意的。至于奕譞，则是一个才识平庸的人。前次政变中，他也曾为那拉氏出过大力。那拉氏夺取政权以后，他由于裙带关系，受到信任，也显示了忠诚，成为那拉氏临朝的重要支柱。这次选立载湉，那拉氏是再放心不过的。

那拉氏正是运用这套阴谋诡计，凭借素日的淫威，依靠党羽的支持，把虚岁只有四岁的载湉扶上宝座，而把大权攫取在自己的手里。

那拉氏为了自己大权独揽，对于一切可能有损于其权势地位的对手，都逐个加以翦除。她在二次垂帘以后的十年里，运用种种阴狠毒辣手段，先后搞掉了载淳的皇后阿鲁特氏、同她一起垂帘二十年之久的东太后钮祜禄氏和为她出过大力的恭亲王奕䜣。

阿鲁特氏最容易搞掉，那拉氏首先拿她开刀。载淳去世，如果按照清代父子相承的祖制，不论是阿鲁特氏生下遗腹子（传说她当时已怀孕），或者是为载淳另立嗣子，"皇太后"的位号，都应该归她所有；而且，由于溥字辈中支派较近的都在幼年，垂帘听政的大权，自

---

① 清制，凡亲王、郡王、世子之正室，均封为"福晋"。

然也非她莫属。这时,那拉氏虽然施展阴谋选立载湉,把阿鲁特氏应享的权位夺到自己手中,但是阿鲁特氏作为已故皇帝的正后留居宫中,对于那拉氏破坏祖制、篡夺权柄的行为,总是一个活的见证。因此,那拉氏蓄意要尽快地除掉她。

在载淳临终之前,那拉氏就曾当着太监宫女之面,对阿鲁特氏加以凌辱。[①] 载淳死后,她又对阿鲁特氏"训责备至",[②] 百般逼迫。载湉即位后,阿鲁特氏得到了一个"嘉顺皇后"的封号,但既不是皇太后,也不是在位的皇后,只是幼帝的一个寡嫂,无所依靠,还要整天处在那拉氏的淫威之下。1875年3月(光绪元年二月),阿鲁特氏猝然死去。[③]

那拉氏和钮祜禄氏两度共同垂帘听政,直到(1881年)钮祜禄氏死去,前后近二十年。在共同垂帘期间,那拉氏争揽大权,钮祜禄氏则由于统治手腕远远不如那拉氏,不得不有所退让,但统治阶级之间是不可能没有利害冲突的。例如那拉氏亲信太监安得海的因罪伏诛,是出于钮祜禄氏的主张。[④] 在选立载湉的问题上,虽然口头上宣称"二人同心",但实际上主要是那拉氏的主意,而按照钮祜禄氏的初心,则倾向于选立恭亲王奕䜣之子载澂。

到了光绪初年,她们两人之间又产生了新的矛盾。那拉氏凭借着选立载湉承嗣奕䜣的阴谋诡计,排除掉阿鲁特氏垂帘的机会,把大权夺到自己手里。但是,这项阴谋同时也为她本人带来不利的因素。多年以后,有一个名叫长麟的官员曾讲过这么一段话:"太后(指那拉

---

① 李慈铭:《越缦堂日记》中有:"穆宗病甚,圣母颇责让后"的记载。见第22册,第45页。
② 薛福成:《庸盦笔记》,第2卷,"嘉顺皇后贤节"条。
③ 关于阿鲁特氏之死,有说是自缢的,有说是绝食而死的。总之,是被那拉氏逼死的。
④ 安得海是那拉氏垂帘前期最宠幸的总管太监。1869年(同治八年),他奉那拉氏的命令,去广东采办龙衣,沿途招摇、勒索。按照清朝的祖制,太监不得擅离北京。安得海到达山东时,巡抚丁宝桢把他扣留,并上奏清廷。钮祜禄氏和奕䜣主张把他处死,那拉氏不得已同意执行。见薛福成:《庸盦文续编》,下卷,"书太监安得海伏法事"条及《庸盦笔记》,第2卷,"慈安皇太后圣德"条。

氏——引者）虽穆宗皇上之母，而实文宗皇上之妾。皇上（指载湉）入继大统，为文宗后。凡入嗣者无以妾母为母之礼。故慈安皇太后者，乃皇上之嫡母也。若西太后，就穆宗朝言之，则谓之太后；就皇上言之，则先帝之遗妾耳。"① 长麟这段话虽然讲于钮祜禄氏死后十四年，但问题从一开始就存在着。载湉既然承嗣奕詝，当然应该以钮祜禄氏为嫡母。那拉氏与载湉虽然有甥姨之亲，但已不再保有"圣母"（生母）的身份。她这时再发号施令，就不如钮祜禄氏来得名正言顺。因此，她对钮祜禄氏更加忌恨。

1881年4月（光绪七年三月），钮祜禄氏突然死去。在她死后，清廷发表了所谓她的"遗诰"。"遗诰"说："体气素称康健，……本月初九日偶染微疴，……不意初十日病势陡重……遂至弥留。"② 这个年仅四十五岁的女人，既然身体"素称康健"，怎么只患了一天的"微疴"（小病），就不治而亡呢？这不能不引起朝野的疑议，后来许多记载都推测她是被那拉氏投毒致死的。

那拉氏要搞掉的下一个对手轮到了恭亲王奕訢。那拉氏是靠奕訢的扶持，爬上统治宝座的。奕訢也因此而煊赫一时。他担任军机处领班大臣，兼管总理各国事务衙门，总揽内政外交大权。一个外国人描写当时的清廷是"两个当权者，慈禧和恭亲王，在谨慎地互相监视着"。③ 但是，寸权必争的那拉氏，绝对不能容忍奕訢的权势日增，也绝不允许身边有一个隐然钳制着自己的力量。于是她等待机会，对奕訢加以打击。中法战争爆发后，那拉氏便以"委靡因循"④ 的罪名将奕訢及其同伙赶出了军机处和总理各国事务衙门，由醇亲王奕譞和庆郡王奕劻掌握这两个机构，成为那拉氏新的鹰犬。

那拉氏就是运用了这一系列的阴谋诡计，搞掉了所有可能分享其权力的对手，把大权揽到自己手中，从而成为唯一的最高统治者。

---

① 梁启超：《戊戌政变记》，《戊戌变法》（中国近代史资料丛刊），第1册，第257—258页。以下简称《戊戌变法》资料。
② 《清德宗实录》，第128卷，第6页。
③ 马士：《中华帝国对外关系史》，第2卷，第67页。
④ 《清史稿·恭忠亲王奕訢传》。

三、扼杀新政，三次临朝

1886年7月11日（光绪十二年六月十日），那拉氏突然发布一道懿旨，宣布载湉已经"典学有成"，应该遵照1875年1月15日那道懿旨即行亲政，并命令"钦天监选择吉期于明年举行亲政典礼"。[①] 这显然也是一个骗人的花招，谁也不会相信她在费尽心机排除政敌以后刚刚两年就轻易地把大权交出去。那拉氏的党羽亲信自然更能领会她的用心。四天以后，由载湉的本生父醇亲王奕譞出面，联合一些亲王大臣共同上疏，吁请"从缓归政，以懋圣学"。7月16日（六月十五日），那拉氏在另一道懿旨中做了一个"所请均毋庸议"的批复，但是她又说："念自皇帝冲龄嗣统，抚育教诲深衷，十余年如一日，即亲政后亦必随时调护，遇事提撕，此责不容卸，此念亦不容释"。[②] 由此可见，那拉氏这一举动的真正用心并非要向载湉交权，而是要向人们表明她将无限期地把持政权，即使到载湉亲政之后，她也不会罢手。尽管后一道懿旨也还提到"所请均毋庸议"，但人们懂得，这不过是故作姿态而已。于是，由奕譞、世铎等亲王六臣重又上奏，"再行沥诚吁恳训政数年"。这次那拉氏也就不再推辞，而是在讲了些什么"何敢固持一己守经之义，致违天下众论之公"等冠冕堂皇的话之后，便"勉允所请"，答应"再行训政数年"了。[③]

过了三年，载湉已是十九岁，这时那拉氏再也赖不下去，便于1889年3月4日（光绪十五年二月三日）撤帘归政，由载湉亲政。此后的十年间，那拉氏经常住在为供她"颐养冲和"而修饰一新的颐和园，表面上不过问国事，成天寄情于湖光山色之间，但实际上依然大权在握。载湉只不过是由她摆弄的政治傀儡，仅有看奏折的权力，最后的裁夺，还必须请示那拉氏。

朝廷上大批掌握军政实权的贵族官僚都依附于那拉氏，他们构成

---

① 《清德宗实录》，第229卷，第4页。
② 同上书，第8页。
③ 同上书，第12页。

一个派系，称作"后党"。站在载湉一边的，只有他的师傅翁同龢官阶较高（多年任尚书，两度任军机大臣），但实权不大。其他拥护皇帝的，只是一些品级较低的官员。这些人合称"帝党"，人数不多，实力很小。

中日甲午战争以后，帝国主义列强在疯狂侵略中国的过程中，形成了以沙俄为首的俄、德、法集团和以英国为首的英、美、日集团。两个集团极力争夺对清朝政府的控制权。沙俄支持后党，并通过后党控制了清政府。英、美、日集团为了夺取控制权，便倾向于支持帝党。这样，帝、后两党便在各自的帝国主义主子支持下，展开了争夺最高统治权的激烈斗争。

清政府在甲午战争中丧权辱国，屈膝投降，导致了严重的民族危机，激起了全国人民的同仇共愤。

以康有为为代表的资产阶级改良派，在民族危机日益严重的情况下，发动了具有爱国救亡意义的维新运动，幻想在不触动封建主义的经济基础及其上层建筑的前提下，通过自上而下的改良，使中国走上资本主义道路。

维新运动兴起后，资产阶级改良派幻想依靠皇帝及其亲信大臣的力量来推行他们的变法主张。载湉和帝党则企图利用资产阶级改良派这股新起的社会力量，通过变法维新，排斥后党，摆脱那拉氏的束缚，从而掌握实权，来挽救摇摇欲坠的清朝统治。于是，帝党同改良派便在互相利用的基础上逐渐接近和结合起来。

1898年6月（光绪二十四年四月），载湉决定变法。他召见康有为商量变法步骤，并任命他为总理衙门章京，许他专折奏事。随后，又任用主张变法的谭嗣同、杨锐、刘光第、林旭四人以四品卿衔担任军机章京，协助主持变法事务。从6月11日（四月二十三日）到9月21日（八月六日），改良派通过载湉接连颁发了许多除旧布新的变法法令。主要内容有：废除八股，改革科举制度；设立学堂，学习西学；奖励新著作、新发明；奖励创办报刊，提倡上书议事；保护和奖励农工商业，修筑铁路，开采矿产；用新法操练海陆军，裁绿营兵

（清朝军制规定汉兵用绿旗，叫做绿营兵或绿旗兵）；改革官僚机构，裁减不必要的官员等等。1898年是旧历戊戌年，因此这次变法叫做"戊戌变法"。

上述这些法令，反映了资产阶级改良派改良政治、实行维新的要求，也是资产阶级改良派同封建统治阶级妥协的产物。它并没有从根本上触动封建的经济基础及其上层建筑，就是连改良派梦寐以求的设议院、颁布宪法、实行君主立宪的理想，也只字未提。

尽管变法诏令具有这样的妥协性质，但是以那拉氏为首的后党顽固派，却把它看成洪水猛兽一般。一些顽固守旧的大臣疯狂叫喊："宁可亡国，不可变法。"这就是说，为了维护旧制，保持自身利益，宁可听任帝国主义强盗宰割，也不愿把权力转到帝党和改良派手里。

面对维新运动高涨的形势和帝党与改良派结合而形成的压力，老奸巨猾的那拉氏采取了欲擒故纵的阴险手段，她表面装作容忍变法，暗地里却加紧部署，等待时机，以期一举铲除帝党，扑灭维新运动。因此，当她于1898年初看到康有为的上书时，也装出一副"为之动"①的样子。当一些守旧官僚请她阻止载湉变法时，她连笑带骂地说："汝管此闲事何为乎？"②当载湉因那拉氏遇事掣肘而向庆亲王奕劻表示不满时，她指使奕劻转告载湉说："太后不禁皇上办事。"③那拉氏在这里玩弄了一整套"欲取姑予"的手法，她要等到变法激怒一切腐朽的社会势力之后，一举扑灭维新运动，连同载湉也一起搞掉。这一用心，在她的亲信荣禄的一段话中讲得十分清楚："欲废皇上，而不得其罪名，不如听其颠倒改革，使天下共愤，然后一举而擒之。"④

从这年6月11日载湉颁布"明定国是"的上谕之后，帝后两党的冲突进入短兵相接阶段。在此后的三个月里，主要是帝党采取攻势，后党采取守势。后党只发动过一次反扑，然而对于帝党来说，却

---

① 苏继祖：《清廷戊戌朝变记》，《戊戌变法》资料，第1册，第331页。
② 梁启超：《戊戌政变记》，《戊戌变法》资料，第1册，第261页。
③ 苏继祖：《清廷戊戌朝变记》，《戊戌变法》资料，第1册，第331页。
④ 佚名：《新党某君上日本政府、社会论中国政变书》，《戊戌变法》资料，第2册，第604页。

是致命的一击。就在明定国是谕旨颁布后的第四天即6月15日（四月二十七日），一连发布几道谕旨，"皆出西后之意"。①

第一道谕旨是，撤销翁同龢的军机大臣等一切职务。翁同龢是载湉唯一的亲信大臣，帝党的首领，是皇帝与维新人物之间起桥梁作用的人物。翁的罢黜，就使得载湉失去了重要支柱，改良派受到了沉重打击。无怪乎载湉见到这道那拉氏授意并强迫他发布的谕旨时，要为之"战栗变色"②了。

另一道谕旨规定，凡二品以上官员授职后，皆须到皇太后前谢恩。本来，那拉氏早已归政，照例不应接见大臣。此时，她发布这道谕旨，目的即在于把用人大权紧握在自己手里。她要对新任命的大员面授机宜，广施笼络，以加强后党的力量。

其他谕旨包括召直隶总督王文韶迅速进京、以荣禄暂署直隶总督、北洋大臣等措施。王文韶和荣禄都是那拉氏的亲信。王文韶进京后填补了翁同龢的空缺，增强了后党在朝廷上的实力。荣禄不久就接到实授直隶总督、北洋大臣的任命。直隶总督所辖北洋三军，即董福祥的甘军、聂士成的武毅军、袁世凯的新建陆军，驻守在京、津一带。这一职务由荣禄接替，后党便更加有力地控制了京、津局势。

那拉氏及其党羽经过这番部署之后，把载湉视同"釜底游魂，任其跳跃，料其不能逃脱"，③于是暂时缄默起来。就连载湉于9月2日（七月十七日）以"壅蔽言路"的罪名一次罢黜了礼部的两个尚书和四个侍郎，同月7日（二十二日）解除了李鸿章总理各国事务衙门的兼差这一类的大事情，那拉氏也未出面干预，反而劝慰被罢官的礼部尚书怀塔布要暂时忍耐。那拉氏的暂时缄默，蕴藏着更大的阴谋。她一方面派出大批爪牙暗中监视载湉和改良派的活动，一方面秘密策划，单等时机一到，立即下手。

变法上谕触犯了一切腐朽封建势力的利益。过去饱食终日、无所

---

① 梁启超：《戊戌政变记》，《戊戌变法》资料，第1册，第260页。
② 同上。
③ 同上书，第261页。

事事的大批官吏面临被裁减的命运；大量绿营将弁发生失业的恐慌；全国八股文人因科举制度的改革将失去进身之阶；长期以来过惯寄生生活的旗人将因丧失特权而陷于困境；一向把持着书院、寺庙的土豪劣绅、僧尼道士因这些地方改设学堂而失掉生财的源泉；等等。他们都把维新变法看成是剥夺其安身立命之计的巨灾横祸，而将扑灭新政以维护其利益的希望寄托在那拉氏的身上。这一庞大的反动势力都聚结在她的周围，构成了她反对新政的社会基础。就是从这堆渣滓当中，发生了一阵阵反对维新、吁请"训政"的鼓噪。

早在载湉颁布明定国是诏书之前，荣禄就曾打算联合六部九卿等大员上表请那拉氏再次临朝。他先征求兵部尚书徐郙的意见。徐郙的回答是："奈清议何？"[①] 这些人对于当时社会舆论还有所顾忌，因此只好作罢。这时，整个士大夫阶层已经为变法所激怒，"清议"转向于那拉氏方面。于是，吁请太后训政的锣鼓重又敲打起来。

荣禄在受任直隶总督后，往见那拉氏，劝她临朝训政。那拉氏这时还担心"又招揽权之讥"，[②] 荣禄劝她不必理睬。载湉罢斥礼部六尚书侍郎后，怀塔布、立山等率领内务府官员几十人环跪在那拉氏面前痛哭，控诉载湉无道。一时，颐和园里接二连三地演出了吁请太后训政的闹剧，这里面包括庆亲王奕劻、大太监李莲英、怀塔布的妻子等形形色色的人物。9月17日（八月二日），李鸿章的亲家杨崇伊也赴颐和园奏请训政。至此，"训政"的舆论已经造成，那拉氏磨刀霍霍，就要下手了。

早在那拉氏任命荣禄为直隶总督时，就已同他设下密谋。她以载湉名义宣布订于10月19日（九月五日）往天津阅兵，打算利用荣禄所部的军队发动政变，胁迫载湉退位。到9月初，政变阴谋加紧部署。怀塔布、立山、杨崇伊奉那拉氏之命先后前往天津会晤荣禄。荣禄的密使也进京与那拉氏的亲信进行联系。一时之间，京津道上，信使往还；近畿一带，侦骑密布；北洋诸军，也调动频繁。聂士成一军奉荣

---

① 梁启超：《戊戌政变记》，《戊戌变法》资料，第1册，第261页。
② 苏继祖：《清廷戊戌朝变记》，《戊戌变法》资料，第1册，第333页。

禄命移驻天津，董福祥一军被调到距北京仅四十里的长辛店。而卫戍北京和防护宫禁的军权则早已掌握在后党手里。

这时，北京城内流言四起，人心惶惶。消息传进载湉耳内，他深感自己无权无兵，无法对付。9月14日和17日（七月二十九日和八月二日），载湉先后召见杨锐和林旭，交付密谕，要他们与康有为、谭嗣同等人商议设法相救。几人商量后，决定由谭嗣同去游说袁世凯。

袁世凯是镇压捻军的大军阀袁甲三的侄孙，早年投入淮军，以奸诈机变的才干得到李鸿章的赏识。甲午战后，他又巴结上任军机大臣的荣禄，得到在天津附近的小站督练新建陆军的差事，建立起一支装备较新的军队，共七千人。这个善于投机钻营的家伙还曾一度钻进了由帝党人士组成并有改良派参加的强学会。谭嗣同正是由于为袁世凯的实力所吸引并被他的伪装所迷惑而去向他进行游说，指望在天津阅兵时凭借袁的兵力发动反政变，诛戮荣禄等后党，恢复帝党的权力。

9月18日（八月三日）深夜，谭嗣同来到袁世凯的住所，说明来意。这个惯耍两面派手法的家伙当时满口答应："唯朝廷所命，敢不尽死。"① 还"正色厉声"说："诛荣禄如杀一狗耳。"② 可是，只隔了一天，他就赶返天津，去向荣禄告密。荣禄得报，星夜进京来见那拉氏。

9月21日（八月六日）凌晨，那拉氏由颐和园回到宫廷，举行政变，将载湉幽禁起来，并以皇帝名义发布上谕，宣布自己不能胜任艰难的国事，"因念宗社为重，再三吁恳慈恩训政，仰蒙俯如所请，此乃天下臣民之福，由今日始，在便殿办事"。③

过了几天，那拉氏再次以载湉名义发布一道上谕，宣称"自四月以来屡有不适，调治日久，尚无大效"，④ 命令各地保荐精通医理之人。这是对前道谕旨的补充。既然皇帝久病难瘥，那拉氏的训政就更加名正言顺。而载湉则以"养病"为名，长期地被囚禁在南海瀛台。

---

① 胡思敬：《戊戌履霜录》，《戊戌变法》资料，第1册，第377页。
② 梁启超：《谭嗣同传》，《戊戌变法》资料，第4册，第52页。
③ 《清德宗实录》，第426卷，第9页。
④ 同上书，第13页。

囚禁载湉与公开训政后，那拉氏紧接着就着手镇压维新运动。康有为、梁启超逃亡国外，谭嗣同、杨锐、刘光第、杨深秀、林旭、康广仁六人被杀。不少赞助变法维新的官员也被革职、监禁或充军。她撤销了全部维新法令（只有京师大学堂和各省民团两项除外），并恢复了所有被废除的旧制。那拉氏通过流血的政变，镇压了资产阶级改良派的变法维新运动，从而宣告了改良主义道路在中国的破产。那拉氏作为地主买办阶级的政治代表，作为中国最腐朽最反动势力的总头目，继续把持着清朝统治权力，妄图把中国永远禁锢在落后黑暗的半殖民地半封建社会的牢笼之中。

载湉虽然已经囚禁，但那拉氏和后党并未就此罢手。这时那拉氏年已六十开外，载湉还不到三十岁。那拉氏一旦死去，政权势必归还载湉。到时，维新变法可能重演，后党难免覆亡的命运。因此，他们必欲将载湉置诸死地而后快。

那拉氏等人最初的策划是宣传载湉病重，然后伺机加害。英、日等国对于后党亲俄，一向嫉视，希望保全载湉，作为牵制。它们感到事有可疑，便举荐了一个外国医生进宫看病，探听虚实。由于载湉并未患有什么致命的疾病，那拉氏这一阴谋就败露了。

那拉氏一计不成，又生一计，准备以久病难愈为理由，将载湉废掉。[①] 为此，她密电南方各省督抚，争取支持。善观风色的湖广总督张之洞，复电赞同。但两江总督刘坤一却因他幕府中维新派人士张謇等的劝说，回电答复："君臣之义已定，中外之口宜防。"刘坤一是当时在地方上握有相当一部分军政实权的湘系军阀的代表人物。他这些话不能不引起那拉氏等人的重视。

这时，康有为正在海外鼓动美洲、日本、南洋群岛华侨中的保皇党人发电回国，"请皇帝圣安"，并要求那拉氏归政。梁启超也在日本办起《清议报》，起劲地揭发那拉氏和后党的丑恶，同时竭力歌颂载

---

① 张采田在《列朝后妃传稿·孝钦显皇后》中记有："帝病久不愈，后隐有变置意。"恽毓鼎在《崇陵传信录》中也说："八月以后，内外藉藉，谓将有桐宫之举。""桐宫"典故指的是商朝伊尹废太甲的故事。

湉的"圣德"。

那拉氏感到载湉并非绝对孤立,中外之口确也不得不防,只好将这项计划搁置起来,另打主意。

那拉氏同荣禄再次密谋策划。荣禄为她出了一个"上春秋已盛,无皇子,不如择宗室近支子,建为大阿哥,为上嗣,……徐篡大统"[1]的鬼点子,那拉氏欣然同意。于是,她不顾清朝不立皇太子的祖宗家法,也不再坚持什么"年长者,实不愿,须幼者乃可教育"的先决条件,从惇亲王奕誴的孙子辈中挑选了溥儁承嗣同治帝载淳,号称"大阿哥"。[2] 为了替自己的阴谋作辩解,那拉氏于1900年1月24日(光绪二十五年十二月二十四日)以载湉的名义发布一道上谕说:"自上年以来,气体违和,……总未康复,……统系所关,至为重大,忧思及此,无地自容。诸病何能望愈,用是叩恳圣慈,于近支宗室中慎简元良,为穆宗毅皇帝立嗣,以为将来大统之归。再四恳求,始蒙俯允。"[3]

溥儁被立为大阿哥不到两年。1900年义和团运动爆发后,溥儁的父亲载漪伪装拥护义和团,实际上是想利用义和团的力量夺取政权。6月25日(光绪二十六年五月二十九日),载漪率拳民六十余人闯入宫中,企图杀死载湉,立溥儁为帝。那拉氏虽然早想杀害或废掉载湉,但她认为废立这样的大事必须由她一手决定,而现在载漪居然擅自干预,甚至率"暴民"入宫,这就不单纯是载湉一人的生死问题,而是关系到她本人的安危问题,关系到清朝封建政权的存亡问题。那拉氏当即制止了载漪,并杀害了义和团首领二十余人。这件事使那拉氏对载漪父子极为不满。到1901年11月(光绪二十七年十月),那拉氏便以载漪身为义和团运动的"祸首"为理由,说载漪"得罪列祖列宗,既经严谴,其子岂宜膺储位之重",[4] 撤销了溥儁大阿哥的位号。

那拉氏抓权,至死不放。1908年11月14日(光绪三十四年十

---

[1] 恽毓鼎:《崇陵传信录》,《戊戌变法》资料,第1册,第478页。
[2] 清代称皇子为阿哥。大阿哥,即皇长子的意思。
[3] 《清德宗实录》,第457卷,第10—11页。
[4] 《清德宗实录》,第488卷,第12页。

月二十一日），载湉死。尽管那拉氏业已病危，她还是指定了与她有血缘关系（甥姨关系）的醇亲王载沣（载湉胞弟）的儿子溥仪承嗣同治帝载淳并兼祧光绪帝载湉，是为宣统帝。但是，这次的幼帝（当时年仅三岁）入嗣已经不能为她提供任何机会，这个老权欲狂在第二天（十一月十五日）也一命呜呼了。

那拉氏从"辛酉政变"开始其反革命生涯起，到她在人民革命浪潮高涨中死去，统治中国达四十八年之久。在这近半个世纪中，她三次"听政"、"训政"，两度"归政"，不论是在前台，或是在幕后，始终都在为把持最高统治权力而施展阴谋诡计。那拉氏是一个道地的大野心家、大阴谋家。

但是，那拉氏的篡权阴谋之所以再三得逞，根本原因还在于她对内得到了地主买办阶级的支持，对外得到了帝国主义国家的扶植。此外，还由于她具有皇太后这样一种在封建社会中十分重要的政治身份。

那拉氏在夺权的第一个回合中战胜了肃顺等"顾命八大臣"，是因为英、法等资本主义侵略势力给她以大力支持。其次，那拉氏的身份是皇太后，而肃顺等人不过是她的"奴才"。那拉氏的儿子既然已经立为皇帝，肃顺集团要废掉那拉氏，则是十分困难的，除非他们能够得到钮祜禄氏和近支亲王奕訢等的支持。但这是不可能的，因为钮祜禄氏和奕訢已经同那拉氏联合起来。可是，那拉氏以皇太后的身份诛罚大臣，却是比较容易的。

在第二个回合中，那拉氏罢黜奕訢，就比除掉肃顺集团更加容易了。那拉氏在和肃顺集团争夺权力时，还只是一个一般的皇太后，而在和奕訢争夺权力时，则已经是一个垂帘听政的皇太后。奕訢既然亲自破坏清朝的"祖制家法"，拥护那拉氏垂帘听政，他就再也不能和那拉氏相抗衡了。议政王的地位固然尊贵显要，但这种地位既然是皇太后赐封的，也就是皇太后可以罢掉的。奕訢是洋务派的祖师爷，但那拉氏同样媚外卖国，因此在奕訢和那拉氏的争斗中，帝国主义侵略者并没有必要非维持奕訢的地位不可。

在第三个回合中,那拉氏的政敌载湉虽然贵为天子,但不过是一个傀儡皇帝而已。载湉是那拉氏一手扶植起来的,到他"亲政"时,那拉氏已经垂帘听政几十年,她的亲信党羽早已布满了朝廷内外,占据了各个枢要部门。整个封建顽固势力都站在那拉氏一边,而帝党和拥护载湉的资产阶级改良派的力量却是非常软弱的。

以上就是那拉氏之所以能够诛戮肃顺、罢黜奕訢、囚禁载湉的根本原因。她在击败这些政敌的斗争中,表现出相当狡猾的政治手腕,但绝非是什么"天生的领袖,第一流的政治家"。[1] 她善于玩弄阴谋权术,但她的阴谋权术并不是可以决定一切的,如果没有上面所说的一些重要因素,她也是不能取胜的。

---

[1] 这是濮兰德和柏克豪斯吹捧那拉氏的话,见《慈禧外纪》,1911年伦敦版,第433页。

《明代社会经济史研究》题词

培栋同志和我缔交近半个世纪。1954年秋，我们历史系的筹建工作大体就绪，培栋同志适从西北大学毕业分配我系。作为系负责人，我接待了这第一位前来报到的青年教师。他质朴的外表和坦诚的谈吐给我留下深刻的印象。经过短短一年的准备，他便承担起明清史的教学工作，并较好地完成任务。

记得在3年困难时期，我曾过访他的住所。他不无得意地指引我去看他新购的《明经世文编》。这部书定价很高，相当于助教两个月的工资。当时许多人都把钱用来买营养品，而培栋却把这笔巨资投向了自己专业的基本建设。20年间，培栋自强不息，终于在明史研究领域取得丰硕成果。学校复课，他于授课之余奋力著述，发表了一篇篇、一部部学术论文和专著，深受同行推重。

退休之后，依旧撰述不辍。我由于同他长期过从并承他引为同道，经常得到他的大作。读到这些功力深厚的作品，我对他在崎岖道路上的艰苦奋斗深为敬佩。今夏，我大病初愈，培栋来舍探视，老友深情，沁我心脾。培栋告我又有新作《明代社会经济史研究》付梓。

这是他多年耕耘的又一成果，也是对明史研究领域的又一贡献，学校与系与有荣焉。谨弁数言，聊申贺意。

戚国淦
2001年5月于首都师范大学晚晴斋

田培栋：《明代社会经济史研究》，北京燕山出版社2008年版。

吴晗谈历史教科书编纂的两件档案史料

张伟　整理

　　近日，笔者在北京市档案馆查阅档案之时，偶然发现了两件1960年吴晗同志在北京师范学院（今首都师范大学）历史系谈历史教科书编纂问题的讲话记录。

　　吴晗在新中国成立初期担任北京市主管文教工作的副市长。上任伊始，吴晗就深入到北京的大、中、小学校，调查摸底，广泛听取各方面意见，寻求扩展教育规模、提高教育质量的突破口。在随后的几年间，他重点抓了教师队伍与教材建设等环节。

　　当时，北京市各中学的优秀教师大量外流，师资力量大为削弱，严重影响了教育质量。与此同时，随着各地的干部大量涌进首都，他们的子女都要就读，再加上当地人口的自然增长，给北京的各级学校带来了很大压力。为了培养中小学师资，在吴晗的亲自主持和参与下，相继筹建了北京师范学院、北京教师进修学院、北京函授大学等师资培训基地。

　　北京师范学院成立后，吴晗经常亲临视察工作或作报告。他在师院先后作过《谈谈"厚古薄今"和"古为今用"的问题》和《如何学习历史》等学术报告。他还多次亲自出面，请各科的专家来北师院作学术报告。1958年，吴晗接受北京师范学院的聘请，担任该院名誉教授。自那时起到1965年，吴晗每个学期都要给历史系的同学讲课。

　　笔者在北京市档案馆发现的这卷档案（档号：147全宗1目录405卷），便是根据北京师范学院历史系创系元老、著名世界史专家戚国淦先生当年的笔记整理后存档的。该卷宗内共有两份讲话记录，一是

1960年4月15日"吴晗对我系关于编写十年制教材的'指示'",另一件为1960年4月23日"吴晗关于编写历史教材的讲话"。现整理摘录如下：

吴晗对我系编写十年制教材的"指示"

1960年4月15日

1. 中国历史上的民族关系问题：对于少数民族历史的处理，要避免大汉族主义。另外，对于辽金的问题亦复如此。满洲兴起切不要写成外族。必须写成民族的历史。

2. "帝国"的问题：历史上无此提法，大清帝国之称是从日本学来，应该"名从主人"。

3. 人物、事件评价问题：例如隋炀帝开运河的作用的估价问题；侵略问题，有的战争确是侵略，但有的则非，不可随意乱用，"扩张"字样也如此。

关于编写可吸收去年编小学历史课本的经验，可根据过去基础，照顾年龄特征，要生动，避免罗列现象，枯燥无味。体裁问题三年的还少用，内容要提交。要求是达到基本要求就够了，丰富则提不到，要教的是最基本的东西。

要打破旧教科书的框框，其中有的当然可用。保留必要的、主要的。反之则抛掉。主要的指作为中国人所必要的知识，故要解放思想，打破框框。也要注意将来学生水平要高一些，过多消化不了，过少则不满足，故须在七八年级，了解学生的年龄特征。

文字不要长句子，简单、明了、清楚、确切，不用不常见的字，不得已而用时，应加注意。

李（原文如此——作者注）论剧指出："完宗旨，简头绪，宜成鲜"，颇可为当今借鉴。

要比去年要求更高一些。

编写先统一思想认识，在方法上要全面安排，计划分工，分头编写，讨论以后改，最后总的统一，文字加工。

断限问题：中国史写到1959年，世界史写到1957年。

不要求全，就必要的知识予以讲透。过去教材的毛病在于求全，讲求系统。

对于历史上繁荣昌盛时代要讲，反对虚无主义，也不要非历史主义，过去帝王将相的写法不对，但也不要矫枉过正，因此反面的也要讲，可以正面为主。

（根据戚国淦记录整理）

吴晗关于编写历史教材的讲话

1960年4月23日

一、写什么样的历史：

①写多数人的历史，写劳动人民的历史。

②不是为了写历史而写历史，是为了今天和明天。

二、怎样写历史？

①必须具备知识：知识不可过多，也不可过少，过多则不能接受，少则不能称作具有普遍知识。

②要破除旧传统，写成比较符合要求的课本。

③要结合学生年龄特征，文字通俗简练，但是要少要缩写字。句子短些，流利生动，思想显明，头绪不可多。

三、关于历史上若干具体问题

1. 分期问题：不要纠缠于此，以科学院的分期为依据，采用郭老的说法，这与主席指示是一致的。

2. 王朝体系问题：①王朝体系必须打破——王朝与国家概念必须弄清，王朝不能代表社会发展阶段，王朝仅是一姓一家的统治，必须打破。②但王朝决难在教材中充分回避，因是客观存在，不能避开，若无对立面，则无从进行斗争。③因此，一方面必须打破王朝体系，另外则必须把必要的朝代和统治者写在教材上面，秦皇、汉武还得见于教材。④历史上的昌盛时代应该歌颂，因非统治者一人所创造出来的，如果因回避统治者而在历史上一律抹杀，则无可谈的事件了。歌颂并非指个人而是歌颂当代人民,而这些统治者如有好的,亦应肯定。此乃实事求是的态度。

3. 若干王朝措施如何处理——①若干变法如何处理,这是上层建筑范围内的变化,有的对后代有影响,应该讲,如果都不讲历史上都没有了,但不能以大量篇幅讲。②对于若干出身统治阶级的政治家、文学家、艺术家的处理,也应实事求是,不能因其出身而否定其贡献。

4. 民族关系问题——①应从今天出发而不应该从古代出发,毛主席说要从六万万人出发,应指出各民族共同缔造,而汉族较早。②民族关系基本上是和睦相处,团结互助,但也有矛盾纠纷、冲突、战争。③因此必须体现各民族人民的历史。④各族之间冲突的处理,要作为各种(族)人民内部的矛盾来处理。⑤讲民族团结,并不意味不讲统治的一方面,这是少数民族和汉族统治阶级的斗争。

5. 资本主义萌芽——①萌芽是有的,但尚钺描写成大树,□非资本主义萌芽,而是资本主义社会。②如何写法?16世纪明代社会发生变化,是出现了萌芽,但未发展下去。

6. 详中略外的作用——详中略外原则是正确的,但如何详略要考虑。

7. 近代史文化安排问题,占(詹)天佑应该讲,□□也可以讲。

8. 农民起义问题的安排,排在前后问题,视具体情况而定。

9. 政治、经济、文化等问题的比例,过去文化少。

(根据戚国淦笔记整理)

因原始档案为依据手书整理,经过近半个世纪的时间,部分文字已模糊,无法辨识,在文中以"□"代替。

(本文首刊于《历史学家茶座》2010年第2期)

北京园林古迹简介的编写

侯玮青　整理

1966 开始的"文化大革命"对北京的名胜古迹造成了巨大的破坏。情况在 1970 年有所好转。1970 年 4 月，周恩来总理指示成立"图博口"领导小组，以故宫的重新开放为重点，把图书馆、博物馆和文物系统的工作恢复起来。1971 年 7 月 5 日，故宫在关闭了近五年之后重新开放，由周恩来总理亲自审定的《故宫简介》也印刷发行，成为各地博物馆重新开放时编写文字说明的范本。

故宫开放了，北京的其他著名公园、古迹也在整修和重新开放中，也需要编写相关的简介材料。为此，北京市委牵头，责成北京市园林局（当时已撤并到北京市公用局下设的园林组中）组织在京的部分专家于 1971 年 9 月至 1972 年 4 月在北京动物园集中编写。

笔者在帮助整理戚国淦先生留下的手稿、笔记时，看到一些与这次北京园林古迹简介编写有关的资料，反映了编写过程中的许多细节。

一、参加人员与编写分工

参加编写组的成员有：北京大学的许大龄，北京师范大学的方攸翰，人民大学的孙家骧，北京师范学院的戚国淦、田农、成庆华，还有齐建禄、张大生等。

主要编写的园林简介有长城、颐和园、长陵、定陵、天坛、北海公园、中山公园和景山公园。

具体的组织、分工不太清楚，但从留存的资料看，戚国淦先生是重要的组织者；可以确定的是戚国淦先生撰写长城，因许大龄先生刚参加完定陵的布展，所以定陵应该是许大龄先生执笔。

二、编写原则与工作方法

在《故宫简介》编写的过程中，周恩来总理曾先后三次作出批示，郭沫若两次主持进行修改，一些重要的编写原则也随之形成了。所以，北京园林古迹简介编写组成建之初，于1971年9月15日访问了故宫，听取经验介绍。具体介绍内容如下：

故宫原拟搞反帝反封建展览，五一时总理听到后指示，反帝反封建展览由历史博物馆去搞，但故宫要在七一开放。

故宫在解放后曾有过三四本导引，均系就事论事，受到浏览路线的限制，简单介绍宫殿及用途。所以讨论时第一个问题是编写导游词还是介绍性质的文章。经讨论认为应打破旧的办法，重新组织题目。最后确定的题为"故宫简介"，下设四个小题目：故宫是劳动人民智慧和血汗的结晶；故宫是明清封建统治的中心；故宫是最大的地主庄园；故宫是人民埋葬封建王朝的历史见证。

关于内容方面，决定以明代为限，清代为主，清又以近百年为主。范围是否以故宫内容为限？要给以适当知识，故又不局限于故宫，而要加进近百年的知识。

通过故宫史迹，批判最高封建统治者，颂扬劳动人民智慧，人民反抗精神。是为揭批颂。揭批颂三字以何为主？似应以揭批为主，王冶秋则认为以颂为主，最后未太明确，该颂者颂，该揭批者揭批，不要太沉闷；故宫是封建堡垒，又处处显示劳动人民智慧。在初稿写成后，由于受到极左思想影响，撰写者也对颂的方面表现犹豫。听取各方面的意见，清华古建筑专家、新华社一人表态认为该颂。广大工农兵则认为首先是劳动人民智慧，其次是封建堡垒。因此应该要颂，各方面也要批，要有历史唯物主义观点。

工作方法是走群众路线。写成后整改组讨论，然后全院讨论，另外听取社会上的意见，反复修改。凡是认为属于正确的，尽管有各种意见，仍要坚持。

三、简介编写的具体时间表与步骤

下面是根据戚国淦先生留下的资料按时间顺序梳理出的工作时间表，虽不完整，但可以大致反映出编写组的工作内容及进度。

1971年9月13日，参加北京市革委会召集的会议。

1971年9月15日，访问故宫，听取经验介绍。

1971年9月17日，从首都图书馆借书39种222册；21日再借20种170册；又3种，4册。

1971年9月24日，赴颐和园调查，与老员工座谈，其中包括董同志（1934年来园），萧同志（1941年来园）、白献瑞老先生（1901年来园）等。

1971年10月7日，赴颐和园周围调查。

1971年10月8日，讨论《颐和园简介》草稿。

1971年10月16日，赴颐和园与职工座谈，征求对《颐和园简介》初稿的意见。

1971年10月30日，再赴颐和园与职工座谈，征求对《颐和园简介》修改稿的意见。

1971年11月19日，《长陵简介》初稿完成。

1971年12月27日，编写组讨论《长城简介》初稿，提出修改意见，参加的人有许大龄、戚国淦、孙家骧、田农。

1971年12月30日，继续讨论《长城简介》初稿。参加人员有成庆华、方攸翰、孙家骧、许大龄、戚国淦、田农、张大生、齐建禄。

1972年1月11日，讨论《长城简介》二稿。参加人员有：许大龄、戚国淦、田农、孙家骧、方攸翰、成庆华、张大生。

1972年1月12日，赴天坛公园，实地调查，与职工座谈。

1972年1月15日，讨论《长城简介》三稿，参加人员有许大龄、戚国淦、田农、孙家骧。

1972年1月17日，赴中山公园调查，与职工座谈，了解历史。

1972年1月21日,《中山公园简介》初稿写成,24日修订。

1972年1月28日,讨论《中山公园简介》初稿,参加人员有戚国淦、田农、方攸翰、张大生、齐建禄、许大龄。

1972年2月2日,讨论《北海公园简介》写作提纲,参加人员有戚国淦、田农、孙家骥。

1972年2月19日,与北海公园工作人员座谈。

1972年2月26日,赴中山公园听取工作人员对简介的意见,结合成庆华意见修订。

1972年2月28日,第二次讨论。

1972年3月2日,讨论《北海公园简介》三稿。

1972年3月4日,经征求北海公园工作人员的意见后,最后修改成定稿。与北海公园同志座谈景山公园的有关情况。

1972年3月6日,确定任务,再写《景山公园简介》,8日开始写,9日写成,11日复写,13日讨论初稿,参加人员有戚国淦、田农、方攸翰、张大生、孙家骥。

由上可以总结出编写的步骤:先实地考查所要写的公园、古迹,并与公园工作人员座谈,了解历史与现状;然后编写组讨论、制定写作提纲,由专人写出初稿;编写组进行讨论、修改;再讨论、再修改,如此反复二三次;其中还要征求公园工作人员的意见,最后成为定稿。

四、编写过程中查阅的资料

从上面的工作日程可以看出,曾从首都图书馆借出大量图书。虽然所借书目无从知晓,但戚国淦先生所留资料中有两份拟借书目清单,分别为:

《北京风俗类征》、《帝京景物略》、《旧京遗事》、《春明梦余录》、《畿辅见闻录》、《日下旧闻考》、《燕台新月令》、《日下看花记》、《京都竹枝词》、《都门竹枝词》、《金台残泪记》、《京尘杂录》、《京师新乐府》、《燕都杂咏》、《都门赘语》、《都门杂记》、《燕下乡胜录》、《京都风俗志》、《都门琐记》、《都门怀旧记》、《京师地名对》、《燕京岁时记》、《燕京纪游》、《东华续录》、《东华琐录》、《北京繁昌记》、《京华春梦录》、《旧都文物略》、《道光都门纪略》、《同治都门纪略》、《光绪都门纪略》、《增补都门纪略》、《缘都庐日记钞》、《湘绮楼日记》、《慈禧外纪》、《平等阁笔记》、《花甲忆记》、《磨盾余墨》、《驴背集》、《清宫词》、《邻女语》；

《甲午战争》、《中法战争》、《中国近代史资料丛刊》（洋务运动、戊戌变法、义和团、辛亥革命）、《清实录》、《东华录》、《光绪朝东华录》、《光绪政要》、《清季外交史料》；

《李文忠公全集》、《李鸿章年谱》、《张文襄公全集》、《抱冰堂弟子记》、《张文襄公年谱》、《养寿园奏议辑要》、《容菴弟子记》、《长沙瞿氏家乘》、《翁文恭公日记》、《翁文恭公军机处日记》；

《清史稿》、《清史列传》、《慈禧传信录》、《崇陵传信录》、《清宫二年记》、《御香飘渺录》、《光绪秘记》、《清宫琐记》、《中国大政治家袁世凯》；

《都门汇纂》、《同光间燕都掌故辑略》、《北京历史风土丛书》；

《光宣小记》、《圣德记略》、《德宗遗事》、《四朝佚闻》、《春冰室野乘》、《清帝外纪》、《满清宫庭秽史》、《国闻备乘》。

在实际的编写中，所查阅的资料因所写园林古迹的不同而不同，以《长城简介》为例，所查阅的资料有：

《明史》、《西河合集》（毛奇龄）、《日下旧闻》、《读史方舆纪要》、《古今图书集成·方舆汇编·职方典》、《方志通义》、《四镇三关志》（刘效祖）、《西关志》（王士翘）、《延庆卫志略》、《光绪昌平州志》、《宣化县志》；

《皇明大事记》、《皇明九边考》、《九边图说》、《长安客话》、《三云筹俎考》、《居庸关云台五体文石刻考略》；

《中国疆域沿革史》（顾颉刚、史念海）、《中国长城沿革考》（王国良）、《观堂集林》（王国维）、《长城考》（张相文）、《长城史话》（罗哲文）……

论文有张维华的《齐长城考》、《魏长城考》、《赵长城考》等等。

五、编写过程中的讨论

关于《长城简介》的讨论

长城所涉及的时间跨度大、内容多、头绪多，怎么写，写什么？让编写组人员颇费心思。对长城简介的讨论，不算写作提纲的讨论，编写小组分别在1971年12月27日和30日、1972年1月11日、15日共讨论了4次，前两次是征求对初稿的意见，后两次是对二稿、三稿的意见。经过几番的讨论、修改，最后定名为《长城——八达岭简介》，第一部分"长城"写长城的历史沿革和修筑长城的不易，总结为"万里长城是我国古代劳动人民智慧和血汗的结晶"；第二部分"居庸关八达岭"，写从居庸关到八达岭沿线的景致及长城的构造；第三部分写长城的现实意义及解放后的变化（参见《长城——八达岭简介》）。

讨论内容除了具体的史实、用词与细节外，还涉及一些敏感问题，如辽东长城要不要写？汉长城牵扯到外蒙古，如何解决？汉族与少数民族的关系怎么体现？孟姜女的故事写不写？语录选用合适否？等等。讨论的结果是辽东长城的字句删去，汉长城略写，民族关系尽量少涉及，孟姜女的故事大家认为可写，但最后没有写入。另外，文字要通俗化也是大家的共识。

在讨论中，戚国淦先生表达了自己的观点。他认为，长城是祖国古代文明的珍贵遗产，是劳动人民智慧和血汗的结晶；长城是当今"民族团结的象征"。对于后者，大家进行了讨论，多数人认为不妥且牵强，因为长城是各民族统治者从事战争的工具，是阻碍民族间交流的；但长城内外民族间文化与贸易的往来从未间断过，这也是历史事实。最后经过讨论，决定以列举汉唐的玉门关、阳关，明长城各口的马市来说明：正是通过这种经济的、文化的交流，逐步结合成了伟大的中华民族，共同创造了我国灿烂的古代文化。

关于《颐和园简介》的讨论

《颐和园简介》的初稿写作提纲如下：

一、前言

　　西郊园林：清漪园。

　　颐和园是皇家花园，劳动人民智慧和血汗结晶。

　　被劫焚毁和重修。

　　清之后。

　　解放后。

二、皇家花园（1500字）

　　乾隆修园目的：巩固统治，骄奢豪华生活，仿效各地园林景观建筑结构——体现封建皇帝至高无上威权。清漪园凝结劳动人民血汗。

　　那拉氏在民族危机深重背景下修建颐和园，挪用海军经费，加强对人民的掠夺。

三、罪恶的行宫（2000—2500字）

　　统治中心：仁寿殿和军机处。

　　从事政治阴谋活动：镇压人民起义，策划扼杀维新运动；签订丧权辱国条约，与帝国主义进一步勾结。

　　腐朽糜烂生活：寝宫，大戏台，腐朽生活体现了清统治者半殖民化的加深，与劳动人民的苦难生活的对比。

四、帝国主义对颐和园的两次焚毁劫掠，北京西郊人民的反帝斗争。（1500—2000字）

　　英法联军的破坏（农村、西郊园林、清漪园）。

　　八国联军的破坏，俄英意驻兵颐和园及其破坏、劫掠（文史参考资料、华工回忆、被掠妇人）。

　　统治者逃降，人民反抗，冯婉贞。

　　西郊义和团组织和反抗帝国主义者的斗争。

五、结束语

　　回到人民怀抱。

　　党和政府大力维修。

　　劳动人民的公园和避暑胜地。

世界人民热爱颐和园。

由于颐和园涉及的历史事件太多，整个简介初稿中讲述中国近代历史的篇幅占很大比重，对颐和园本身的介绍反而显得薄弱。因此又有了第二稿，写作提纲如下：

第一部分前言中将英法联军焚毁情况稍加详述，写清三建两毁历史。

第二部分为劳动人民智慧血汗的结晶。

  重点写颐和园的总体布局：以排云殿为中心，写三级主要景物：

  前山：集中主要建筑，堂皇富丽；长廊"彩练"；白石栏杆"玉带"

  后山：幽静天然，河，树木。

  昆明湖：水面，岛，岸，桥。

  建筑手法：采用传统手法，摹仿各地名胜，寺庙建筑带有浓郁的宗教色彩。

  谐趣园的"园中园"。

  山光塔影的"景中景"。

第三部分为封建帝王的花园和行宫。

  建成后那拉氏来住，介绍乐寿堂、八所，过着奢侈腐朽生活，祝寿，先写1894年。

  1898政变，那拉氏重新"训政"，光绪被幽禁于玉澜堂，颐和园成为行宫，仁寿殿（陈设）值房。

  1900年发出镇压义和团诏书。

  仓皇出奔，园再度遭受破坏，见证（虽经修复，仍留有若干痕迹）。

  回銮后"结与国之欢心"接见外使，"歌舞无休日"。

  1904年大办寿辰，再介绍排云殿。

  颐和园外人民的反帝斗争，对联，练武，海淀，宫墙内外对比鲜明。

第四部分今昔对比（用原稿）成为"社会主义公园和阶级教育

课堂"

　　第二稿仍旧没有被采用，最后的定稿参见附录中的《颐和园简介》。定稿中前言部分将二稿中的四个部分做了一个总体的概括介绍，然后分别介绍颐和园的具体建筑：仁寿殿、乐寿堂、排云殿、长廊、德和园戏楼、"万寿山昆明湖"石碑、智慧海、佛香阁、宝云阁（铜亭）、清晏舫、后山后湖。对封建统治者、帝国主义的批判放在了每个具体建筑的介绍中。

　　按照北京市委的部署，编写组所写的各园林、古迹的简介，会像《故宫简介》一样出版发行，并且戚国淦先生留下的资料中有北京人民出版社杨修、左步青所写的信件，信中敦促《长城》稿件，并为编写组提供《人民画报》、罗哲文著《长城史话》、《定陵——地下宫殿》等图书，给予编写组以帮助。北京园林简介最后是否出版，不得而知（没有查到），但在1972年以后到粉碎"四人帮"的一段时间里，编写组所写简介的主要内容，在相关公园中广为播放。

六、附：《长城——八达岭简介》与《颐和园简介》

长城——八达岭简介

　　在祖国北部辽阔的土地上，东西横亘着一道绵延起伏，气势磅礴的古代城墙。它从甘肃一路东来，跨过崇山峻岭，越过黄河河套，穿过沙漠草原，一直奔向渤海之滨。这就是被称作世界奇迹之一的万里长城。长城沿线，雄关要塞极多，居庸关、八达岭就是长城的著名关塞。

　　长城有着悠久的历史，可以上溯到两千四百年以前，规模宏大，工程艰巨，是祖国古代文明的珍贵遗产，是劳动人民智慧和血汗的结晶。

　　在我们多民族国家的形成和发展的漫长过程中，长城曾是各族统治者从事战争的工具。今天，长城的这种作用已随历史的发展而消失，但它依旧巍然屹立，装点着祖国的壮丽河山，体现了劳动人民的无穷力量。

长城

伟大领袖毛主席指出："中国是一个由多数民族结合而成的拥有广大人口的国家。""从很早的古代起，我们中华民族的祖先就劳动、生息、繁殖在这块广大的土地之上。"

在我们的多民族国家形成和发展的历史上，各民族的统治者之间，曾发生过无数次的战争。长城就是这些统治者为了军事目的而修建的一种防御工程。

长城从公元前五至四世纪开始修筑。当时是诸侯割据的战国时代。中原地区的诸侯之间战争频繁。住在我们北部的游牧民族也时常向南部移动。为了防御邻国和游牧民族的入侵，诸侯纷纷在自己的领地上筑起长城。修筑在各诸侯领地相邻地带或境内的，有齐、楚、燕、赵、魏、中山的长城；修筑在北面与游牧民族接壤地带的，有燕、赵、魏、秦的长城。这些长城都是分段修筑，不相连接。

公元前221年，秦始皇在中原地区建立起统一的多民族的封建国家之后，开始了大规模的修筑长城工程，把过去燕、赵、魏、秦在北方分段修建的旧城连结起来，这样就形成了西起临洮、东到辽东的万里长城，成为古代世界最著名的伟大工程之一。秦长城较现在的长城位置偏北，它的遗迹，有些地方一直保存下来。

秦以后有不少的朝代从事过修筑长城的活动，有的朝代利用前代旧有基础加以补修增筑，有的则另辟线路，别筑新城。西汉王朝除修缮秦城外，并把它向西一直延筑到新疆的罗布泊。在城的北面几百里至一千里的地带，还修筑了一系列的城塞，构成了长城的外城。

少数民族的王朝统治者也同样重视长城的修筑。北魏、北齐和北周都曾修筑过长城。金王朝为了同蒙古贵族对抗，也曾修筑过城堡与濠堑相配合的防御工程。金长城的遗址至今还保存在黑龙江和古内蒙的一些地方。

明王朝由于同蒙古和满族统治者斗争的需要，在长城的修筑上花费了最长的时间和最大的力量。明长城是在前代旧城的基础上修成的，西起嘉峪关，东抵山海关，长达一万余里，这就是现在的长城。

历朝统治者在修筑长城时都征调了大量的人力。秦始皇修长城动用了几十万人。北齐修筑从居庸关到大同的一段长城征发民工达一百八十万人。明朝修城系军士民工并用。当时修城两丈就需要民工一百人花用一个月的时间。居庸关石佛寺长城墩台下面有一块万历十年的小石碑，记载着一部分从山东调到北京轮值秋季防务的军队承担石佛寺地段的修城工作。两三千人在一个多月的时间里才修成了七十五丈二尺的城墙和一座石券门。

极度沉重的劳动，造成修城军民的大量死亡。隋炀帝大业三年（607年）征发壮丁百余万人修筑长城，开工不久，就十死五六。明朝军队修城，大量士兵由于得不到休息和粮食而死去。这迢遥万里的长城，到处都埋有劳动人民的尸骨。

历朝统治者在修城时耗费了大量的财富。早在汉朝就有人指出修城的费用"不可胜计"。明朝每修城一丈要花用白银一百两以上。嘉靖时曾对北京附近的长城进行过一次加修，六年间花用了一百一十万两白银，只修好了一些险要地段。明王朝几乎年年都在修城，这二百多年的工程，究竟耗费了多少财富，是无法计算的。

长城沿线都是一些崇山峻岭，幽谷深壑。在筑城之前，必须为整理地形付出艰巨劳动。明以前的长城，都用土筑。为了使城墙坚固耐久，早在汉代就采用了在泥土中掺杂石头、木柴和芦苇的办法。从对汉长城的考古发掘中可以看到，芦苇经过盐卤渗透以后，坚韧异常，成为土城的牢固支架。明代修城采用砌石包砖的办法，这是筑城技术的一大进步。所用的石条、城砖极为沉重。在坡度很大的山岭上，游人徒手攀登已感吃力，当时却要把一两千斤重的石条和几十斤重的城砖以及其他建筑材料搬运上去，其困难可以想见。但是修城的军民却单凭自己的双手，战胜一切困难，修建了这一举世闻名的巨大工程！

历史从来是劳动人民创造的。万里长城正是我国古代劳动人民智慧和血汗的结晶。

居庸关　八达岭

在北京的北郊一带，散布着许多段长城，断断续续，纵横交错，环卫着这座历史名城。北京自战国以来就是一座政治、经济、军事上的重镇，辽金以后，又是几个封建王朝的都城。因此，各个王朝在修筑长城时，都十分注意北京附近这个地段。

居庸关在北京的北面偏西，距城约一百里，是古时北京的西北门户，也是长城沿线的一个险要关口。居庸关的名称最早出现于两千多年前的我国著作里，古人称它是天下九个要塞之一。历史上的居庸关一向都是军事要地。元王朝曾对这里垒石加固，驻扎重兵。明王朝把这里作为三道重城的会合点。

居庸关所在是一条狭窄的山谷——关沟，长约四十余里，两旁是重峦叠嶂。悬崖峭壁夹峙中有这样漫长崎岖的峡谷，关城即雄踞峡谷的当中。金朝建中都，把居庸关比喻秦的崤函，蜀的剑门，这说明它气概雄伟，形势险要。诗人写它"平临星斗三千丈，下瞰燕云十六州"，是极为壮观的。沟的南端叫做南口，北端历史上称作北口，即现在的八达岭。

南口是关沟的入口。明永乐二年（1404年）曾在这里修筑一座不大的关城，现已坍毁，只在沟口两旁的山脊上还留有城墙的痕迹。

从南口北行十余里，就是居庸关城。现存的城址是明洪武元年（1368年）修建的。东、西两面的城墙筑在山上，南北两面修在沟内，周围长十三里半。沟内城墙已经坍毁，山上城墙还可看到。城的南北各有券城重门两道，今天只存南面的一道券门，上面镌有"居庸关"的题额和明景泰四年（1453年）重修的年代。

在居庸关城中间，有一座叫做"云台"的石台，原是建于元至正三年（1343年）的一座过街塔的基座。上面的建筑物早已塌毁，无法看到它原来的面貌。石台保存得还相当完整。台的顶部四周有许多精美雕刻。台的下面开有券门。门洞的石壁上雕刻有"天王"和佛像，雄劲生动，体现了元代雕刻的风格。石壁上还刻有梵文陀罗尼经咒和我国五种民族文字——藏文、蒙文、维吾尔文、汉文和西夏文的译文。每种译文均附有小字说明。汉文说明后面指出经文雕刻的时间为元至正五年（1345年），这一石刻是研究我国古代文字的重要参考实物，是我们多民族国家的珍贵文化遗产。

从居庸关北行八里为上关。这里有关城一座，建于明永乐二年（1404年），与南口关城相似而略小，现在还大体完整。

八达岭位于关沟北端，距居庸关三十里，高屋建瓴，形势险要。古人说："居庸关之险不在关而在八达岭。"岭口也有关城一座，周围约四里，建于明弘治十八年（1505年），南北各有城门一座，门上分别镌有"居庸外镇"和"北门锁钥"的匾额。出"北门锁钥"门五里，有城堡一座，叫做岔道城，古人称它是八达岭的"藩篱"。

从"北门锁钥"城台起，绵延不断的城墙，朝东西两侧伸展开来。城墙的高度，各处不同，平均约为二丈三尺四寸。八达岭附近的长城，经实测，高二丈五尺五寸，底部厚一丈九尺五寸，顶部厚一丈七尺一寸。墙顶外侧设垛墙，高五尺一寸，内侧设宇墙，高三尺。墙身内侧每隔不远的地方开闇门一个，通往墙顶。墙身内填泥土石块，外包条石，条石每块厚度为一尺二寸至一尺五寸，这一段城墙铺砌的条石达十六层之多。城墙顶部铺砖三四层，平整坚实，陡峻的地方砌成梯道，上面可以五马并骑，十行并进。

在城墙上面，每隔不远的地方，有一座高出墙顶的台子，叫做空心敌台。这种敌台高三、四丈，周围长十二丈至十七八丈。台分上下两层，下层四面开有箭窗，可以发放铳炮，上层四周设有垛口，中为房屋，可以住宿军士。敌台距离远近，随地势的衝缓不同，近的只距三五十步，远的则有一二百步。从居庸关到山海关的一段，建有空心敌台一千六百座。在长城外面，还有许多烟墩，也叫烽火台，作为传递军情之用。两墩相距约一二里，不相间断，遇有情况就敲梆打鼓，点燃烽火，向邻墩报警。邻墩得报再继续向下传递。这样，一千里长的防线，只需两个小时就可传遍。这些敌台、烟墩和长城的关堡墙垣合在一起，组成了一套完整的古代防御体系。

封建统治者修筑坚固的城池宫殿，并不能保障他们的统治流传万世。明王朝把长城看作不可逾越的天险。但是李自成领导的农民军，从西安进军，破宁武，下居庸，长驱直入，一举埋葬了明王朝。封建统治阶级所夸耀的铜墙铁壁，在农民革命的烈火中，只不过是一片纸壁蒿墙而已。

****

毛主席指出："民族斗争，说到底，是一个阶级斗争的问题。"我国历史上的民族斗争，从来都是统治阶级挑起的。各族人民都赞成平等的联合，反对互相压迫。统治阶级为了军事目的而修筑的长城，并不能完全遮断各族人民之间的往来。

在我国历史上，长城的各个关口，历来是汉族和各少数民族交往的通道。汉、唐的玉门关、阳关，是汉族和西域各少数民族交通、贸易的重要途径。明代在长城各口设有马市，是汉族和蒙古族、满族贸易往来的场所。北京西北的张家口就是著名的马市之一。每逢开市，远地的商人聚集到这里，成千上万的蒙古族人民赶来交易，极为热闹。多少年来，我们各族人民，正是通过这种经济、文化的交流，逐步结合成为我们伟大的中华民族，共同创造了我国灿烂的古代文化。

今天，在以毛主席为首的党中央的领导下，我国各族人民紧密地团结在祖国大家庭里，努力为建设社会主义而奋斗。大青山下，阳光灿烂，玉门关外，遍地春风，这道古城重镇，今天更成为干部群众劳动绿化的场所。多少年来怪石嶙峋的关谷，从此草木繁茂，山青水绿，葱郁如画，雄伟中增加了妩媚，真个是"居庸叠翠"了。而峡谷中，铁道、公路的兴建，更使古老的关镇出现繁荣喧腾的景象。

我们党和政府历来珍视我们古代的文化遗产。解放以来，对山海关、居庸关、八达岭、嘉峪关等处的长城进行了整修，并公布为全国重点文物保护单位。居庸关、八达岭地段的长城，经过1957年的修缮，又从颓坍剥落的状态中，恢复了原来的雄伟面貌。我们登上长城，缅怀祖国悠久的历史，感到无比自豪。古老的长城今天已经成为我们接受历史唯物主义和爱国主义教育的课堂。

毛主席在长征途中曾写下了著名诗句："不到长城非好汉。"今天，这一雄壮豪迈的诗句继续激励着我们在社会主义革命的征途上奋勇前进。

颐和园简介

毛主席语录

中国历来只是地主有文化，农民没有文化。可是地主的文化是由农民造成的，因为造成地主文化的东西，不是别的，正是从农民身上掠取的血汗。

颐和园是清朝的皇家花园。全园面积约290公顷（合4350市亩），其中水面占四分之三。自然环境优美。远在一千四百多年前这一带就被称为"游瞩之胜所"。自辽、金以来，历代封建统治者纷纷在此圈地造园。

公元1750年，清朝皇帝弘历（乾隆），榨取了千百万劳动人民的血汗，大兴土木，花费十二年时间，建造了"清漪园"。1860年"清漪园"被英法联军烧毁。1888年面临帝国主义瓜分中国的民族危机，那拉氏（慈禧）挪用海军军费三千万两白银以及其他大量款项重建，改名为"颐和园"。那拉氏每年四月至十月来此避暑，这里也就成为她对内镇压人民，对外投降卖国的活动场所。1900年颐和园又遭到了八国联军的严重破坏。1903年再次修复。颐和园三建两毁的历史，既是封建统治阶级穷奢极欲，残酷剥削，压迫劳动人民的一个罪恶记录，又是帝国主义侵略我国、破坏我国文化遗产的历史见证。

颐和园以万寿山为中心。前山有仁寿殿、大戏台、乐寿堂、长廊、排云殿、佛香阁等主要建筑；昆明湖，有石舫、知春亭、十七孔桥，西堤点缀其中；后山林木葱郁，景色幽静；谐趣园独具一格。整个布局曲折多变，浑然一体，"景外有景，园中有园"。体现了我们造园艺术的优秀传统，是劳动人民智慧的结晶。颐和园作为皇帝的行宫，从建筑的配置到室内的安排都表现出所谓"皇权至高无上"这一主题，并有浓厚的宗教色彩。

颐和园在国民党反动统治和日本帝国主义侵占期间，园容荒芜，建筑败毁，古物被盗运，遭到严重的破坏。

北京解放后，颐和园回到了劳动人民手中，国务院将颐和园列为全国重点文物保护单位。园内建筑得到不断修缮，并增植了大量花木，使古老的园林焕然一新，颐和园不但是广大工农兵群众游览的活动场所，而且成为阶级教育、爱国主义教育的生动课堂。

仁寿殿

1750年（清乾隆十五年）建，原名勤政殿。1860年（咸丰十年）被英法联军烧毁。1890年（光绪十六年）重建，改名仁寿殿。1900年（光绪二十六年）又遭八国联军破坏。1903年（光绪二十九年）重修。

那拉氏（慈禧）来颐和园居住时，这里是接见大臣处理日常"政务"的场所。

乐寿堂

1750年（清乾隆十五年）建，1860年（咸丰十年）被英法联军烧毁。1890年（光绪十六年）重建，那拉氏（慈禧）每年夏季来颐和园时在此居住。西间是卧室、东间是更衣室、中间是她日常活动和吃饭的地方。她生活腐朽，挥霍无度，每天仅饭费就耗费白银60两。当时可买粮食七千多斤，约合一万多贫苦农民一天的口粮。

排云殿

1750年（清乾隆十五年）建，原为大报恩延寿寺佛殿。1860年（咸丰十年）被英法联军烧毁。1888年（光绪十四年）重建，改为排云殿，作为那拉氏（慈禧）"庆典受贺"的地方。

1894年（光绪二十年）那拉氏在此举办60岁生日的庆典。其时，正当中日甲午战争爆发，她不顾民族危亡，仍大肆挥霍，仅宫内装修，宴席赏赐及由皇宫到本园沿途景点的工程，就耗费白银一千万两。1904年（光绪三十年）日俄战争在我国领土进行，侵略我国主权，残害我国人民。而那拉氏又在这里举办70岁生日（庆典），并借此广收寿礼，向下勒索"报效"加重对人民的剥削。现在殿内陈列的就有寿礼中的一部分。

长廊

长廊共273间，长723米，横列于万寿山前，似一条锦带把前山景物缀系在一起。表现了我们古代园林艺术的传统和独特的风格，反映了我国劳动人民的创造才能。廊上有彩画八千余幅，绘有西湖风景以及山水花鸟，但由于是按照封建统治者意图设计，有些彩画带有封建色彩。

德和园戏楼

1892年（清光绪十八年）那拉氏（慈禧）不满足园内已有的戏台，又耗费白银160万两和大量人力，建造这高21米宽17米的大戏楼。她与"王公""贵妇"们在此看戏作乐，置国家民族危亡于不顾，充分暴露了她奢侈腐化的反动阶级实质。

"万寿山昆明湖"石碑

1751年，清朝皇帝弘历（乾隆）为了掩盖他享乐而修建"清漪园"的目的，建立了这块石碑。碑文中把造园扩展湖面说成是兴修水利，完全是欺人之谈，充分暴露了封建统治者虚伪的反动本质。

智慧海

1750年（清乾隆十五年）所建的佛殿。1860年（咸丰十年）英法联军纵火焚烧时，因是琉璃砖瓦，得以幸存。殿檐上遗留的烟痕和墙上被砸坏的雕刻，至今仍是帝国主义分子破坏的罪证。

佛香阁

1750年（清乾隆十五）建，原九层。1860年（咸丰十年）被英法联军烧毁，1893年（光绪十八年）重建，改为四层。佛香阁高三十八米，建于高三十米的石基上。在当时的社会条件下，在山上建这样高大的建筑，体现了劳动人民高度的创造才能。佛香阁是封建统治者为维护其反动统治、欺骗劳动人民所修造的宗教建筑。

宝云阁（铜亭）

1755年（清乾隆二十年）建，是喇嘛念经的地方。铜铸殿阁是建筑史上所罕见的。它一方面揭示了封建统治阶级的奢侈腐化，滥用人力物力；一方面反映了我国古代的铸造工艺水平和劳动人民的高度创造才能。

清晏舫

1750年（清乾隆十五年）建，取名石舫。1904年（光绪三十年）增建舱楼，改为"清晏舫"，取"海晏河清"（天下太平）之意。在帝国主义侵略的严重时刻，那拉氏（慈禧）仍荒淫享乐粉饰太平，充分暴露了封建统治腐朽虚伪的反动本质。

后山后湖

1750年（清乾隆十五年）修建"清漪园"时，后山建有赅春园、澹宁堂、金粟山、花承阁、绮望轩等多组不同形式的园林建筑。并在苏州街市三孔石桥两侧湖岸建有商店，名为苏州街。1860年（咸丰十年）英法联军将这些建筑全部烧毁，现在各处尚留有残址遗迹。这是帝国主义破坏我国文物古迹的历史见证。

七、整理后记

戚国淦先生生前多次提到，编写园林古迹简介是为尼克松访华服务的。在一次研究生课上，他讲授《漫话对联》时提到有一次参加了长城征联活动,"因为我对长城稍有研究,原因是尼克松访华时,市委调了我们几个人去写园林简介,我奉命写长城。"戚先生夫人寿纪瑜女士的回忆也印证如此。笔者查找了一些资料,大致梳理了一下当时的历史,可以从中体会到编写园林古迹简介与尼克松访华的某些关联。

1969年1月20日,尼克松就任美国第37届总统,3月2日,"珍宝岛事件"使中苏关系进一步恶化。中美双方都有改善关系的意愿,并在1969—1970年间做出一系列积极的努力。1971年4月中旬,美国乒乓球代表团访华;5月,美国总统尼克松表示接受中方的邀请,准备在北京与中国领导人会谈;7月9—11日总统国家安全事务助理基辛格访华,与周总理举行一次预备性秘密会谈,期间的7月10日上午参观了故宫;10月21—27日,基辛格博士一行14人来华为美国总统尼克松访华作具体安排,并于23日在叶剑英陪同下游览北京颐和园;1972年2月21—28日,美国总统尼克松访华,并在上海发表《中美联合公报》。

这就可以解释为什么周总理要求故宫必须在"七一"开放的原因了。如果说基辛格于1971年7月对北京的秘密访问没有公开报道因而不为大众所知,而同年10月基辛格再次来华是公开报道的,所以编写组的专家们在编写组成立不久应该就知道编写园林古迹简介与中美关系改善之间的关系了。

1972年2月22日,尼克松夫人帕特里夏·尼克松游览颐和园;2月24日,尼克松及夫人游览长城、定陵;2月25日,尼克松在王冶秋和故宫博物院院长吴仲超陪同下参观故宫。在此之前,编写组已经完成了长城、颐和园、长陵、定陵简介的编写任务,从1972年1月17日转入中山公园、北海公园的编写了。编写组在3月完成《景山公园简介》的编写工作后解散。

现在的年轻人也许无法理解,编写个北京名胜古迹的简介,为什么会花费如此之大的气力,考虑这么多的问题,几次三番地修改?如果将其归放到当时的历史环境中就可以解释了:写简介对于编写组的专家老师来说并不太难，只要查阅相关史料认真编写就行了，但当时还处在"文革"期间，"打砸抢"、"破四旧"、"大批判"、"文字狱"仍近如昨日且有可能随时发生，所以他们是心有余悸的。从上面的资料也可以看出，编写组的老师们是拿出做研究的态度来进行工作的。据寿先生及女儿回忆，整个的编写过程是愉快的，原因是一方面在做一件有意义的事，另一方面是又可以读书了，可以到关闭多年的公园古迹中参观考察了。

相关图片：

图为北京园林古迹编写组成员。许大龄（前排左一）、田农（前排右一）、戚国淦（后排中）、方攸翰（后排左一）

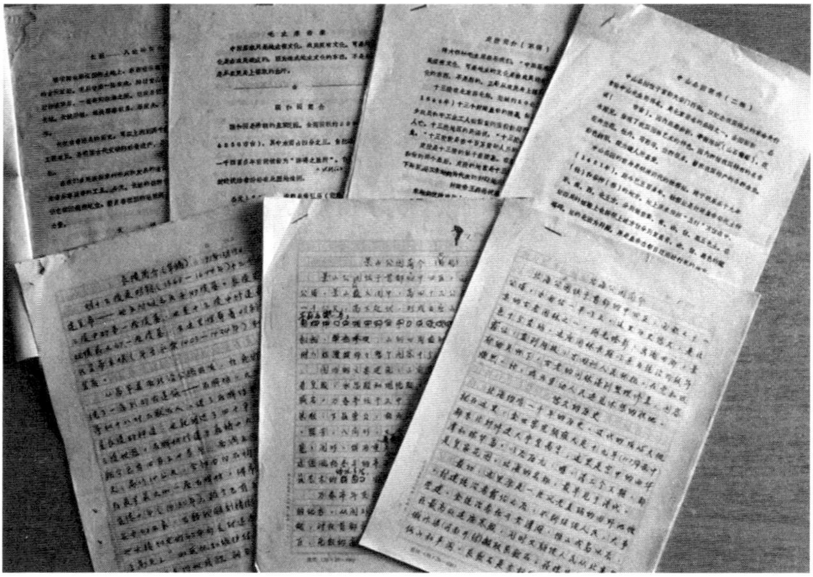

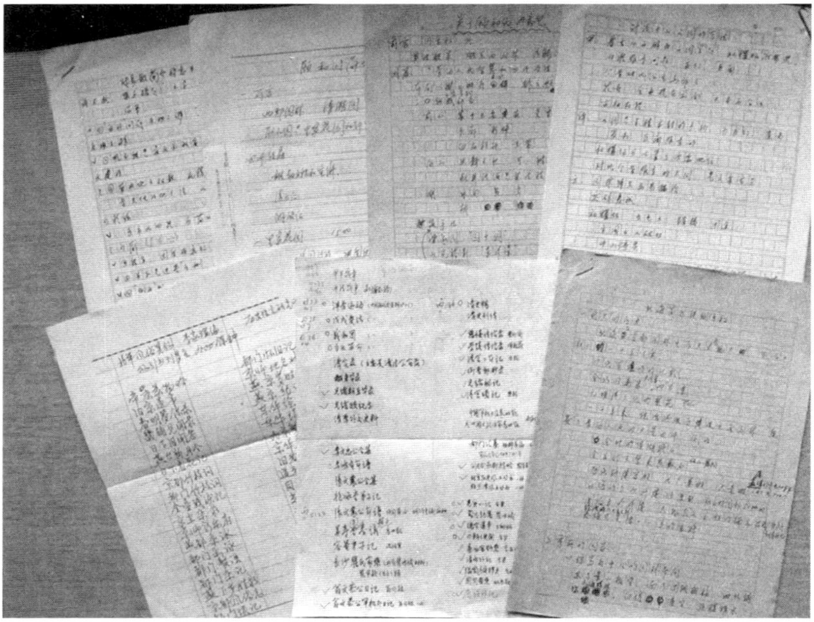

诗词与楹联

学诗杂忆[①]

戚国淦口述　寿纪瑜笔录

多年前，我的老朋友、我校中文系教授张寿康先生仙逝，我送去一副挽联，聊志哀思：

早岁缔知交　惊世才华　凌云意气

暮年悲老友　师资典范　教授仪型

这副挽联得到一些同仁的嘉许。有人问我的门人："你的导师是学洋文、教西洋史的，竟而也能写出这种古典式的挽联。"这话传进我的耳朵，我不由暗笑，因为我学诗的时间，要比读洋文、学历史的时间长得多。

我出身于一个读书人家。祖父是前清进士，父亲秉承家学，母亲出身于江阴缪氏世家。我4岁的时候，父母便教我读唐诗和千家诗。我当时还不能领会诗的内容，却记下来许多篇。双亲的培养，使诗词成为我毕生的爱好。

过了不久，祖父把几个孙男孙女叫到一起，测试所学。我便当众朗诵了一首王翰的"葡萄美酒夜光杯，欲饮琵琶马上催，醉卧沙场君莫笑，古来征战几人回"。在背完"古来征战几人回"之后，也学着大人唏嘘了两三声，引起了哄堂大笑。

上小学时，国文课本程度很深，选了许多古诗。记得《木兰词》就是在高小的时候学的，如今我还能够一字不落地背诵下来。我也开笔试写旧诗，记得有一首诗是"昨朝与五友，相约赴刘家，共作蹴球

[①] 本文作于2008年初，原载于《首都师范大学学报（社会科学版）》2008年第3期。

戏，归来日已斜"。这是我的第一首诗，当时读小学五年级。这当然是摹拟之作，用古人的韵脚，填上自己的大白话，不然的话，我当时还不知道"家"和"斜"都属"麻"韵。

上了中学，国文的程度更深，古诗词也入选得更多了。南唐后主李煜的词引起我极大的兴趣。上初二时，我曾按照《忆江南》的格律写过一首，开头两句是"深山里，日暮砍柴归"；接着两句七言，原来打算描写黄昏的山色，但因腹笥空虚，词汇贫乏，写得不成样子，便忘却了；倒是最后一句"担角挂馀辉"，虽然现在看来很平常，自己当时却认为颇有味道，所以一直记得。这时我开始认识到，要想写好诗，得有丰富的词汇，自己必须努力填充。家里虽然有许多诗词的总集和别集，但是自己还不会读，我便从小说中汲取营养（当然其中的诗未必都好）。读《水浒传》时，我背下了林冲、宋江、卢俊义的反诗。读《三国演义》时，"破关兵三英战吕布"、"刘玄德跃马过檀溪"等回目中所附的"有诗赞曰"，我都背了下来。"三英战吕布"后面附的一首古风，我直到今天也还能背诵几句。读《红楼梦》时，对大观园儿女的诗作更是敬佩不已。我觉得林黛玉、史湘云、薛宝钗诸才女的才华，是自己此生达不到的。在看到"老学士闲征姽婳词"一回中贾宝玉咏林四娘的诗时，自己作了一番比较。我觉得贾宝玉的诗自己望尘莫及，贾环的诗自己也达不到，只有贾兰的诗（按年龄他比我小得多），自己也许经过努力还能赶得上。至于贾宝玉的那首古风，我钦佩不已，现在也还可以全文背诵下来。

读初三时，我感到写旧体诗词困难太多，从格律到韵脚都需要很大的功力。当时读了一些新诗，觉得自己有点格格不入，于是就想创造一种"自度曲"，没有旧诗的格律，却有旧诗的风味。到高中一年级时，我的母校北京三中编印了一种刊名为《三中学生》的刊物。我向该刊投了一篇标题为《春》的稿件："大地春回，又是春光明媚，春风剪剪寒，春山锁翠，痴人儿，知否河山已碎，回首去年今朝，婆娑泪应坠。"诗稿居然被刊登出来。看到刊物上的铅字，简直欣喜若狂。受到诗作发表的鼓舞，我更加努力，把一首自己觉得满意的自度曲《关山月》("冷月苍茫，寒风凛洌，寂静军中夜。听号角凄凉，胡笳呜咽，更添人悲切。念寇氛日紧，山河已阙，但觉心头热。壮志未酬，匈奴未灭，拔剑长叹息，空对关山月。")呈交给最钦敬的国文老师张伯升先生，希求指教。作文发回，使我大出意外的是，先生在写了两句夸赞之词以后，又写了"唯太成熟，令人生疑"八个字。"疑"字是用行草体写的，当时我还不能确认。回家问了大人以后，才知道先生对我这首诗产生怀疑。为了消除先生的疑心，我决心再写一首续篇，以证实我没有抄袭。但是这回却不那么容易，因为我的一点意境和少量的词汇在前一篇几乎已经用尽。但是为了表明自己的诚实，我还是尽力写出了一篇呈上。这次先生的批语却很温和，写了一些鼓励的话。我看了很高兴，先生还是信任我的。

这时，投考高校的问题已经临近。我的理科课程学得也不错，亲长们希望我报考清华大学或是北洋工学院，将来做个工程师，而我个人的兴趣却是中国古典文学。当时北京大学、清华大学已经联合招生，只能两者报一。经过这次老师的鼓励，我更坚定了信念，希望考入有"五马三沈"轮流任课的北京大学中国文学系。

高考很顺利，我被北京大学录取了。当时是先录取后填志愿。我填了中文系，却被西语系录取，原因是我的白话作文写得不好，而英文得分较高，这使我大失所望。当时英文系主任是大名鼎鼎的梁实秋先生，此时已有四本莎士比亚戏剧的中译本问世。我想事情既已如此，将来也可以搞点英诗和戏剧的翻译。但是在稍微接触了一些英国诗歌之后，深感不像中国诗词那样贴切感人。我读了一篇莎士比亚的 *As You Like It*，其中 Jacquis（杰奎斯）的一段独白："整个世界是一座舞台，所有的男人和女人都是演员……"对比我读过的马致远的套曲："百岁光阴一梦蝶，重回首往事堪嗟……"两首都在感喟人生，但英诗"讲理"为多，不似中国古诗"讲情"为多，我不甚喜欢，暗自打算耐过一年以后还是要转入中文系。不意学期刚结束，"卢沟桥事变"发生，北京大学南迁。我因患严重胃病，未获前往，只得另谋出路，投考燕京大学，先在英文系，后转入历史系。当时遇到中文系两位名师顾随（字羡季）先生和郑骞（字因百）先生，顾先生是我国近代词坛巨擘，郑先生后来到台湾，扬名东南亚，被尊为当代鸿儒。我感到当年的愿望可以实现了。但是我不肯转出历史系，因为这里有保送美国哈佛大学深造的前程。在燕京大学的头两年，我把主要精力都放在我所选习的顾先生的"词选与习作"、"曲选与习作"和郑先生的"诗选与习作"课程上。直到有一次邓之诚先生在课堂上公开批评说"我们系有些学生不务正业"，我听了心想，这里指的一定有我，此后我便收敛起来，专心读史。

在燕京大学的这几年，是我学诗、读诗、写诗的高峰期。当时校外四郊多垒，敌骑横行，国难家愁萦绕心臆，加之少年情怀，在校园内湖光塔影、杨柳楼台的环境里，便纵情地吟咏起来。几年之中，连同作业，写下了上百首诗词和曲，虽是初入门庭，但也偶有佳作，得到老师的嘉许。例如一阕记述老师家中举行 party 的词《鹧鸪天》："银烛摇摇夜气凉，画堂丝竹换宫商。玉杯满引葡萄酒，罗袖轻飘茉莉香。欢未尽，意难忘，归来怎禁暗思量。宵深自向楼头立，月照梧桐半染霜。"这首词被顾羡季老师评为"空灵之作"，这在顾师笔下是十分难得的评语。又如一首题为"春寒"的五言律诗："窗外雨廉纤，轻寒透翠帘。索居原寂寂，病起更恹恹。旧句吟还苦，馀香烬未添。却将无限意，和泪读华严。"郑师评为"文章本天成，妙手偶得之"。我读了之后受宠若惊，转而汗颜。我知道顾师在北大读过英文系，我便把在北大读书时打算将英诗译为中文诗的想法作了一番尝试，把雪莱的《挽歌》(*A Dirge*) 译为中文的《菩萨蛮》呈给顾师："野风狂吼音凄绝、欲言怆楚歌频咽。竟夜怒云堆，惊涛空泪垂。枯枝伤力竭，冥海接深穴。大地尽悲声，人间错已成。"作业发下来一看，真是云烟满纸，一大篇稿纸上，除了我写的短短几行词文外，顾师写下了长篇批语，并将"竟夜怒云堆，惊涛空泪垂"改为"竟夜怒云稠，惊涛空泪流"。他在读书时也曾做过这方面的尝试，但是"旧瓶装新酒，此路难通"。顾师的书法非常有名，深得同学们的钦佩。看了这篇评语，我衷心感谢老师的亲切教诲，也非常喜爱他那龙飞凤舞的书法，视同拱璧。可惜这篇评语连同三四十篇带评语的作业在"文革"中一起化为灰烬，使我毕生难以去怀。

太平洋战争爆发时，我已读大学四年级，在日寇枪刺下仓皇辞庙，失学在家。幸得北京第三中学恩师赵子珊老校长见爱，召我回母校任历史教师。全校十二班，每周二十四课时，中外古今齐上。初上讲台，真是手忙脚乱，我才想起邓之诚老师的那番训诲，深悔当初读史不多。为了保住这份得来不易而且深所喜爱的职业，我便把课余时间全部用来补充自己的专业知识。及到高校任教，水涨船高，依然感到学识不足。如是者十年有零，不曾接触诗词，只有一些往事依然记得。在三中，有位生物老师是燕京早期校友周新甫先生，他博学多识，讲课甚好，课余之暇也有时吟咏，并与教界同行互相唱和。我们谊属同门，有时闲谈也涉及诗词。他写了一首"咏雪"的古风，是奉和清华大学教授张子高先生的。我发现诗中有一句"长空万里飘玉屑"，觉得"玉"字有点平仄失调。周老也有此看法，不过他说找不到一个字来替换。我便提议换成"琼"字，老先生欣然同意，提笔便改。老先生的笑容，给予我很大的鼓励。

我在教学中也时常引用我国古代爱国诗人的诗词，受到学生的喜爱。八十年代初，我去天津开学术会议，一位在天津师范学院教政治课的老学生到宾馆来看我，讲起当年听课的情况，他当面向我背诵起"轮台五月风夜吼，一川碎石大如斗，随风满地石乱走……"。另一位河南濮阳的名医，已经 70 多岁，还在行医，最近他写信给我，讲起当年听课中学到的诗句，并且说到几个同学还在课外收集我在别的班上介绍的诗词，互相传抄。我真想不到这些诗的种子在学生幼小的心灵中如此生根发芽。

转眼十多年。1956 年，北京师范学院中文系老同事赵晶洁先生续娶，臧恺之先生征诗申贺，我又重提诗笔。赵先生是我小学和中学高班的学长。臧先生是曾在三中共事的长辈教师，情不可却，我便应命谨步原韵，写了四首。其中一首是"花自温柔柳自娇，好风圆月祝良宵，钧韶齐谱催妆句，迎得天孙渡鹊桥"，写在旧藏的桃红色诗笺上。

赵先生非常喜爱。放在写字台玻璃板下。过了几天，中文系老教师陈兆年先生遇见我，他对贺诗颇为赞赏，并半开玩笑地说："你哪来的这么多'桥'？"兆年先生是北大中文系老学长，黄侃大师的高足，他的嘉许给我以许多鼓励。当时国泰民安，生活愉快，讲课得到学生欢迎，行政工作也受到领导称许，心情舒畅，于是便纵情写起诗来。

1961年"七一"，我写了几首诗祝贺党的生日，录呈系党总支。总支书记宁可同志见了，立即让工作人员写在两大块黑板上，张竖在食堂门前。第二天，又遇见陈兆年先生，他说他最喜欢的是那首《长征》。1963年学校送我到北戴河休养，我写了四首记游诗，其中较好的一首是："小住名区暑已消，归途翻觉路程遥，此情不为乡思切，未有涓埃答舜尧。"1965年学校十年校庆，专刊主编在临发稿时要我补写些诗以填补版面空白，我便匆匆又写了四首，其一是："披荆斩棘筑芳园，沐雨栉风岁复年，漫道今朝多绚丽，要从缔造忆艰难。"过了两年，"文革"风暴来临。一天有同事告诉我："校园里有点你黑诗的大字报，快去看！"原来是外系学生批判我校庆诗的两首，一首是赞美教师辛勤劳动的："……都门桃李七千树，尽是园丁手植成。"一首是赞美学生勤奋学习的："……铭心三字红专健，共把青春献首都。"原来这时"园丁"、"青春"都已成为禁区。哎呀不好！我误踩了"地雷"。幸而事态没有扩大，却给我以沉重教训，从此又搁笔10年。

1976年周总理逝世，听到噩耗悲不自胜，心想写首诗词聊寄哀思。于是写下一首《水调歌头》，秘密藏起。后来形势紧张，便又焚掉。第二年重新录出，还附了一段注释，词云："霜色笼南海，寒意压燕山，此日大星遽陨，天地尽愁颜。满路青纱成阵，树树素花堆雪，哀乐泣云端。碑前瞻遗墨，泪眼不堪看。无双业，不朽绩，遍人寰。多少音容笑貌，犹自印心间。放眼恢宏规划，蒿目艰难国事，在在待公还。灵旗指引处，无险不能攀。"

打倒"四人帮"，万众欢腾，我又重新拿起笔来，想写一首比较长的诗篇以倾吐胸中块垒，于是选定了套曲的体裁，一方面歌颂党中央的英明决断，另一方面声讨"四人帮"的倒行逆施。全套曲子包括

7个曲牌，12支曲子，全文五六百字，是我离开顾师"曲选"课堂以来填写的第一首长调。为节省篇幅，这里仅录下第一支曲子《北新水令》，读来还不失上"曲选"课时的水平："乌云妖雾漫穹苍，蓦然间光明大放，三军擒鬼蜮，万众打豺狼，喜气洋洋，重见升平象。"

党中央"拨乱反正"，为学术界带来明媚的春天，于是我故态复萌，尽情歌唱起来。大凡学校节日、参加学术活动、游览山水名胜、祝贺同仁寿辰乃至观剧等等，无不记之以诗词。20年间写了多少篇已不记得，但是总起来看，自觉平淡无奇，只有两类值得一提。

一是咏史。古人曾有大量咏史诗篇，如杜工部的怀古诗，苏东坡的《赤壁怀古》，都是千古绝唱。在咏中国古代史方面，我已没有用武之地，于是便想试咏世界史事。恰巧门人应出版社之邀，编写世界史和英国史演义。他们的学识和文字都能胜任愉快，但是对于传统的演义小说中的章回目录、开篇诗和章回结束联语却不甚熟练。他们想请我代笔，我欣然答应，也想借此机会试写一些咏外国史的诗词。两部书共有四五十回，我都在不长的时间里完成了各项要求。事后重读，觉得也与中国的旧小说不相上下。例如在《世界史通俗演义·中古卷》中咏英法百年战争的一首："骄悍骑士欲图功，驰骤挥戈冒敌锋，顷刻千人齐落马，难将重甲御长弓。"再如为《英国史演义》所作的开篇词《西江月》："瀚海波涛汹涌，英人崛起西洋，艰难创业出名王，多少贤臣良相。曾号日不落国，转瞬天畔斜阳，一篇演义话沧桑，权作渔歌樵唱。"读来尚有一些味道。这次用旧瓶装新酒的尝试，竟然取得一点成果。

另一类是学校或个人的重大活动，也记在我的诗中。1984年学校庆祝教龄30年大会，让我登台讲话。我在讲话中穿插了一首《水调歌头》："十里花园路，五月艳阳天，黉宫此日雅集，杯茗劳师贤。座上先生犹昔，笔下文章更健，唯见鬓丝斑。往事足回首，卅载一挥间。豪情炽，凤志定，寸心丹。黄昏非晚，霞彩常自映西山。再植数畦桃李，聊作四化贡献，差可赋归田。更祝人长久，同跻二千年。"讲话之后，一位老诗友、老同事张仪容先生对我加以赞赏。仪容同志是老革命，戎马生涯之后来我校任图书馆长，对于旧体诗词极为爱好。我们同庚同好，住处很近，所以经常在下班回家的途中谈些诗词。他说他很喜欢该词最后两句"更祝人长久，同跻二千年"，但是恐怕不容易活到。我还劝慰他"到那时我们好好庆祝一下"，不想他在 2000 年前仙逝了。我每次翻阅旧作就想起他，不免叹息"仪容宛在"。

前些时候，我系退休教授邹兆辰为我写了一篇访问记。他提出一个问题，让我谈谈在职最后 20 年开辟英国都铎史园地的过程和想法。我认为这个题目太大，回答较难，便从文集中选出过去整寿生日的词作为答案。头一首词《临江仙》写于 1978 年，当时 60 岁："六十年华东逝水，忽焉便自成翁，旧时才气半销镕。漫夸书卷富，转叹腹笥空。已分披离霜后草，何期重沐春风。须将微意答天公，黄昏犹未晚，珍重夕阳红。"时值"文革"风雨过后，我已准备退休。领导要我再干些年，开辟培养研究生工作。我也正以未能实现半生怀抱的研究英国都铎史的愿望为憾，因此便愉快接受。"黄昏犹未晚，珍重夕阳红"便是我开辟都铎史园地的誓言。过了 10 年，园地开辟初见成果，但是远未完成。此时我已 70 岁了，过整寿时又写了一首《临江仙》："曩时不信夕阳晚，如今落日衔山。征人犹未卸征鞍。路途还远甚，老骥也加鞭。……"园地的幼木已经成长，我还须继续努力。到我 80 岁时，园地开辟工作已见成效，园内树木已呈参天拿云之势，我可以安心地退下来了，于是又填了一阕概括平生的《水调歌头》，结尾两句是"一笑辞专业，无悔面馀生"。我觉得一生劳累，至此应该休息了。对于一生钟爱的诗词，也应该适当割舍。此后不再填词，也不写律诗了。长的诗词虽然不写，但有时还写点绝句，并且对楹联更感兴趣。

提起对联，我倒觉得有些家庭渊源。小时候家中厅堂里悬挂着祖父用潇洒的黄山谷笔体写的对联，至今记得的有两副："立足不随流俗倒，置心学到古人难"；"好书不厌百回读，佳木能成十亩阴"，是我天天看到的。父亲也喜欢写对联，遇到亲朋的喜庆婚丧，常常要送去一副。父亲挥毫，我站在一旁看，或者帮着牵牵纸，父亲有时便讲几句对联的作法。那时候时兴门联，家家大门上都写有对联，例如"瑞日芝兰光甲第，春风棠棣振家声"。商店门上也写对联，例如"陶朱事业千秋盛，端木生涯万载隆"。可以说俯仰皆是。后来我开始阅读小说，书中的章回目录又成为我的教材，许多我喜欢的回目至今还背得下来。再后来从书橱里找到梁章矩的《楹联丛话》和一些楹联汇编的书，眼界便更加扩大。但是这些幼功，只体现在我习作诗词中间，还不曾像父亲那样用于酬酢。我意识到联语是诗词的骨架，好的律诗、词曲都由这个骨架支撑起来，但是它要求很严，如平仄、对仗、词藻、典故都要讲究。我的腹笥狭窄，词藻贫乏，还需努力充实。

把对联作为独立体裁的制作，始于上世纪八十年代初。1980年，我们夫妇共同的老师齐思和先生仙逝。为了寄托哀思并装点灵堂，我赶写了一副挽联："绛帐忆熏陶，学贯古今，史兼中外。素纬增怆楚，国失耆宿，我恸良师。"受到同行们的赞许。此后遇有喜庆丧葬，就往往写上一副对联送去。另外，遇上征联或遣兴，也写一些对联。积累既久，也有几十副，大半属应酬之作，平庸无奇。其间偶有佳篇，如贺商务印书馆百年馆庆："利国实超商务外，育人功盖印书行"，把馆名嵌入联中，还是比较自然的。又如长城征联，所作《题长城》系仿效清孙髯题昆明大观楼之百字长联，字数较之为少，而词藻更逊一等，但是联中以民族和睦团结为主旨，又似略胜。最得意的是，古时留下的"客上天然居，居然天上客"上联，清朝才子纪晓岚仓促间只对出"人过大佛寺，寺佛大过人"不甚工整的下联。我长期苦思冥想，凑上了一句下联："人游夜总会，会总夜游人"，自认为比较妥帖。倒不是我才胜古人，而是古人未能见到夜总会这些当今新鲜事物。

我还为长辈亲戚的墓碑试撰过几句铭文。这位长亲与其先生同跻百岁，堪称人瑞。她去世后，由我执笔为她撰写墓志，附了几句赞辞，辞云："国之贤良，家之德配，偕老百年，盛世人瑞"，深得老伴赞赏。特记于此，留作纪念。

转眼行将九旬，想到我校名教授、当代名书法家欧阳中石先生少我10岁，也将荣庆八秩华诞。我一下子来了灵感，拼成一副贺联，觉得贴切，顺便写入此文，预为祝贺：

笔走龙蛇　率更书法

诗涵珠玉　六一文风

回顾几十年，除孩提时代外，大都以诗词为伴。但是正如奉和吴于廑先生的七律中所说："箧底漫藏千百纸，笔端偶放两三花。"佳作实在有限得很。

1988年，燕京大学三八班校友重编了一部同学录，每个人为自己的肖像题几句词。我未加思索写了四句："戊寅榜首，未名词人，无多建树，有愧师门。"但书出之后，我深感荒唐。未名湖畔曾出现过多少诗人词客，如谢冰心、吴世昌等大师，与我同时的如杨敏如、王世襄、吴兴华、滕茂椿等名家，以后更是人才辈出，他们都不冠用"未名"二字。余何人斯，岂敢僭越，从此不提。但是如果把"未"字作"无"字讲，"无名诗人"这顶小小的花冠戴在自己的头上，倒是蛮合适的。

顾随先生的词选课

　　1938年秋，我们几个有幸通过大一国文课免读测试的新生，经老同学的指点，选修了顾随（羡季）先生所开设的"词选习作"课。顾先生是著名的词曲家，来燕大授课已近十载，深受同学们欢迎。词课好听，习作却难。

　　课堂设在穆楼楼下向阳的一间教室。室内安放三排扶手椅，每当先生上课，课堂都坐得满满的，分不清哪个是选修，哪个是旁听。引人注目的，一位是研究生杨敏如，她刚刚完成由顾先生指导的学士论文《韦庄词研究》，考入研究院后，又来听讲。另一位是我当时所在的西语系系主任谢迪克先生。这位英国学者来华授课之余，潜心研究中国文化。记得有一次课间，他曾向我提出一个问题：为什么中国的词总是以儿女爱情作为内容呢？看来这位先生的涉猎已经颇广了。

　　词选课安排在星期三的下午。每次上课铃响，顾先生准时缓步走进教室，顾先生头上依稀可辨的白发，额上深深的皱纹，嘴上浓密的髭须，以及微微朝前弯的身躯，使我们深为他担心；这位实际年龄刚过四十的老师，显得有些未老先衰了。

　　另外，我们从先生的脸上似乎还看到了些什么，那就是在眉宇间凝聚着古人词中常使用的一缕"闲愁"。为什么呢？身体多病？生计艰难？这些因素都有。但是更主要的却是蕴藏在先生内心深处的故国之思。先生因家口之累滞居燕市，目睹河山沦陷，敌寇横行，爱国爱民之心，只能是郁积胸中，或者述诸笔墨。我们读过先生的一阕《定风波》，其中有"南国书来消息好，一笑，四山如画散秋阴"之句，只有这时，才是先生舒展双眉的时刻。我们的老师是一位爱国词人，所以在南宋词人中对辛稼轩最为推崇。

先生在燕大开设词选课多遍，讲课的精彩已是有口皆碑。然而若问起先生教课之精彩究在何处，被问者往往只是赞不绝口，未必能领会到先生讲课的真谛妙义。这是因为听词课的人大都是初学者。在班上先生旁征博引，妙语如珠，听课人如入宝山，目迷五色，未必能探得瑰宝。我自己当时就是这样。近来读到加拿大华裔学者叶嘉莹教授写的一篇怀念顾先生的文章，谈及先生的讲课，确能领略个中三昧。叶教授曾在辅仁大学从先生受业，于先生所开诗词课程无一不选，毕业后仍返校旁听，可以算是传顾师衣钵的弟子。她的文章写道："先生之讲课纯以感发为主，全任神行，一空依傍，是我平生所接触过的讲授诗歌最能得其神髓，而且也最富于启发性的一位非常难得的好教师。"这一评论至为恰当，也深获我心。叶文对于先生讲课尚有许多妙解。限于篇幅，未便多引。

先生讲课时经常举出自己的新作作为示范。后来编入《霰集词》中的许多首词都曾在课堂上首先同我们见面。留给我印象最深的是一首《鹧鸪天》："不是新来怯凭栏，小红楼外万重山。自添沉水烧心篆，一任罗衣透体寒。凝泪眼，画眉弯，更翻旧谱待君看。黄河尚有澄清日，不信相逢尔许难。"这首词从艺术角度看，在集中并不突出，然而词中的爱国情怀却是感人至深。我们懂得词中盼望的不是什么离人远客，而是"故国旗鼓"、"汉官威仪"，这种河清有日的信念，读来不是比陆放翁的《示儿》诗更能受到鼓舞么？

一次，先生在黑板上写下半阕《减字木兰花》："栖鸦满树，借问行人何处去；满树栖鸦，不信行人尚有家。"并说下半阕尚未想好，问我们谁能代为续上，这个题目实在太难了，当时无人敢应。我私下里为此连续许多天苦思冥想，后来勉强凑成："严霜遍野，但愿行人归去也；遍野严霜，哪个行人更恋乡。"写成之时，词课已经结束，未能呈先生批阅。自知狗尾续貂，仍愿保存下来，作为师生联句的纪念。

让先生费心血的，是作业的批改。先生要求我们从小令到长调每周试填一首。我们这些初学者虽然刻意谋篇，但总难避免这样那样的疏漏。先生批改不但从格律、韵脚、平仄诸方面细加改正，而且在遣词用字方面也多加推敲，务求精炼，以鼓舞大家不断提高。我有一次忽发奇想，将英国诗人雪莱的一首《挽歌》译成《菩萨蛮》送呈批阅。其中"竟夜怒云堆，惊涛空泪垂"两句，自己也不满意。但是限于原著本意，自己又辞藻贫乏，搜索枯肠，无力改动。等到先生阅后发还，稿子上的"堆"字改成"稠"字，"垂"字易为"流"字，比起原来不知高明多少。我想，先生确有点石成金之术啊。正是由于先生的精心指点，我们这些初学者都有很大长进，有时也写出了清词丽句。

我也曾得到顾师的期许，然而才质驽钝，写词意境不深，很少佳作。五十年来，浸淫史书，但是对词的爱好不减，每有闲暇，常以读词自娱，有时也偶填一阕自遣，这种乐趣，实系先生之所赐。

半个世纪转瞬过去。先生归道山已三十年。当年同窗，天各一方。每忆及当时乐事，依稀在目，不尽神驰。

1988 年

诗　词

小学五年级试作

昨朝与五友　相约赴刘家
共作蹴球戏　归来日已斜

中学时期试作

春

大地春回　又是春光明媚
春风剪剪寒　春山锁翠
痴人儿　知否河山已碎
回首去年今朝　婆娑泪应坠

关山月

冷月苍茫　寒风凛冽
寂静军中夜
听号角凄凉　胡笳呜咽
更添人悲切
念寇氛日紧　山河已阙
但觉心头热
壮志未酬　匈奴未灭
拔剑长叹息　空对关山月

燕园杂咏——1938—1941年燕京大学读书时期

为顾随先生《减字木兰花》上半阕试续下半阕 [①]

1938—1939年间

上半阕：
栖鸦满树　借问行人何处去
满树栖鸦　不信行人尚有家

试续下半阕：
严霜遍野　但愿行人归去也
遍野严霜　哪个行人更恋乡

十六字令

1938年9月词课开笔

烟　袅袅游丝远树间　无人理　冉冉上青天

卜算子

江上采芙蓉　邂逅惊相遇
君是珠宫阆苑仙　侬是前村女
遇也本无端　别也浑无据
却怪阿侬不自持　日日江干去

河结百年冰　岭积千秋雪
偶有孤鸿万里来　飞向峰头歇
歇也只须臾　又复匆匆别
留得轻轻雪上痕　却自无时灭

[①] 顾随，字羡季，词曲家，曾在燕京大学开设词曲习作课。顾先生在班上出示其作品上半阕，希望学生代为续作下半阕。

浣溪沙

独据危楼夜寂寥　琐窗风透烛光摇
空阶疏雨滴芭蕉
击剑吟诗空有恨　高歌沉醉亦无聊
更缘何物遣今宵

芳草黏天入眼青　东风无力散琼英
春来事事费关情
画阁浮香温燕梦　琐窗敲雨乱鸡鸣
梦回无语忆平生

菩萨蛮

廉纤细雨春寒薄　楼高四面垂珠幕
惆怅晚来风　乱飘千点红
断魂还似昔　往事休重忆
临镜惜芳颜　今年谢去年

玉楼华宴排莲炬　相逢此夜浑无据
众里暗窥伊　芳姿胜昔时
含情还更怨　无语频低面
梦破五更残　断肠罗幕寒

情深味得相思苦　人生合教多情误
愁起总无名　远山眉样清
几番空欲醉　醉便无由悔
醉醒更何言　柳丝春水寒

情酣深处翻疑薄　如今悔却当初错
旧梦了无痕　相逢祇断魂

玉颜憔悴尽　未减前番恨
欲语更迟迟　别君双泪垂

以下三首均用阳春集原韵
严霜刻意摧秋草　长年弃置今休道
独坐听长更　一阶花影横
宵风天畔起　翠袖寒如水
凄月自成圆　大街传管弦

梦回枕上惊寒笛　搴衣起视晴空碧
记得乍成眠　家山一刻还
回思愁欲绝　渐尽西楼月
曙色暗侵帘　银河垂画檐

彩云轻系玲珑月　繁枝影碎清愁绝
不耐倚阑干　春宵犹自寒
篆檀盘绿凤　往事迷如梦
有梦也凄凉　江南芳草长

满庭芳
暮色连云　长烟漵野　寒山一抹斜晖
萧萧残柳　零落舞宫堤
记取当时游迹　尘封冷　兽角倾颓
惊心处　阑摧栋折　幻梦是耶非
凄迷　遥纵目　接天烽火　遍地旌旗
念秋深叶老　此恨谁知
肠断关山万里　头白也　休问归期
西风急　黄尘影里　寒雁起南飞

菩萨蛮
试译雪莱诗《挽歌》
（Percy Bysshe Shelley, *A Dirge*）

野风狂吼音凄绝　欲言怆楚歌频咽
竟夜怒云稠　惊涛空泪流
枯枝伤力竭　溟海接深穴
大地尽悲声　人间错已成

减字木兰花
试译丁尼生诗《鹰》
（Alfred Tennyson, *The Eagle*）

荒原浴日　偶有苍鹰崖上立
利爪如钩　脚下雄涛滚滚流
远空临眺　眼底人寰青色绕
蓦作低飞　落下山城势若雷

采桑子

平湖一片琉璃滑
刃逐云车　人舞飞花
紫色巾扬翠袖斜
夜来灯月相辉映
俪影参差　语笑喧哗
不到更深莫转家

鹧鸪天
参加师生 Party

银烛摇摇夜气凉　画堂丝竹换宫商
玉杯满引葡萄酒　罗袖轻飘茉莉香
欢未尽　意难忘　归来怎禁暗思量

宵深自向楼头立　月照梧桐半染霜

送别敏如 ①

小聚今宵宜尽欢　拼教醉裡逝华年
红云冉冉添娇面　香雾濛濛湿翠鬟
羞忍泪　恨无言　却从繁乐听哀弦
待凭他日增相忆　转觉今朝倍黯然

蝶恋花

花落红英春事了
舞蝶多情　犹向残枝绕
万里关山生绿草
萋萋迷却王孙道
明月满楼人静悄
掩泪思量　坐待屏山晓
见说红颜容易老
今宵闷损知多少

萧索西风吹绿鬓
柳外残阳　暗送清秋讯
天阔云低排雁阵
迢迢久断江南信
镇日诗愁兼酒困
未放心花　先自飘零尽
总是无端频惹恨
啼痕湿破严妆粉

---

① 杨敏如时为燕京大学文学院研究生，于古典诗词深有造诣，即将离校赴内地。后任北京师范大学教授。——原注

落絮濛濛吹满院
憔悴蔷薇　惆怅双飞燕
望极天涯凝泪眼
可怜人比天涯远
漫倚朱阑魂欲断
数尽归期　负尽年时愿
往事争知翻作怨
深深悔却当初见

花影阑干人语寂
月转回廊　一片伤心色
慵向阶前成小立
归鸿过尽无消息
前约已成经久隔
缕缕欢情　尽付深深忆
便是相逢头已白
云宽那得相逢日

蓦地梦回方午夜
懊恼情怀　起视银釭炧
楼外四山明似画
碧云敛尽晴光泻
梦里欢筵容易罢
寂寞良宵　人远天涯也
独倚阑干双泪下
严霜和月浸鸳瓦

飞尽香棉蕉叶绿
渐少花声　渐是樱桃熟

倦倚阑干愁纵目

天涯何处寻芳躅

逝水流年悲倏忽

苦雨凄风　日日相催促

往事关情眉黛蹙

绿窗那更人如玉

轮急碾冰冰欲裂

万点归鸦　乱踏枯枝雪

漠漠黄尘迷素月

渐行渐暗高城阙

风夹笳声吹更烈

背向乡心　可奈前行辙

回首故园情百结

人间底事多离别

该词另稿

轮急碾冰冰欲裂

万点归鸦　乱踏枯枝雪

漠漠黄尘迷素月

渐行渐暗高城阙

塞角和风吹更咽

背向归心　可奈前行辙

回首宵来肠寸结

关山只管增离别

鹊桥仙

朱阑尘积　画楼语寂

霜染一庭秋色

重来旧地怅前尘　银烛畔共调锦瑟
长年离隔　鬓丝渐白
几见伊人消息
天边雁自那厢来
也似说相逢无日

临江仙

昨夜西风吹落叶　园中顿觉清疏
晓来红日映浮图
天边飞鸟影　尽入未名湖
如此河山如此日　安能尽付唏嘘
劝君更莫叹穷途
林中朝试剑　灯下夜攻书

1939 年词选课考试，限时限韵得"年"字

几日客中秋尽也　流光换尽华年
罗衫不耐晚风寒
天心云色淡　篱畔菊花残
连夜织成归去梦　愁多更怕凭栏
天涯望断路漫漫
几只归雁影　越过万重山

1941 年冬仓皇辞校，翌年秋重过西门，感而赋此

辛苦三年郊上路　重来不尽凄清
朱门剥落更长扃
远山青未改　放眼泪无名
记得楼前桃李艳　如今谁惜残英
山禽也自感孤零
相逢如解语　诉我别来情

该词另稿

辛苦年年郊上路　重来不尽凄清

参差路柳舞轻盈

远山青未改　放眼泪无名

别后园亭无恙否　料来荒草丛生

山禽应久感孤零

相逢如解语　诉我别来情

散曲

大德歌二首

星光稀　晚风微　薄幸人儿尚未归　梦浅难成睡　更深意转迷　谁家树把香车系　月影过楼西

群山青　一江澄　转战天南万里程　马踏千军境　功成百世名　归来怯看凌云影　鬓上发星星

一半儿令

长空寥廓雁南飞　萧条庭院菊花肥　寂寞小楼人未归　望天涯　一半儿云烟一半儿水

五律
春寒

窗外雨廉纤　轻寒透翠帘

索居原寂寂　病起更恹恹

旧句吟还苦　馀香烬未添

却将无限意　和泪读华严

七律
病起

望中芳草碧无垠　心事年来岂足论

细雨廉纤天有泪　东风澹荡梦生痕

尘封楼阁迷陈迹　雾漫关山羁旅魂
小病可怜春又尽　槐花满院不开门

50年代以后诗作

恭贺赵晶洁学长结婚佳礼，谨步臧恺之先生征诗原韵

1956年

春满芳园桃李娇　殷勤浇灌废晨宵
合欢莫待风光晚　伫望双星早渡桥

初绽红梅无限娇　低吟浅唱度清宵
兴来欲觅新诗句　俪影双双踏竹桥

花自温柔柳自娇　好风圆月祝良宵
钧韶齐谱催妆句　迎得天孙渡鹊桥

筑成金屋喜藏娇　夙世姻缘证此宵
为问裴郎犹记否　乞浆当日遇蓝桥

清平乐
武汉长江大桥

1958年

波光潋淡
倒映衡阳雁
浩渺吸吞湘与汉
携去河川千万

洪流冲破巫峰
惊涛激荡天风
堪佩神工妙手

横江桥架长龙

武汉长江大桥
1960
谁向江头系彩虹　分明水面偃苍龙
从今南北无天堑　人力原夺造化功

菩萨蛮
送纪瑜下放锻炼
1960年
元宵才过春犹早　行人已就河南道
千里赴嵯岈　学习种豆瓜
临歧期努力　思想破兼立
进步两心同　且看谁更红

立场改造岂容缓　商量且把吉期展
收起嫁衣裳　安排行旅装
一年容易过　莫把良机错
来岁更迎君　迎君双喜临

心同千里宁为远　濒行但祝红专健
思想要丰收　力争最上游
虚心学技艺　寒暖须留意
作个巧姑娘　君荣侬亦光

暂分一载休牵系　慰情但盼佳音至
也莫念高堂　承欢有我当
相期同鼓劲　比比谁先进
来岁再重逢　喜花相映红

寄纪瑜水仙花年历卡
1960 年冬

素裳仙子凌波去　梦魂萦绕河南路
遥寄一枝春　为君志岁辰
耕耘须着力　冷暖宜留意
岁暮又花开　花开君便回

祝北京师范学院党员大会召开
1960 年

试从平地起层楼　夙夜经营恰五秋[1]
桃李育成遍天下　今朝宜庆大丰收

力争上游众志同　齐催骏马御雄风
群英大会题先进　欢忭应思领导功[2]

桓桓伟业拟长征　盛会召开志里程
检阅功勋兼擘画　红旗绚丽更高擎

意识革命到尖端　改造须更世界观
为报关垂勤努力　凡胎脱却效登仙

欢迎新同学
1960 年

欲修广厦万千层　协力端须众志成

---

[1] 1954 年 9 月 4 日中央教育部批示，同意在北京教师进修学院的基础上创建北京师范学院，29 日一年制专修班举办开学典礼；1955 年 10 月 10 日举行北京师范学院成立暨开学典礼；1992 年校名改为首都师范大学。因此，1992 年之前，以 1955 年为建校时间举办校庆活动；1992 年后，以 1954 年为建校之年举办校庆活动。

[2] 1960 年 3 月 1 日，北京市文教卫生系统群英会上，北京师范学院被评为先进集体，戚匡涇等多人被评为先进个人。

培植幼苗成巨干　人民师保最光荣

师生此日笑颜开　拍手欢迎战友来
跃进更期同努力　誓为祖国育英才

咏史

1961年

阿芙乐舰红旗举　苏俄人民大业开
十月炮声惊世界　马列主义送将来

欲从水火拯斯民　济世英贤会沪滨
我党于兹称建立　中国革命焕然新

疾风骤雨漫天来　倒海排山势若雷
亿万工农齐觉醒　誓将妖孽一齐摧

南昌城上阵如云　此日人民始建军
革命原须凭暴力　凌云千载记功勋

红旗招展映南天　黎庶从兹掌政权
此是燎原星火种　万方翘望井冈山

魑魅居然欲逞凶　挥刀弄杖闹围攻
森严壁垒张天讨　烟灭飞灰指顾中

誓歼寇虏复河山　仗剑长征岂畏难
万水千山一笑过　红旗满路指延安

手执长缨钓巨鲸　出师首战记平型

从今莫道难明夜　天际遥瞻北极星

誓将血肉化雄关　戮力同心挽巨澜
个里几多艰岁月　终于光复好河山

烈火狂涛拥巨艨　雄师百万渡长江
雷霆一震妖氛尽　无数红旗映海疆

华夏辉煌大业开　长街处处响春雷
堂皇诏告昭天下　六亿从兹站起来

北戴河
1963 年

名山当日着腥膻　此际登临景倍妍
信是人间真换了　低回再四诵名篇

小住名区暑已消　归途翻觉路程遥
此情不为乡思切　未有涓埃答舜尧

观《东方红》史诗
1964 年

严冬历尽喜春回　长夜消残曙色开
十月炮声惊宇宙　马列主义送将来

北国吹来十月风　雄歌一曲醒工农
高张赤帜挥镰斧　装点江山处处红

千年奴隶喜翻身　焚契分田斗劣绅

胜利赢来须保卫　满山丹桂送亲人

平分土地斗豪绅　此日工农做主人
八月桂花开遍地　送郎送子去参军

层峦丛树映旌旗　此日红军喜会师
众志成城严壁垒　凯歌高唱井冈词

霞光绚烂映边城　凝望晴空旭日升
漫道关山多险阻　红旗招展指前程

大渡由来少渡头　昔人曾此叹抛矛
飞夺铁索跨天险　回首白云足底流

北京师范学院校庆十周年抒怀
1965年

披荆斩棘筑芳园　沐雨栉风岁复年
漫道今朝多绚丽　要从缔造忆艰难

绛帐春风育彦英　殷勤教诲寓深情
都门桃李七千树　俱是园丁手植成

负笈当年入校初　芸窗勤读主席书
铭心三字红专健　共把青春献首都

佳辰令节喜同时　祝酒还歌献寿诗
不把佳言题往绩　但将孟晋祝来兹

水调歌头
悼念敬爱的周总理

此词作于1976年元月，当时四害横行，文网密布，恐触忌讳，未敢明言。四月事起，更将原稿焚毁。翌年总理周年忌辰，重新录出，谨致哀忱。

霜色笼南海　寒意压燕山
此日大星遽陨　天地尽愁颜
满路青纱成阵　树树素花堆雪
哀乐泣云端
碑前瞻遗墨　泪眼不堪看

无双业　不朽绩　遍人寰
多少音容笑貌　犹自印心间
放眼恢闳规划　蒿目艰难国事
在在待公还
灵旗指引处　无险不能攀

《庆太平》套曲
为粉碎"四人帮"而作，定稿略有改动
1977年

《北新水令》乌云妖雾漫穹苍　蓦然间光明大放　三军擒鬼蜮　万众打豺狼　喜气洋洋　重见升平象

《驻马听》几尾泥鳅　妄想兴风翻恶浪　四只河蟹　居心祸国乱家邦　屡生毒计害元良　更设阴谋倾大将　真混账　罄竹难书这罪状

《沉醉东风》你看他们　披虎皮出将入相　扯黑旗纳叛招降　卖劲的　赏高官　合心的　结死党　一个个青云直上　拼凑个篡党夺权的害人帮　好一串魑魅魍魉

《折桂令》那气焰何等嚣张　称霸称王　耍尽威风　逞尽强梁　那声势何等猖狂　开起了钢厂帽厂　架起了排炮排枪　觑着中

央　对着地方　顺我者　领功受赏　逆我者　名裂身亡

《前腔》　那日子可算风光　挥霍铺张　便财阀色沮　钜富心降　那生活可算排场　食厌了燕窝熊掌　住腻了别墅洋房　汽车成串　侍卫成行　翻新样裁几套布拉吉　施骗术拐几米的确良

《沽美酒》　好一个瘪三草头王　论功劳　没半桩　反总理胆敢告刁状　四下里夺权柄　把黑手伸出八丈长

《前腔》　再有个军师狄克张　出鬼点　丧天良　欲拥帮头当新莽　那首揆的味道　俺也好尝一尝

《前腔》　还有个文痞姚东床　替主子　善捧场　霸占文坛抡大棒　信口雌黄　为虎作伥

《前腔》　论罪魁祸首是妖江　演坏戏　久擅场　吕雉武曌信口讲　学她们　篡唐代汉　要当个新女皇

《前腔》　这一伙结成四人帮　干坏事　万千桩　人民恨得牙根痒　怎生能抓过来　剥皮骨　刳肚肠

《太平令》　全亏了英明的党中央　粉碎这小丑跳梁　为我党割除溃疡　为国家剪刈榛莽　为人民根绝祸殃　永享安康　这大喜事　怎不教人纵情歌唱

《离亭宴带歇犯煞》　一声霹雳震天响　东风浩荡驱烟瘴　看玉宇尽沐阳光　这一举真是平民愤　得人心　孚众望　人间四害除　天地变新样　道不尽万千气象　丰收花漫山乡　增产旗飘厂矿　红卫星巡天上　继承先烈志　不负人民望　有新一代领导将舵掌　从此后　巨舶续前航　乘长风破万里浪

<h2 style="text-align:center">临江仙</h2>

戊午元旦抒怀（六十自述）

1978 年

　　六十年华东逝水　忽焉便自成翁

　　旧时才气半销镕[①]

---

① "镕"与"熔"两字通用。

漫夸书卷富　转叹腹笥空
已分披离霜后草　何期重沐春风
须将微意答天公
黄昏犹未晚　珍重夕阳红

附：和戚国淦教授《戊午元旦抒怀》
齐治平[①]
1978 年

我是申猴君午马　相矜未许称翁
精金百炼不销熔
纵然魔火旺　转瞬已成空

烈日严霜都过了　迎来次第春风
穷通一笑付天公
莫愁衰鬓白　试看醉颜红

鹧鸪天
燕京大学校友重聚有感
1978 年

己未孟冬，部分燕大校友小集京西海淀，距初入学，已四十年矣。席间语笑喧哗，犹似少年意气，归而志之。

卅载流光逐逝川　梦魂犹自系燕园
何期涤荡妖魔后　此日重逢尧舜天
殷问讯　细相看　朱颜虽改寸心丹
举杯共祝身长健　好为宏图献暮年

---

① 齐治平　1921 年生，北京市人。早年毕业于北京师范大学及研究院，北京师范学院历史系教授，擅长诗词。

临别赠陆维纪父子[①]

1978 年

陆家书法陆家文　赋若珠玑笔若神
我愿儿曹多抚摸　青华定不逊机云

《李慧娘》

1960 及 1980 年先后观昆曲、京剧《李慧娘》，感而赋此。

避乱逃荒别故乡　歌衫舞袖寄凄凉
西湖纵使游人醉　不信余杭似汴梁

狂贼当日逞强梁　耻列金钗十二行
每念亲仇啼血泪　肯将笑靥进霓裳

威严相国坐华堂　检阅秋虫紫与黄
选将争锋今日乐　管他胡马困襄阳

晴波潋滟好湖光　几队巡丁护巨舲
回避一声游客散　谁人不惧贾平章

书生忧国痛兴亡　侃侃陈词詈虎狼
弱女舟中同感慨　美哉壮也少年郎

偏狭相国心头火　断送蛾眉剑下亡
阁外红梅掩玉骨　芳魂常伴月昏黄

---

① 陆维纪为北京师范学院历史系教师，行将举家出境。戚国淦以陆机、陆云字帖相赠，勉励陆先生之二子陆青、陆华勿忘祖国文化。晋时陆机、陆云兄弟均有才名。

群鬼喧腾诚可笑　孤魂飘泊自堪伤
借来宝扇添英气　要向仇人索命偿

权奸诡计害贤良　解困抒危动义肠
愿为世间伸正气　红梅阁内救裴郎

阁中细语诉衷肠　掩泪谢君情义长
岂不愿求患难侣　可怜生死两茫茫

半闲堂下众惶惶　月暗灯昏现慧娘
群丑匍伏巨奸倒　鬼魂战胜活平章

外一首
十年雨暴又风狂　劫后春回看慧娘
园内百花开更妍　红梅依旧冠群芳

昆明归途呈吴于廑、孙秉莹两先生
1982 年
和风十月拂南天　胜会花城聚众贤
拊掌纵谈千载事　倾心细读万言篇
探幽古刹扪残碣　荡桨滇池谒睡仙
分袂但期腰腿健　更随杖履踏衡山

附：吴于廑、孙秉莹先生回赠诗
吴于廑先生回赠诗
车上，戚老以昆明纪行一律见示，特录成都两首呈还。

武侯祠
读史每为丞相惜　益州兵赋祇偏安

两都曹魏廊庑下　风雨苍茫大散关

杜甫草堂

已苦秋风破草庐　漂零天地一舟孤
杜陵人道诗中圣　唯大诗人非圣徒

孙秉莹先生回赠诗

录旧作赠戚兄兼呈吴先生

诗兴兼旬竟不来　羡君自是谪仙才
情亲无限谁能写　妙语诗笺信手裁

回乡杂咏

1983年应贵阳师范学院项英杰教授之邀，参与研究生答辩事，留筑浃旬，得畅览故乡风物，并与族人欢聚，乐而题诗多首，今录其六。

风驰电掣过三湘　闻报前途即贵阳
回首京华五千里　离乡喜又是还乡

列车今日亦轺传　校士抡才到古黔
喜看诸生多俊彦　吾乡文物垺中原

山田错落态纷呈　嵌翠铺金妙手成
人定从来天可胜　如今不叹地无平

斯城当日亦多艰　惨澹经营卅载间
花木葱茏夹广衢　楼台无数傍青山

平生籍贯注修文　六秩何尝识里门

难得浮生旬日住　从今真个贵阳人

黔灵招手笑相迎　果瀑花溪亦有情
为感亲人无限意　挥毫聊写故乡行

桂林杂咏

1984 年

漓江九马图

曲曲舟行江景殊　兀然石壁立当途
倚舷纵目疑神笔　泼墨淋漓九马图

桂海碑林

尝闻桂海有碑林　劫后来寻字尚真
一石幸存元祐榜　千秋功过费沉吟

芦笛岩

洞天景物幻无穷　玉树琼花尽望中
迷雾重楼疑海市　华灯贝阙是龙宫

临别

菊华初绽桂香浓　城在青罗碧玉中
我负是乡好风色　苦无佳句寄诗翁

祝田农先生寿词

1984 年

矍铄是翁　服务人民　通今博古　舌耕笔耘
春风绛帐　桃李盈门　老成耆宿　为国所珍
时逢佳节　又值令辰　寿登八秩　教满五旬
后学弟子　同献芳樽　祝无疆寿　祝长健身

水调歌头
庆教龄会
1984年5月

十里花园路　五月艳阳天

簧宫此日雅集　杯茗劳师贤

座上先生犹昔　笔下文章更健

唯见鬓丝斑

往事足回首　卅载一挥间

豪情炽　夙志定　寸心丹

黄昏非晚　霞彩常自映西山

再植数畦桃李　聊作四化贡献

差可赋归田

更祝人长久　同跻二千年

鹧鸪天
绍兴行
1984年冬

惜别杭城赴绍兴　石桥流水伴行程

登临早慕湖山美　访旧还温冰玉情[①]

寻古迹　览碑亭　崇功虔谒禹王陵

来朝挈妇参三味　一瓣心香拜岳宗[②]

北京师范学院校庆三十周年抒怀
1985年9月

花园村畔筑花园　沐雨栉风卅载间

市廛求书迎晓日　层楼奋笔耐宵寒

---

① 岳家寿氏世居绍兴。——原注
② 三味书屋为寿家旧居，至余妻纪瑜已六代矣。——原注

植成桃李三千树　驶去时光一万天
喜看此朝多绚丽　还从缔造话艰难

校庆三十周年喜见校友、同仁[①]
1985 年 10 月

令辰佳节百花开　笑语声中校友回
育得英才真乐事　英才今又育英才

当年曾赋送行诗　嘱学乡村女教师
此日归来风采好　依稀在校读书时

一别师门不记年　春风秋雨换朱颜
欲知劳绩积多少　看取青丝已染斑

赠同仁

经营缔造共艰难　沐雨栉风三十年
笔耨舌耕结硕果　鬓丝虽白寸心丹

菩萨蛮
题《茅于美词集》[②]
1985 年

易安居士今重见　拾来海贝结珠串
欢笑与忧思　都成绝妙词
归来休怅惘　但喜人无恙

---

① 1985 年 10 月 6 日，五千余名校友返校欢庆建院三十周年。
② 茅于美（1920—1998）为茅以升之长女，精于古典诗词。"海贝"、"珠串"指《茅于美词集》之"海贝词"、"夜珠词"，"归来"为其书斋名，词中"归来"兼有自干校返京之意。

慧福祝双修　唱酬到白头

缅怀仓孝和同志
1986年5月

万千桃李沐春风　此日黉宫景更秾
多少辛勤思缔造　芳菲五月缅仓公

鞠躬尽瘁仰君贤　风范长留同志间
未竟宏图有后继　舌耕我亦献余年

临江仙
七十自述
1988年

曩时不信夕阳晚　如今落日衔山
征人犹未卸征鞍
路程还远甚　老骥也加鞭

求得英才称弟子　同心共筑芳园
行看幼木欲参天
但期佳士众　那更惜余年

鹧鸪天
1988年燕京大学三八班入学五十周年纪念

往事依稀半化烟　故园风雨暗如磐
归来俱是龙钟客　再把新缘续旧缘
怀故友　话悲欢　湖光塔影细流连
举杯再祝人长健　来日同迎世纪年

吴于廑先生惠诗谨步原韵[①]

1990 年

惯从学海度年华　渐对无涯叹有涯
箧底漫藏千百纸　笔端偶放两三花
不将诗兴题红叶　待遣闲情品苦茶
却羡老槐生意旺　映窗犹自舞龙蛇

附：吴于廑先生呈戚国淦先生诗[②]

老去方知惜物华　渐收心力向无涯
微言偶入三分木　小园长宜四季花
晴日看山书作画　寒宵听雪酒当茶
此生别有深情处　不学屠龙不斩蛇

附：唐长孺先生赠吴于廑先生诗[③]

江回石转数年华　咕哗何曾误有涯
已觉微阳生大地　欣看寒木发春花
钟声欲恋抛衣日　炉火犹温称意茶
但祝新年胜旧岁　灾祥无待问龙蛇

1991 年 8 月 27 日偶成
时距红卫兵临舍整整二十五年

怕将往事忆当年　八月京城天地翻
皮带横挥神鬼泣　不知何物是人权

---

① 本诗收录于周笃文主编《金榜集》（学苑出版社 1993 年出版），《金榜集》记录 1992 年首届中华诗词大赛的获奖名单及作品，该诗以特邀作品被收录（第 499 页）。
② 本诗原题名为《奉和长孺老兄戊辰除夕七律原韵》，是吴于廑先生 1989 年除夕与唐长孺先生的唱和诗，转呈戚国淦，戚国淦再和。该诗入选王存诚编《韵藻清华——清华百年诗词辑录》（清华大学出版社 2011 年出版）。
③ 本诗收录于王素笺注的《唐长孺诗词集》（中华书局 2016 年出版）。三首唱和诗记录了老一代历史学家的情怀与风骨，现集录于此。

又值炎炎八月天　　曝书清籍感辛酸
廿年积稿成灰烬　　知识何尝有产权

好书名绘旧珍玩　　当日纷纷付烈焰
佳品从兹难再得　　宪章空赋贮藏权

抄家滋味更谁谙　　吆喝声中箱箧翻
搜得一身无长物　　担心还否有生权

游闽杂诗
1991 年

老去幽怀淡世情　　课徒日日困书城
何期七十添三岁　　又作排空万里行

鲤城盛会彩纷呈　　刍议居然博掌声[1]
此是人生真价值　　黉宫何事较功名

开元寺内小勾留　　要赴邻园访巨舟
忽忆当年通市舶　　梯航自古数泉州

初冬八闽似春天　　日丽风和卉尚妍
更喜登临观胜迹　　殷勤长记主人贤[2]

游闽归途口占
1991 年 12 月 18 日 46 次列车中

萧瑟余年淡世情　　微名薄禄一身轻

---
[1] 中国译协、中央编译局、商务印书馆、福建译协和泉州市译协于 1991 年 12 月 9 日至 12 日在福建省泉州市联合举办第二次全国社会科学翻译研讨会。戚国淦发言，博得好评。
[2] 途经厦门、福州，深荷陈兆璋、谢天冰两教授款待。——原注

讵知七十添三岁　更作排空万里行

译经续会此朝开　邀得京师教授来
一发迂言倾四座　讲堂赢得掌声迴
（借杜牧诗之韵）

译书制序事艰难　卅载沉吟此最谙
识得自身真价值　嗔心贪念一时捐

严冬八闽似春天　喜得浮生几日闲
但惜桃花难久住　又随流水返尘间

假酒谣①
新水令
1992 年秋

晶瓶丝带锦包装　与真品一模一样
厂家标老号　产地注名乡
富丽堂皇
却原是冒牌佳酿

水调歌头
1993 年七十五岁生日

人寿难盈百　今已四之三
回首漫长岁月　直似倏忽间
攀上严关峻岭　历尽冰霜雨雪
点检旧青衫
索居甘淡泊　富贵本无缘

---

① 套曲开头，后难为续，存之。——原注

博今古　通中外　主研坛

积来书稿百万　岂望贮名山

不信文章憎命　不畏蛾眉见嫉

虽老未投闲

孜孜行志耳　那更惜余年

鹧鸪天
寿吴于廑先生八十华诞
1993 年

一

1961 年教育部组编教材，先生与我同于是役，书成流通甚广。

往事依稀未化烟　都门开馆聚英贤

君真涑水综全局　我愧刘攽只数篇

赢赞誉　广流传　卅年又复见新编

宏观自是才如海　立论还看笔似椽

二

与先生参加中国世界中世纪史研究会昆明年会

十月春城百卉妍　学人盛会集滇南

客中得访篔宫址　坛下欣聆祭酒言

翻旧意　作新诠　一文遍论几千年

归途更喜多佳侣　箧内犹存唱和篇[①]

三

与先生同赴贵阳师范学院，为项英杰先生研究生
　　举行学位答辩，并畅游景区。

---

① 见前 1982 年所作诗及附诗。

校士相偕赴古黔　畅游深荷主人贤
龙宫水漫凭舟渡　黄果瀑飞作雾看
恣笑语　任流连　豪情谱入鹧鸪天
更舒素绢抒余兴　一幅长留翰墨缘[①]

四

1993 年先生八十华诞，再以《鹧鸪天》申贺。
当日京门喜识韩　论交文字亦前缘
欣看弟子皆佳士　时有鸿篇动史坛
居淡泊　任波澜　几番灾病化平安
吉人自是天长佑　遐寿应登百廿年

附：吴于廑先生赠词

鹧鸪天
黄果树后山观瀑

谿谷纡回五百盘　烟村云树有无间
天风须待临岩听　远瀑真成隔雾看
逾峻岭　度重关　好山好水老来攀
明朝更向龙宫去　探得骊珠满斛还

浣溪沙
1993 年癸亥岁尾

卅载辛勤事砚耕　归来齿豁鬓丝星
不堪回首百无成
莫为蹉跎怜夙志　欲将淡泊度余生
已知无分是功名

[①] 吴于廑先生游黄果树瀑布后，谱成《鹧鸪天》一阕，翌年亲自书成条幅见赠。——原注

北京师范学院四十周年校庆抒杯
1994 年

清露湿黄菊　星霜染白头
回思早岁事　豪气暮年遒
也得三千士　忽焉四十秋
待迎新世纪　更上一层楼

贺历史系建系四十周年
1994 年

当年缔造费经营　此日风光满目荣
画阁琼楼充院宇　牙籤玉轴筑书城
植成桃李万株艳　换得先生两鬓星
更喜黉宫多博硕　繁花似锦祝前程

鹧鸪天
为羡季吾师百年诞辰纪念敬赋[①]
1997 年 5 月 15 日

往事依稀尽化烟　梦魂犹自系燕园
启蒙一受先生教　发我诗心六十年
怀故国　谱新篇　深情长记鹧鸪天[②]
今朝喜看金瓯整　谨具馨香献讲筵

1997 年题京城史学界丁丑重九茶会

满城箫鼓近重阳
篱畔黄花泛晚香

---

① 本词收录于张恩芑编《顾随先生百年诞辰纪念文集》，由河北大学出版社于 1999 出版。
② 顾随先生于 1938 年谱《鹧鸪天》一阕，中有"黄河犹有澄清日，不信相逢尔许难"之句，意盼光复。余于课堂聆之，至今不忘。——原注

喜效前贤会九老

愧无彩笔赋华章

代乔世良题画[1]
1997 年

素缣百尺绘长龙　　点缀关山一万重

我羡画师多彩笔　　神州处处展雄风

水调歌头
1998 年戊寅届满八旬行将退休

戊午吾初降　甲第尚峥嵘

髫龄能诵诗句　亲长诩儿聪

喜领戊寅榜首　更获师尊期许

有志续传经

扰攘遭时乱　坎坷愧无成

交而立　逢盛世　发豪情

厕身讲席　书城四拥事勤耕

试辟撷英园地　植出盈门桃李

原不为微名

一笑辞专业　无悔面余生

题郭守田先生文集
1999

维我郭公　史学耆宿　学贯中西　妙擅中古

先生执教　垂五十年　栉风沐雨　桃李满园

先生讲课　只凭腹稿　如江之滔　四座倾倒

---

[1] 乔君擅书法。其友人为庆祝香港回归作长城画一幅，请乔君题诗，乔君转请戚国淦代撰。

先生积学　发而为文　见高识远　才厚功深
语兼俄英　雅善翻译　介绍名著　嘉惠学子
执经论史　兼重资料　积稿成书　风行各校
创建学会　参预领导　望重德高　咸推一老
主编会刊　硃改笔削　长年如此　备著贤劳
先生品德　为众所钦　音容虽杳　典范长存
先生鸿篇　结集问世　弁此数言　抒我敬意

学会怀旧

1999 年，中国世界中世纪史研究会召开，余辞去理事长职务，溯自承乏，已十五年矣。

长忆当年建会初　座中理事俱鸿儒
吴孙郭项戚张武[①]　浑似香山九老图

盛会论文逐岁开　鸿篇巨制费心裁
待从研讨求真谛　更自佳篇觅秀才

会间访古更探幽　秀水奇山有勾留
漫道先生专外史　诗文翰墨也风流[②]

年来耆宿叹凋零　幸喜传薪有继承
信是出蓝青更胜　发扬光大祝前程

承乏于今十五年　几多欢乐几多艰

---

① 指吴于廑、孙培良、孙秉莹、郭守田、郭圣铭、项英杰、戚佑烈、张云鹤、武希辕九先生，均史坛名家。——原注
② 吴于廑、孙秉莹等先生均学兼中外，雅善诗词。——原注

回眸且喜无多失　尸位全凭友弟贤 [1]

分房有感

2001年1月13日

老去投闲何所求　难将旧怨去心头
何期天意怜幽草　须趁斜阳入小楼

辞别陋室之铭

2001年

余效力于北京师范学院（首都师范大学）四十余年，忝列博导，本应早日领到住房，但因种种阻挠，长期被拒于校园之外。1995年校方怜我年老多病，许借以一居室。直到2000年，得上峰关垂，始获落实政策，改善条件，住此蜗居倏倏已五年矣。五年间喜怒哀乐，五味杂陈。今值乔迁，不可无记，爰为此铭。

福利溥民，其旨在公，分房利众，其旨在平。不公启怨，不平则鸣。唯斯陋室，实伤吾情。长年感受，发为是铭。

期待多载，申请多轮，许借一室，聊示开恩。是室也，宽三米许，纵四米深，只此三弓隙地，居我两代三人。

随来者有床三具，字台一张，衣柜成对，沙发一双。斯皆庞然大物，安排煞费周章。加以椅凳杂物，电视冰箱，不可或缺，各有用场。只得细心排列，尽力塞装，堆成犹如壁垒，只馀屋心一方。

身为博导，尚有门人，任教多载，广有同寅，时来问业，时有贲临，到来相向而坐，真乃促膝谈心。每值令辰佳节，不免宾客盈门，椅凳挤坐，床榻屈尊，十分尴尬，不尽寒伧。

教书一世，广收典籍，汗牛充栋，何处安置。于是乎，顶柜壁橱，窗台抽屉，尽量塞填，不留空隙。虽只十之一二，亦属舒怀快意。然

---

[1] 老友刘明翰、王素色及门人王乃耀在学会共事多年，分任会务，备著辛劳。——原注

而不料，易收难觅，偶查一典，登几蹲地，花去时间，费尽精力。

环顾左邻右舍，不免羡而且惭。当时同侪博导，皆已华屋高轩，旧日后学弟子，亦复厦广身安。乃独斯人憔悴，情实有所难堪。

如是者漫漫五年，始得峰回路转，上级见怜。发彼暗算，斥彼刁难，复我权利，惠我新廛，不公不正，乃得纠偏。暮年寒士，亦展欢颜。

今兹离去，反觉依恋。悠悠五年，生活是间，庇我冬寒，护我疾痊，完成教业，步入耄年。然则斯室，功在保全，人之捉弄，室有何愆。临行惜别，为铭一言。室诚陋也，功亦大焉。

刘明翰先生七旬华诞寿词
2002 年

唯我刘公	泰岱之英	涵泳史海	早著声名
负笈名校	师承有自	郭林大家	登堂入室
业专中古	兼及多门	理论宗教	著述如林
传经授业	夙夜匪懈	桃李芬芳	遍于天下
主持学会	备著贤劳	发扬光大	经久不凋
余与明翰	谊属知心	关怀协助	受惠良深
喜逢华诞	弟子称觞	七旬不老	无限斜阳
聊呈俚句	权当贺文	祝无量寿	祝长健身

代贺北京师范大学百年校庆[①]
2002 年

当年寇氛浸国门　欲兴师教醒斯民
历经世纪风和雨　如今喜迎百岁辰

绛帐春风聚彦英　甘抛心血作园丁
桃李满园繁似锦　俱是先生手植成

---

① 彭云鹤教授，系北京师范大学历史系 1958 年毕业生，与戚国淦共事多年，且喜诗联，善书法，二人常合作，一拟一书。适值母校百年华诞，再度合作，题诗奉贺。

一别黉宫卌四春　亦将所学授新人
而今白发归林下　长忆师门培育恩

百年华诞值盛世　海内同献祝寿诗
为争国际名校列　愿将孟晋励来兹

贺学会世界中世纪史论文集问世
2004 年

一别学苑已五年　旧游常自系情牵
遥颁卷卷皆珠玉[①]　继往开来有后贤

老病缠绵戒远行　史坛雅集总关情
年时闻得生辰会　也有拙联祝寿星[②]

欲辟芳园共斩荆　孜孜半世愧无成
暮年一序编年史[③]　依旧燃烧中古情

予告归来学写诗　沉迷犹似少年时
主编雅意深难却　俚句拈来当贺词

北京三中校庆献诗
2004 年

昔时庠序立幽燕　经籍弦歌世代传
爝火扬辉逢盛世　迎来二百八零年[④]

---

① 会员时以大作见寄，大多出自青年之手。——原注
② 庞卓恒、王敦书两先生七旬华诞，同仁集会祝嘏，余亦撰联以贺。——原注（详见楹联贺联部分 2004 年联。）
③ 会员寿纪瑜译《盎格鲁-撒克逊编年史》，倩余作序，欣然从之。——原注
④ 北京三中原系清宗室觉罗八旗右翼宗学，成立于清雍正二年（1724 年），为清皇族子弟学校。1902 年校名改为右翼中学，1912 年改为京师公立第三中学校。

少年负笈谒师门　化雨春风沾溉深
启迪愚蒙增智慧　书山有路接青云①

重来母校试教书　是我平生从业初
六载辛勤如续读　杏坛他日履平途②

一别黉宫五四春　每依校训教新人③
如今白头归林下　长忆师门培育恩

读老友田培栋先生《明史披拣集》④

2008 年

余少时曾从邓文如（之诚）师习明清史，颇有志于斯。来北京师范学院，经翁独健师面谕，要承担世界史课程，于明清史情虽难舍，然而荒疏已半个世纪矣。蒙培栋教授不弃，谬以同道相许，过从较多，得尽览其大作，甚为钦羡。近日老友又有《明史披拣集》稿行将付梓，索诗于余。遂欣然命笔。

犹忆当年度困难　樽节为蓄购书钱
一朝挥斥资三月　邀我同观经世篇⑤

有志毕生治大明　辛勤日夜困书城
暮年文思如泉涌　大器从来待晚成

几番搁笔费沉吟　古籍频翻剖析深

---

① 余 1936 年毕业，报考北京大学等五所名校，咸获录取。——原注
② 1942 年春蒙恩师赵子珊校长见召，来三中任历史、英语教师，至 1950 年调离，前后六载有余。——原注
③ 当时礼堂讲台上高悬"敬业乐群"四字，是当年校训。——原注
④ 《明史披拣集》由陕西出版集团三秦出版社于 2011 年 8 月出版。
⑤ 指《明经世文编》，时价值三月工资。——原注

积得文章逾百万　更披沙粒拣真金

天晴雨霁逢明时　日丽风和万物滋
园内百花争绚艳　羡君独占最高枝

恭贺学会成立三十周年兼贺年会召开
2009
昔时盛会聚群贤　惨淡经营三十年
成果辉煌材辈出　如今事业喜空前

如烟往事总情牵　屈指离群已十年
简里几多怀念意　待凭老友寄诗笺

刘家和先生八秩荣庆[①]
2009 年
当日识荆半纪前　丰神常自记翩翩
如今结伴登耄耋　皓首书城六十年

中外古今皆擅场　当年抉择费商量
回思自笑乏真识　曾劝先生莫改行

歌管楼台夜气沉　银灯相对两倾心
从兹不叹无知己　天下英才唯使君

两拜佳联感盛情[②]　酬难深叹失聪明
今朝再奉华章至　勉把俚词贺寿星

---

① 刘家和先生为北京师范大学历史学院资深教授。
② 指楹联最后部分所附刘家和先生 1998、2008 年所赠两联。

附：刘家和先生回赠诗

国淦、纪瑜二位先生俪鉴：

昨奉二位赐诗，拜读之下，欣幸无似。今晨谨用原韵恭和五首，原拟手写呈上，乃手战不能成字，不得已而改用电脑打字，录出寄呈，以博一粲，戚先生不必劳神再和矣。拙诗如下：

敬和国淦先生
（用先生赐诗之韵）

一 （一先）
君行不惑愚期立　得遂瞻韩已有年
謦咳欣闻珠玉见　思齐难忘亦当然

二 （七阳）
博通中外兼文史　腹笥丰盈八斗藏
敬佩先生云水意　自如舒卷尽文章

三 （七阳）
先生项背安能望，不佞才疏妄自狂
只是贪玩成大病　岂堪样样总擅场

四 （十二文）
风流儒雅今犹昔　妙绝英才唯使君
人生不憾知音少　难得无言意亦殷
（此首失粘，戏效颦王维《渭城曲》也。）

五 （八庚）
乐与先生唱和赓　行间字里寓深情
拙联乃至蒙嘉奖　上寿期颐定再呈

读史杂咏

20世纪90年代，中国社会科学院张联芳主编《世界史通俗演义》、《世界列国史演义丛书》，试图以中国古代小说演义体的形式，来讲述世界通史、专门史知识，并探索、体现当时的研究成果。门人王乃耀、刘城、王勤榕、刘新成承担了《世界史通俗演义·中古卷》的编写任务，我为其撰写了章回目录、开篇诗和章回结束联语。后又应邀为门人王勤榕（梁葛）与中国社科院世界史所王章辉研究员（海林）合撰的《世界列国史演义丛书》之《英国史演义》撰写了章回目录、开篇诗和章回结束联语。现列于此。

《世界史通俗演义·中古卷》[①]

楔子　上帝之鞭　挥戈西征　日耳曼人　举旗南下

诗曰：

将雏挈妇别家园　大小车骑尽向南

霹雳千钧摧帝国　从兹历史换新篇

正是：

霹雳万钧摧帝国　风云千里现新邦

第一回　查理曼　威高登帝位　加洛林　文艺号复兴

词曰：

查理兵威镇半欧　西罗故地一朝收

教堂加冕服诸侯

朝聘宴筵夸国势　奖文兴学倡风流

蛮族大帝也无俦

　　　　　　　　　　——调寄《浣溪沙》

正是：

查理军威成帝业　蛮人也自慕皇冠

[①] 《世界史通俗演义·中古卷》，张联芳主编，本册编者：王乃耀、刘城、王勤榕、刘新成，北京世界知识出版社1992年出版。

诗　词　469

第二回　十字军　谋金事远征　穆斯林　浴血保家国
　　　　诗曰：
　　　　　　举帜飘十字　持矛事远征
　　　　　　岂思恢圣地　只为掠名城
　　　　正是：
　　　　　　可怜约旦河边骨　犹是春闺梦里人

第三回　三蛮族　迁徙英格兰　众高僧　传播基督教
　　　　词曰：
　　　　　　辞别北欧故土　举族渡海西迁
　　　　　　三支遍布英格兰　也现七国局面
　　　　　　奥古斯丁一众　传经历尽艰难
　　　　　　折服异说醒愚顽　端赖唇枪舌剑
　　　　　　　　　　　　　　——调寄《西江月》
　　　　正是：
　　　　　　为获新居离故土　遂归基教大家庭

第四回　诺曼军　挫败哈罗德　威廉公　入主英格兰
　　　　诗曰：
　　　　　　挥师渡海夺王冠　哈斯廷斯血战酣
　　　　　　直取伦敦登宝座　征服徽号属威廉
　　　　正是：
　　　　　　北边才逐贪狼去　东境忽传恶虎来

第五回　英法王　争夺安茹领　两舰队　首战斯莱斯
　　　　词曰：
　　　　　　加贝王朝断统　瓦洛亚裔登基
　　　　　　英王也自称宗支　为夺安茹领地
　　　　　　征召步骑备战　连衡离间兼施

　　　　　水师首战斯莱斯　百年战祸以起
　　　　　　　　　　　　　　——调寄《西江月》
　　　正是：
　　　　交战只因争领地　遭殃全不顾生灵

第六回　制强敌　英王施诡计　布奇阵　神弩逞雄威
　　　诗曰：
　　　　骄悍骑士欲图功　驰骤挥矛冒敌锋
　　　　顷刻千人齐落马　难将重甲御长弓
　　　正是：
　　　　甲坚不若长弓劲　千百将军变鬼雄

第七回　败普城　约翰遭俘虏　困内乱　两王议和平
　　　诗曰：
　　　　接战连年苦未休　法王也自着鍪兜
　　　　谁知再遇长弓手　一队君臣作楚囚
　　　正是：
　　　　堪叹君王成俘虏　还须百姓备赎金

第八回　战阿镇　英君夺半壁　援奥城　贞德解重围
　　　诗曰：
　　　　请缨杀敌气如虹　力挽狂澜著战功
　　　　报国由来轻一死　法人长忆女英雄
　　　正是：
　　　　若非女将奥城胜　法国江山尽属英

第九回　乘混乱　基教布西欧　历兴衰　圣徒囚外地
　　　诗曰：
　　　　当年举世共朝宗　曾视王公若附庸

诗　词　471

　　　　谁料一朝形势改　囚徒长驻阿维农
　　　正是：
　　　　公教缘何成伪教　圣徒竟自成囚徒

第十回　振王权　图治有明王　争宝座　鏖战三亨利
　　　诗曰：
　　　　宗教本慈悲　宗派偏相杀
　　　　若得戴王冠　巴黎值弥撒
　　　正是：
　　　　翻手为云覆手雨　可知信仰不虔诚

第十一回　背潮流　丧心恢旧制　宠妖后　昏聩贬忠良
　　　诗曰：
　　　　东帝思复旧　挥军西入寇
　　　　国中压万民　宫内宠妖后
　　　　专制辑古法　尊教兴新构
　　　　匆匆一代间　复旧终难久
　　　正是：
　　　　逆流空费千般力　复旧依然一场空

第十二回　勇胡斯　正义慑群僧　盲统帅　车阵破顽敌
　　　诗曰：
　　　　誓依教义驳逆施　慷慨登程死不辞
　　　　星火照明民族魄　捷人长自忆胡斯
　　　正是：
　　　　火柱焉能屈志士　车声足可慑敌魂

第十三回　行改革　威严真雷帝　挫敌寇　复灭假沙皇
　　　诗曰：

开基创业事艰难　独立先除金帐汗
外却顽敌强内政　恢恢功业几伊凡
正是：
钱袋敛财雷帝暴　俄人难得好沙皇

第十四回　穆罕默德　布道麦加　伊斯兰教　传播非亚

诗曰：
先知宣主意　经典有古兰
五功结圣战　回教亚非传
正是：
一手古兰一手剑　从将回教布三洲

第十五回　辟别途　哥氏试远航　逢礁岛　舰队抵新陆

诗曰：
闻道西东阻海洋　海洋尽处是东方
只缘寻觅黄金土　破浪乘风万里航
正是：
只因勇士开先路　世界从兹得会合

第十六回　试环航　麦氏殂中途　返本土　地圆得实证

诗曰：
劈波斩浪事长征　为信地圆说可征
壮志未酬身早殒　海峡长自记英名
正是：
魂托海船归故里　壮行足证地圆说

第十七回　乐安居　土著创文明　肆掠夺　殖民施暴虐

诗曰：
美人长自乐安居　巨塔闳宫记故都

一自殖民足迹到　千年文化荡无余
　　正是：
　　此地已成新世界　后人长忆古文明

第十八回　两王族　兴兵争大位　一猛将　步战扭危局
　　诗曰：
　　　贵胄争权王室微　宗支鏖战举族徽
　　　红血染浓红玫瑰　白骨化作白蔷薇
　　正是：
　　　只缘胜利昏头脑　未戴金冠戴纸冠

第十九回　狠理查　残暴失群心　智都铎　克敌承大统
　　诗曰：
　　　宗支争位苦相残　血雨腥风岁复年
　　　多少豪门余白骨　却教亨利获王冠
　　正是：
　　　一战豪门零落尽　卅年换得盛时来

第二十回　弃元后　亨利觅新欢　任良臣　英国改旧制
　　词曰：
　　　英国由来是小邦　尝因革故誉声扬
　　　亨君也自算名王
　　　为有新欢弃故后　却因倾轧戮忠良
　　　名王未免亦荒唐　　　　　——调寄《浣溪沙》
　　正是：
　　　革故只因谋富国　改宗不过为离婚

第二十一回　历坎坷　女王登宝座　献祝颂　万众拥贤君
　　诗曰：

　　　　小姑失恃历艰辛　早岁登基宵旰勤
　　　　除却弊端兴善政　英人额手颂贤君
　　　正是：
　　　　弱女登基兴旧业　梅花香自苦寒来

第二十二回　任贤良　同心谋国是　诛宠倖　大义振朝纲
　　　诗曰：
　　　　苏后阴谋夺国柄　埃伯骄纵乱朝纲
　　　　当时大义诛亲倖　事后谁知也断肠
　　　正是：
　　　　谋国竟把终身误　五世江山付予人

第二十三回　识诡计　女王诛苏后　捕战机　英舰破西军
　　　诗曰：
　　　　无敌舰队久名传　欲取英伦胜却难
　　　　巨舰争如轻舰捷　海峡一战化灰烟
　　　正是：
　　　　泥足巨像今朝垮　英国从兹霸海权

第二十四回　始但丁　新诗创神曲　继彼薄　妙笔写名篇
　　　诗曰：
　　　　古典遗风此续传　诗人命笔写新篇
　　　　谱成神曲双游狱　辑得传奇十日谈
　　　正是：
　　　　文艺复兴多巨匠　喜怒笑骂皆文章

第二十五回　绘新神　巨匠染丹青　塑伟像　大师挥斧凿
　　　诗曰：
　　　　试把新思托古典　抛开神秘写人间

诗　词　475

　　　　威严刚烈名王像　美丽温柔圣母颜
　　　正是：
　　　　破旧创新称巨制　流传后世作奇珍

第二十六回　绘人世　名剧兴英国　讽现实　佳什传西欧
　　　诗曰：
　　　　巨人除恶伸宏愿　骑士行侠气亦雄
　　　　写尽世间诸色相　大师手笔属莎翁
　　　正是：
　　　　骑士巨人堪讽世　莎翁剧作足千秋

第二十七回　拯祖国　献书君主论　悯斯民　设想太阳城
　　　诗曰：
　　　　太阳城内民平等　乌托邦中贫富均
　　　　莫道当时空想象　实行留待后来人
　　　正是：
　　　　著述只因怀祖国　立说端的为人民

第二十八回　揭论纲　路德燃火种　申讨伐　博士撰檄文
　　　诗曰：
　　　　为图聚敛骗愚夫　教会推销赦罪符
　　　　一纸论纲燃火种　讨伐罗马是先驱
　　　正是：
　　　　一纸檄文鸣战鼓　西欧到处改宗声

第二十九回　畏人民　路德终叛变　应形势　基教大改革
　　　诗曰：
　　　　面对神权敢进攻　路德当日亦英雄
　　　　只因畏惧人民力　晚节先生惜不终

正是：

闻道农民同奋起　谁知博士变帮凶

第三十回　求独立　海陆战顽敌　保联盟　荷人终胜利

诗曰：

为除暴政拯斯民　义帜高张抗暴君
无数舟师来海上　几多乞丐战森林
决堤莱顿真悲壮　受困危城亦剧辛
但使同盟团结固　共和终属荷兰人

正是：

联省共和开首创　资本主义第一家

附：未收入《世界史通俗演义·中古卷》的诗词二首

法兰克王国

克氏翦强梁　声名一代扬
妯娌争内苑　兄弟忿阋墙
国柄操宫相　牛车载懒王
权臣威望重　墨祚岂能长

伊丽莎白一世

早岁生涯历百辛　卅年临政旰宵勤
却缘国事误婚姻
为护王朝诛爱宠　早筹帷幄御敌军
至今英史记英君
　　　　　　——调寄《浣溪沙》

《英国史演义》[①]

楔子　开新篇　演义话兴衰　按实理　稗官求史鉴

翰海波涛汹涌　英人崛起西洋

[①] 《世界列国史演义丛书·英国史演义》，张联芳主编，本册编者：梁葛、海林，世界知识出版社1998年出版。

艰难创业出名王　多少贤臣良将
曾号日不落国　转瞬天畔斜阳
一篇演义话沧桑　权作渔歌樵唱
　　　　　　　　　　——调寄《西江月》
正是：
千载兴隆归逝水　空留落日傍西山

第一回　三蛮族　迁徙不列颠　两名王　彪炳英古史
帝国分崩离析　蛮族铁骑驱驰
三支渡海更西移　岛现七雄局势
多少干戈扰攘　亚王名著传奇
阿王抗敌统雄师　堪称武功文治
　　　　　　　　　　——调寄《西江月》
正是：
披荆斩棘成王业　继往开来待后人

第二回　黑斯廷　决战定乾坤　征服者　威名慑黎庶
黑斯廷斯起战云　哈王迎敌奋孤军
清晨苦斗到黄昏
难以疲兵当劲旅　何来流矢竟亡身
威廉一举取伦敦　　　　——调寄《浣溪沙》
正是：
王侯第宅皆新主　奴役生涯甚旧时

第三回　争权位　诺曼换新朝　恃雄强　狮王殒战场
争位由来岂顾亲　王族反目各挥军
兵连祸结廿年后　迎得安茹继旧君
张虎吻　事鲸吞　君王绰号称狮心
漫夸沙场全无敌　小战查城竟殒身
　　　　　　　　　　——调寄《鹧鸪天》

正是：
一波才定一波起　外战初停内战兴

第四回　拒贪暴　缔结大宪章　事掠夺　挑起百年战

约翰贪婪无道　君臣相见沙场
军前订下大宪章　云是法治滥觞
金雀花朝诸主　四出掠土开疆
驰驱德法逞强梁　终于损兵折将

——调寄《西江月》

正是：
一战促成敌一统　自家反倒不安宁

第五回　王室微　豪门争宝座　阋墙战　沙场斗族徽

贵胄由来惯阋墙　勃豀更况为称王
族徽高举军容壮　身佩蔷薇上战场

正是：
得失胜负浑无定　失却金冠戴草冠

第六回　施暴政　理查失人心　克强敌　都铎登大位

鹬蚌相争信可哀　红薇谢后白薇开
卅年风雨群芳尽　并蒂花迎盛世来

正是：
失道定然得助寡　成功岂必仗人多

第七回　平反叛　首君固国祚　行改革　八世振王权

传到都铎国运兴　首王雄武次王明
披荆斩棘费经营
积聚钱财充府库　改革教会辟新宗
英伦从此日峥嵘

——调寄《浣溪沙》

正是：
屡为新欢抛旧后　明王未免太风流

第八回　任贤臣　女王施善政　摧强敌　英国握海权
　　　　大位初登事事艰　君王惕励辅臣贤
　　　　威权重振至尊令　除弊施恩万众安
　　　　倡实业　造新船　纵横捭阖列强间
　　　　海峡一战摧顽敌　英国从兹握海权
　　　　　　　　　　　　　　——调寄《鹧鸪天》
正是：
莫道帝王多横暴　应时顺势便不同

第九回　倡君权　新王行专制　卫传统　议会举义旗
　　　　入主新君事未谙　玩忽传统夸君权
　　　　夸权只为敛金钱
　　　　高举义旗抗暴虐　指挥铁骑战荒原
　　　　暴君授首白厅前　　　　——调寄《浣溪沙》
正是：
莫道君权神授与　须知民力大无边

第十回　建共和　克公称护国　行复辟　革命号光荣
　　　　斯氏旧朝颠覆　共和新政推行
　　　　克公护国显才能　功业于兹为盛
　　　　身后重行复辟　嗣王依旧昏庸
　　　　再迎女婿主宫廷　号称光荣革命
　　　　　　　　　　　　　　——调寄《西江月》
正是：
迎来女婿双贤主　从此君王立宪行

第十一回　庇走私　竟开耳朵战　夺领地　遂启七年争
　　　　　立宪君权原有限　况且乔治乐放权
　　　　　国事蜩螗谁料理　内阁秉政首相贤
　　　　正是：
　　　　　政坛从来多龌龊　今日格外龌龊多
　　　　　皮特功名高千丈　不如布特三寸舌

第十二回　促纺织　新械唤珍妮　用蒸汽　奇功属瓦特
　　　　　纺织机械领步先　蒸汽动力效益添
　　　　　汽轮越洋火车快　工业革命谱新篇
　　　　正是：
　　　　　机器斥退旧世界　社会迎来新面貌

第十三回　树羽翼　谋夺议会权　榨财富　激反美洲领
　　　　　君王失策欲行专　宗主政府心太贪
　　　　　暴政激反殖民地　新国称作美利坚
　　　　正是：
　　　　　北美战火刚平息　欧洲近邻起狼烟

第十四回　抗强敌　连横结盟国　使计谋　取胜滑铁卢
　　　　　法国革命起宏图　盖世枭雄逞大陆
　　　　　王朝秋叶西风扫　疆界水迹曝日无
　　　　　幸有砥柱英吉利　终定乾坤滑铁卢
　　　　　列强捭阖均势力　大英从兹成霸主
　　　　正是：
　　　　　七次结盟斗强敌　屠城掠地称霸强

第十五回　改选举　议会制法案　兴运动　工人举宪章
　　　　　多年劳苦机器旁　如今签名争宪章

　　　　资本新贵谋参政　　旧制蠲除新制倡
　　　正是：
　　　　一波未平一波起　　改革正未有穷期

第十六回　居长祚　女王赢赞誉　霸全球　帝国夸日永
　　　　工商金融数第一　　全球殖民占先机
　　　　欲称霸主夸极盛　　转眼却到衰落期
　　　正是：
　　　　世界霸权难持久　　变革新风卷地来

第十七回　防敌手　协约结盟国　固霸权　康边缔和平
　　　　先与布尔夺南非　　再行改革安国内
　　　　瓜分领土矛盾剧　　酿成大战实堪悲
　　　正是：
　　　　一撮狂人燃战火　　普通百姓遭祸殃

第十八回　慕尼黑　绥靖伏后患　爱德华　逊位为美人
　　　　男女平权得实现　　全因战时多贡献
　　　　和平言辞犹在耳　　纳粹屠刀启新衅
　　　正是：
　　　　绥靖不成反自害　　遗臭万年罪应当

第十九回　老首相　矢志保英伦　众军民　协力抗德寇
　　　　欧陆再度传狼烟　　英伦军民齐动员
　　　　誓死抗击法西斯　　不惜流尽血泪汗
　　　正是：
　　　　山穷水尽疑无路　　柳暗花明又一村

第二十回　战北非　蒙帅破强敌　登欧陆　联军夺胜利

　　北非猎狐扭危局　"霸王"登陆诺曼底
　　彻底消灭法西斯　苦战五年夺胜利
　　正是：
　　纵有万钧回天力　难挽帝国大厦倾

第二十一回　伊公主　树顶承大统　英帝国　落日映米旗

　　运衰势尽国力虚　可怜公主少嫁衣
　　花落无奈水流去　泪眼望断日坠西
　　正是：
　　沉舟侧畔千帆过　病树前头万木春

第二十二回　战马岛　铁娘子逞威　曝家丑　伊女王蹙眉

　　弹丸荒岛惹兵戎　水寒云怒炮声隆
　　二铁相遇谁胜手　莫道英雌不如雄
　　正是：
　　无边落木萧萧下　不尽长江滚滚来

《十二世纪文艺复兴》[①] 中的诗歌译文

第 169 页

原英文：

Yesterday the world, elated,

Joyed, and, joying, celebrated

Christ the Saviour's natal day：

Yesterday, heaven's King surrounding,

---

① 《十二世纪文艺复兴》，〔美〕查尔斯·霍默·哈斯金斯著，夏继果译，上海人民出版社于 2005 年 12 月出版。书中多有英文诗歌，译者不能胜任，特请老师戚国淦先生帮助完成，时先生 86 岁高龄。

Angel-choirs, his welcome sounding,
Sang to him with joyful lay.

Protomartyr and a deacon,
Faith's clear light and life's bright beacon,
For his wonder-works well known,
Stephen on this day all-glorious
Won the victory, and, victorious,
Trod the unbelievers down.

译文：
昨天，全世界喜气洋洋，
欢笑不断，
共庆救主基督的华诞；
昨天，天国之王的周边，
天使歌唱班为欢迎他而表演，
向他歌唱快乐的诗篇。

始初殉教者，一位执事长
信仰的清晰光芒与生命的明亮火炬，
由于他的奇迹而彰显于世，
斯蒂芬在这尽是光辉的日子里，
赢得了胜利，胜利地
将不信任者踏翻在地。

第170页
原英文：
The world is very evil;
The times are waxing late;
Be sober and keep vigil;

The Judge is at the gate.

译文：

世界极其邪恶；

时代渐趋迟暮；

保持清醒捱熬；

天主就在门户。

原英文：

Brief life is here our portion;

Brief sorrow, short-liv'd care;

The life that knows no ending,

The tearless life, is There.

译文：

在此世，我们的份额是短暂的生命；

短时的哀愁，暂时的忧虑；

那没有尽头的生命，

没有眼泪的生命，是在彼世。

原英文：

Jerusalem the Golden,

With milk and honey blest,

Beneath thy contemplation

Sink heart and voice oppressed：

I know not, O I know not,

What social joys are there;

What radiancy of glory,

What light beyond compare!

译文：

黄金的耶路撒冷，

承受着牛奶和蜂蜜的赐赠，

在你的沉思之下

潜沉着受压抑的心灵与声音：

我不知道，啊！我不知道，

那里有什么社会的欢情，

什么光荣的辉彩，

什么无比的光明！

第 178 页
原英文：

We the laws of charity

Found, nor let them crumble;

For into our order we

Take both high and humble;

Rich and poor men we receive,

In our bosom cherish;

Welcome those the shavelings leave

At their doors to perish.

We receive the tonsured monk,

Let him take his pittance;

And the parson with his punk,

If he craves admittance;

Masters with their bands of boys,

Priests with high dominion;

But the scholar who enjoys

Just one coat's our minion!

译文：
我们建立起慈善的法律，
不应该让它们消逝；
因为在我们的团体里，
我们纳入了高贵与卑微；
我们接受富人与穷汉，
进入我们怀抱而加以护持；
我们欢迎那些人，
他们被光头和尚遗弃在门口，任其死去。

我们接受剃发的修道士，
让他们领取微薄的布施；
如果祈求接纳，
带着娼妇的教士也可获许；
领着男童乐队的教师，
拥有显赫权势的教士；
但是学者能享受到的
只是我们宠儿穿的长袍一袭。

第 182 页

原英文：

In the public-house to die
Is my resolution;
Let wine to my lips be nigh
At life's dissolution：
That will make the angels cry,
With glad elocution,
"Grant this toper, God on high,
Grace and absolution!"

译文：
死在酒店里
是我的心愿；
在生命解体时
愿酒近在我唇边；
那会使天使们
用快乐的朗诵呼喊：
崇高的天主啊，请赐给
这酒鬼以恩惠和赦免。

第 183 页
原英文：

A mortal anguish

How often woundeth me;

Grieving I languish,

Weighed down with misery.

译文：

人世有哀痛，

终朝伤我心；

悲痛复烦恼，

苦难重难禁。

第 188 页
原英文：

The lion is the Pope, that useth to devoure,

And laiethe his books to pledge, and thirsteth aftir gold,

And dothe regard the marke, but sainct Marke dishonor,

And while he sailes alofte on coyne takes anker holde.

And to the Bisshoppe in the caulfe that we did se,
For he dothe runne before on pasture, field, and fenne,
And gnawes and chewes on that where he list best to be,
And thus he filles himself with goodes of other men.

Th' Archedeacon is likewise the egell that dothe flie,
A robber rightlie cald, and sees a-farre his praie,
And aftir it with speed dothe follow by and by,
And so by theft and spoile he leades his life awaie.

The Deane is he that hathe the face and shape of man,
With fraude, deceipt, and guile fraught full as he may be,
And yet dothe hide and cloke the same as he best can,
Undir pretence and shewe of plaine simplicitie.

译文：
教皇是头狮子，专事吞噬，
他摆着发誓的经文，渴望金子，
他真正关注的是金马克，但圣马可却遭鄙视，
当他航行于金币之上时，他抓住了大量财货。（后半句也可译为：他找到了抛锚之地。）

我们的确看到主教置身于羊群里，
因为他确实奔跑于草地、农田和栅篱，
在他列为上等的地方大吃大嚼，
于是他用别人的财富肥了自己。

执事长像一只飞翔的鹰隼，
确切地被称作是一名强盗，老远就看到他的猎牺，
随后紧接着加速追赶，

他就是靠盗窃来的赃物度日。

教士长倒是具备人的形貌，
但却以狡诈欺骗尽量充塞自己，
将这些恶行意图掩藏起来，
在伪装下显示出坦率的平易。

即兴打油诗

取奶途中所见[①]
病老头
新来且喜起沉疴　步履蹒跚寸寸挪
我祝是翁多保重　前途仍自里程多

对门刘某
行来摆尾又摇头　未到年龄早退休
气力满身无用处　儿孙喜获老黄牛

旅店女工
半老徐娘风韵存　端妍容貌俏腰身
每逢轮值街头立　路上行人欲断魂

"革命"老头
当年"革命"好风光　闹闹哄哄干一场
梦破黄粱人不觉　瓜皮[②]犹自带秋霜

血栓老工人
项短腰粗膀臂宽　提瓶行路觉艰难

---

① 每日取奶，偶见街头景象，邻里居民，即兴而作。——原注
② 瓜皮指脸。——原注

怜他一世勤劳动　底事偏生脑血栓

阎老太
当年曾住郁金堂　此日幽居亦可伤
喜得当今多雨露　回京犹有一间房

三十一中门前
黉宫道上语喧哗　姹紫嫣红满路花
我劝行人休注目　交关性命是飞车

三十一中东邻
巷中有户接新平[①]　冬日门前总结冰
污水懒端三步远　此家真个欠文明

卖菜翁
永聚兴[②]前卖菜翁　自家买菜到街东
楼台近水防沾湿　廉洁坚持见古风

大天元
燕市时兴吃海鲜　巷中新设大天元
谁知竹杠难承受　进账天天几大圆

附：挽戚国淦先生诗

痛悼国淦先生
彭云鹤
2010 年 7 月
五十年代始识君　四十载后喜相知

---

① 街名。——原注
② 商店名。——原注

先生拟联余挥笔　配合默契忒开心
原期合作能长久　欢度晚年意愿遂
君今不幸辞世去　再有联疑我问谁

挽戚国淦诗

1958级学生　邹兆辰

2010年7月27日

建系元勋	学校干城	首届主任	师生敬重
九十有二	寿高德重	乘鹤而去	平静无痛
未名学子	二进燕园[①]	受业名师	文史兼通
献身教育	选择历史	施展才华	启蒙学童
受命建系[②]	广揽贤能	亲自授课	双肩承重
执教中世	辛勤耕耘	善待后学	儒者之风
研坛博导	培育英才	撷英园地	南北西东
术业专精	尤擅翻译	名著传播	嘉惠域中[③]
主持学会	十有五年	望众德广	学者称颂
退休在家	十有二年	清静淡泊	心系广众
先生风范	我之楷模	教诲之语	尤为珍重
骤失良师	我辈悲痛	先生走好	竹厅相送

---

① 戚国淦先生1936年考入北京大学西语系。抗战开始后，因身体原因，未去西南联大，考入燕京大学，以第一名成绩入西语系，后转历史系。太平洋战争爆发后停学，在北京三中工作。1945年燕京大学复学，重入历史系，随邓之诚先生读明清史，齐思和先生读世界史。1946年毕业。

② 1952年戚国淦先生调入北京教师进修学院，任历史教研组组长。1953年，接受筹备建立北京师范学院的任务，历史教研组负责筹备历史系。戚国淦任组长，同组成员有成庆华、宁可。建系后，任系主任。1955年，滕净东先生自东北师范大学调入历史系，任系主任，戚国淦先生任副主任。

③ 戚国淦先生为商务印书馆编辑出版的《汉译世界学术名著丛书》翻译《查理大帝传》、《法兰克人史》（与寿纪瑜合译），并为《盎格鲁－撒克逊编年史》、《佛罗伦萨史》、《英吉利教会史》、《女王伊丽莎白一世传》、《罗马帝国衰亡史》、《神圣罗马帝国》等西方史学名著撰写译序。

漫话对联[1]

咱们就随便谈吧！很抱歉，把你们请到这儿，实际上没什么可讲的。今年过年的时候去看欧阳先生，当然顺便朝他要字。我今年八十岁了，学校说要送我一份厚礼，这份厚礼就是请欧阳先生写个条幅，写一幅字。欧阳先生很慷慨，就说请戚先生您直接给我出题目吧。我就去了，当然很贪心，就请欧阳先生写幅直条，因为横条他已经给过我了。我说写首词吧，因为词有长调，一般有百十字左右，当然是贪心得很呐，欧阳先生的字多写点，价值就更高了。我出了个题目，就是苏东坡的《水调歌头》。词是普通的，连题目百字左右，欧阳先生慨然答应了。交换条件就是给学生讲一次课。这件事是很难的，当时盛情之下也不好谢绝。当时给我的题目范围很大，中国文化方面的东西都可以。我是教历史的，是教世界史的，我的中国史水平顶多就相当于我系的讲师，但是我想了想，一是盛情难却，另一个是我总得讲些像样的东西，是不是？自己衡量了一下，讲文化史，那是很困难的，题目很大而且一次怎么也讲不完。想来想去，就讲一个非常小的题目，就是写诗词最基础的，就是对联。

我想了想，对联和书法关系非常密切。好像今天能存下来、能看得到的古人墨迹绝大多数是对联，写成篇的东西也是石刻的碑文比较多，当然近代的我看得不多。我喜欢这个，要不然也就不会与欧阳先生建立友谊的。我很喜欢书法，也看过一些书法，但书法中存下来最多的就是对联。所以就想，过去旧时代，对联是小孩发蒙的东西，小孩开始念书的时候就学写对联，同时学写字（书法），这两个科目在

---

[1] 本文根据1998年4月30日戚国淦先生为首都师范大学书法专业研究生讲对联录音整理，由王勤榕录音，侯玮青笔录整理，寿纪瑜定稿。

古时候10岁左右就要学。所以我想书法和对联的关系是比较密切的。另外，就是最近，从拨乱反正以后，对对联、写对联的风气非常兴盛，这个兴盛，比"文革"前还甚，那么这大概是拨乱反正之后文化界非常可喜的现象。前几天，《人民日报》还登了一个消息，全国性的、省市的楹联学会已发展到几十个，也有地方性的，有的地方，文风很盛的县市也有。当然，对联兴盛是靠书法才把它表现出来的，你说我念对联，念完也就完了，但是经名家书法一写，就传世了。那么我就想，是不是就讲这个问题。至于我是否有资格讲这个问题其实很难说了。因为我小时候很想学文学，学古典文学，而且这个志愿在上小学、中学时就模模糊糊萌发了，从小就觉得喜爱，喜欢收集这方面的东西。等到长大以后，看些这方面的书，或上博物馆、古迹名胜的地方也加以留意，自己也试着做一些。拨乱反正后，在多次征联中投过几次稿，也侥幸中过几次奖，而且中得也不算低，但很惭愧，没有文苑之作，没得过第一，但第二得过几次，我好像给你们谁看过一个奖牌，至少给刘新成看过。那天我想找来作证据，后来想不必了，这么大个儿的牌子，上面是个银的圆饼子，说我是第二名。我想，今天我们没有一个专业、中文系或其他院校的中文系开设对联课的。我呢，从实践当中成长起来，勉强也有点资格讲讲对联，并且也与你们的专业密切相关。我的这个前言就说到这儿，然后我就进入正题。我讲三个题目：

一、从历史考查

对联，据说没有专门的著作，也许有我没有见过，或见过也没有专门讲对联史的。清朝的一个大文人俞樾，俞曲园，几代文人，孙子俞陛云中过清朝的探花，曾孙是现代文豪俞平伯。这位俞曲园当时也是很出名的，他说过一段话，可以说是对联史的梗概，他说："楹联（楹，就是古代厅堂前的柱子），古未有也，宋稍有之，明乃盛。"我给他接一句"至清大盛"。因为到了清朝，从顺治、康熙起文人就喜欢写对联，而且传流得很多。原因很多，之一是因为写对联就得要有纸啊，咱们国家造纸很精的，能够经历好几百年，最长的，今天可以看到的，留下来的书法最早的就是陆机的东西，现在还有，我亲眼看过，那种纸很厚的，但是留下来的很少。那你看唐代留下来的东西只有在敦煌看到一些。毕竟大部分的东西随着年光的流逝消灭了。我们说今天能看到的大部分是清朝的，我这里带来两本明清对联的汇编，这就多了，这两大本，加在一起就有上千副吧，这还是九牛一毛，当然当时写的远不止此。所以俞曲园说，宋就有了，但没有传下来。宋人的墨迹今天也没有人说看见过。但是，到明朝，留下来的稍多，但也不很多，你们看一下目录，那许多的名家看不见，最早的如方孝孺的一副对联，方孝孺是骂明成祖的一个大臣，那就是 15 世纪的东西还有，但很少很少。如果要说到清朝，因为清朝最远距今 300 多年，所以清朝的东西还很多，这两本书中的就以千计，没有收入的不只十倍，比十倍还多，因为不可能把清人写的书法、写的对联都收集进来。所以说清朝大盛。我生在民国时期，小时候也看到过民国时期的书法，流风余韵，还是很盛的。所以，有许多民国时期的对联。我有一本民国时期的书法，大部分也都是对联。所以通过书法传下来的对联很多。我举个例子，我们是否看过《马寅初》的电视剧，民国时期，1941 年马寅初 60 岁寿辰，中共给他祝寿，这个电视剧肯定有祝寿这个事，但这副对联有没有我不知道。这副对联我看过："桃李增华坐帐无鹤 琴书作伴支床有龟"。这个对联我为什么记得呢，它用了两个典故，当时我读了不懂，上联后四个字是"坐帐无鹤"，下联后四个字是"支床有龟"。这两个词我不懂，当时也没查到，后来读了南朝庾信文集，他的文集里边我发现了这两个句子。还好，书的下面有注，所以明白了。这两个典很偏僻，应该出自董老的手笔吧，因为这个太深了。"坐帐无鹤"说的是当时马寅初作为重庆大学商学院的院长，因言获罪，得罪当局，遭到囚禁，商学院师生为他祝寿时，他不在寿堂上；"支床有龟"说的是有个古人在他的床脚底下搁了 4 只龟，架着这个床，这个龟多少年还没死呢，这当然是祝马寅初长寿吧。所以我觉得对联这个东西并不是后来失传了,连八路军驻重庆办事处还以这种方式祝贺马老生日呢。但是至建国以后,书法不是很兴盛,对联就几乎绝迹了。

那么,大体的对联史就是这样。有幸的是拨乱反正之后,书法大振兴,对联也振兴了。前面我说在一两个星期前的《人民日报》上,我看到了全国的楹联学会有很多,而且举行过多次的征联活动,我自己就参加过好几次,但是因为这学问好久没有人提倡,没有人关注,所以水平不是很高的。但是现在看来,慢慢地也开始兴旺起来。这个问题我也不想多讲,因为既然你们是搞书法的,将来你们的许多墨迹也可以通过对联留存下来。

光说一两副对联,很简单,但是在我国文化宝库中,有许多在楹联还没出现以前,就已经存在的真正的"对联"。这就很多了,在这儿,我也想稍微讲一些。

我们讲《诗经》,讲《楚辞》的时候,那中间也有许多的对仗。但是那时的古人不讲平仄,不讲对仗,这种讲平仄对仗是南北朝南朝时候有的,所以那个时候就不能说是真正严格意义上的对联。当然,汉赋中有许多对仗是成功的,前面说的"坐帐无鹤"、"支床有龟"就等于是一副"对子",它出现在庾信的《小园赋》中。但经过南北朝以后,隋唐以来,这种"对联"形式的句子就很多很多了,这种例子不胜枚举。我想举一个大家都熟悉一点的,就拿初唐时的《滕王阁序》来说吧,《滕王阁序》是一篇带有赋的文章,作者王勃当时到南方安南省亲,路过滕王阁,参加一个宴会时写的一篇东西。这篇《滕王阁序》流传到今天最出名的两句,就是大家都熟悉的"落霞与孤鹜齐飞,秋水共长天一色"。这就是一副很好的对联,意境很深远,文字很美,而且平仄对仗也协调。他后面的:

滕王高阁临江渚,佩玉鸣鸾罢歌舞。

画栋朝飞南浦云,珠帘暮卷西山雨。

闲云潭影日悠悠,物换星移几度秋。

阁中帝子今何在?槛外长江空自流。

这首诗中,"画栋朝飞南浦云,珠帘暮卷西山雨"也是对子,但这种句子后人中超过他的也不少。所以我说,如果把很好的两句摘出来,这也是对联的话,那我们的对联分布就非常广了。那么我说这个,当然有点这种意思,就是书法界写对联可以自己撰写,那当然是最高境界,也可以引用前人的名句。假定你给我写一副"落霞与孤鹜齐飞,秋水共长天一色",挂在那儿,我经常看,也是百看不厌的,是不是?所以不是说只限于挂在柱子上的对联,这毕竟是很少的。在我们的文化宝库中,摘这种句子,就有很多很多了。

那么,除此之外,还有一个图诗害命的故事,这在诗话中常见的,比《滕王阁序》早点,隋炀帝时有个薛道衡写了一首《昔昔盐》的诗,其中有两句"暗牖悬蛛网,空梁落燕泥","牖"当窗户讲,"暗牖"就是不亮的窗户,在不亮的窗棂上悬着蜘蛛网;空梁上落着燕子的粪便,这可以看作一副对联了,"暗牖"对"空梁",悬的是"蛛网",落的是"燕泥",一副非常好的对联。隋炀帝看到了,对薛道衡说,这两句算我的行不行?薛道衡不答应,把它看得比他的命还重要。结果呢,隋炀帝借个机会把薛道衡杀了,还说:"更能作'空梁落燕泥'否?"。你还能作"空梁落燕泥"吗?这是诗话里的,是为著作权而图诗害命的最早的故事,也许有,不足为凭。

真正的对联的出现实际上比俞曲园说的更早一些,人们认为最早的一副春联出现在后蜀,就是五代十国时期,四川有个前蜀是姓王的建立的,后蜀是姓孟的建立的。这个后蜀的蜀主叫孟昶,孟昶在过年时写了两句,叫"新年纳余庆 嘉节号长春",过新年了,把过去的好的事"纳"——接着保留下来,春天来了,希望春天更长久。这一般认为是文字记载中最早的一副对联。所以真正有了对联就是在宋朝。所以俞曲园说:"宋已有之",但是不多。但是如果我们要从笔记小说中间说呢,有一副联可以归到宋朝,但可能是明人写的,我把它也介绍一下。大家看过《今古奇观》没有?《今古奇观》是一本明人小说,它有一个"苏小妹三难新郎"的故事,好像哪个剧种还演过这个故事呢。当然这个故事绝对是杜撰,为什么是杜撰呢?因为经过考查，苏东坡没有一个妹妹嫁给了秦少游秦观。三难中的第三难，就是对对子，而这副对子确实是高明，上联是"闭门推出窗前月"，这个"出"是入声词，仄声，闭上门把月亮推出去了。这个对子按字对容易，如果把意思对出来就很难了。秦观对不出来，对不出来就不能进洞房，他就在院子里徘徊，怎么也想不出对一副好对子。记得我小时候听人说，苏东坡出马了，他看秦少游过不了关，就给他一个暗示，正好院子里有口井，他拿一块石头扔到井里去了，秦少游恍然大悟，他就对出来了："投石击穿水底天"，"石"是入声词，"窗前月"对"水底天"。

闭门推出窗前月　投石击穿水底天
仄平平仄平平仄　平仄平平仄仄平

当然这不是真实故事，因为秦少游的夫人也是有名有姓的。这是托名秦少游的一副对联。那么再往后，对联就很多了，我欣赏的是那些名人对联，就那么几副，没法，你看也看不出多少来，有的也是信手一写，也不见得副副精彩。但是元明清小说，章回体的小说很多，它的小说目录是非常好的对联，当然我小的时候爱看小说，许多名著我都读过，往往从中也读到些我认为是对联，作得是真好，我随便举几个。就拿《三国演义》的章回题目来说，就是对联，不是太讲究，就是把本回重要事情说清楚。头一回"宴桃园豪杰三结义　斩黄巾英雄首立功"对得还是很工整的；倒数第二回也很好，"假投降巧计成虚话　再受禅依样画葫芦"，姜维的假投降之计没有离间成钟会、邓艾，把钟会给弄死了。在古典小说中，这种对联很多。再如《水浒传》中，第五十七回"三山聚义打青州　众虎同心归水泊"，第七十回"没羽箭飞石打英雄　宋公明弃粮擒壮士"，我最喜欢的是"林教头风雪山神庙　陆虞候火烧草料场"，这是《水浒传》。到了《红楼梦》，就很考究了，《红楼梦》出来的比较晚，文学水平也更高，章回题目非常好，很多。"王熙凤正言弹妒意　林黛玉俏语谑娇音"，还有我准备在后面赏析的时候讲的"情切切良宵花解语　意绵绵静日玉生香"，这都是非常好的对联。所以，我们可以看到，对联不只限于挂在墙上、门柱上,被小说家移植过来后,它的活动更有天地了,因为有了具体内容了。

将特定的内容提炼出来,让人一看这对联就更想读那本书了。这种传统在民国时期继承下来,这个时期有所谓"鸳鸯蝴蝶派",很讲文字功夫的,这一派的来源就是一副对联,我以前记过,大约是在《花月痕》中,《花月痕》是晚清的一部言情小说,它中间有很多诗词,其中有诗句"卅六鸳鸯同命鸟,一双蝴蝶可怜虫",这当然与它前后文联系起来有它的意思。单看这两句,对得很工整。后来就把讲究文字技巧的、民国时期才子佳人的言情小说称为"鸳鸯蝴蝶派"。前些时候演了一个《红杏出墙记》,作者是刘云若,就是这一派中的大手笔。这部书我看过,可惜看时年纪大了,不像小的时候那么迷信了,没怎么记。另外,比他名气大的是张恨水,他的《啼笑姻缘》在三十年代风行,那时再版次数之多,发行量之大,恐怕非今天的文学家所能比。他这部书的章回题目(也可以叫对联)非常讲究,大概他追崇曹雪芹;不知你们看过没有,把小说的内容提炼得非常好。举一例吧,第十六回"托迹权门姑为蜂蝶使 寻盟旧地喜是布衣交",我想把它放在赏析里讲,现在念一下吧。讲的是女主角关绣姑到刘将军家做保姆,给她的朋友樊家树、沈凤喜拉纤儿,把两人的关系接上头了;两人寻盟旧地,但此时沈凤喜已做了刘将军的姨太太,生活很讲究了,但会面时还是很朴素的。这副联不仅工整,巧妙在"姑"字面上是"姑且"的意思,实际还有一层意思就是指"关绣姑";同样,下联中的"喜"指的是布衣重逢,樊家树认定还是从前的沈凤喜,"喜"也指沈凤喜,对联作到意义可以双解的时候就很棒了。

所以,如果把眼光放大一些,我们看到的佳联是很多的,不只局限在这两本书,从其他的方面仍然可以找到,如此一来,好联就多了。

(王勤榕问:"是否需要略事休息?")

没事。我教书有50多年了,老得很,胳膊腿儿都没有力气了,走路都困难了,但就是头脑还管用,而且不怕讲课。王勤榕跟我听过课，都是他们制止我再讲了，我才走向结语，不然的话，我大概一气儿能讲3个小时吧。现在接受医生的劝告，学生的劝告，讲得少点。反正有时老毛病，刺刺不能自休。不知这样讲有没有用处，真正应该讲的是第二部分。

二、对联的创作

创作这个问题，就是给中文系本科生讲也得从头来，因为没有基础。不像我们。我们小的时候，因为我的家庭特殊一点，都是念书的，从小就接触对联，而且从小就学点基本功，确实和写字是同步的，一是练写字，一是学对联。学对对联，前人也给后学者预备了东西，应该学点这个。我能背一个"教材"，这个在我们学校也没几个人知道，我认得的人中间，只有廖仲安廖夫子受过这个训练。对对联的格式小时候背了很多，现在这部分脑细胞都封起来了，再提取不容易，当然我还能勉强背点儿：

"天对地，雨对风，大陆对长空。山花对海树，赤日对苍穹。雷隐隐，雾蒙蒙，日下对天中。风高秋月白，雨霁晚霞红。牛女二星河左右，参商两曜斗西东。十月塞边，飒飒寒霜惊戍旅；三冬江上，漫漫朔雪冷渔翁。"

当然还有，我记不住。这是我找到的一点儿材料，看这本书，这是中国书店送我的，它拍卖古书时有一本，我看到了，这和我小时候学的一样，是明末清初李渔的《笠翁对韵》，它按韵分编，如一东，二冬，三江，四支，五微……这种学习材料有好多种，小的时候就背这个，背下来以后脑子里的素材就多了，需要的时候就提出来，就可以用。所以对对联是从小的功夫。那么最初呢，不但是鲁迅小时候学对对联，我还看过报纸上登过毛主席小时候也对对联。他们那个时代，清朝末年，科举还没废了，都学这个。到我这时候，受家族影响也喜欢学点儿。对联是基础，没有说考对联能中什么的，但是呢，没有对联的基本功，你写文章、作诗、作赋，词藻方面就差一些。尤其像清朝考试的时候，三场中有考诗的一场，那诗就需要作得好，引起考官注意，评卷时得出高分。俞曲园在参加殿试时，以开篇"花落春仍在，天时尚艳阳"的诗对，博得阅卷大臣曾国藩的激赏，取俞樾为保和殿复试第一名。后来，他自己的书斋起名叫"春在堂"，就是纪念这件事，就是这么来的。

实际上对联是诗的初步，你要作诗是比较难，作诗有很多条件，讲起来太麻烦了。就说律诗，要求中间有四句是对的。欧阳先生另外加送我一幅字，我说再给我写一幅五言律诗吧，就是我很喜欢的杜甫在旅途中在船上写的一首诗：

细草微风岸，危樯独夜舟。

星垂平野阔，月涌大江流。

名岂文章著，官应老病休。

飘飘何所似，天地一沙鸥。

"细草微风岸，危樯独夜舟"这两句是一联；下面两句更出名"星垂平野阔，月涌大江流"，也是一联；再下面两句也很精彩，"名岂文章著，官应老病休"，我正是因为那会儿刚刚通知我，说你该退休了，我也想着该退休了，浑身是病，80岁了，还不退吗？该退了。所以很欣赏"官应老病休"。欧阳先生把两个都给我写了，当然我很感激。这首诗中，本来首句是可以不对的，结果呢，前六句对了三联，只最后两句"飘飘何所似，天地一沙鸥"，不是对的了。实际上你不会对联，就不会作好诗，不会作好诗，就不能高中。你们一定学过康有为论书法的《广艺舟双楫》，其中有一章叫"干禄"，当然"干禄"早就有了，古时候书法是"干禄"的重要部分，你要点翰林，中顶甲或中一甲、二甲的前几名，必须写好字，正大光圆，墨色好。所以"干禄"就讲殿试怎么写，做翰林怎么写字。所以作对联也是"干禄"的初步功夫，但它比诗容易得多，因为诗必须得讲押韵，对联就两句，谁跟谁也不用押韵，要求就少了。

对联最根本的条件，第一个要对仗。是必须得对啊，你要不对就不行了。我说"文革"期间，有人在大门上写两句"大海航行靠舵

手 干革命靠毛泽东思想",这不是对联,只能是标语口号,而且字也不一般多啊,一个七个字,一个九个字,也不对啊!当然这两句作为鼓动人的标语口号可以,但你贴到哪儿都不是对联,是不是?对联首先必须要对仗。当然,现在的人讲词类,名词、动词什么的,古人没那么复杂,就是实字、虚字,实对实,虚对虚,就像刚才说的"天对地","天"不能对渴,渴了要喝水。第二,必须要讲平仄。讲平仄也不是那么很严格的,平仄有两句话可以记住,叫"一、三、五不论,二、四、六分明",这是指对联。就是说,对联的第一、第三、第五个字可以不论,但一般的严谨点的七字联,第一、三可以不论,第五个字是要论的。第五个字不论的话,读起来不好听。因为读诗读久了,就会养成习惯,怎么读起来不顺嘴了?这不顺嘴,就是因为平仄不调。五言呢,就是第一可以不论,三就得论了。但总的来说,就必须注意,二、三、四一定得对上,就是平对仄,仄对平。而且整个一个大的对联下来,也要讲讲抑扬顿挫,这也是有些讲究的。所以作对联要比诗容易,但是除了这个之外,与诗的要求应该是一样的。平仄、对仗之外,还要讲词藻,词藻要华丽、漂亮;还要讲意境,意境要深远。更深一点的,有些字要嵌进去。但总的来说,大体就是这样。

我先讲一下五言、七言的吧,随便举一副对联,就是过去门上常写的:"忠厚传家久 诗书继世长"。差不多大门上都写,红门上,黑门上,门心上。

忠厚传家久 诗书继世长
平仄平平仄 平平仄仄平

第一可以不论,所以从平仄上说对的。那七言的呢?第一、三可以宽松一点,第五个字还是要对的。

讲平仄这个问题,我很高兴,在前几天我见过一次张同印,他向我说欧阳先生说:"不管怎么样,我坚持是要讲平仄的。"我一想,我和他是同道,挺好的,所以我来这儿宣传这个——格律一定要严格,这一点也是符合你们导师的意见的。确实应该呀，要是没有平仄，就比那"大海航行靠舵手……"除了字儿不一样，别的也都一样啊。这种不讲平仄是因为今天人们对音韵学、声韵学不懂啊，这里边有一个问题，像我这代或比我大点的人有个问题，就是"平、上、去、入"四声，这个"入"声字现在都作平读了，这读起来就乱了，但有个好处，就是我们写作的时候束缚就少点了，我说这平读了，别人也没法说我。这种习惯，在元曲中，已经就是有入声字作平读的了。可是呢，有时候我们觉得读起来不对了，实际上古人还是合乎入声字读仄声的。例如，刚才我说的"投石"的"石"，是入声字"shí"。过去英文报上常见的蒋介石是"Chiang Kai-shek"，"石——shek"，末了带"k"，"ptk"音的"k"，入声字。孙逸仙是"Sun Yat-sen"，"逸——Yat"，入声字，过去洋人来中国翻译中文的时候，也得服从去声字不能作平声字写。但今天呢，我们就很宽了，就不必非得拘泥，有的时候，拘泥了，人们不懂反而认为你做得不对。所以我有时参加征联时，我还得注上，我这个字可是入声字。后面我也把我作的联作一举例，虽然不是太高明。

所以说，大家大老远来了，我讲得半残不落儿，或是偷工减料也不合适。当然，我现在身体不错，自从退休以后，课程少了，工作少了，脑子倒更清楚点了。再讲一些，现在才讲一个半题目，还可以再讲。

现在我举一副对联，这不是赏析，而是挑点错。我铰下来一张纸，这可是不得了，这上面有副对联，这副联是经过三稿，这是作者自己说的，印到今年的虎年拜年封上边，可能在全国发行数以万计。我呢，认为这里面毛病太多了，觉得很遗憾，如果这样子的东西流传，结果就变成了对我们这个刚刚复苏过来的对联学问是个破坏。我本来犹豫，这个影响这么大，中央电视台发出去的，我要说它不好，好像打击面太大了。但是，就是最近几天，我读了介绍吕叔湘的文章，很受鼓舞。文中说吕叔湘在建国初年，大概在座的几位还没出生呢，那时《人民日报》有个语法修辞讲话，不符合语法修辞的东西，他都拿来作例子来讲评，批评，这里面被他批评的，包括国务院的文件，他都敢批。我想，吕叔湘敢于这么做，能这么做，我不算名人，把这个讲讲，实际上是希望你们这些未来的书法家，应该自己会创作，如果自己不愿创作，也可以找古人的东西来写，但是千万得有选择，得具备法眼，不要找乱七八糟的糟糕的东西来写，写了以后，它把你的字都糟蹋了，是不是这样的？你说这幅字，字写得不错，可惜内容不通，所以我把这个拿来给你们看一看。

这个作者还是很得意，他说他的这副对联是受了国家级单位的委托，而且印在虎年拜年封上，不知印了多少，油墨香已经闻到了，很高兴，而且他还请了更有名的名家又给他指点了一下，好像万无一失了，完美无缺了。实际上啊，如果我拿对联基本要求的尺子衡量一下，这里面的毛病是很多很多的。这副对联的一稿是：

世人瞩目　97 盛世圆千梦

神州扬眉　98 新春万象新

这副对联就根本不行，为什么不行呢？我就替你们几位书法家抗议了，他怎么把阿拉伯数字写在对联上去呢？因为对联可是直着挂的，没法横着挂，阿拉伯数字怎么写进去呢？这可就是外行，他没看见过，我也没法想象书法家写一个 97、98，再说 97、98 根本不能对，这是一个毛病。至于就内容来说呢，什么叫"盛世圆千梦"，很不好懂，刚才我请王勤榕同志看了，她还问我，什么叫"圆千梦"？这不是典故，"圆梦"是现在人说的话，古人也说圆梦，是解释梦的意思，现在是梦想成真。"千"表示多也。第二句，"神州扬眉"，平仄不对，没有四个平声字连在一起的，这样就没有抑扬顿挫了。"万象新"对"圆千梦"也对不上，另外，"万"与"千"也错了位了，所以也不行。作者自己也不满意，就改了第二稿，改得不多：

世人瞩目　中华盛世圆千梦

神州扬眉　大地春绣万象新

这里边呢，"春绣"是什么？又不好理解，他还认为是得意之笔，"圆千梦""万象新"的问题还是没有解决。他又去请教了一位名家，最后得出第三稿，也就是现在拜年封上的这一副联：

世人瞩目　中华盛圆千年梦
神州扬眉　大地春绣万象新

但是，你琢磨一下，还是不对，为什么呢？我们说香港被割让是1842年，到现在是一百五十多年，你这"千年梦"，是指什么来说呢？如果追溯一下，是宋朝，宋朝香港是什么样儿？我也不知道，人们也不能把以后发生的事千年前就梦下来了，那也不可能，所以"千年梦"又不能成立。另外，它原来还有一个原则，有几条，其中"九七""九八"各举一条重要的事情，九七重要的事情就是香港回归，九八年呢，这个"大地春绣万象新"，就像过去最通俗的对联"又是一年芳草绿　依然十里杏花红"，这大概是农村对联中写得最多的一副，这又有什么新的意境？没有。另外，这里面你仔细看，写地点的字词用得太多了，"神州"、"大地"、"中华"、"世人"，全地球的人。所以我说这是一副很不像样的对联。如果拿我刚才的对联的标准来说，平仄，平仄不调，"神州扬眉"他认为是不能动的，其实也未尝不可动也，可他不肯动；对仗，对仗不工，"千""万"如果不顾事实对上了，"千"对"万"还是挺好的，但是"千年梦"不成立，也就对不上了；词意不明的是"春绣"，就是大地春天来了，就绣出一个万象更新？这个词意不达；"世人瞩目"跟后面的"中华盛圆千年梦"、"神州扬眉"跟后面的"大地春绣万象新"连起来，音调也不是太好。另外，总的来说，格调、意境也不高，所以不是一副好对联。

我顺手拿一副对联来对比一下，也是"四七言"对联，这是常用的对联形式。我小时候读过的。当年北洋军阀有个吴佩孚，吴大帅，很能用兵的人，他五十岁在洛阳过生日，唉呀，赫赫如云呐，那时华北都是他的地盘，康有为给他写了一副对联，当时很被推崇，我认为当时康先生也就是顺笔一写，送给吴佩孚的。这位军阀是秀才出身，学问不小，认为很好，马上让他的手下给康先生送了一笔酬劳，当时我印象是够买一处房子的，数百大洋，这是1923年4月的事。他写的这副对联是"牧野鹰扬　百岁功名才一半；洛阳虎踞　八方风雨会中州"。上联的"牧野鹰扬"是个典故，周武王伐纣时的牧野大战，

"牧野"是地名，指今新乡市北部，"鹰"是旗子，"百岁功名才一半"，古人建立功勋都是一百年，你五十岁了，功勋才一半；下联的"洛阳虎踞"，他是驻扎在洛阳的有虎威的将帅，"八方风雨汇中州"，"中州"就是河南了，指各地都来给他祝寿。这副对联中了吴佩孚的意了，我五十岁了，我的功名已经这么多了，我还要统一中国呢，那时，孙中山还在广州呢。这副对联很好。这个对子与上面所举的有什么不一样呢？从平仄上看：

上联：世人瞩目　中华盛圆千年梦
　　　平平仄仄　平平仄仄平平仄

下联：神州扬眉　大地春绣万象新
　　　平平平平　仄仄平平仄仄平

上联：牧野鹰扬　百岁功名才一半
　　　仄仄平平　仄仄平平平仄仄

下联：洛阳虎踞　八方风雨会中州
　　　平平仄仄　平平仄仄仄平平

也是不对，"四七言"对联还得像康有为的那副。

我自己也常写对联，也有时得奖。我举我的两副对联，这跟古人不好比，但得奖了，也还可以。1992年有一次"祖国和平统一"主题征联，我写了这么一副：

南海珠还有日　积垢已全消　聚首喜迎新世纪

东隅镜合可期　前嫌终易释　同心共建好河山

"合浦还珠"是一个典故，香港这颗南海明珠，不久就要归还了，"积垢"就是存下来的污垢，这里指我们的耻辱，我们当年蒙受的耻辱现在即将没有了，聚首了，没有几年就是21世纪了；"东隅"，东边的那个角儿，指台湾，"镜合""合"是入声字，我怕我们的考官没弄清楚，我还给注了（hè，入声字），"镜合"是个典故，"破镜重圆"的典故，南朝陈国的公主与丈夫分离时，把个镜子砸成两半，后来两人聚面的时候，一对镜子，合了，这是团圆的意思。东隅收复回来，也是可以期望的。当年的国共两党打仗，现在都隔两代人了，积怨也是可以消除的。老一代人说我家有人被打死了，有仇，现在都成历史了，前嫌终究是可以释怀的，我们将来也还会同心协力共同建设美好中华。这副对联还不错，得了个第二名。当然意思也可以，重要的是平仄比较严格，绝对是平对仄，二、四、六是对的，"珠还"对"镜合"，对得也比较好。

另外一副呢，去年，商务印书馆一百年，邀请一些人，因为我跟它有些合作，我净给它翻译书、写书序什么的，于是乎也请了我。我不好意思白手去，就写了一副对联。这副对联，在那本纪念刊的第13页，是我题的，金运昌老师给写的，因为我的字登不了大雅之堂。我也不知道我们的那些同行随便写也行，要不不妨我也自己试试，但是这样一个场合，我写一副难看的字去，不太难看了吗？所以我就请金运昌先生写。金先生和我是很好的朋友，忘年交吧，我得比他早两代吧。我们两人结交还挺有趣的，就是因为对联。中文系有位老先生张寿康，那是中文系的名教授，他去世以后，我不能不表示，我给他写了一副挽联，写完之后，时间很紧了，不然我会让我们系里的同事写的。时间来不及了，我直接送给中文系了。因为金运昌就是张寿康先生的学生，就说送给你先生的挽联你给写一下吧。那副挽联，他很奇怪，跟我的学生刘新成说，你的老师不是教世界古代史的吗，怎么也还会写挽联，而且挽联还写得不错？所以刘新成就给我吹了一番，说我的老师对古典文学还有点研究呢。他听说后就说，那你带我见见好不好？所以他就来找我了。以后我们就经常往来、见面。因为什么呢，我业余对碑帖也很喜欢，所以我就和他谈碑帖，因为他这方面很有学问。你们大概听过他的课吧，书法史啊。他对碑帖的鉴赏能力很强，我有几张碑帖都是晚年拓的，还有的是赝品，他都给我指出来了，我也很佩服他，当然他也很高兴，因为这副对联在美术馆展出了好多天呢，他说自己也进入艺术殿堂了。这副对联是：

利国实超商务外　育人功盖印书行

这副对联我觉得得意的是"商务"、"印书"嵌进去了，还不害意思，说它呢，社会效益比经济效益还大，用现在的话来说。商务印书馆叫商务，它是干商务的，它的英文名是 The Commercial Press, Commercial 就是商业的意思，我说它利国呢，可比商业多了，它的社会效益远超经济效益。下联，教育人民来说呢，"功盖印书行"不是瞎吹的，中国最早的教科书就是商务印的。"商务"对"印书"也对上了，平仄也调，所以我也觉得得意。当然后来侧身于历史名家，商务印书馆把我们叫作"学界耆宿"，我就不敢当了。

这里边前几位都是国家领导人，那不能比了。这许多名家中，吕叔湘也有，谢冰心也有，勉强可以和我算作同辈的也就是陶大镛、李赋宁吧。还有启功。有张岱年，哲学家。周振甫，学问大，中华书局的古典文学主编。李赋宁，我们中学时的同学，入大学英文系。这些人都全了，我小，也80了，谢冰心都90多了，再后面是官员。

所以我说对联不是可有可无的，是很好的一门交流工具，还有好多的用处。所以我在第三个题目，讲一下对联的应用和赏析。现在是10点45，我最多再讲半小时，要不就耽误大家吃饭了。

三、对联的实用与赏析

过去小孩开蒙时学对对子，它也是"干禄"的一种。文章作好了，才能有出头的日子；文章作好了，才能在诗词中有惊人之笔，如"春在堂"这样的话。所以可以说，对联是小孩的幼功，很有用。等你成名之后，对联的用处就更多了。你比如，在殿堂上的对联就很多。故宫吧，很少有人注意，当然我也不是太注意，多半是十几言或几十言的对联，这是殿堂之上的，也是永久保留的，因为它不是写在纸上的。另外，就是名胜古迹上的，既有亭台楼阁上的，也有刻在石上的。刻在石上的石刻对联就会更持久，那就和碑刻一样。假定你去游一趟杭州，去游一趟西湖，或附近，都有刻在石头上的对联，这是一种题咏。除了殿堂之上和名胜古迹上的题联、题诗、题词外，再有就是名人墨客的欣赏。现在的家里没有那么大地方了，原来呢，家里的厅堂之上，要是挂几副对联，也是赏心悦目的，要是挂上名人的，来的人总要看一看，所以这些东西啊，是能够保留下来的。就像这本书上的许多对联，都是当年写在纸上，然后被好事者录下来的。

另外，还有一些，就不保险了。如喜寿婚丧的对联也很多，那么喜寿的还容易保存，因为它是拿正规的对联用纸裱起来而存下来的，容易保留，但有一种不易保留的就是挽联。实际上我觉得挽联比起贺联还要好，为什么呢？因为人死后他要盖棺论定啊，盖棺论定内容就会很充分，只要你感情深挚，就会写出很好的联来。但可惜的是挽联保存不下来，因为人们忌讳。现在你偶然去一趟拍卖市场，你看挂着的对联中，绝没有挽联，因为挽联丧气，在人出殡时都给烧了。所以，只有有人记下来，才能看得到，否则就看不到。正好我新得到一本，收藏中得到的，正好这里面真还有个名人《杨钟羲逝后讣告诸友名录》，当然他们重点在意人，我在意它这里边有个账，有个存笔，居然留下几副挽联，当然不是原笔，抄者字还可以，挺清楚的。那么，一般来说，挽联就是把这人最后、最精炼地概括起来，然后呢，来怀念他。这几副挽联还可以，因为杨钟羲是个大学者，他的朋友中当年清朝遗老还很多，有几副是遗老写的。

我有副替人写的挽联。我们学校有一位以前的教务处长宋仁，他曾当过志愿军，他当志愿军在邓华将军手下。邓华去世以后，他想送副挽联表示一下，就来找我，而且时间已经很紧迫了，我说给你凑一副吧。没想到在邓华的哀荣录中登录了这副对联，一般都是要人才登录，就像这个账。当然，我和邓华根本不沾边，我也不很了解他，只知道他是志愿军中彭总手下的将军。我写的是：

帷幄运钤韬　　百战奇功驱寇虏

鼓鼙思将帅　　千秋青史著勋劳

"运筹帷幄"是成语，"钤韬"是指谋略、参谋的意思，因邓华长期在总参工作，"百战奇功驱寇虏"既指驱除日本侵略者，也指参加抗美援朝；"闻鼓鼙而思将帅"也是成语，"鼓鼙"是大鼓和小鼓，古代军中用来发进攻号令的，听到进军的号令就想起了将帅。邓华去世时（1980年），正好是我们中越边境告急，一打这个对越反击战，就更思念将帅了，很贴切。宋仁上午在班车上找我的，我中午就给他了。后来宋仁同志跟我说："嗨，你的那副对联写得不错，在邓华将军挽联中算好的。"这算一副。

另外一副，我认为我给张寿康先生的那副写得不错：

早岁缔知交　惊世才华　凌云意气

暮年哭老友　师资典范　教授仪型

"早岁缔知交"，那会儿我们都二十多岁，一起在女一中教书，我们俩最小，在教员队伍中容易接近，他教文，我教史；"惊世才华"指他很有才华，学问不错；"凌云意气"是借用司马相如的典故；"暮年哭老友"，他去世了，我很悲伤，他是师资的典范，教授的楷模。这副联是这么对的，如果"惊世才华"对"师资典范"、"凌云意气"对"教授仪型"是对不上的，但"惊世才华"对"凌云意气"、"师资典范"对"教授仪型"是对得很好的。这副对联一是道出了我们的渊源关系：我们很早就认识；二是说他的成就，张先生是中文系很出色的教授。这也是归纳他的生平，归纳得不错。用对联的形式可以做到，这也是对联用途的一类。

至于贺联呢？就像上面献给商务印书馆的那副，都可以通过对联表现出来。

企业用联多了，过去我小的时候，街上的店铺都有对联，最常见的有两副："生意兴隆通四海　财源旺盛达三江"，这是最俗的一副，俗是俗，但是它对仗工整，"达"是入声字，对"通"是对的；还有一副是"陶朱事业千年盛　端木生涯万代兴"，"陶朱"指范蠡，陶朱公，吴越争霸时，范蠡为越国大将军，吴国被灭后，范蠡功成身退，经商致富；"端木"指端木赐，就是子贡，他经商有成，被认为是中国历史上最早的儒商。这种对联一般商店门口挂着。

专门对联那就很多了，有些是很好的，我就记得小时候瑞蚨祥门口有一副，刻了金字的，很长很长的。比较常用的一副是在洗澡堂公用浴池挂的，那非常有趣的对联，叫"金鸡未唱汤先热　红日初升客满堂"，这是它这行业专有的，鸡还没叫洗澡水已预备好了，太阳一出来，早晨洗澡的人就都来了，客满了，生意兴隆。同样的对联有很多，同仁堂、六必居这些老字号也都有。

至于家庭的，就像刚才说的："忠厚传家久 诗书继世长"，还有用红纸写的"天增岁月人增寿 春满乾坤福满门"，净是吉祥的。当然现在我没有机会去看农村都写些什么，今天《人民日报》、《北京日报》也常常有名人写出联语，送联下乡的，那里边也不乏佳作。重要的是，我觉得如果出自名家手笔写的对联，受到人们珍爱的话，是可以流传很久的。所以，这里边我们看到像明朝的大师文徵明、董其昌、张瑞图，这些人的都有。到清朝就多得不得了了，清朝人写对联，几乎每个人都要写很多。我记得看过一本林则徐的书信集，说他当年在两广总督任上忙得不得了，欠亲友的文字债太多了，后来他不是被罢官了吗？就被发配到新疆去了，路上、住店时也写，到戍所时也写，要不然林则徐留下的墨迹本来不会多的。实际上我们知道林则徐可不光是一个政治家，林则徐的书法是很高明的，而且他中过探花，第三名啊，清朝取士的时候，末了殿试时是以书法为主要依据啊，他的书法是很好的，不过毕竟流传的还是不太多，所以现在不容易见到一处林则徐的字。

但是我说这个赏析中，我第一要推荐的是林则徐的一副对联。这副对联有人也提到过，就是"苟利国家生死以 岂因祸福避趋之"，这不是他专写的对联，这时他已触怒朝廷内的投降派，先让他到浙江去保卫沿海，后发配伊犁。途经西安，口占留别家人作的七律《赴戍登程口占示家人》，这是其中的两句。这两句，我怎么读都觉得好，实在好。"苟利国家生死以"七个字，如果把它翻译成白话的话，就是：如果对国家有用的话，我可以把自己的生死投下去，这个"以"字用得特别神，虽然当"用、把、拿"讲，但你用别的词替换不了，如用英文 with，就是 with my life；我岂能因为对自己个人是祸是福来躲避或趋近呢？是躲开它呢，还是挺身而出呢？这个地方，这么十四个字，说的是他的满腔的忠义，表达这样的内容可真是不容易。所以我说谁要写对联，就写这副，如果带到一个书展上，订货的会成百上千，这太好了。当然，这样的好对联，从前也有，以后也有，我呢，在赏析中，就说几副吧。

我这还有一本小书，恐怕是孤本了，这是一个楹联集成，虽然是一套，就这本好，前面的都是作者自己编的，就这本是摘录全国各地的名胜的东西，好多副，确实已经不可多得了。有些是我们背得很熟的，你读过《老残游记》，大明湖听书的时候，它不有吗？历下祠听鼓词，济南名胜多，"四面荷花三面柳　一城山色半城湖"，这是刻在名胜古迹上的，这种东西很多很多，这都是一般说的了。那么，你到浙江去，有个飞来峰，下面有个泉，叫冷泉，有副对联："泉自几时冷起　峰从何处飞来"，俞曲园对答"泉自有时冷起　峰从无处飞来"，俞曲园夫人对答"泉自冷时冷起　峰从飞处飞来"，这也是一段趣话。这种对联很多，我也不便都举了。

前面我提过一个"情切切良宵花解语　意绵绵静日玉生香"，"情切切"对"意绵绵"已经很不错了，但这里面再看一下，"花"是指"袭人"，她姓"花"，说的是花袭人很会劝解宝玉；"玉"指"林黛玉"，"玉生香"说的是宝黛两人在一起，天长了，没事，两人说话儿，宝玉从黛玉的袖子里闻出一股香味儿。这样一副，字面上你看着就很美，又嵌入了花、林二人，就更活了。

那么，近人也不是没有好对联，我再举几副。郭沫若在抗战开始的时候从日本回国，有一首诗，其中有两句，"去国十年余泪血，登舟三宿见旌旗"，他回顾大革命失败后离开国家已十年了，剩下的只是血泪而已；而今从日本偷跑回来的时候，已经战云密布了。对得也好，内容也好。另外，我还记得这样一副，邓拓，他在1959年离开《人民日报》时，写给报社同事的一首诗，其中有两句"文章满纸书生累，风雨同舟战友贤"，说的是我写的东西很多，但是结果呢，都成了我这书生的累赘了，只剩下风雨同舟的好战友了。"文革"中，先批《燕山夜话》，再打"三家村"，这首从未发表的诗也被打成黑诗了，接着邓拓就自尽了。

还有一种对联也很不容易，叫"诗钟"，钟表的"钟"。诗钟限一炷香工夫吟成一联或多联，香尽鸣钟，所以叫"诗钟"，并且限制你把某个字嵌进去，这比出题限韵还难了，要嵌两个字。例如，有这么一副对联，要求把"蛟"、"断"分嵌在上下联的第四个字上，这是成心难人的。因为"蛟"是名词，"断"一般是动词，你要把它变成动名词很不容易，你没法对呀。这是在张之洞的一次宴会上出的题，有一个人写得非常好："射虎斩蛟三害去　房谋杜断两心同"。上联"射虎斩蛟除三害"是个典故，说的是晋时人周处，鱼肉乡里，百姓把他和南山猛虎、荆溪恶蛟称为三害，周处听到后，受到极大震动，他杀虎射蛟，连同他改过自新，三害除了；"房谋杜断"，是唐朝的典故，说的是唐太宗时，房玄龄多谋，杜如晦善断，两人一心辅佐李世民，堪称李世民的左膀右臂。这种对联就非常难了，看上去不太可能的，也作成了，很不错。

那么最后呢，我就在结束的时候，再举一个例子，这次香港回归，去年有一个征联活动，这个活动我看到了但没赶上，要不我一定参加，但我相信，我绝对得不了第一名。这个第一名我很佩服他，这里边录取的一百零一副，其他的一百副没法和它比，这一副作得是真好：

大笔画龙　香港喜看龙破壁
高梧引凤　神州酣唱凤还巢

这里的"看"要读平声，要不就平仄不调了。"看"在诗中可以念仄声，也可以念平声。有个很明显的例子，你们听电台，毛主席有首《菩萨蛮·大柏地》诗词，其中有"妆点此江山，今朝更好看"两句，朗诵的人不懂，念到这儿，"看"读成 kàn，全完了，因为不押韵了，shān 和 kān 是押韵的。

我为什么说这副联好呢？从字面上看，对仗很工，平仄很调。从意境上看，用典故用得太好了。因为"大笔画龙"实际上也是歌颂我们的总设计师的，但跟其他联中的"邓公贤"什么的赤裸裸地歌颂比，那就非常深沉，指的是他为我们这条巨龙定下了远景规划；下面一转，"香港喜看龙破壁"，"龙破壁"是一个典故，"画龙点睛"的典故，张僧繇在金陵安乐寺墙上画龙，不点睛，有一个人冒昧地在龙上涂上眼珠，一时风雨大作，龙破壁而出。另外，香港又恰巧是四小龙之一，所以这个"龙"字用得甭提多好了。下联对得更好。"高梧引凤"，常说的凤是栖于梧桐上的，这棵高大的梧桐树是我们国家，能够引来凤凰。这也是一个典故。下面的"神州酣唱凤还巢"，《凤还巢》呢，我想你们如果也和你们导师一样喜欢京剧的话，也一定听过梅派的《凤还巢》。《凤还巢》我不记得是明人还是清人编的一部杂剧，昆曲唱的，梅兰芳把它改成了京剧，是电台常放的，它的唱片也是印数最多的。"凤还巢"又把香港比成了凤凰，这个凤凰回到老家了。所以我说这副对联，文字不用说了，用典那么恰当，作为冠军是当之无愧的。我看了这副以后，也不后悔没参加征联，因为我绝对作不出像他这样好的，这个非得有一种 inspiration（灵感）。虽然我也会作，但我作的话，最多最多能拿个二、三等奖，绝对不能跟这个相比。

所以，我今天就讲这些，当然，最后我的意思是什么呢？对联和书法这两者之间的关系是密不可分的，如果我们说古人的书法流传下来，往往对联是占大部分的。以这本书为证，有一千多种，我相信还有几倍的没有流传下来。因此，你们这些未来的书家呢，恐怕也得要注点意。自己要会作，会作当然要下一些功夫。如果能做到像香港回归的对子，要有灵感，肚子里要有很宽的东西，否则的话，作不成，作成的话，也会像98拜年封上的那一副。那副他连"神州扬眉"四个字都不敢动一下，"世人瞩目"也不敢动一下，其实九七、九八你改一下也好改呀，九七是牛年，九八是虎年，牛和虎就可以对，因为牛是平声，虎是仄声，你要是觉得牛虎俗，你改用丑寅，丑和寅又是一平一仄，又可以对；还有非得这个大地那个神州，如果你把"神州"改成"赤县"，不就是仄声了吗？这需要自己平常的积累。但我相信，你们既然是搞书法这个专业的，总会对中国的古典文学经常涉猎。所以我说，书法是借对联这种形式流传下来，对联又可以靠书法而保存下来，两者是相辅相成，相得益彰的。我讲这个呢，一是欧阳先生的意思，再就是我平常喜欢，我现在脑子里再挖几十副好东西出来也还是有的。

另外，还有长联。像我这本工具书有一副对联就非常好，就是昆明大观楼的对联，孙髯翁的 180 字长联：

上联：五百里滇池，奔来眼底，披襟岸帻，喜茫茫空阔无边。看东骧神骏，西翥灵仪，北走蜿蜒，南翔缟素。高人韵士，何妨选胜登临。趁蟹屿螺洲，梳裹就风鬟雾鬓；更苹天苇地，点缀些翠羽丹霞。莫辜负四围香稻，万顷晴沙，九夏芙蓉，三春杨柳。

下联：数千年往事，注到心头，把酒凌虚，叹滚滚英雄谁在。想汉习楼船，唐标铁柱，宋挥玉斧，元跨革囊。伟烈丰功，费尽移山心力。尽珠帘画栋，卷不及暮雨朝云；便断碣残碑，都付与苍烟落照。只赢得几杵疏钟，半江渔火，两行秋雁，一枕清霜。

这是空前绝后了。这副联从两方面讲，上联从空间，五百里滇池，四周东西南北都有什么，站在大观楼上看到什么；下联从时间上，追溯昆明数千年往事，历史上经营云南的各路英雄，"都付与苍烟落照"。

现代人也作长联，真要和大观楼长联相比，我认为郭影秋为南京大学北大楼题联有得一比。郭影秋是个老干部，老革命，他 1957 到 1963 年是南京大学校长，后来又到人大主持工作。北大楼当时是学校的主楼，是制高点，大约是 1962 年南京大学校庆时，他题了《南京大学北大楼长联》：

上联：苍茫石头，长虹横贯，浪淘尽三国风流，六朝金粉，二陵烟月，半壁旌旗。况虎踞春残，寂寞明封徐故垒；龙蟠秋老，萧条洪殿锁斜阳。把卷登临，只剩得蒋山青，秦淮碧。笑千古英雄，孳孳乎族姓兴亡，谁念蓬门犊鼻，寿逾齐苑莲花。蟹屿渔灯，艳比栖霞霜叶。

下联：巍峨学府，赤骥星驰，远超轶两江情采，八代文章，七步才华，十州陆丽。欣燕矶日暖，郁茫天堑变通途；浦口潮新，百万神师传夜渡。凭栏纵目，却赢来吴树绿，楚帆红。论而今时势，骎骎乎人民创造，咛令冀野太行，没入沧溟尾闾。东南多士，蔚为巨厦良材。

这副联我保留了很久，"文革"期间，买的小报，南京大学讨伐郭影秋，你们都不会知道那个时期，只要被打成有问题的，什么都是问题，郭影秋这副对联也成了问题。"文革"后我到南京大学去访问，我问过这事儿，他们说这副联稿子是存了，但不敢挂了。1982年南京大学八十年校庆时，郭影秋又重新题写了这副对联，更名为《祝南京大学八十年校庆》：

上联：苍莽石头，长虹横贯，浪淘尽三国风流，六朝金粉，二陵烟月，半壁旌旗。况虎踞春残，寂寞明封馀故垒；龙蟠叶老，萧条洪殿锁斜阳。初解放时，只剩得蒋山青青，秦淮冷冷。

下联：东南学府，赤骥飞驰，名奕垂两江情采，四壁弦歌，八十华年，千秋事业。欣栖霞日暖，郁茫天堑变通途；浦口潮新，百万雄师传夜渡。本世纪末，定赢来人才济济，科教芃芃。

他的这副联也好，他也以南京的空间、时间做材料，但是它呢，朝气蓬勃的，培养了多少莘莘学子，将来会大显身手等等。

所以这种对联，说起来就不是小道了，如果你们有兴趣，就把它抄了去都可以。虽然我说对联是给小孩启蒙的东西，但你们都是博士、硕士，讲点发蒙的东西，就对你们太不恭敬了，实际上对联大有用武之地。

我自己也想过作长联。有一次长城征联，我想了一个很好的意思，因为我对长城稍有研究，原因是尼克松访华时，市委调了我们几个人去写园林简介，我奉命写长城的。我就对长城的历史、风貌有所研究。我也可以写出长城历史来，战国长城是什么样，秦长城是什么样，反正跟居庸关、八达岭有关的一直写到明长城，然后也可以凭吊兴亡，也可以写长城周围的景色。但是，一时写不出来，因为对仗限制太多了，我这里写一句，就得看看前面一句对不对得上，因为对不上就不是对联了。结果呢，征联时只把上联记了下来，后来又经过多次反复，苦思冥想，最后终于凑成一副：

上联：抚堞发幽思，想秦筑长城，汉修亭障，齐营戍所，明建边垣；屹立两千年，经几多狂风暴雨，目击过兄弟阋墙；黎庶喜和平，总化干戈为玉帛。

下联：登楼穷远目，看东滨沧海，南拱京都，西走高原，北临戈壁；蜿蜒一万里，跨无数峻岭崇山，联接起各族住地；人民珍团结，永教锁钥护金瓯。

　　这是我试作的一副长联。我感到作长联还是无能为力，写到十几个字能对好就不错了，写到百十字，每个字都能对上，就很不容易。

　　所以说今天虽然讲的大多不是太深的东西，但我想说的是此中学问甚大；我愿意告诉你们，对联也是一门很深的学问，写对联写到刚讲过的那种百字、几十字长联，非得大手笔不可。对不起，耽误你们很多时间，今天就讲到这里吧。

楹　联

春联及其他应征联

1983 年迎春征联[①]

一

央视上联（新宪法）：
治国安邦　万户欣腾迎大法
应征下联：
拨乱反正　亿民鼓舞颂三中
封民阜物　众心团结向鸿图

二

央视上联（亚运会）：
亚运会捷报频传　奋战夺魁　中华健儿好身手
应征下联：
中广台佳音迭送　辛勤创业　赤县河山美画图

三

央视上联（长城）：
出山海　踞岭催涛　纵观千秋华夏风流史

---

① 1983 年春节前夕，中央电视台《文化生活组》、中华书局《文史知识》编辑部、北京市劳动人民文化宫、共青团北京市委文体部联合举办首届全国迎春征联，获奖春联在 83 年首届春晚上展示。此后多年，央视在春节前都举办迎春征联活动。

应征下联：

辟峡门　横江立壁　装点万里神州锦绣图
（长江）

贯江河　通南济北　长记百代黎元缔造功[1]
（京杭运河）

四

央视上联（文艺界名人）：

碧野田间牛得草　（三个文艺界名人人名）

应征下联：

绿原林莽马识途　（三个文艺界名人人名）

暗香南浦蝶恋花　（三个词牌名）

五

央视上联（首都风光）：

十里长街　长安两路

应征下联：

千秋胜迹　日下一城[2]

半天晓月　永定一桥

一池秋色　太液层波

五方丽土　社稷一坛

1984年迎春征联

一

央视上联：

一代英豪　九州生色

---

[1] 获二等奖。
[2] 获三等奖。

应征下联：

八方俊彦　四海惊雷

八方捷报　四化增光

二

央视上联：

夺铜牌　夺银牌　夺金牌　冲出亚洲争宝座

应征下联：

胜苏队　胜美队　胜日队　扬威世界展红旗[①]

三

央视上联：

海峡难隔同心　共盼江山归一统

应征下联：

两岸终成整体　长看日月丽中天

两岸合当聚首　齐登仁寿乐千秋

四

央视上联：

梅柳迎春　万里东风绽桃李

应征下联：

莺鸠报喜[②]　九霄霞绮拥鹏鸥

五

央视下联：

每逢佳节倍思亲

（要求：上联也要用古诗中的语句对出。）

---

① 指中国女排。——原注

② 报喜，典出"灵鹊报喜"。——原注

应征上联：

今日乱离俱是梦[①]

怅望千秋一洒泪[②]

万里悲秋常作客[③]

1985年迎春长城主题征联（征全联）

题长城

1984年甲子冬月初一　圣诞节前三日。

上联：

抚堞发幽思　想秦筑长城　汉修亭障　齐营戍所[④]　明建边垣　屹立两千年　经几多狂风暴雨　目击过兄弟阋墙　黎庶喜和平　总化干戈为玉帛

下联：

登楼穷远目　看东滨沧海　南拱京都　西走高原　北临戈壁　蜿蜒一万里　跨无数峻岭崇山　联接起各族住地　人民珍团结　永教锁钥护金瓯

"金利来杯"祖国和平统一主题征联[⑤]

1992年

甲种：征全联

南海珠还有日　积垢已全消　聚首喜迎新世纪

---

① 韦庄《忆昔》，见沈德潜《唐诗别裁》，中华书局1964年合订本第四册第39页。——原注

② 杜甫《詠怀古跡五首》之二，见前书第三册第117页。——原注

③ 杜甫《登高》，见林庚、冯沅君主编《中国历代诗歌选》，人民文学出版社1982年版上编[二]第420页。——原注

④ 齐指北齐，北齐筑城工程之大，仅次于秦明两代。亭障、戍所、边垣，均不同时代的长城别名，分见各断代史。——原注

⑤ 1992年5月，"金利来杯"祖国和平统一海内外征联，由《人民日报》海外版总编室、中央电视台社教部、《瞭望》周刊社、中国楹联学会、香港金利来（远东）有限公司共同举办。

东隅镜合可期　前嫌终易释　同心共建好河山 [1]

乙种：征下联（上联中含"金"字，要求下联对句中必须嵌"利""来"两字）

上联：

金装银饰领新潮　风骚独揽

应征下联：

物阜民丰歌改革　吉利齐来

1995 年迎春征联（征全联）

九五起飞龙　春光正好　喜看无数英豪　壮志共图千古业

三八歌舞凤　盛会行开　迎得全球帼国　慧心同绣半边天 [2]

庆澳门回归（征全联）

1999 年

历尽旧沧桑　碧海波澄莲出水

迎来新世纪　华堂春满燕归巢

历尽旧沧桑　海晏河清莲出水

喜迎新世纪　风和日丽燕归巢

新千年征春联（征全联）

2000 年

新纪发先声　喜报神舟航宇宙 [3]

---

① 此联获第二名。
② 1995 年，第四届世界妇女大会将在北京召开。该年是中央电视台的妇女主题年，1月1日《半边天》栏目正式开播。
③ 1999 年 11 月 20—21 日，中国第一艘无人宇宙飞船神舟号发射成功。

古都添秀色　欢迎奥运到中华[1]

南海喜珠还　两制宏图开伟业
东隅期镜合　一中共识启和平

京城茶叶第一街征联（征全联）
2000年
远历梯航宏开市场
广陈佳茗香溢京都

雀舌龙团来闽北
茶香诗兴动宣南[2]

选茶休叹江南远
佳品何愁巷子深

玉盏香飘红绿花
名茶远采滇湘闽

贺联及纪念联

代贺满学会成立四周年
1979年
点检鸿篇皆硕果　待迎同道遍全球

贺商务印书馆百年馆庆
1997年
利国实超商务外　育人功盖印书行

---

[1] 2001年将决定2008年奥运会的申办城市是否落户北京。
[2] 此联获奖。

代贺许大龄先生《明清史论集》面世

1999 年

史海探骊珠　咸推巨擘
书林结硕果　无愧名家

代贺婚礼

金瓯重整　喜迎新世纪
并蒂花繁　同建好家庭

佳气时临龙虎宅
新风长树好人家

雷海宗先生诞辰一百周年纪念

2002 年

南开大学历史学院为纪念雷海宗先生诞辰一百周年于 2002 年 12 月 15 日在该校召开"雷海宗与二十世纪中国史学术讨论会"。戚国淦致函并献联两副。

敦书教授：

接奉宠召，深为感谢。然而我已年登耄耋，步履艰难，退休以后，久废笔墨，重违雅命，至感歉疚。我于雷师，心仪已久，恨未及门，然而崇敬之情，老而弥甚。如此盛会，未能亲莅，聆听诸君子高论，深以为憾。爰成俚联两副，藉申敬意，意浅词俗，难登大雅之堂，更不足为外人道也。

博览群书　百川汇海
育成多士　万水朝宗

曾有文章惊海内
至今后学仰宗师

专此奉复　顺颂

教祺

戚国淦

2002 年 11 月 19 日

王敦书、庞卓恒先生古稀华诞志庆

2004 年

稽古书城　世界史坛结硕果

添筹海屋　津门学府耀双星

谢承仁先生八秩寿庆

2004 年

南极星高　仁者多寿

东山意远　老而弥勤

南极星辰　仁者多寿

西园翰墨　老而弥珍

积得文章传史界

栽成桃李遍京华

锦绣文章传史界

峥嵘桃李遍京华

刘国盈、廖仲安先生八秩寿庆

2005 年

半世纪风雨同经　忆创业多艰　此日喜看桃李茂

数十载诗词共赏　祝文星永驻　年年欢进菊花觞

齐思和先生诞辰一百周年纪念

2007 年

2007 年 齐思和先生百年冥诞 读先生 30 岁前在北京师范大学授课时的讲义《史学概论讲义》有感。

说论蓄真知　融汇古今　早岁先生留钜著
纵横见博览　贯通中外　暮年弟子忆良师

戏改奉贺刘国盈、廖仲安先生八秩寿庆联自寿

2008 年

半世纪风雨曾经　忆创业多艰　此日喜看桃李茂
百余篇诗词自娱　愿文星长照　年年续谱灌园歌[①]

欧阳中石先生八秩寿庆

2008 年

笔走龙蛇　率更书法[②]
诗涵珠玉　六一文风[③]

代女儿乃玫拟祝词

同学燕京　同领金钥　同治世史　同称译家[④]
敬祝双亲　同登上寿　同享康宁　乃玫敬书

---

① 自称世界中世纪史园地的"灌园叟",并出版《灌园集》。
② 唐代大书法家欧阳询曾任率更令,后人以此称之。
③ 宋代大文学家欧阳修号"六一居士"。
④ 戚国淦、寿纪瑜先后就读燕京大学,毕业时分别获金钥匙奖。2002 年中国翻译工作者协会同时授予资深翻译家荣誉证书。

挽联及墓志

挽齐思和先生
1980 年

绛帐忆熏陶　学贯古今　史兼中外
素帏增怆楚　国失耆宿　我恸良师

代挽邓华将军
1980 年

帷幄运铃韬　百战奇功驱寇虏
鼓鼙思将帅　千秋青史著勋劳

挽傅任敢先生
1982 年

挥泪悼知交　一代学人　当今师表
饰终怀旧绩　盈门桃李　满卷文章

题百余岁老人张桂君墓①
1988 年

国之贤良　家之德配
偕老百年　盛世人瑞

挽张寿康先生
1991 年

早岁缔知交　惊世才华　凌云意气
暮年悲老友　师资典范　教授仪型

---

① 墓中并葬其夫遗物。

挽王平女士[①]

1991 年

诗礼门庭　早岁悟真谛　投身革命

温良品格　毕生事教育　尽瘁人民

挽宋仁先生

1992 年

早岁从军　毕生育士　治学老弥勤　已染沉疴犹撰述

正廉律己　黾勉奉公　相知成莫逆　永怀风范悼贤良

挽雷大受先生[②]

1993 年

法眼鉴珍藏　周鼎宋瓷　满室琳琅怀缔造

悉心传典籍　班书马史　盈门桃李记贤劳

挽林传鼎先生

1996 年

风范长存　建院同仁怀懋绩

音容顿渺　盈门博硕恸良师

挽冯智先生

早岁逢迍邅　未堕凌云壮志

老来承重任　终成报国初心

早岁历艰辛　未消壮志

[①] 王平，原名梁思明，诗词家梁启勋之女、梁启超侄女。北京师范学院前教务主任宋仁先生夫人。

[②] 北京师范学院成立之初，由成庆华先生倡议，历史系于 1956 年成立文物室。雷先生为购置文物、撰写说明备极辛劳，贡献良多。

晚年膺重任　永著贤芳

代挽画家高伯陵
盛世丹青国手　高翁仙逝
一代红氍耆宿[1]　陵老长存

其他

赠王承晾先生[2]
妙方出妙手
仁术赖仁心

代撰华天饮食集团联
山珍海味惜天宝
美馔佳肴见物华

广西大力神制剂厂方征联
大力神浆威力大
钦州灵药九州钦

大力神浆神力大
钦州九转九州钦

颂水利工程
志承大禹　心比愚公
建千秋业　成百世功

---

[1] 高先生喜京剧。
[2] 王承晾为戚国淦在北平男三中（今北京三中）任教时之弟子，河南濮阳市名医。

偶成

江河湖海浪淘沙　波涛汹涌

铜铁锡银锅镕铸　铙钹铿锵

试对古来"绝"对

原上联：

客上天然居　居然天上客

试对下联：

人游夜总会　会总夜游人

原上联：

道士到市盗柿

试对下联：

府丞赴城负橙

附：友人赠联及条幅

刘家和先生赠联

1998 年赠联：

儒雅风流行己有耻　温柔敦厚和而不同

2008 年赠联：

能仁即乐以忘忧　不觉耄龄之且届

克智乃融通无累　因知上寿有必登

1998 年赵亚夫先生赠联

一行累书　金管银管斑管

群芸争曜　德星文星寿星

1998年陈云鸾先生"集龟甲钟鼎文字贺国淦方家八十寿辰之禧"条幅

寿而康

2008年张同印先生赠条幅

敦品励学　教泽扬芳

附：悼戚国淦先生联

2010年7月21日戚国淦先生去世　刘家和先生挽联：

鸿博仰先生　贯中西　兼文史　八斗五车　并世知交　痛亡翘楚
湛淳滋来者　重问学　尚谦冲　九思三省　四方桃李　哀失宗师

首都师范大学中国书法文化研究院挽联：

大雅云亡空怀旧雨　哲人其萎怅望清风

首都师范大学刘守安先生挽联：

完来大璞归天地　留得和风惠桃李

自述与他叙

中国社会科学家自述——戚国淦

年轻时曾有过乘风破浪，取博士方冠于彼岸的志向，然而命途多舛，好梦难圆。不意垂暮之年竟受任充当博士生导师。拜命之余，不免悚惶。为了摸索一套培养方法，我曾对自己四十多年的从师和治学的道路，作了认真地回顾。

我读过两所名牌大学，师从过好多位著名学者。抗战前考入北京大学西洋文学系，谒见过系主任梁实秋。他翻译莎士比亚剧作使我十分景仰。选修过钱穆和皮名举两教授的历史课，虽然讲解精辟，可惜自己年岁较轻，功底又差，未能深刻领会。抗战期间考入燕京大学历史系，遇见了邓之诚、洪业、齐思和、翁独健几位名师。身居沦陷区，逢此机遇，我曾竭尽全力地承受老师们的传授。我选读洪业先生糅合乾嘉考据与［美］鲁滨逊新史学的历史研究法课，学到了治史的科学方法。邓之诚先生在自己家里为我这单个学生开设的明清史课更使我毕生难忘。先生渊博浩瀚的学问，满室琳琅的藏书，使我大开眼界。齐、翁两师都学贯中西，直到解放以后，依然给我以教诲。翁先生作为名誉院长在筹建北京师范学院时亲自指定我担任世界史课程。齐先生在北大开设的世界中世纪史则为我讲授该课树立了楷模。老师的教导使我终身受用。我深信再传给门人，他们也当会受益匪浅。

在开始招收博士研究生之前，我已经在高校任教三十多年，回顾起来，也不无一些有益的经验。在世界中世纪史方面，除长期讲课外，参加过教育部部编教材《世界通史》（通称"周吴本"）中古部分的撰写工作，参加过中国社会科学院世界历史研究所主编的《外国历史名人传》和《外国历史大事集》两部工具书的中古分册主编工作，还参加过《中国大百科全书·外国历史》分卷西欧中古部分的主编工作。我对介绍外国史学名著有着浓厚的兴趣。自己翻译过两部中世纪的名著，收入《汉译世界学术名著丛书》，并为该丛书中有关中世纪的一些名著写过译序。另外还发表过学术论文多篇。可以认为这些都是长期积累起来的资本。

我对英国史的兴趣起源于读大学时对英国文学的接触。从五十年代末起，我个人开始搜求有关英国中古史的资料。由于资力有限，只买了些《洛布古典丛书》和《人人丛书》中的单本。值得夸耀的也只是一部由道格拉斯主编的十二卷本《英国历史文献》，购求历时二十多年，还差两卷未曾凑齐。七十年代末，系里成立了英国史研究室，开始了稍具规模的英国史籍购买和复制工作。经过十几年的不懈努力，研究室收藏关于都铎时期的英国史书，已达六百余种。藏书就内容观点言，大部分属于自辉格学派一脉相传的正统派，也有为数不多的马克思主义派史家著作被收入。我还发现有些近二三十年出版的新书对传统观点提出异议，这部分史家形成了新的流派"修正史学"。我在十多年前写过一篇关于《都铎政府革命》作者埃尔顿的文章，最早向国内同行介绍了这位勇于创新的学者。近年发现他已被公认为"修正史学"的主帅。可以认为，图书资料的准备也是比较充足的。

在"文革"过后的十多年里，我们专业已有四届十名硕士生毕业。他们的学位论文全部集中于探讨英国都铎时期的问题，包括社会、经济、政府、议会、宗教和人物等方面。这些课题虽然多属初探，但已为我国史学界的这片空白涂上了一层浅浅的色彩，为今后的进一步研究开创了一个完整的布局。

对过去的回顾，增强了接受任务的信心。我根据专业需要并结合个人优长，制订了培养计划。从1987年开始招收博士研究生，如今已有两届四名毕业，获得博士学位。几年间，师生共同探讨，彼此切磋，我深深感到教学相长的乐趣。他们在撰写学位论文时，选择的都是都铎时期的重要课题，使用英文资料都在百种以上，文章观点正确，见解突出，材料翔实，结构严谨，受到国内同行的一致好评。毕业后，他们继续发表论文，撰写专著，出版译著，成为本专业的骨干力量，有的还被评为青年学术带头人。我看到这些，内心十分快慰，深有青出于蓝而胜于蓝之感。

年轻时读《庄子》，记得这样一段话："指穷于为薪，火传也，不知其尽也。"意思是前薪虽尽，而火传于后薪，所以永无尽时。作为一块薪柴，我虽然只有有限的余热余光，但仍愿无保留地贡献出来。

（国务院学位委员会办公室编：《中国社会科学家自述》，上海教育出版社1997年版，第876—877页）

燕京大学人物志——戚国淦

　　戚国淦，汉族，贵州修文人，1918年6月生，1938年以新生最高分考入燕京大学，初入西语系，次年转入历史学系。1941年12月因学校遭日寇封闭而辍学。1945年燕大复校，继续学习，1946年夏毕业，获文学士学位，并获斐陶斐金钥匙奖。

　　辍学后至解放前在北平第三中学和第一女子中学任历史教员。解放后调北京教师进修学院任历史组长。1954年受命创建北京师范学院（现名首都师范大学）历史系，主持系务，并担任世界中世纪史教学，历任讲师、副教授、教授、博士生导师，1998年退休。社会工作方面，曾任中国世界中世纪史研究会理事长、中国世界古代中世纪史研究会理事长、中国英国史研究会副会长、北京史学会学术顾问等职。

　　我之从事世界史教学，实出自翁独健先生之命。当时先生任北京市教育局局长，主持北京师范学院的创建工作，知我在校时选读世界史课程较多，外文较好，曾面嘱在建院后宜担当世界史课任务。此时齐思和先生正在北大历史系开设世界中世纪史课，领袖风骚。于是我便大胆地承担起这门系内无人愿认的课程，钻研多年，竟也略窥门径。1960年，周一良学长和吴于廑主编高教部部编教材《世界通史》时，我遂有幸参加该书中古分册的编写工作。

　　记得1945年复校后，我选习邓之诚先生的明清史课时，先生还侨寓东城之小经厂，不久搬回蒋家胡同。班上只我一人，每两周赴师宅听课一次，深受教益，偶尔还蒙留饭，食四川腊味煨白菜一盂，清醇爽口，至今仍香留齿颊间。毕业30年，苦无机会一研明清史问题。"文革"过去，系内组织编写《祸国殃民的西太后》的小册子（北京出版社出版），我分得"三次篡权"一章，于是奋力写作，搬用了

《清实录》、《清史稿》、《翁文恭公日记》、《越缦堂日记》等大部头史料。同仁笑我小题大做，我则谓非此不足以报答邓师教诲之恩。1987年，在南京召开的英国史研究国际学术会议上，我提交了一篇题为《十六世纪中英政治制度比较》的论文（发表在《历史研究》同年第4期），受到同行称许，有关明史的材料，还离不开当时邓师的指点。

我喜爱翻译工作，也翻译过几本书。但这点兴趣却是在1941年秋季，翁先生所开的亚洲史课的课堂上培养起来的。记得上课伊始，先生便指定我将法国著名汉学家伯希和的论文 *La Haute Asie* 从法文译成中文，供班上同学参考。此时我已学过高级法文课，受命之后便兢兢业业地干起来，虽然困难不少，总算完成了任务。不料正待呈交的时候，日寇强占学校，译稿和有伯氏亲笔签名赠送翁师的原文印本一并丢失在图书馆内。后来见到先生，报告情况，先生为之不怡许久。经过这次检测，鼓起我后来翻译英文著作的信心和勇气。我原打算多翻几部世界学术名著，但因本职工作繁重和一些客观原因，只译成一部《查理大帝传》和半部《法兰克人史》（另半部由爱人寿纪瑜完成），由商务印书馆收入《汉译世界学术名著丛书》发行。随着年事日高，已无力担当大部头的翻译任务，便移情于撰写汉译名著的中译本序言。经过多年的积累，竟写成了译序八九篇，成了这一行的专业户。

自幼对古典文学的爱好在燕京得到进一步的培养。入学后连续选修了顾随和郑骞两先生的词、曲和诗的"选读及习作"三门课程，自己也着实下了一番功夫。一阕极不成熟的《临江仙》曾为亡友高庆琛引用，刊登在《燕京新闻》上。工作以后，也时或写诗填词，有的发表在学院院刊，"文革"期间几乎因此酿成文字祸。近年来虽偶然写些，但大多是友朋间唱和应酬之作。一首步老友吴于廑教授原韵的七律居然被中华诗词学会看中，收入会刊《金榜集》，竟被编入耆宿行列，实两师所赐也。顾师驰誉诗坛，纪念活动近年频有。郑师于抗战胜利后，即远赴台湾讲学，被誉为"当代鸿儒"。前些年得悉噩耗，深为震惊，特志于此以为纪念。

自入校至今，忽忽整一甲子。半世纪间所取得的点滴成就，莫不源于母校的培养。犹记入校之初,陆志韦先生赐宴于宅,在介绍我给夏仁德先生时,接连使用了 brilliant, promising 等词,期许之情溢于言表。然而检点平生,深感成果寥寥,愧对师门。今年将告归林下,更难再有所作为了。

夫人寿纪瑜,汉族,浙江绍兴人,1927年2月生。1945年考入燕京大学,1949年毕业于西语系,获文学士学位,并获斐陶斐金钥匙奖。同年考入燕大研究院,师事齐思和先生。1952年毕业,分配到教育部教学指导司,旋转入人民教育出版社,历任编辑、副编审、特约编审等职,直到1987年退休。毕生从事中学历史和英语课本及教学参考书的编写工作,出版有关书籍数种。此外还编有专著《简明世界通史》(合编)及译著《英军在华作战记》、《法兰克人史》(合译)等。

(燕京研究院编:《燕京大学人物志 第二辑》,北京大学出版社2002年版,第133—134页)

《灌园集》自序

退休三年，文字生涯业已结束。承商务印书馆不弃，许为我出此文集，深受鼓舞。点检平生所作，仅得此寥寥数篇。对比过去近50年的高校教学经历，不无愧恧。过去多为他人作品写序，现在轮到为自己的文稿作序，却感到难于下笔。最根本的原因是乏善足陈。然而在整理旧稿时，不免勾起对往事的回忆，特别是几位恩师的指引。

我曾是老北大西语系的学生。抗战爆发，学校南迁。我因病滞京，又考入燕京大学西语系，继又转入历史系。在这里我遇到了邓之诚、洪业等多位名师。他们的殷勤教诲把我引进了这博大精深的史学领域，他们严肃的治学态度和严谨的学风为我树立了毕生的楷范。

我原本打算治中国史，但事与愿违。20世纪50年代初，我的导师翁独健先生任北京市文教局局长，开始筹划创建北京师范学院。一天，他面谕我，要准备讲授世界史课程，原因是这方面的教师不易请到。我只能唯唯从命。等到历史系建立，我又承乏行政工作。聘来的教师各有专长，各就岗位，只剩下世界中世纪史无人应承，只好自己承担。从此开始直到退休，前后44年，我便一直滥竽于斯。

世界中世纪史在我国当时仍属一门新设置的课程，同行前辈留下的遗产不多，外文参考书籍已被束之高阁，手边可参考者只有两三种译自俄文的书籍。凭着多年的经验，完成教学任务并无困难。但是要想写出像我的老师当年发表的那样规格的文章，却殊非易事。面临的是上下千二百年，纵横八万里，国度以十计，文献资料无数种的浩瀚领域，简直是无从着手。当时自己度德量力，只要能编写出一部教材，编辑几本参考资料，就可算是功行圆满，再要想写出论文或专著，却是难乎其难了。1961年，周一良、吴于廑两学长奉命主编部编教材《世界通史》，我应邀参加撰写《中古分册》的中编，虽然费了极大的力气，读来连自己也不满意。后来我在为吴先生祝寿的《鹧鸪天》词中有句："君真涑水综全局，我愧刘攽只数篇"，就是指的此事。

科研不成，转而从事翻译。感谢翁独健先生，我的试译是当年在他的《亚洲史》课堂上开始的。他交给我一本法国汉学家伯希和的题为《中亚细亚》(*La Haute Asie*)的论文抽印本，让我译出供班上同学参考，从此引发了我对翻译的兴趣。50年代世界史学界正在酝酿制定十二年远景规划。我的老师齐思和先生鼓励我承译一些项目。我年轻气盛，一下子便认定《查理大帝传》和《法兰克人史》两种，打算先以中世纪史开端为始，争取译出一系列的中世纪名著来。这完全是一种不切实际的妄想。当时政治运动频繁，自己于讲课之外还有行政工作，翻译的事只能在第三甚至第四单元进行。在完成《查理大帝传》后，另一部《法兰克人史》只能同爱人合译，而我的妄想系列也就从此结束了。两书稿接近译成时，四清运动开始，这种"大洋古"的货色岂敢发表，深藏箧中，侥幸地躲过"文革"灾难。

"文革"过后迎来了学术的春天。我当时已年近花甲，也感受到拂面的春风化雨。曾有《临江仙》词写道："已分披离霜后草，何期重沐春风。须将微意答天公。黄昏犹未晚，珍重夕阳红。"不曾想到，这未晚的黄昏竟持续了二十年。

在学史以前，我读过两年的英国文学专业，对莎士比亚时代薄有基础。在搞世界中世纪史科研走投无路的时候，便起了专攻都铎英国史的念头，可惜在"文革"以前只能是一种空幻。"文革"后，我受命培养研究生，旋又建立博士点。我便利用时机建立都铎史研究的园地。由于师生同心协力，园地渐具规模，二十年后，竟也是佳木成荫了。为了充实自己，我也大量阅读从英国引进的新书，勤奋程度不亚于青年学子。值得得意的是，我从众多英国名家中识别出后来成为英国"修正史学"泰斗的 G. R. 埃尔顿，较早地把他介绍给国内同行。

这时商务印书馆将我那两部译稿付梓，并收入我所喜爱的《汉译世界学术名著丛书》系列之中。然而要想继续从事这种工作,由于本职工作繁忙和年龄老大,已经是心余力绌了。我对这套丛书的关爱始终不减,多次接受商务的委托,为其准备出版的名著撰写序言,对新书作些介绍。《人民日报》曾有文章把这套丛书称作"世界精神公园",文中还提到了我,于是我也戏称自己是这个公园的"义务灌园叟"。

在大学的最后一年,我曾选修过邓之诚先生的明清史研究课。班上只有我一个学生,地点就在邓府,讲课采取谈话方式。先生旁征博引,謦欬珠玉,使我受教良多。先生藏书极富,四壁琳琅,中多善本,许我浏览。于是我便产生了此后专事这个领域探讨的想法。毕业后在中学教课之余,也在这方面蓄积材料。调入北京师院后,虽然改教世界史,然对明清史未能忘怀。"文革"结束,趁着系内组织编写《祸国殃民的西太后》一书时,也领到一些任务,写了"三次篡权"一章。虽然水平有限,也愿收进集中,作为对邓师的永恒怀念。

最后谈一下我对诗词的情结。幼年时,先母以唐诗为我开蒙,从此培养了我对诗词的喜好。中学毕业报考高校时,我的志愿是以五马三沈驰誉中外的北大国文系。但在考中后却被西语系录取,不无遗憾。考进燕大后,遇到了顾随、郑骞两先生。顾先生在国内被推为词坛巨擘,郑先生在台湾被尊为当代鸿儒。我选修了顾先生的"词选及习作"和"曲选及习作",郑先生的"诗选及习作"。承两先生的殷勤指点,使我略窥门径。当时国难家愁萦怀,加以少年情思,在专业课之外,遂沉湎于诗词写作。有些自以为尚可的作品,深藏箧中历时周甲。工作以来仍偶有吟作。"文革"期间虽几罹文字之祸,依然积习未改,又复积存多篇。友人劝我结集,我则自知疏陋,未敢付梓。幸承商务同志见爱,许附书末,因而检选若干,聊存平生行迹而已。

回忆解放之初,我始年及而立,转眼之间过了半个世纪。其中前30年,虽然黾勉从事,但除教学与行政之外,于科研几无所成。粉碎"四人帮"之后,迎来盛世,我虽已年迈,幸得学校的信任与支持,继续工作了20年,也取得了若干成绩。与同代人相比,我是十分幸运的。特别是已登耄耋之年,商务印书馆又许我将零星文章汇编成集，则又是幸中之大幸了。

在此我愿向常绍民先生表示感谢，是他对编印本集给我以许多鼓励，并对内容的编排作了改进。我也愿向本集的责任编辑丛晓眉女士表示感谢，是她为此书付出了辛勤劳动。我还愿向我的爱人寿纪瑜表示感谢，是她对我这几十年的著作加以厘订、编排，才形成这本小册子。

戚国淦

2001 年 7 月

时年八十又三

（戚国淦：《灌园集——中世纪史探研及其他》，商务印书馆 2007 年版）

我和这座"世界精神公园"

戚国淦

《人民日报》于 1995 年 10 月 16 日发表了一篇题为《英华缀出一座〈世界精神公园〉》的文章。文中介绍了商务印书馆编辑出版的《汉译世界学术名著丛书》，也提到了我，唤起我对悠悠往事的回忆。

早在半个多世纪以前读大学的时候，我曾接触过一些国外出版的古典名著丛书。手捧着那印刷精致、装帧划一的世界名著，不由得滋生出一种我们何时才能出版一套这类丛书的想法。

时光流逝了 40 年，直到"文革"风雨过后的一天，商务印书馆历史编辑室的两位同志来到我家，征求编辑出版这套丛书的意见。我听了之后，自然是喜出望外，积极赞成，并且表示愿以全力支持丛书的出版。这是一项郑重的承诺。十几年来我曾不断地参加丛书历史门类的选题规划、投稿、撰写译序、代审稿件以及查阅史料等活动，乐此不疲。

从 1982 年起，商务印书馆开始分辑刊行这套《汉译世界学术名著丛书》，包括组编新书与重印少量成书，到目前为止，已出齐六辑，凡 260 种，第七辑计划为 40 种，已出版一部分，预计到 1997 年商务百年馆庆时，将出足 300 种。在这短短的 15 年内，《丛书》的编译工作能取得如此之快的进展速度，确是我始料所未及的。

《丛书》有一个完善的编印计划。从内容说，全书划分为哲学、政治学、经济学、历史学、地理学以及语言文字等几大门类。纸张优良，印刷精美，封面使用高质量的布纹道林纸，每一门类在书背部分加印一种彩色，红黄蓝绿，五彩纷呈。假如你能置备这样一套丛书，琳琅满架，坐拥其间，其享受恐怕绝非那些以"帝王豪霸"命名的陈设所能比拟的。

当然，这套丛书之所以名贵，主要在于世界学术名著自身。对于名著这一概念的界定，是经过学术界、出版界反复推敲的。它应该是在世界学术史上有反响，有定评，是某一学科里程碑式的著作，是经得起时间考验的文化遗产。它们的作者应该是一个时代、一个民族、一个阶级、一种思潮的先驱者、代表者，积累了那个时代文明的精华，对孕育伟大时代和历史巨人起着无比的作用。正是根据这一标准，丛书的编者从浩如烟海的世界学术著作中精选出不朽的传世之作，编入这套丛书。这里既包括古希腊、罗马大家的古典名著，也包括近代著名的学者和思想家的作品。以我自己的专业所在的历史门类为例，收入了古代希罗多德、修昔底德、塔西佗等人的名著，也收入了中世纪少数传世名家的著作，还收入了文艺复兴时期的人文主义史学著述，至于近代资产阶级历史学家的名著，收入更多。其他门类所收，亦复如是，而哲学、经济学两类，包含更富。当然，每部名著不可避免地带有其局限性，包括时代和阶级的偏见，但就总体而言，却代表了古往今来人类智慧的巅峰。正是它们所含的思想和学说推动了历史的前进，启迪了后人的思维，也留下了一座绚丽多彩的"世界精神公园"。《人民日报》记者所赐的嘉名是当之无愧的。

将这些名著从各种文字汉译过来，以营造自己的公园，是一项巨大而艰难的工程。译者和编辑在其间付出的劳动是难以想象的。我因曾翻译过两部名著并多次参与丛书译稿的审校活动，亲尝到个中甘苦，也愿意写下几点感受。

这部丛书的印行，深受学术界的关注，因之也就自然而然地汇聚了国内一流的翻译家，共襄盛举。他们大都是某一学科的权威人士。从长长的译者和校者的名单中，可以看到许多位我的师长的名字，如朱光潜、陆志韦、齐思和、袁家骅等等。但是，占据名单大部分的却是大批名不见经传的译者，他们以其严肃认真的态度和坚持不懈的努力，提供了并不逊色的译文。我熟悉的一位译者在翻译时对译文字斟句酌，对于典章制度引经据典，甚至一字之微，如原文中的 uncle, aunt 或 cousin 之类一词多义的词，为了说明亲属关系，可以跑遍几个大图书馆去查,力求弄清为止。另一位译者曾从事外文工作多年,对于承译这类古籍本应是老手斫轮、轻而易举的事,然而为了慎重将事,她竟从国外求购该书的法文和日文译本作为参考。正是这些译者精益求精的态度保证了丛书的高质量。

商务印书馆的编辑们为这套丛书的出版做出了重要贡献。他们是一支业务精深、经验丰富的队伍。我熟识的一位老编辑从事编辑工作已经30多年,每当承担一部名著的责任编辑时,她总是兢兢业业,一丝不苟,为译稿提出中肯的意见。一次在校阅一部老译者的稿件时,发现仍有若干不尽如人意之处,由于发稿期限已近,她便越俎代庖,代为修改。我曾见到这部稿件,在许多地方都留下了她用绿色笔改动的痕迹。我为这种"为他人做嫁衣"的精神深深感动。还有一位编辑对于新手刻意提携,初稿达不到要求,退回修改;二稿仍不理想,再次退改;直到三稿才达到出版水平。在退改时,他不但自己提出意见,还邀请友人代审部分译稿,共同商酌。这种玉人于成的态度同样令人钦佩。

至于我,乃是首都师范大学的一名世界中世纪史教师,喜好翻译,而于《汉译世界学术名著丛书》情有独钟,这里有一些历史的因素。早在读大学之初,就曾希望能有一天我们自己也拥有一套像《洛布丛书》或《人人丛书》那样的古典丛书。后来自己学会翻译,更希望能参加这项艰巨浩繁的工作。建国之初,几位世界史前辈大师齐思和、翁独健、杨人楩等先生,商讨世界史建设问题,谈到了名著翻译的事,我正侍坐一旁,老师们当场吩咐我要承担一些。这种期许,使我毕生难忘。我虽担任教学和行政的两重任务,仍愿尽力承担几部中世纪史方面的名著。不久,商务印书馆制定十二年出版规划,我从选题中选定了中世纪早期的两部名著——《查理大帝传》和《法兰克人史》,前者独译,后者合译,到"文革"开始前均将脱稿,然而未能及时交出。"文革"开始,曾罹抄家之难,几多珍物听任损毁,唯独对这两部译稿我悉心保护,幸得保全。《法兰克人史》遂得在《汉译世界学术名著丛书》第一辑中出现。《查理大帝传》前此已以单行本问世，此后又在《丛书》第三辑中重印。在此学术界春光大好之际，我本应再多翻译几种，可惜的是本职工作沉重，社会活动繁多，加以年事日高，健康下降，对于这项半生钟爱的事业，已难以继续下去。

然而我并不曾忘情于这套《丛书》。在《法兰克人史》付印前，我为它写了一篇介绍写书背景、作者生平、书的主要内容和对它评价的序言，得到友人的称许。不久传来上级领导关于写好译序的指示。于是有一些属于我的专业范围而又缺少译序的译稿，编辑便嘱我代写一篇。然而为名著撰序实非易事。必须细读原著，掌握要点，汲取精髓，还须广泛收集有关的历史背景和作者生平的资料，也要了解后世关于该书的评论，然后才能形成自己对书的评价，写成一篇有助于读者的序言。在短短 10 年里，我曾写成译序七八篇，其中也不无一得之见，例如在《佛罗伦萨史》序言中为作者马基雅维里正名，在《神圣罗马帝国》的序言中指出这部出于年轻的英国学者之手的著作何以能够压倒德奥诸家的缘故。如今，我已年届耄耋，对于《丛书》的关情不减，依然是有求必应，有召必至。《人民日报》的文章说我"大半辈子的心血倾注于丛书"，虽然有些过誉，然而我可以自承是这座"世界精神公园"忠诚的"义务灌园叟"。

今天，在我国的社会主义精神文明建设正将迈上一个新台阶的时刻，我衷心祝愿这座绚丽多彩的世界精神公园能够发挥更多的作用。

（本文首刊于《群言》，1996 年第 7 期）

戚国淦先生与世界中世纪史研究

刘新成

一

戚国淦先生原籍贵州省修文县，1918年6月生于热河承德，出身书香门第，仕宦人家。先生开蒙甚早，4岁即从母读唐诗。家中多藏书，上学后，课余之暇，对于四部多所涉猎，因而国学根基颇为扎实。18岁考入国立北京大学西语系。抗战爆发后，北大南迁，先生因病滞京，翌年投考燕京大学，以第一名录取，先入外国文学系，后转历史学系，师从邓之诚、洪业、齐思和、翁独健等名家，系统研习中外历史，打下坚实基础并受到科学方法的训练。毕业时，以优异成绩获"金钥匙奖"。先生在北平市中等学校执教多年，新中国建立后，任北京教师进修学院历史组组长。1954年，北京师范学院初建，先生受命筹建历史系并担任系主任之职。先生自承以一介教师受此重托，当尽全力以报知遇之隆。遂多方筹划，广延人才，不辞辛苦，筚路蓝缕，草创斯系。当时系内聚集十几位中青年学者，其中最年长者不过40岁，先生只有36岁。先生严于律己，宽以待人，以身作则，带动大家齐心协力，日间讲课辅导，夜晚备课开会，业余一起钻研业务，一起分担建系工作。先生有句云："市肆求书迎晓日，重楼奋笔耐宵寒"，就是他们当时生活的写照。在他们的共同努力之下，该系蓬勃发展，欣欣向荣，如今已跻身于国内著名历史系之林，堪与各名牌大学相颉颃。抚今追昔，先生建系之功殊不可忘。其间先生曾因工作成绩卓著被评为北京市文教战线先进工作者，出席市文教群英会。几十年间受业于先生门下的本科生近千人，硕士、博士生十数人。

先生功底深厚，又得名家指引，故而学术方面宽广，于中外历史、古典文学以及旧体诗词、西文翻译等方面均有较深造诣，尤精于世界中世纪史和都铎英国史，著述颇多。其中较为重要的如自译及合译的《法兰克人史》（1981年）、《查理大帝传》（1979年）、《西方的没落》（1963年）；主编的《外国历史名人传·古代部分·下册》（1983年）、《外国历史大事集·古代部分·第二分册》（1986年）；撰写的论文《16世纪中英政治制度比较》（1987年）等篇及多种汉译名著序言等等。为推动学术的发展，提高我国世界史研究的水平，先生虽年逾花甲，仍积极参加各种学术活动，参与创办中国世界中世纪史研究会和中国英国史研究会，曾任世界中世纪史研究会理事长、英国史研究会副会长、北京史学会学术顾问、《中国大百科全书》副主编、中国社会科学院世界历史研究所兼职研究员等等。

二

先生自承搞中世纪史乃是"出于无奈"。北师院历史系建立之初，教师们各就所长，选任各门课程，唯"世界中世纪史"一门无人认领，先生作为系主任只得亲自出马。此前，先生向以中国史为主攻方向，于世界中世纪史并非擅长。但既然工作需要，先生便毅然转向，全力以赴，认真钻研这门课程。当时，我国世界史学科基础十分薄弱，甚至没有一本可供参考的中文教科书，而且开课时间紧迫，所幸先生功底深厚，外文纯熟，在阅读大量外文资料的基础上，很快就编写出颇有深度的中世纪史教材，不仅为本校，而且为我国世界中世纪史课程建设的开拓工作尽了一份力量。1961年，先生应教育部之召，参编我国第一部多卷本《世界通史》，执笔中古分卷序言和中古中期部分。该书面世后，作为部颁教材，为全国高校所采用，颇获好评。

"文革"前，我国社会科学界教条主义风气甚浓。在历史教学中，生搬硬套，空谈理论，忽视史实甚至歪曲史实杜撰"规律"的现象时有所见，先生对此不以为然。为捍卫学术尊严，他甘冒风险，不怕被人指为"史料学派"，力倡尊重历史，主张大力开掘和研究史料，以事实为依据，探究真正客观的历史发展规律。先生不仅自己在著述和讲课中持之有故，论从史出，重视再现历史真实，而且在学术界大声呼吁发展世界史资料建设工作，并应商务印书馆之聘任《世界史资料丛刊》中世纪部分主编。"文革"过后，先生发表了两部旧译的西方史学名著《法兰克人史》和《查理大帝传》。这两部书出版后，被国内众多学术论文所引用，在推动我国对西欧封建化的研究方面起到重要作用，先生译笔信实，文字典雅，能准确表现古典原著风格，行家称誉其译著为"传神"之精品。这两本译著均入选商务印书馆出版的《汉译世界学术名著丛书》。

先生善译，更重视作译序，他以为一篇好的序言不仅可以向读者指出阅读原著的门径，而且可以给初学者以学习方法的训练。先生的译序都是在对原著深入研究并对相关材料广泛收集的基础上写成的，观点独到，见解精辟，不啻上乘的学术论文。比如《法兰克人史》的译序，先生首先对作者都尔主教格雷戈里作详细介绍，指出其出入宫廷，参预密勿，故能掌握第一手翔实材料，写出那个时代唯一的一部史书。然后对于法兰克国家政府官制、王位继承及宗教争端等等进行概括说明，以便于读者理解。值得注意的是，格雷戈里撰写本书时着重落笔于政治和宗教事务，对于社会经济仅偶尔涉及，而先生于字里行间细心搜捡，索隐抉微，提炼出许多这方面的材料，如马尔克土地制度破坏，大土地占有制度成长，封建社会两个基本阶级的形成，被统治者反抗统治者斗争迭起，等等，从而勾画出一幅法兰克国家早期封建化的图景。《查理大帝传》的译序既指出原书作者系查理大帝文学侍从，因而多有溢美之词，同时又指出我国以前有些史家对查理谴责过多，若将该人物放在更广阔的时代背景中加以考察，则可发现其政策代表新兴封建主阶级利益，促进了法兰克封建制的确立，对其推动历史发展的功绩应充分肯定。这一观点突破了原作的局限，也纠正了史学界长期以来的偏见。时值70年代后期，极"左"思潮在史学界阴魂未散，帝王将相一概归入"批倒批臭"之列，先生不惮时势，据实直言，充分显现出老一辈史学家尊重史实，坚持真理的风骨。

先生近年羸弱多病，翻译大部头典籍已力不从心，但仍极为关注和大力扶持外国文学名著的移译工作。一些译者和出版社常请先生为其译著作序，先生无不欣然允诺，近两年完成译序计5篇。先生为他人作序同样一丝不苟，通读译稿，核对原文，必要时加注阐明之外，还要详考作者生平、成书背景和材料价值，并对原作得失及在史学史上的地位细加评点，褒贬之中不乏真知灼见。如在《佛罗伦萨史》一书的译序中，先生以全新眼光审视该书作者、历史上最有争议的人物之一、意大利文艺复兴时期思想家马基雅维里，认为在其思想中占主导地位的是爱国主义，其写作目的和毕生为之奋斗的理想就是实现意大利的统一和富强。14世纪以来，关于佛罗伦萨城市共和国的历史著作出现多部，唯有马基雅维里这部独享盛名，其原因就在于作者写作时灌注了饱满的爱国热情，因此全书视角新颖，分析精当，语言生动活泼。至于他推崇强权，鼓吹暴力，宣扬为实现统一目的可以不择手段等观点，乃是他同时代的思想家们"独立研究政治，摆脱道德影响"主张的反映，而"马基雅维里主义"的恶名则系后人所加，他本人无须为之负责。比德的《英吉利教会史》是唯一一部记录5世纪中叶到8世纪中叶盎格鲁-撒克逊人历史的著作，具有极高的史料价值。但是由于当时时局混乱，教派纷争，比德身为修士，以大量笔墨描述教士行迹与教派争夺，因此该书令人感到扑朔迷离，难得要领。为帮助读者阅读和理解，先生在为该书作序时，在细密研究的基础上详细介绍了古代不列颠的政事民情以及各个教派的来龙去脉，提示读者注意书中有关社会经济的吉光片羽。对于比德本人，先生既肯定其严谨的治史态度，称书中大部分内容为信史，又尖锐地指出，西方学者对比德历来称许有加而批判不足，特别是比德不惜笔墨，宣扬圣徒显灵、救灾、治病的"奇迹"，致使这部巨著玉石混杂。这一评价充分体现出先生一贯坚持的客观、公正、力戒偏激和感情用事的原则。1989年，在为尼尔的《女王伊丽莎白一世传》作序时，先生研究都铎英国史已逾十载，对有关英国16世纪社会、经济、政治、文化变革的各家学说已了如指掌，并在此基础上形成了自己的独到见解，因此作序时挥洒自如，首先运笔勾勒出英国从封建社会向资本主义社会过渡阶段的社会图景，继而剖析女王所面临的政治、宗教、王位继承等各种危机的性质，藉以说明女王客观上推动了社会发展的历史作用，最后评论尼尔和其他史家对女王的评价，并从中得出符合历史唯物主义的结论。在书评末尾，先生表示，希望这部雅俗共赏的知识性名著的中译本问世能够"为处于危机之中的世界历史学科增加一份活力"，表明先生已敏锐地发现，在市场经济大潮中，严肃史学与大众文化相结合不失为摆脱史学危机的一条途径。吉本的《罗马帝国衰亡史》是一部声誉卓著的史学名作，先生为此书作序倍下功夫。该序言洋洋万言，对作者的身世和撰写过程、该书的结构设计、取材、观点都有详细介绍。此外，先生还用较大篇幅列举了对该书毁誉臧否的各种评价，仔细探究评价者的立场和出发点，分析其评价本身的价值。最后先生指出，该书之所以引起争议，其原因在于吉本对基督教持基本批判态度，但是正是这束照耀全书的理性主义之光，穿透了时间和宗教偏见的浓雾，使人们看清了罗马千年的真实图景，一切尊重科学的有识之士都因此受到启发而赞许该书。先生的这一评价厚重而公允。1992年6月，先生应邀为布赖斯的《神圣罗马帝国》一书作序。围绕此书有许多疑问。第一，一个英国人为何要写一部以德意志为中心的巨著？第二，一个25岁的青年人为参加一次有奖征文而写的长篇论文何以能在西方史学史上占据重要位置？第三，前苏联以"历史唯物主义者"自居的史学家及受其影响的一些我国学者长期以来对这样一部在西方享有盛誉的史书仅以宣扬历史唯心主义一句话来做结论，是否过于简单？为尽量完满地解决这些疑惑，先生煞费周章，参酌众书，最后提出了自己的看法。先生认为，在布赖斯著述的时代，德意志正处于统一前夕，普奥两国为争夺统一领导权而剑拔弩张，两国历史学家亦不甘寂寞，笔枪舌剑，夸说本国在德意志历史上的作用，争以其道易天下。而欧洲其他国家对走向统一的德国则心怀戒惧，惶悚不安。在这种情况下，身为英人的布赖斯超脱于普奥两国学者的争论之外，从一个全新的角度考察德国的历史，认为神圣罗马帝国并不是曾经包括在其版图之内的德意志和意大利的历史,而是一个过时的宗教信仰与历史传统相糅合的产物。而狂妄自大的帝国皇帝穷兵黩武,四面扩张,并未给帝国带来任何荣耀,只落得"既非神圣,也非罗马,更非帝国"。先生认为,布赖斯此书不唯观点新颖独特,而且表达了人们憎恶侵略和战争的心声,并向争夺霸权的德意志统治者们发出了殷鉴不远的告诫。因而,此书除具备材料丰富、论证有力等一般史学著作的特点外,更有一定政治影响,唯其如此,此书及其作者才一举成名。所以,先生以为,西方史学家把这本书吹捧为"论述精辟的不朽之作","全世界研究者了解中世纪欧洲的理论与实践的一部指导著作",未免评价过当,而前苏联史学家对之不屑一顾的态度也背离了实事求是的原则。

三

"文革"期间,戚国淦先生作为"反动学术权威"屡屡遭受不公正对待,但是不管境遇如何,先生探究学问初心不改。在极其困难的条件下,通过极其有限的孔道,他仍密切注视国际学术动态。70年代,"修正史学"在英国悄然兴起,该派对16、17世纪的英国史进行了全新的解释或"修正",把20世纪40年代即已出现的"都铎王朝研究热潮"推向一个新的高峰。先生敏锐地发现了这一动向,同时以史学家的睿智目光看到了都铎史研究的重要意义。他以为,都铎王朝的英国正处于从封建社会向资本主义社会过渡时期,其时无论经济还是政治,无论社会生活还是思想文化,都在发生着深刻的变化;深入研究这一时代,不仅可以洞察英国资本主义的起源,而且可以通过对世界上第一个重要资本主义国家的剖析,探索从封建制向资本主义制度过渡的普遍规律。十一届三中全会后,我国科学文化和学术界终于迎来了百花齐放的春天,先生为此欢欣鼓舞,立即挥笔撰写了《介绍英国历史学家乔·鲁·埃尔顿》一文,向史学界介绍这位英国修正史学的代表人物,呼吁重视都铎史研究。先生此前已阅读了埃尔顿的大部分代表作，较充分地了解其主要学术观点和重大理论突破，因此先生的这篇论文颇具深度。他首先指出埃尔顿治史的特点，一是不为成说所囿，敢于背离传统准则，对历史事件和人物重新评价；二是不满足于现有材料，对前人未曾涉及的档案文献进行发掘，从而取得新的论据。接着，先生指出，在埃尔顿的全部观点中有两点尤其值得注意，一是他的"都铎政府革命说"；二是他对历史人物托马斯·克伦威尔的评价。先生撰文时距今已十五载，先生总结的埃尔顿治学特点如今已成为我国学者对修正史学的共识，而都铎政府革命说和克伦威尔评价问题在西方史学界至今仍是研究和争论的中心课题，由此可见先生于学问一道的确见识不凡，洞烛先机，独具慧眼。1978年，先生在前北京师范学院历史系建立起英国史研究室，翌年开始招收研究生，主要研究方向便是都铎英国史。这一研究项目还曾列入国家七五社科规划。先生胸中有一个庞大而具体的研究计划，为实现这一计划，先生首先率领大家广泛搜集都铎史资料，使该室有关都铎史的藏书资料堪称国内首屈一指。先生还准备将这些资料择其要者分门别类，结集出版，并将埃尔顿的名著《都铎英国史》译为中文。同时先生还指导助手和学生们分头研究都铎朝政治、经济、社会、宗教诸方面，准备在全面而深入研究的基础上撰写一部有中国学者研究特色的《都铎英国史》。此外，为学以致用，亦为在比较研究方法方面作些尝试，先生拟将时代相同，情势相仿，而发展道路迥异的中国明朝与英国都铎朝进行对比研究，以揭示16世纪以来世界局势渐趋西强东弱的历史原因。先生于1987年率先写出《16世纪中英政治制度比较》一文，文中所引英文书籍即达40余种，涉猎更多，对16世纪位于世界东西两端的两大帝国，从政权的经济和阶级基础到政府的运作与职能，进行了深入的比较，指出在英国的都铎时代和中国明朝的"嘉隆万"时期均出现资本主义萌芽，但都铎朝的商品经济和资本主义手工业发展的程度明显高于明朝，在以乡绅为主体的新兴阶级的支持下，都铎诸王建立了"新君主制"，刷新政治，改组机构，奉行有利于资本主义发展的政策，使英国国势蒸蒸日上。而明代朝廷则依赖代表没落地主阶级的臣僚官吏,沿袭旧制,外禁海运,内征苛税,嘉靖以后,国君更是"享国日久,不视朝,深居西苑,专意斋醮",以至国运中衰,江河日下。该文材料丰富,论证有力,提交当年在南京召开的英国史国际学术讨论会后,引起与会者的高度重视,继而将该文的主要部分发表在《历史研究》(1987年第9期)上,获得国内学者广泛好评。由于种种客观原因,上述计划未能全部如期如愿实现,但10多年来,先生及其助手学生们一直在为这一计划勤勤恳恳、脚踏实地地工作着,并且取得了不少成果,已发表专著、译作及论文数十种,对于16世纪英国农业技术革命与农业生产率的提高,圈地运动的性质,毛纺手工业生产方式的变迁,商业发展及其对社会的影响,社会各阶层的重构与兴衰,宗教改革的前因后果,政府机构改革的评价,议会演变与专制主义以及本时期重要历史人物的评价等等问题都有细密深入的研究,并提出了独到的见解。这些研究工作不仅填补了国内的空白,有的还达到了国际水平。所有这些成果中都渗透着先生的心血,弟子们的每篇文章,从选题、谋篇到观点、材料以及文字润饰无不得到先生的精心指点和帮助。

四

"腹有诗书气自华",先生读了一辈子书,不仅学问有成,而且修养深厚,具备中国知识分子的传统美德。对待工作,先生从来是兢兢业业,严肃认真,克己奉公。我从师时浅,但也听到过关于先生的一些轶事。其一是先生年逾不惑,膝下犹虚,独生女儿出世前,先生深夜将夫人送进医院,翌晨便回校上课和处理系务,竟未能抽暇向医院问讯情况,还是亲友报讯方知喜获千金。另一是组织上安排先生去北戴河休养,他推辞不过,竟携带60万字译稿(与人合译之《西方的没落》)前往,7天的休养时间全部贡献给这部国家任务的复阅。尽管如此,仍感内心不安,在返京途中吟诗道:"小住名区暑已消,归途翻觉路程遥,此情不为乡思切,未有涓埃答舜尧",充分表现出先生忘我工作，献身于党的教育事业和学术事业的赤诚之心。

先生热情提携后学，细心爱护学生，不仅诲人不倦，毫无保留地传道授业解惑，而且在生活上对他们关怀备至，体贴入微。为提高青年教师的待遇问题，先生多次仗义执言。但在学问方面，先生对学生要求极高，毫不含糊。初入先生门下时，我因年轻，性情浮躁，一篇稿子抄了两遍，仍有抄错处，先生在第二次退还时批道："不知第三次誊抄能否杜绝错误？"话很温和，却令我汗颜，至今难忘。正如我们一位老学长所说：戚先生为人谦和，但并非一味随和；不严厉，但并非不严格。

在真善美与假恶丑的大是大非面前，先生更是旗帜鲜明，绝不苟且。"文革"遭遇抄家的无妄之灾，家中财物或失或毁，先生皆漠然处之，唯当小将们抄出《法兰克人史》和《查理大帝传》译稿时，先生以身相护，不惜饱受呵斥，小将们要将译稿付之一炬，先生情急之下，竟平生头一次打了诳语："那是遵照周总理之命翻译的"，从而保全了译稿。"文革"后回忆这段往事，先生笑着说："总理哪里会亲自给我布置任务，只是经总理批准的十二年社会科学发展规划中列了这两部书，危急之中我便夸大了事实。"还有一次，也是"文革"期间，先生因在指导学生实习中提供具体材料，遂被指为向学生"兜售封资修黑货"而遭到批判。尽管那些人声色俱厉，慷慨激昂，先生最后却以四个字作答："不敢苟同。"声音不高，语调也徐缓，但一种刚直不阿的气节却充分体现。

先生风度儒雅，性情淡泊，治史之外，兴趣颇为广泛，从赏玩文物碑帖到世界杯足球赛，全都津津有味，乐此不疲。于旧体诗词更是情有独钟，且造诣高深。近年来先生诗兴更浓，曾有为学生所撰章回体《世界史通俗演义·中古卷》做诗词联语一日完成20余回的记录，且妙语连珠，篇篇出新，如咏英法百年战争，写道："接战连年苦未休，法王也自着鍪兜。谁知再遇长弓手，一队君臣作楚囚。"（普瓦提埃之战）读来颇有古代诗人咏史的味道。1990年初，先生有和吴于廑先生原韵的七律一首，颇见性情，转录于次：

惯从学海度年华，渐对无涯叹有涯。
簏底漫藏千百纸，笔端偶放两三花。
不将诗兴题红叶，待遣闲情品苦茶。
却羡老槐生意旺，映窗犹自舞龙蛇。

先生献身学术的精神和谦虚恬淡的品格，盎然纸上，可以当作他治学与为人的写照。

（本文首刊于《世界历史》1994年第4期）

戚国淦先生与都铎史园地的开辟

王乃耀

一

戚国淦先生是我国世界中世纪史开拓者之一,先生从事教学和科研工作长达半个多世纪,可谓桃李盈门,成果丰硕。笔者师从先生近三十年,受益匪浅。下面就自己所知,浅谈一下先生开辟都铎史园地的经过。

1954年,先生受命筹建北京师范学院历史系,即现在的首都师范大学历史系前身。从建系至"文化大革命"前夕,先生一直是"双肩挑"的干部,担负着繁重的世界中世纪史的教学和科研任务。先生对教学工作一丝不苟,兢兢业业,公而忘私,急人所急,想人所想,从不以权压人,能够顾全大局,忍辱负重。这一时期,先生将科研的重点放在欧洲中世纪方面。"文革"之后,先生又调整了科研的主攻方向,将英国都铎史定为基本研究课题。

二

先生对英国都铎王朝史的研究有深厚的爱好。早在60年前在北京大学读英文系时,先生即对英国莎士比亚时代留有零星的印象。16世纪的英国是先生长期从事教学的世界中世纪史中的一个重要的课题。由于这方面的资料相对较多,便留下较为深厚的积淀。20世纪中期,英国史学界出现了一阵"都铎热",以G. R. 埃尔顿为代表的一批英国史学家写出了大批不同于前代学者观点的著作,使都铎史研究出现了崭新的气象。"文革"结束后,先生乘改革开放的春风,通过多种渠道搞到了当时十分紧俏的关于都铎史研究的两部英文原版专著，一部是英国史学家陶尼写的《乡绅的兴起》；另一部是 G. R. 埃尔顿的《都铎政府革命》。先生如饥似渴地读完了这两部学术专著，认为这是一个可以从事研究的领域，便在 1979 年中国英国史研究会成立大会开幕式上，宣读了介绍 G. R. 埃尔顿的论文，列举了埃尔顿的大量著作以后，指出埃尔顿的主要成就：一是探寻新的史料；一是不为前代名家的观点所囿。这便是先生准备开辟都铎史研究园地的宣言。先生不顾年老体衰，毅然着手筹办我国第一个从事都铎史研究的"英国史研究室"。

三

然而要创建一片园地谈何容易。面对重重困难，此时年届花甲的先生并未退缩不前，而是知难而进。首先是资料问题，研究室在这方面是一穷二白，只有先生自己长年累月积累的少量专著和资料。先生把家中珍藏的一些原版书拿到研究室，以解燃眉之急。先生想到复制一途，发动几个学生到北京各大图书馆复印相关的外文资料。遇到学术交流的机会，也到外地高校复印藏书，还向国外订购一批书籍。经过两年的努力，这个小研究中心已经拥有四五百种有关都铎王朝的著作，堪称全国这方面的"首富"。

人员配备是一个更为艰巨的问题，不可能一蹴而就。当时的情况可以说不但是赤手空拳，而且是单枪匹马。先生决定采取分期分批培养的办法来逐步充实。先生是"文革"后国家批准的第一批硕士研究生导师，利用这个便利条件，先生将一些优秀的本科生招收进来，趁自己尚有余勇可贾，决心以十五年左右的时间招收五六期硕士和博士研究生，把他们打造成这一专业的骨干力量。先生为此制定了一个相当周密的规划，把都铎一朝的历史分割成一系列的课题，涉及政治、经济、宗教、外交等方面。先生对此作了一个小小的比喻，好比在这片园地上挖了一个个小树坑，植上一棵棵幼小的树苗殷勤浇灌，把它们培育成一株株茁壮的参天大树。

四

先生前后共招收了约十届研究生,硕士生和博士生各半。他们分别认领规划中的课题。先生对研究生热情鼓励,严格要求,认真商讨,悉心指导。笔者在研究都铎时期农业的过程中,在乡绅问题上就曾得到先生的教诲。学生们都广泛阅读,刻苦钻研,勤于探讨,精益求精。例如,一位博士生在研究都铎时期议会的阶级结构时,找到出版不久的宾多夫等主编的1509—1558年下院信史和哈斯勒主编的1558—1603年下院信史,共六巨册,长达数千页。这位博士生为了取得比较准确的数据,竟而翻阅了全书,这是何等巨大的工程。其他研究生也大都如是。先生自己也同学生一道摸爬滚打,不断充实自己。20世纪80年代,一位分配到社科院的博士赴英国访问,带回四五十本都铎史方面的英文版新书。先生闻之大喜,急令复印。就在此后一年多时间里,先生在公余之暇,竟全部阅读了这批新书,并作了札记。1987年,中国英国史研究会在南京大学召开国际学术讨论会,先生利用这一部分资料写成《16世纪中英政治制度比较》的论文,指出在此期间两国都处于变化之中,在政治上都实行专制制度,但在君权、机构、用人、施政诸方面颇为不同,其根本原因还是两国经济基础的不同。读来令人耳目一新。

五

光阴荏苒。先生整整拼搏了二十年。研究生的研究范围涉及农业革命、圈地运动;工商业、毛纺织业、贸易公司;阶级关系、人口结构;政府革命;社会发展;宗教改革、清教运动;外交政策等等。对重要历史人物,诸如都铎王朝首君亨利七世以及重臣托马斯·克伦威尔、威廉·塞西尔等也都做了传记研究。这些课题几乎涵盖了整个都铎史的领域。单是收集在文集中的先生为博士研究生的专著出版而写的序言就有四篇。当年荒瘠的土地，二十年后已经佳木成林，繁花似锦了。

先生喜爱古典诗词，对于王国维在《人间词话》中将古典诗词用于形容古人事业有成的三首名句烂熟胸中。回顾自己开辟都铎园地的足迹，先生可以说体现了王国维采用的那三句话：

1. 起意。"昨夜西风凋碧树，独上高楼，望断天涯路。"先生正是胸怀开创都铎史研究的意愿，踏上世界史坛向前遥望的。

2. 探索。"衣带渐宽终不悔，为伊消得人憔悴。"先生从花甲之年到耄耋之岁，不顾体弱多病，奋力探索。医生告诫他已经把健康用尽，先生无怨无悔。

3. 成果。"众里寻他千百度，蓦然回首，那人却在灯火阑珊处。"经过二十年的辛勤开辟，终于使这片都铎园地初具规模。

在先生的诗集中，有这样一句话："行看幼木欲参天"，表达了先生对弟子们茁壮成长的欢欣和期望。

（本文首刊于咸国淦著《灌园集——中世纪史探研及其他》，商务印书馆 2007 年版）

戚国淦先生与我的成长

夏继果

1986年,我投奔到戚国淦先生门下,攻读硕士学位。20年过去了,我由一名普通的学生成长为高校史学讲坛上的教师。回溯20年求学与成长的历程,深深体会到,我走过的每一步都得到了先生的指导,取得的每一点成绩都凝聚着先生的心血。先生伟大的人格力量、对教育的热爱、对学生的负责态度,所有这些,无不鞭策着我不断向更高的目标迈进。

一

第一次听说戚国淦先生是在曲阜师范大学历史系学习的时候。记得有一天听老师们谈论国内史学界的名家,眼界大开,但印象最深的是"戚国淦先生学问好,人品更好"这样一句话。1985年,读大学三年级的我开始考虑毕业后的去向,这句话再次在耳边响起,并且如磁石一样把我吸引到图书馆,去翻阅先生翻译的《查理大帝传》、《法兰克人史》,还有其他有关世界中世纪史的书籍,并萌生了报考北京师范学院历史系,跟随戚先生读世界中世纪史的念头。不仅如此,作为初生牛犊的我居然提笔给先生写信,并提出了一系列问题要求回答。这件事传了出去,同学们嘲笑我不知天高地厚,老师批评我唐突冒昧,我也开始惴惴不安起来。没想到几天后先生的来信放在了我的课桌上。那清俊的字体、字里行间透出的贯通中西的学识以及对后生的殷切期望,使我坚定了跟随先生治史的决心。从此开始了与先生间频繁的书信往来，对于我提出的问题，先生一一解答，有一次回信迟了，还写上"来信时值我外出开会，归来始见，迟复为歉"以说明原因。

1986年9月，我如愿以偿地来到北京师范学院，开始直接蒙受先生教诲。我从小生长在山东偏远的农村，大学四年又在曲阜度过，来到北京无异于"刘姥姥进大观园"，精彩的世界让我眼花缭乱，也让我感到自己的渺小，失去了自信。与我同一师门的两位同学一位是本校本科毕业生，另一位是有几年教龄的中学教师，我更感相形见绌了。这一切先生看在眼里，主动找我谈心。他说："你虽然读书较少，眼界较窄，但你的英语有优势啊，为什么以己劣势比人优势，而不是相反呢？"第一学期，先生为我们讲授"都铎史入门"。上课时，先生总是有意识地让我回答问题，每当我张口结舌、语无伦次时，先生总是以慈祥而期待的眼神鼓励我勇敢地说下去。作业的批改更让先生费心。人们今天经常说一篇糟糕的稿子怎样被修改得"满篇红"，但我那不争气的作业是不会被先生修改成这副模样的，因为先生是用铅笔修改的，修改之处还往往写有"可否"、"妥否"等字样。这一学期，先生让我们课下阅读英文版的《欧洲中世纪简史》，为撰写硕士论文时顺利阅读英文资料做准备，期末作业是写一篇读书笔记。他并没有指明写哪本书的读书笔记，是中文版的还是英文版的，但我硬是把《欧洲中世纪简史》啃完，并写成一篇五千多字的读书笔记。先生脸上露出满意的微笑，我的自信心树立起来了。后来我也从事教育，深深体会到这叫"因材施教"。每个同学的背景不同，基础有别，但作为教师，不应该歧视学生，应当根据不同的情况采取不同的教育方式。今天我也开始指导研究生，对这种教育方式又有了新的理解。我认为这在某种程度上是一种包容。这是一个多元的社会，需要各种各样的人才，不妨把本科教育和研究生教育理解为一种素质的培养，除了把专业学好以外，应当给学生留下自由发展的空间。先生常津津乐道：那时你们同学三人，除你坚守史学阵地外，一人在美国搞珠宝设计，一人在新西兰经商，这似乎可以说明我的教育方式是成功的。

硕士三年是温馨的，还应该加上其他同学的一句评价，"在戚先生门下读书是幸福的。"那时先生住宅在西绒线胡同39号，碰上疑难问题，我们三位同学经常一起骑自行车前往，先生总有清香的热茶招待。每年元旦还到先生家饱餐一顿，令其他同学好生羡慕。先生家爱吃素，却总是准备几盆肉给我们补充油水。那时先生的故友每年托人捎来漳州水仙。在寒冷的北国，盛开的水仙花让我们感到浓浓的暖意，充满了对未来的憧憬。那三年，无论精神方面还是物质方面，先生家是我们力量的源泉。至今我眼前还经常浮现这样的场景：在西绒线胡同39号的大门外，三位同学招手道别，不远处，先生和先生的老伴寿纪瑜女士用微笑的目光相送。

二

1989年，我以一篇《威廉·塞西尔评传》获得硕士学位，其中的部分章节后来在《世界历史》1991年第3期发表。我知道，戚先生很想把我留在身边，以丰富都铎史的研究。然而我是定向生，毕业后应回曲阜师范大学工作。我多么希望先生能找有关部门疏通一下，把我留下来啊！然而每当我提及此事，先生都说：做人是要讲信用的，"人以国士待我，我以国士报之"，只要不断努力，机会总会降临的。

我不情愿地回到了曲阜师范大学历史系，开始了我的从教生涯。从学生到老师，这是一个质的变化，首要的任务是站稳讲台。那时，高校对年轻教师的要求是非常严格的，一般是在老教师的指导下，每学期讲几次课，几个学期通下一门课。我没有为这一规则束缚，主动向系主任请求独自承担一学期的世界中世纪史课程。戚先生得知此事非常高兴，但同时也为我捏一把汗。他在来信中说：你在北京读书期间虽然也在大学讲台上以教学实习的形式讲过几次课，但独自承担一门课谈何容易，然而事已至此，只许成功，不能失败。从此，先生频繁地写信给我，从教材的消化、具体内容的理解，到板书的内容、讲课的进度，一一进行指导。1990年6月底，我的课程结束，得到同学们的基本认可。但先生却叮咛说："你的讲课圆满结束，我感到欣慰，但这只是初步的基础，下一轮恐怕还得照这次这样对待，顺利地讲过两三轮，基础就深厚了，也就行有余力了。"

世间之事常难以预料。1990年9月，讲授世界上古史的教师突然生病，我临危受命。这真是一个天大的挑战。我学的是世界中世纪史，上古史极少涉猎；承担了课程接着就要上讲台，没有充分的备课时间。先生得知此事，不几日就写来了勉励信："刚上过中古史，又接上古史，确非易事。然而系里有困难，也只好挺身而出，逼一逼也就上下来了。不过必须慎重行事，把课上得好些，不要造成欠佳的印象。"就这样，我几个学期连续上课，从远古一路走到繁盛的罗马帝国，又伴随欧洲度过"黑暗时期"，迎来文艺复兴的曙光。不出两年，我俨然成为一个"老"教师了。这时候先生又来信了："这学期上课已是第三遍了，应是创水平，创成绩的时刻了。"多年的师生沟通已使我养成了习惯：先生对我愈是信任，我愈加倍努力，以不辜负先生的期望。在该学期的教学评估中，我的课得到评委会成员的一致称赞，一位70多岁的老教师自豪地说："瞧，我们自己培养的学生也不错呀！"而我在一旁默默地说：你们不知道啊，这有一大半应归功于远在千里之外的一位老先生。

先生常说，作为教师，第一要务是把课讲好，不要误人子弟。我跟随先生攻读硕士学位时，先生已是古稀之年，但他的授课是极其认真的，无论都铎史还是欧洲中世纪史的史料，他都了如指掌，并且梳理得清晰明了。不仅如此，他还敏锐地捕捉西方史学界的最新研究动态。那时，大师兄郭方从英国带来帕利泽写的《伊丽莎白时代》，先生及时把它消化，在课堂上传授给我们。直到今天，这些材料还是我授课的必备参考。先生的言传身教已融入我的血液，成为我从教的楷模；而先生的一封封书信又构成一部关于历史教学的教科书，让我终生受益。每当阅读这些信件，我都有一种冲动，宠辱偕忘，把自己融入课堂之中。2004年，我被评为"首都师范大学最受学生欢迎的十佳教师"，先生"为师、为学"的作风在弟子身上得以延续。

三

如今，提起国内都铎英国史的研究，人们自然会想到首都师范大学历史系，想到戚国淦先生。然而，先生筚路蓝缕之艰辛却并不那么为人所知。"文革"后，国家百废待兴，北京师范学院历史系也于1978年成立了英国史研究室，先生以慧眼选定都铎王朝为研究范围。研究室虽然成立了，研究人员其实只有先生一人。然而先生另有想法：我要凭我自己带出学生来，让学生做助手，然后我们滚雪球，越滚越大，也就是把培养研究生的过程跟学科的发展结合起来，制订一个长远的计划，有一个合理的布局。先生还作过形象的比喻：这是一片小小的园地，如果不停息地栽下一棵棵小树，早晚会长成一片茂密的树林。十年的含辛茹苦，先生和师兄、师姐的血汗浇灌出了一株株苗壮的小苗。

然而，80年代末90年代初，"下海"经商之风吹遍大江南北，"穷得像教授一样，傻得像博士一样"成为人们的口头禅。先生忧心忡忡，但为了在"都铎园地"里栽下更多的小树，他不顾年老体衰，鼓励我继续跟随他攻读博士学位。其实，在撰写硕士论文的时候，我就发现都铎时期的外交是一有价值的研究课题，并且得到先生的赞同。在曲阜师范大学工作的四年中，先生不但勉励我把课讲好，而且鼓励我利用闲暇多读书，多出科研成果："你的新研究课题选得很好，是一个饶有趣味而又难度甚大的题目，……你已经有相当的基础，我支持你搞出成果来。"

先生的厚爱激励我克服诸如孩子太小需要照顾等困难，又一次来到北京深造。虽然是同一个学校、同一位导师，照理说应该是轻车熟路地进入博士课题的研究。但是，攻读博士与攻读硕士毕竟有天壤之别：如果说攻读硕士是浅水的嬉戏，那么攻读博士则是深海的持续遨游；如果说硕士论文是一间小屋，那么博士论文则是一栋高楼，不仅需要更多的材料，而且需要构建一个多层而完整的体系。以前我选择都铎外交可以说是出于兴趣，而真正实践起来就感觉难度太大了。且不说形成思路、构建体系，单纯是搜集资料就困难重重，我曾经一度试图放弃该课题而选择其他。在这"山重水复"的时刻，是先生把我重新引向了"柳暗花明"。他不断给我开拓查找资料的门径，尤其是支持我在北京图书馆通过国际互借的方式搜集资料。在与先生的多次交谈中，论文的思路日益清晰，结构日益完整。西绒线胡同39号再次成为我精神的"加油站"。1996年，年近八十的先生逐字逐句审完了我长达16万字的博士论文《伊丽莎白一世时期英国外交政策研究》，终于迎来了答辩的时刻。记得答辩那天，先生一下车，就远远地向我伸出手来，紧紧握住我的手。先生的用意我心领神会，传达给我的力量使我在答辩中镇定自若。

先生常说：平心而论，我自己并没有多大的学问，主要是和学生配合得好，把我的一点经验传授给他们，人家自己一个个都水到渠成地成为博士，我还要求什么呢？先生就是这么一位平和、谦逊的长者。其实，先生的学识是有口皆碑的。他出身于书香门第，自幼受到良好的教育。18岁考入北京大学西语系。抗战爆发后，北大南迁，先生因病留京，翌年投考燕京大学，以第一名录取，先入外国文学系，后转历史学系，师从邓之诚、洪业、齐思和、翁独健等名家。深厚的功底加上名家的指引，使先生在中外历史、古典文学以及旧体诗词、西文翻译等领域都有很深的造诣。照理说，先生应该是著作等身的。然而，先生的成就以另外的形式表现出来：他的学识转化为弟子们的一部部论著，他把自己化作了"春泥"，滋育着一棵棵小苗长成参天大树……

2006年于北京

（本文首刊于王景山、于洮主编的《师德风采录》，首都师范大学出版社2006年版）

春晖育寸草　桃李遍青山

郭方

欣逢戚国淦先生九十寿诞，回想起自己从1979年拜师戚先生门下作研究生，又于1987年再度师从先生攻读博士学位，数十年中修身治学受惠于先生，如寸草难报三春晖，不胜缕述。作为不才弟子，在此只能略记一二，以表寸心。

1979年，戚先生招收北京师范学院（现首都师范大学）首批研究生时，"十年浩劫"刚刚过去，百废待兴。戚先生虽在"文革"中遭受迫害，年过六旬，却意气风发，精神饱满地担起"开辟"重任，还为中国社会科学院世界历史研究所代培研究生。如何培养欧洲中世纪史研究生在国内是一个全新的课题，戚先生以其多年的深厚学养，敏锐地把握了国际中世纪史与英国史研究的最高水平和最新趋势，使我们这些刚入门的学生既打下坚实的史料基础，又能了解国际史学中新近出现的权威著作。戚先生要求我们遍寻北京图书馆（现国家图书馆）、北京大学图书馆、中国科学院图书馆等处，重点搜集史料集、权威著作与论文、有关重要史料及著作的书评与争论。戚先生在指导我们读书、研究与论文写作时，强调几个原则：要尽量引用第一手史料，要全面引用与本专题有关的权威著作与论文，要有辨别权威著作与一般著作的能力，不可引用一般的通史与教科书；要把握每个专题有关专家的不同观点和最新研究成果；自己的分析结论必须建立在把握第一手资料和有关专家研究成果的基础之上；引用史实、文献必须注明出处，尤其是原始出处；脚注和参考书目要规范，引用人名、地名、各种专有名词要注明原文并弄清原文的含义。戚先生在30年前向学生们提出的这些要求，体现了与国际学术研究接轨的卓越远见，令学生们终身受惠。

戚先生在提出治学高标准的同时，在具体研究指导上也作出了杰出榜样。上世纪70年代末期至80年代初期，戚先生翻译的《查理大帝传》和与师母寿纪瑜先生合译的《法兰克人史》已先后面世，戚先生在惠赠我们译著时，也介绍了有关法兰克王国与帝国的一系列原始史料集，尤其是王国的敕令和封建契约，并由此探究西欧封建制和各王国、领地形成的源流。这样提纲挈领，使我们对西欧封建经济、政治体制有了系统的理解，为我们学习西欧中世纪史打下了坚实基础。

对于英国史，特别是都铎王朝史的研究，戚先生的开辟之功影响深远，成果丰硕。1978年戚先生建立了英国史研究室，首先以搜集英国中世纪史及都铎史的资料集、专著与论文作为基础工作，从各图书馆及其他渠道搜集图书、期刊，进行复印、装订、分类整理，这些工作成为我们研究生终身受益的训练。戚先生敏锐地把握了英国史研究新近的重大成果，特别是英国史学家G. R. 埃尔顿（Elton）的专著《都铎政府革命》、《都铎英国史》、《都铎宪法文献评注》，他在1980年发表长篇论文，论述埃尔顿的史学成就及在英国史学界起到的重大作用，并研讨了英国史学大家A. G. 狄更斯、P. 威廉斯、C. 黑格的有关论著及《过去与现在》期刊上对埃尔顿著作的讨论。在戚先生的指导下，我得以较为顺利地了解了研究中世纪史与英国史的门径。我在拿到硕士学位后，到英国牛津大学研修，戚先生嘱我翻译《英国宗教改革的历史编纂学》一文，由此得以结识都铎史专家C. 黑格，师从他进行研修，并与狄更斯、威廉斯以及《过去与现在》的诸位史学家进行学术交流，此时方知戚先生对我的指导的高超与可贵。戚先生还嘱咐我认真搜集英国史学的最新专著与史料集成，带回国内后研读、复印，指导我和其他同学继续攻读博士学位。

戚先生对我们研究生的指导是具有国际水平的，而对学生的关怀又体现了中华传统的为师之道。每次到先生家中聆教，或节庆承蒙先生赏饭，先生总是将古今中外典故娓娓道来，尤其对于先师前辈的治学方法、成就和教诲更是如数家珍，使我们这些后辈如沐春风之中，如饮琼浆玉液，不觉陶醉，获得了宝贵的学养滋润。

戚先生对我国世界中世纪史与英国史的研究还作出了几项惠及全国学人的贡献。上世纪80年代初，戚先生担任了《外国历史名人传》、《外国历史大事集》两部书的中世纪分册主编，以及《中国大百科全书·外国历史卷》世界中世纪史词条的组织与审校工作。当时国内有关世界中世纪历史人物、历史事件和专题的专门研究相对薄弱，戚先生从选题筹划、联系写作人选、组织安排、指导写作、对稿件进行多次审读修改，直到最后成书，操持始终；工作之辛劳，所需学力之深厚，编辑之繁难，作为这几项工作的助手，我颇有体会。在戚先生的全面指导下，虽然没有当今的电脑等技术，这三项近200万字的学术工程在上世纪80年代中期较快地完成了。今天回首看来，这几部书功力扎实，仍是学习世界中世纪史重要的参考工具书。

戚先生对世界史学名著与资料集的翻译也作出了巨大贡献。近年来先生不顾高龄，又为师母寿先生所译《盎格鲁-撒克逊编年史》撰写译序。戚先生为商务印书馆的外国史学译丛推荐书目、校审译稿、撰写前言、进行评介，倾注了大量心血。先生也要求我们具备翻译史料、史著的能力，并应做到"信、达、雅"，还布置我们进行翻译训练。此后我及师兄弟们勉力翻译了几部史学名著，也是在遵循戚先生的教导。

戚先生为建立和发展壮大中世纪史研究会和英国史研究会花费了许多心血。先生德高望重，能够尽心尽力团结全国老中青三代学人，共同推进史学研究事业。记得1987年英国史研究会在南京召开国际学术会议时，戚先生积极参与筹备，并精心撰写《16世纪中英政治制度比较》一文，在会上与P.拉斯莱特等英国著名史学家进行学术交流。会后这篇论文很快在《历史研究》上发表，为这次国际学术交流活动写下了浓重的一笔。

三十年过去，戚先生培育的弟子及再传弟子许多人已是成就卓著的知名学者。春晖育寸草，桃李遍青山，戚先生于花甲之年所立宏愿，在九旬寿诞时已臻圆满之境。仁者寿，智者乐，戚先生兼而有之。作大功德者必有厚报，恭祝戚国淦先生、寿纪瑜师母福寿逾恒，乐至期颐！

（本文刊载于《首都师范大学学报（社会科学版）》2008 年第 3 期）

追随导师学习的两点体会

赵文洪

我在 1982—1985 年间师从戚国淦先生攻读硕士学位。对于我的一生，硕士研究生时期是一个关键阶段。本科学习，重点在扩大知识面和打好基础，只有硕士研究生阶段才是重点进行学术研究的专业技能培训的阶段。这种培训，不但为我一辈子研究世界历史奠定了方法论基础，而且对我的做人做事都极有助益。在后来的 20 多年里，在与先生的接触中，我继续获得教益。今年欣逢先生 90 寿辰，我在这里谈谈追随先生学习所得到的诸多体会中最重要的两点，作为向先生的汇报和给先生的贺礼。

第一，良好的史学研究训练，有益于做人做事

人活在世界上，不外乎做人与做事。要把人做好，把事情做好，需要一些基本素质。良好的史学训练，有助于其中一些素质的形成或者巩固。

首先是良好的道德品格。这是人的立身之本，良好的史学训练则有助于固这个"本"。无论中国还是西方，传统的、主流的史学研究都非常强调史德。这主要表现在两方面。一是坚持真理、追求真理的真诚和勇敢。文天祥在《正气歌》中歌颂了两位史官典范："在齐太史简，在晋董狐笔。"他们都是能够用生命来维护史官秉笔直书的传统、坚持真理的人。第二次世界大战后，德国一些历史学家也能够正视纳粹问题，揭露、批判、反省本民族对其他民族犯下的罪行。他

们面对真理的诚实和勇气,为避免德国重蹈覆辙、使德意志民族健康发展做出了贡献。另外,史学研究要求忠于史实,尊重史料,论从史出,不能篡改历史,这也有助于培养人的诚实品格。二是实事求是、光明磊落地对待他人劳动成果和自己劳动成果的诚实和坦荡。任何规范的史学著述,都会在开始部分介绍别人已经取得的成就和已经付出的劳动,甚至占用很长的篇幅。这不仅是对学问的要求,也是对品格的要求。

戚国淦先生恪守史德。他虽然性格平和,惧怕争斗,但在大事上有自己的原则,而且固执坚守。在极"左"路线盛行的年代,他从来不为迎合"左"的需要而去搞所谓的"史学研究"。"文革"期间他坚持做翻译工作,这实际上是在那种特定环境下对历史的忠实态度的表现。在平常接触中,他特别推崇史德。先生胸中,关于数十年来我国史学界的各种掌故颇多,他在谈到那些史德很差的人时非常轻蔑,而对一些学界前辈的操守与清高十分推崇。对我们弟子在这方面也要求严格,我自己在这方面很受教育。在做人方面,尽管我也有庸俗浅陋之处,但是尽量要求自己不亏大节。

其次是勤奋。勤奋是中华民族的优良传统。孔子"发愤忘食";韩愈强调"业精于勤";那些在自然科学和社会科学领域为国家和民族做出过较大贡献的人,绝大多数都有勤奋的品格。治史对于培养人的勤奋品格极有帮助。我认为,治史三分靠聪明,七分靠勤奋。历史学是特别依赖材料的学问,因为对于后人来说,斗转星移,物是人非,所谓历史,不过是材料中的历史而已。有许多历史问题,本身就纯粹是材料问题。比如《红楼梦》作者问题,只要有过硬的材料表明作者是某某,那么任何论证都只是辅助的,甚至不必要的。许多历史问题理论性很强,比如历史阶段的划分,历史发展趋势的分析,历史因果关系的解释等等,但是它们都需要过硬的材料作为支撑。我们面对的材料,在文献中往往既分散又凌乱;而在地理空间上,这些材料又往往存放于不同地点,甚至不同城市,不同国家。历史学对待材料的态度,讲究的是竭泽而渔,就是要尽可能地把所有能找到的材料都找到，同时还要了解所有有关问题的研究状况，这也需要查找大量文献资料。这些因素加在一起，使得我们把做研究最主要的精力和时间都耗费在材料的收集和整理上面了。这些工作既需要智力，更需要勤奋。因为材料的收集整理并不要求过高的智商，主要是靠勤奋，需要一件一件地查，一个一个图书馆去跑，很多时候主要不是用脑，而是用腿、用手、用眼。有时候，资料查到五六分或者七八分，就可以写出文章来，但是如果再勤奋一点，就可能查到八九分甚至全部材料，这样的文章，当然就会质量更高、遗憾更少一些。

先生自己治学非常勤奋。记得1984年七八月间，他带我们几个学生去东北开会，我发现会议期间他都带着研究资料，十分用功地阅读。对于我们这些弟子的勤奋习惯的培养，他注重布置比较难的作业，而且给的时间不充裕。一篇学期小论文，往往要把北京几个大图书馆都跑遍。引用资料不够，他是不会满意的。记得他要我写一份有关西方学者对一本历史著作的评价，尽管我花了很大功夫，但是找到的材料仍然不够，他就很不高兴。在他的严格要求下，我在写毕业论文时，感到了从未有过的辛劳。清晨坐两三个小时公共汽车到图书馆查资料，中午随便吃点东西，晚上回到宿舍已经筋疲力尽了，还要整理材料。时间限定之后，如果工作量增加，那就只能依靠勤奋来完成了。读研究生那三年对我养成勤奋治学的习惯起了重要的作用。后来，我在生活和工作的其他方面也要求自己必须勤奋，尤其现在，到了知天命的年纪，更加觉得时间宝贵，勤能补拙。

最后是严谨和细致。说话、办事要严谨和细致，这是对生活与工作的基本要求。以说话表态为例，没有调查就没有发言权，对事情的看法，尤其是对人的评价，一定要有根据，有证据，而且必须是确凿的根据、证据，否则就会出问题；所涉及的事情和人越重要，问题就越严重。历史上，许多团体内部不团结，许多大事失败，甚至许多人失去生命，都是因为有人说话表态不严谨，尤其是在最高统治者金口玉言、一言九鼎的时代，情形更加严重。人们常讲的

"祸从口出"、"言多必失",其道理也有一部分在于人容易说话不严谨。反之,有了严谨、细致的调查,再加上严谨、细致、合理的分析,就有发言权了。这样说出来的话,错误和不合时宜的几率就会大大降低。再以办事情为例,所谓"细节决定成败","千里江堤溃于蚁穴",都是前人经验教训的总结,肯定是有一定道理的。大事情,尤其是复杂的大事情,是由无数细小环节构成的,就像流水作业一样,每个环节都出不得错。很多人偏偏忽视细节,马大哈,这种人必定办不成大事。布置重大战役的军队统帅,往往要考虑到战壕深浅这类细小问题,原因也就在这里。我到医院看病时就发现,那些非常有名的医学专家,无一例外都很严谨、细致。其实很多毛病,治疗时并不需要太高明的医术,在许多医生那里解决不了,仅仅是因为他们马虎潦草,在著名医学专家那里解决了,只是因为他们严谨细致。根据我对刑侦界著名专家破案情况的了解,他们在大多数情况下,主要不是得益于智慧,而是得益于严谨、细致;许多犯罪现场,别人由于疏忽大意发现不了问题,而他们由于严谨细致,就能够发现问题。

历史学要求言必有据,论从史出;要求明察秋毫,鉴别史料真伪。历史学研究的两个前提,一是详尽了解学术前沿,二是详尽掌握有关资料,这就需要作大量深入细致的调查研究工作。要在浩如烟海的文献中发现有价值的个别字句,甚至个别标点,不能放过蛛丝马迹。对各种史料要反复比对,有时为了一条资料要耗费若干年的时间。写出来的文章,往往改了又改,甚至要放在箱子里好几年,然后再看、再改,直到实在不能再改。文章的逻辑也要求滴水不漏。经过这样严格的学术训练,养成了这样严谨细致的工作习惯,再去办其他事情,犯错误的几率就会大大降低。

戚国淦先生勤于学习,慎于著述,数十年来所著虽然不多,但质量都是上乘。尤其是他和师母寿纪瑜先生翻译的几本史学名著,都是传世之作。在与我的谈话中,凡涉及专业,他说话既少又谨慎。先生的这些素质,是我们做弟子的应该毕生学习的。

第二，文史不分家

这些年来，我对"学者"和"文人"这两个概念做了一些了解。学者，在现在通用的意义上，是指专门从事某种学术研究，并且有一定专业技能的人。学者往往与专家并称，就是强调其具有某个方面的专门技能。这里突出的是人的理性能力。《辞海》1979年版"学者"一词的定义是："1. 求学的人；做学问的人。2. 学术上有一定造诣的人。"英文《韦氏第三版新国际字典》对"scholar"一词的定义是："通过长期系统的学习（比如在大学），已经对一个或者多个学术领域高度精通的人。尤其指那些已经从事过高级研究，获得了某些特殊领域里的知识的细节，并且具有研究的准确性和技巧，以及在对这种知识的解释中作出批判性分析的能力的人。"现代"学者"称谓起源于中世纪西欧，专指那些在大学里研究神学、法学、修辞、逻辑等专门知识的人。

"文人"是起源于中国古代的称谓。《辞海》1979年版对"文人"这样定义："读书能文的人。"这里的关键是读什么书？能什么文？显然，这个"书"绝不限于某一专门领域，而应该是经史子集都包括。以文史的关系而言，中国传统上文史不分家。"文"一是指文章、著作，二是指诗词，三是指书法绘画音乐等艺术作品或者艺术形式。可见"书"和"文"包括了全部的知识领域。而古代中国"书"和"文"的内容，都浸透了对人、对天地万物的极其深厚的感情，对人和对天地万物的极其厚重的责任，对审美的极其高度的需要。中国古代的文人，首先必定是诗人。诗人是什么？就是容易被感动的人，敏感的人，多情的人。苏东坡词曰："多情应笑我，早生华发。"明代无锡东林书院顾宪成写的那副有名的对联"风声雨声读书声，声声入耳；家事国事天下事，事事关心"，集中地体现了文人对永远与他们同在的自然和人间环境的敏感。总而言之，文人就是对人对物对美充满感情，并且能够以艺术的形式把这种感情表达出来的有文化的人、知识分子、专家学者。

当然，我并不否认，在西方有无数文人型的学者，就像在中国有无数学者型的文人一样。我只是强调，世界上也的确有一些非常缺乏文人素质的学者。我们中国，自近代打开国门以来，学者越来越多。这是一件好事，意味着科学昌明，文明进步。但是具有比较完整的文人素质的学者越来越少。这恐怕不是一件好事。尤其对于人文学科来说，更是如此。为什么呢？这里略陈管见。

首先，文人的生活方式，是学者们高级的快乐之源和丰富的灵感之源。

所谓文人的生活方式，就是充满精神追求、充满激情、充满诗情画意的生活方式。其中最重要的两点，一是对万事万物，而不仅仅是对专业的关心与兴趣；二是对自然、对艺术、对美的热爱。有了这两点，一个人就会生活得目标明确，精神充实，心情愉快。知识分子，文人，应该是世界上最快乐的人。因为世界上最大、最持久、最值得回味的快乐，来自于丰富的精神生活。而知识分子，文人，应该是精神生活最丰富的人，因为他们的职业允许他们拥有非常广大的精神生活世界。一个人无论走到哪里，见到什么，听到什么，做了什么，都能够从中得到快乐，他难道不幸福吗？中国古代文人那种书、画、棋、琴、诗、酒、花的生活方式，现在想象起来还觉得妙不可言。心中有了艺术美和自然美，有了高雅的情怀，就不会把世俗的名利看得那么重，人也活得既快乐又脱俗。

文人的生活方式，必定充满了对灵感的刺激，因此是重要的灵感之源。我们可以观察到，有许多极有灵气的大学者，无论其专业是什么，都具有很高的文人的素质。比如伽利略、达·芬奇等等欧洲文艺复兴时代的巨人，他们对自然充满兴趣，对艺术充满热爱，多才多艺。爱因斯坦感情丰富，关注世界和平与人类进步，热爱音乐。我们国内80岁以上的学者们，无论其专业是什么，多数都具有较好的古文根底，都懂诗词歌赋，其中很多先生都能做很好的旧体诗词。比如，历史学家中，北京师范大学的刘家和先生；经济学家中，北京大学的厉以宁先生，都善于写诗填词。北京大学东语系的季羡林先生散文写得很好。我推测，他们的游山玩水、观赏花草鱼虫、吟诗作赋，很有可能也激活了他们治学的灵感。据汤因比说，他写《历史研究》，提出"挑战与应战"理论，就是受到了歌德《浮士德》的启示。

附带指出，如果不同专业的学者们都有着文人的生活方式，文人的情怀，文人的素养，那么他们之间就不会像现在这样，由于"隔行如隔山"而经常找不到共同的话题；而是能够以共同的文人身份快乐地相互交流、交融，这对于人际关系的改善，又是多么有益。

我觉得，文人的生活方式是中国的国宝，在整个人类物质生活越来越丰富多彩而精神生活面临种种挑战的今天，我们一定要珍视它，继承它，发扬它。中国的学者，不但要自己实践文人的生活方式，还应该为整个社会树立起榜样，让中国这个诗书礼义之邦在全球化和市场经济的大潮中放射出文化的光芒。

在我看来，戚国淦先生就是实践"文人的生活方式"的典范。先生出身书香门第，早年本来是要在燕京大学学习中文的，后来虽然学习历史，但还是选修了填词的课程。此后，他把写诗、填词、作对联的习惯保持了一生，退休之后更是兴趣日浓。2007年商务印书馆出版了先生的文集《灌园集》，其中既有"史"（史学文章），又有"文"（旧体诗词）。我从小喜爱中国古典文学，也极愿意听先生谈论诗词古文。从读研究生到今天，几乎每次去先生家，都要听他谈诗、谈词、谈对联。读他写的一些旧体诗词、对联，是极大的美的享受。总的看来，先生青年时代的诗词，注重追随古人，读来古色古香。而近几十年的诗词对联，则注重旧的文学形式与新的生活内容的结合，个人风格愈加明显。我有时候也把自己的一些涂鸦之作拿给先生看，请他指点。如此师生交谈，岂不快乐？

祝愿戚国淦先生健康长寿！

（本文刊载于《首都师范大学学报（社会科学版）》2008年第3期）

做学问不妨"眼高手低"

刘新成

大学毕业后,我投到戚国淦先生门下读研究生,迄今已经二十七八年了。今年适逢戚先生九十华诞,回忆多年来跟从先生念书学习的往事,感慨和体悟自然是很多的。在此,将当年戚先生对我的一句教导以及我对这句话的理解写下来,一者以此小文为先生贺寿;二者希望能对年轻的学界同仁有所裨益。

戚先生是很典型的老一辈知识分子。我觉得,老一辈知识分子才是真正的"知识分子",他们身上具有一种被"知识"陶冶和熏染出来的特殊气息,这大概就是所谓的"腹有诗书气自华"吧!我师从戚先生二十多年,感受最深、获益最多的就是这种知识分子气息。这包括两点,其一是从戚先生以及其他老先生身上,知道了真正的知识分子如何为人处世,也就是说,应当具备人文的关怀,应当肩负社会的责任,还应当承担道德的义务。其二是知道了什么是"学问",应该怎么做学问,而且知道了学问和名望地位不一定正相关。关于第二点,当年戚先生对我说过一句话:"做学问不妨'眼高手低'。"

我理解,戚先生的意思是说,写世界史的论文要材料扎实,切不可空发议论或是"以论代史"。但是,要做到"材料扎实"并不容易。首先,必须有很好的外语基础,而且最好不只一门外语;戚先生认为,不看外文原著,仅靠中译本是写不出合格的论文的。其次,读外文原著要选名家名作,这里的难点不在于"读"而在于"选",只有在具备坚实的专业知识基础和相当大的阅读量的情况下,才有可能知道谁是名家,哪部书是名著。再次,要能够使用外文的原始资料,也就是档案、文献等等一手资料。上述三点，如果说第一点还可以通过个人努力达到的话，那么第二、第三点限于当时国内的条件是很难做到的。我读研究生的时候，"文革"浩劫刚刚结束不久，国内的外文社会科学书刊资料极度匮乏，连60年代中期出版的外文世界史著作都很难找到，遑论最新学术名著或原始资料。所以，戚先生告诫我们，在这种情况下写出高质量的研究论文是很难的，但这并不意味着就可以降低标准、粗制滥造。戚先生认为，宁肯不写，也不能滥竽充数。也就是说，既然通过阅读名家名作已经知道了"高质量"的标准是什么，就要以这个标准作为学术追求，这就是"眼高"；因为"眼高"而不肯粗制滥造，宁肯不出成果，这就是"手低"；这种"眼高手低"是可以理解和原谅的。在那个年代，青年学子几乎都急于出成果、拿学位、提职称、树立学术地位，写作发表的欲望十分强烈，我也不例外。若不是戚先生的告诫，我肯定会心浮气躁地炮制一些学术垃圾拿出去发表。现在回想起来，真有点后怕，同时也庆幸及时地得到了戚先生"做学问不妨'眼高手低'"的教导。

戚先生的这一教导我一直牢记，时间越久，体会越深。

眼下，国内研究世界史的客观条件已经大为改善，不仅大量购进各种外文书刊，单是互联网上提供的信息资料就看不过来。现在年轻的学界同仁们，既没有被"文革"之类政治运动耽误十年宝贵时光，又具备从小就培养出来的很好的外语能力，还能如此方便地获得充足的信息资料，对他们来说，"做学问不妨'眼高手低'"这句话还有意义吗？我想仍然是有意义的。首先，虽然这些年来国内各个大学、科研机构和国家级、省市级图书馆购进了大量世界史专业书刊，但是由于缺乏对专业文献资料建设的整体规划，而且毕竟经费还不是十分富裕，因此许多大型的文献资料目前国内仍难找到，购买专业文献数据库的数量和种类也不尽如人意，所以我国学者的研究论文在原始资料利用方面仍有缺欠；而对于世界史研究来说，没有坚实的原始资料基础，其科研成果的原创性就要大打折扣。其次，时代不同了，条件改善了，"眼高"的高度也应该提高了，如果说上世纪八九十年代的"高标准"还只是对国外最新研究成果的借鉴和利用,那么现在的"高标准"就应该是直接站在学术前沿与国际学界对话;而在这一点上,我们显然还有差距。再次,目前学界的风气,较之二十年前似乎更显浮躁,加之科研管理越来越"规范","量化"指标越来越细致严格,为完成各项考核而仓促出手的论文越来越多了,表面的学术繁荣之下,是"高质量"、"高水平"学术成果的稀见和难产;在如此情形之下,重提甚至鼓励"手低"的治学态度。也许不无益处。

(本文刊载于《首都师范大学学报(社会科学版)》2008年第3期)

精深的造诣，深厚的底蕴

刘城

业师戚国淦先生不仅在历史学领域造诣精深，在古典诗词方面也著述丰厚。上个世纪80年代末（或90年代初），我们师生几人接受世界知识出版社的约稿，共同撰写《世界史通俗演义》丛书之中的第二卷——中古卷。出版社规定这套丛书采用章回体小说体裁，不仅回目要有中国古典小说的意境，而且每一章回的开头和结尾都需以古典诗词的形式揭示和总结该章回的内容。说来惭愧，我们几位学生基本没有受到过古典诗词歌赋方面的训练，只会以白话文的形式平铺直叙地讲述历史内容，而先生却是吟诗赋词的方家，因而撰写回目以及每一章回开头与结尾的"诗曰"（"词曰"）、"正是"的重任就由戚先生承担了。

由于这本书的写作，先生有机会用古典诗词的形式表达历史内容，尤其是用中国古典诗词的形式表达欧洲中世纪的历史内容，可谓是内容与形式的"中西合璧"。先生的写作，以工整的对句作为回目，开头与结尾则或"诗"或"词"，看似信手拈来，实则神来之笔，处处闪烁着智慧的光芒。现仅列举几例：

第三回讲述不列颠岛早期的历史，主要内容包括：盎格鲁人、撒克逊人、朱特人在日耳曼民族大迁徙的浪潮中移居英格兰，逐渐形成七国分立的局面；奥古斯丁布道团受罗马教皇指派，到不列颠传播基督教。根据这样的内容，先生在回目中写道：三蛮族，迁徙英格兰；众高僧，传播基督教。开头则以"西江月"的格律对这一章回的内容做出了提示：辞别北欧故土，举族渡海西迁。三支遍布英格兰，也现七国局面。奥古斯丁一众，传经历尽艰难。折服异说醒愚顽，端赖唇枪舌剑。第三回的结尾，是公元601年奥古斯丁被教皇任命为第一任坎特伯雷大主教，隶属于罗马教廷的英格兰教会正式确立。对于这样的结局，先生赞道：为获新居离故土，遂归基督大家庭。

第六回以1337—1453年发生的英法"百年战争"为内容，集中讲述在克勒西战役中，英格兰长弓手如何克敌制胜，在一场阵地战中打败了法兰西的重骑兵。讲述这段历史用了几千字，而先生在回目中仅用一组对句即对这段历史做出了精准的概括：制强敌，英王施诡计；布奇阵，神弩逞雄威。开头的"诗曰"更是对英法双方的兵力武器、战役的过程与结局乃至双方兵将的心态做出了精彩的描述：骄悍骑士欲图功，驰骑挥矛冒敌锋。顷刻千人齐落马，难将重甲御长弓。结尾的"正是"则是对这一战役的评判：甲坚不若长弓劲，千百将军变鬼雄。

第二十八回讲述马丁·路德宗教改革，先生撰写的诗词联句更是将这段历史的重要因素都囊括其中了。回目"揭论纲，路德燃火种；申讨伐，博士撰檄文"概括了事件起因——路德发表《九十五条论纲》，以及在事件发展过程中路德撰文深入阐述其思想主张。开头的"诗曰"阐明了路德的基本立场：为图聚敛骗愚夫，教会推销赦罪符。一纸论纲燃火种，讨伐罗马是先驱。结尾处一句"正是"指明了路德引领宗教改革的历史作用：一纸檄文鸣战鼓，西欧到处改宗声。

我们师生几人合作撰写的这本书已经出版发行十余年了。今天看来，我们几位学生写的演义内容不免稚嫩，而先生撰写的回目与诗词却极其纯熟精美。每每翻阅回味这本书的内容，我都有这样的想法：这本书真正闪光的部分，其实在于先生撰写的诗词联句。

（本文刊载于《首都师范大学学报（社会科学版）》2008年第3期）

"资深翻译家"戚国淦先生

夏继果

2002年10月15日，中国翻译工作者协会在北京举行"庆祝中国译协成立20周年暨资深翻译家表彰大会"，会上对176位翻译家提出表彰并授予"资深翻译家"荣誉称号。戚国淦先生是首都师范大学唯一获此殊荣者，这是对他几十年翻译事业的充分肯定。他确实是一位"皓首穷经，将自己的时间和精力献给翻译事业"的资深翻译家。

戚先生好像天生与翻译事业有缘。从事翻译首先要有深厚的外语功底。早在北京三中读书的中学时代，先生就为日后的翻译打下了坚实的英文基础。那时，教他英文的李冠英老师毕业于北京师范大学英文系，出版过专著《句子的分析》。英语与汉语不同，常用连词、介词、分词短语和由关系代词、关系副词引出的各种从句组成长句，初学英语者常常为此所困扰，而拆分句子正是李老师所擅长，他循循善诱的讲解让学生们把看似一大片的英文分成了一个个短句，其意变得清晰明了，使学生充分感受到学习英语的乐趣。不仅如此，李老师还要求学生进行充分的课下预习，遇上合适内容就让学生在课堂上向大家讲解，戚先生说，这种教学方式使同学们收获甚大。戚先生18岁考入国立北京大学西语系。抗日战争爆发后北大南迁，先生因病留京，第二年投考燕京大学，以第一名录取，先入外国文学系，后转入历史学系。如果算上李冠英老师所代表的师大英文教育方式，先生实际上受到了当时京城三所著名学府的外语教育。这种优势早在燕京大学读书时期就充分显现出来。先生的试译是在翁独健先生的课堂上开始的。翁先生因材施教，让戚先生翻译法国汉学家伯希和的论文《中亚细亚》(La Haute Asie),供班上同学参考。戚先生的译稿深得翁先生赏识,也引发了戚先生的兴趣。燕大期间,戚先生还曾翻译过丁尼生的诗《鹰》。

文学家萧乾说过:"就文学翻译而言,我认为理解占四成,表达占六成。"笔者以为,这一道理适用于所有翻译。搞过翻译的人往往有这样的感觉,原文的意思已经非常清楚了,可就是脑袋里的汉语词汇不听调遣或是没有足够的词汇储备,不知如何用准确的汉语表达出来。也就是说,从事外译中,对汉语水平的要求是非常高的。戚先生出身书香门第,4岁就从母学唐诗,从此培养了对诗词的喜好。由于家中多藏书,上学后先生课余对四部多所涉猎,因而国学根基颇为扎实。大学最后一年先生曾选修邓之诚教授的明清史研究课,上课地点就在邓府。借此课,先生通读了《明史》。邓教授藏书极为丰富,其中多善本,先生从中受益良多。这种学贯中西的学术底蕴,造就了先生后来那些译笔信实、文字典雅的译著。

20世纪50年代,北京师范学院历史系成立之初,由于世界中世纪史课程无人应承,本来有志于明清史的戚先生只好承担起来。当时中世纪史是门新设置的课程,同行前辈留下的遗产不多,可参考的只有两三种译自俄文的书籍。恰逢此时,世界史学界酝酿制定"十二年远景规划",先生的老师齐思和教授鼓励先生承译一些项目。先生雄心勃勃,打算先以中世纪史开端为始,争取译出一系列中世纪史名著。由此先生与翻译出版事业正式结缘。

先生最初选定翻译的书目是《查理大帝传》和《法兰克人史》。翻译进行得并不顺利,其中的艰辛超出了想象。那个时代政治运动接二连三,先生讲课之外还兼任行政工作,很多时候,翻译是在往返于西单西绒线胡同寓所与学校之间的公共汽车上进行的。在完成《查理大帝传》后,《法兰克人史》只能与夫人寿纪瑜女士合译。两书接近译成时,"四清"、"文革"相继开始,译稿深藏箧中才侥幸躲过灾难。"文革"过后,学术的春天到来,两部译作先后由商务印书馆出版,并收入《汉译世界学术名著丛书》,如久旱之后初降的甘霖,滋润了世界中世纪史这片干涸的园地。《查理大帝传》多次再版，台湾还出版了直行繁体印本。此外，这期间先生还与人合译了《西方的没落》、《黎巴嫩简史》等书。

长期以来，严复提出的"信、达、雅"被人们当成翻译的基本原则，指导翻译实践和教育学生。戚先生结合自己的翻译实践，认为光做到这些还不够，翻译还应当传神，努力体现原著神韵，即在"信、达、雅"之外应当再加一个"神"字。《查理大帝传》包括查理的两种传记，一种为艾因哈德所撰，另一种为圣高尔修道院某佚名僧侣所撰。两种传记具有完全不同的风格。艾因哈德深受查理宠信，绝大部分时间待在查理身边，掌管秘书，参预机要。在写作过程中，艾因哈德刻意模仿古典著作，真实地记录查理的一生。因此，他写的传记是典型的西塞罗传统的拉丁散文文体。中世纪早期，教会垄断历史编纂，历史著作充斥着宗教迷信，成为天主教神学的仆从。查理大帝死后，一些虚构的武功和神话被归附到他身上，越来越神圣化，到12世纪已经完全变成了圣徒。圣高尔修道院佚名僧侣撰写查理传记，正是在这类传说开始流传的时候。他以更多的篇幅载录了这些荒诞不经的故事，充满了奉承夸张之辞。面对这两种不同的文体，戚先生认真揣摩，仔细比较，把作者的"神意"用确当的汉语表达出来。

眼下英语教学通行"听说领先"，但在戚先生看来，要想从事翻译，还真得抠一下语法，否则，当面临复杂的英文时，会有手忙脚乱、无处下手之感。翻译《西方的没落》时，经常遇到二三十行一句话的现象，由于三中时期得到李冠英老师有关英语句子拆分之真传，先生并没有感到任何困难。先生曾这样比喻：就好像有一百人站到这儿，乱七八糟的，我把他们编成好多小队，按照我的思路一站队，中文句子就出来了。

除亲自翻译外，"文革"后戚先生还不断参加商务印书馆编辑出版的《汉译世界学术名著丛书》历史门类的选题规划、代审稿件、查阅史料、撰写译序等活动，几乎是有求必应，有召必至。其中最值得称道的是撰写译序。为名著写序殊非易事，必须细读原著，掌握要点，汲取精髓，还要广泛收集有关的历史背景和作者的生平资料，也要了解后世关于该书的评论，然后才能形成自己的评价。戚先生的译序正是在这样深入研究的基础上写成的，篇篇观点独到，见解精辟，可谓上乘的学术论文。先生撰写的中译本序言共计八篇，这些译著大部分收入《汉译世界学术名著丛书》，包括《查理大帝传》、《法兰克人史》、《盎格鲁-撒克逊编年史》、《英吉利教会史》、《佛罗伦萨史》、《罗马帝国衰亡史》等。这些译序为读者指点出阅读原著的门径，使读者因之而与作者更加贴近了。《人民日报》曾刊载文章，称《汉译世界学术名著丛书》为"世界精神公园"，并赞誉戚先生为此倾注了大半辈子心血，而先生却谦虚地自称"义务灌园叟"。

（本文刊载于《首都师范大学学报（社会科学版）》2008年第3期）

漫道先生专外史　诗文翰墨也风流

龙学文

"漫道先生专外史，诗文翰墨也风流"，这是戚国淦先生 1999 年写的《学会怀旧》中的诗句，用来赞誉著名世界历史学家吴于廑、孙秉莹等先生学兼中外，雅善诗词。其实，戚先生自己何尝不是如此呢？

戚先生曾经说过，他的人生应该包括三个方面：一方面是史学工作者，他说他不仅可以教世界史，中国史也学得不错；第二方面是翻译家；第三方面就是诗人。对于前两方面，学界早有共识，但对第三方面却所知不多。我近日读到商务印书馆出版的戚先生《灌园集》中的"读史杂咏"，才对此了解一二。戚先生还对我说，他是个"未名诗人"。我请教他"未名诗人"的涵义，他说："涵义有两个方面：一方面我确实从小就喜欢读诗、背诗，从我四岁时起，母亲就开始教我背唐诗了，上大学以后又学了诗词的课，从此我的诗词写作就没有断过，无论是在什么样的社会环境下，写诗词都是我生活中的一部分。如果从 1938 年我的词课开笔习作算起，到今天已经快七十年了，所以我从事诗词写作的历史比我搞历史研究的时间要长。但是，我虽然写了近七十年诗词，但却始终未曾出名，所以我宁愿称自己是'未名诗人'。另一个方面，我学写诗词是在燕京大学，我练习写诗词也是从 1938 年到 1941 年在燕京大学读书时开始的，我的《燕园杂咏》就是记述我在未名湖畔的读书生活的，在我的诗词作品中占了很大一部分，这也是我称自己为'未名诗人'的道理。"

时隔 70 年，戚先生仍然记得在燕京大学听顾随先生"词选习作"课的情景。顾先生是著名词曲家，当时在燕大授课已近十年，深受学生欢迎。戚先生从这门课中得到了作词的兴趣和能力。1939年词选课考试，限时限韵，戚先生被指定作《临江仙》，得韵"年"字。他写的是："几日客中秋尽也，流光换尽华年。罗衫不耐晚风寒。天心云色淡，篱畔菊花残。连夜织成归去梦，愁多更怕凭栏。天涯望断路漫漫。几只归雁影，越过万重山。"这就是戚先生当年的答卷。

戚先生读书在未名湖畔，当时的词作也反映了他的读书生活。如一首《临江仙》："昨夜西风吹落叶，园中顿觉清疏。晓来红日映浮图。天边飞鸟影，尽入未名湖。如此河山如此日，安能尽付唏嘘。劝君更莫叹穷途。林中朝试剑，灯下夜攻书。"写出了他在燕京读书时的心境。两年后太平洋战争爆发，戚先生与同学们不得不离开学校。1942年秋季某天他路过学校，见景伤情，又写了一首《临江仙》（1941年冬仓皇辞校，翌年秋重过西门，感而赋此）："辛苦三年郊上路，重来不尽凄清。朱门剥落更长扃。远山青未改，放眼泪无名。记得楼前桃李艳，如今谁惜残英。山禽也自感孤零。相逢如解语，诉我别来情。"

解放后，戚先生满怀激情投入新中国的文化建设，他的词作意境也发生了根本改变。他在《清平乐·武汉长江大桥》中写道："波光澹淡，倒映衡阳雁。浩渺吸吞湘与汉，携去河川千万。洪流冲破巫峰，惊涛激荡天风。堪佩神工妙手，横江桥架长龙。"这一时期他也写过感情非常细腻的爱情诗。比如1960年在给下放劳动的夫人寿纪瑜所寄年历卡中，他附了一首《菩萨蛮》："素裳仙子凌波去，梦魂萦绕河南路。遥寄一枝春，为君志岁辰。耕耘须着力，冷暖宜留意。岁暮又花开，花开君便回。"

在戚先生的诗词中，有两类作品别具特色。一类是用中国词曲形式翻译外国诗人的诗作，还有一类是"读史杂咏"。

戚国淦先生早年在燕京大学上词作课时，曾经忽发奇想，将英国诗人雪莱的《挽歌》译成《菩萨蛮》交给老师批阅："野风狂吼音凄绝，欲言怆楚歌频咽。竟夜怒云堆，惊涛空泪垂。枯枝伤力竭，溟海接深穴。大地尽悲声，人间错已成。"老师肯定了他的想法，并把译稿上的"堆"字改成"稠"字，"垂"字改为"流"字。

"读史杂咏"是把诗词写作和世界历史研究结合起来，用诗词联语来吟咏外国历史事件和历史人物，言简意赅地进行评点和臧否。这样就超越了古代词人只写风花雪月、离情别绪的模式，给传统诗词增添了新的内容。比如《浣溪沙·查理大帝》："查理兵威镇半欧。西罗故地一朝收。教堂加冕服诸侯。朝聘宴筵夸国势，奖文兴学倡风流。蛮族大帝也无俦。"戚先生对英国都铎王朝伊丽莎白一世比较赞赏，为其写了一首《鹧鸪天》："大位初登事事艰，君王惕励辅臣贤。威权重振至尊令，除弊施恩万众安。倡实业，造新船，纵横捭阖列强间。海峡一战摧顽敌，英国从兹握海权。"不仅概述伊丽莎白一世的业绩，也体现了词人对这个人物的评价，真是一首典型的咏史词。

戚先生也通过作诗填词来回顾自己的人生经历，特别是60岁以后，这种回首就比较多了。比如《临江仙·六十自述》（1978年戊午元旦）："六十年华东逝水，忽焉便自成翁。旧时才气半销镕。漫夸书卷富，转叹腹笥空。已分披离霜后草，何期重沐春风。须将微意答天公。黄昏犹未晚，珍重夕阳红。"六十岁已是应该退休的年龄，但是遇到粉碎"四人帮"后的大好形势，他不但不能退休，还要带研究生和组织英国史研究队伍，他勉励自己还要有所作为。

1988年戚先生年届七旬。这时首师大历史系世界中世纪史学科队伍已经形成，有了初步研究成果，局面已经打开，但还不能满足，不能停步，要再接再厉，向培养博士生的高层次迈进。于是在《临江仙·七十自述》中他写道："曩时不信夕阳晚，如今落日衔山。征人犹未卸征鞍。路程还远甚，老骥也加鞭。求得英才称弟子，同心共筑芳园。行看幼木欲参天。但期佳士众，那更惜余年。"

1998年戚先生已是八十高龄。他回首往事，写了《水调歌头·1998年戊寅届满八旬行将退休》："戊午吾初降，甲第尚峥嵘。髫龄能诵诗句，亲长诩儿聪。喜领戊寅榜首，更获师尊期许，有志续传经。扰攘遭时乱，坎坷愧无成。交而立，逢盛世，发豪情。厕身讲席，书城四拥事勤耕。试辟撷英园地，植出盈门桃李，原不为微名。一笑辞专业，无悔面余生。"这首词道出了他一生的经历与感悟。他以自己深厚的才学和不倦的耕耘，在首师大历史系开辟了研究英国都铎王朝史的专业方向，为世界中世纪史专业培育了诸多优秀人才。戚先生的一生，确实是辛勤"灌园"的一生，是"植出盈门桃李"的一生。

祝愿戚国淦先生健康长寿，新作迭出！

（本文刊载于《首都师范大学学报（社会科学版）》2008年第3期）

灌园育人，开拓世界中世纪史研究新领域

邹兆辰

一

邹兆辰（以下简称邹）：戚先生，寿先生，您们好！我刚刚看到商务印书馆出版的戚先生的文集《灌园集》，这是对您几十年学术活动最好的总结。您从事世界中世纪史教学、研究、翻译和人才培养工作，硕果累累。今年您已经是90高寿了。我想，在这个时候回顾您所走过的学术道路，对年轻一代学人肯定会有很多有益的启示。正好寿先生也在，您们两位相敬如宾，是生活上的伴侣，也是事业上的同行，《法兰克人史》就是您们两位共同翻译的。所以也请寿先生帮助回忆一下。

戚国淦先生和夫人寿纪瑜先生（以下简称戚、寿）：欢迎你来访谈。以前也有老师或学生来访谈过，许多事情都说过了，那些资料你可以参考；另外我们也尽量向你提供一些新的情况。

邹：我想问的第一个问题是，您是解放前在中国的大学里读的书，但是建国后您却一直从事世界史，特别是世界中世纪史的教学研究工作，并且在很长一段时间内担任中国世界古代及中世纪史研究会理事长，这肯定与您自身的条件、特别是早期受教育的经历有关系。您能给我们回忆一些有关情况吗？

戚：说到早期教育，这和我的家庭、身世有关系。我的原籍是贵州省修文县，1918年6月生于热河承德，可以说是出身于书香门第、仕宦人家。我的祖先戚继美是明代著名抗倭将领戚继光的胞弟。

邹：戚继光是山东人啊！您的原籍为什么是贵州呢？

戚：这是由于戚继美随兄作战立下了战功，奉命统军驻守贵州，此后他即落户于此，他的后代也就以贵州为籍贯了。

我的祖父戚朝卿是光绪朝癸未科进士，曾任北洋军阀政府的热河道道尹等要职。所以我出生在热河的承德。我的母亲姓缪，其家族是有名的江苏江阴缪氏，近代著名学者缪荃孙是我母亲的同族。出生在这样一个家庭里，所以开蒙甚早。从小受到母亲熏陶，4岁时即跟从母亲读唐诗，我还背过不少诗。当时家中藏书很多，上学回家后对家里的藏书多所涉猎。小时候这种自由阅读为我打下了比较好的国学根基。所以在中学的时候，我的兴趣就是念中国古典文学。到高中时就立志考北京大学。为什么考北大呢？因为北大当时有"五马三沈"，就是有五位姓马的和三位姓沈的名教授，轮流在北大教课，我想到那儿去入中国文学系。

北京大学一下子就考上了。可是我的中文考分太低，只考了57分。分数低的原因，是小时候我不太会写白话文，我们老师提倡写古文，所以我的文言不错，英文也不错，考了87分。考上北大我就去报中文系，可中文系说"你不够分"。哎呀，我认为这是奇耻大辱啊！那时候年轻呀，18岁嘛。我转过身来就报了西语系，马上就录取了。但是我向往中国古典文学的心一点也没死。我就随便乱看书，也不怎么念西洋文学，只挑有兴趣的看，就看了莎士比亚，对英国那个时代的人民生活、社会风情总会涉猎一点儿，这样也就对伊丽莎白时期有了偏爱。后来我教中世纪史这么多年，在我印象中，最精彩的就是中世纪晚期，因为它跟近代接轨，现在这段历史已经被近代给"吞并"了。英国史上这两个时代的交叉就是都铎王朝。按我教书那时候的教学计划，世界中世纪史讲154课时，其中中世晚期的英国没多少课时，好像应该讲4课时，比现在肯定多一点；但是我因为对这段儿比较偏爱，在这方面知道的也多，就难免按照自己的兴趣多加材料，课时就膨胀了，我大概最多讲到了8课时。此外，我在北大西语系时对法文特别用心，我想要是出国留学到美国去，英文不算外国语，你还得有两门外国语。

后来抗战开始了,我因为当时身体有病,没有跟着到西南联大去,就考到燕京大学去了。

邹:听说您当年考燕京是以第一名被录取的,是这样吗?

戚:我考燕京大学时是以第一名录取的。在燕京大学,我还是先入外国文学系,后转历史系。但这次到燕京大学可跟上次进北大不一样了,一个是学校制度不同,美国式学校赶羊似的,学生非得好好念书不可;再一个是自己的自觉性加强了,深深后悔在北大浪费了一年时间,所以我从这年开始用功了。

邹:您为什么要转到历史系呢?这一选择对您来说非常重要啊!

戚:当时燕京大学历史系名教授多,在国内外负有盛名,而且学习好的学生可以保送美国哈佛大学深造。我希望跟从名师,也希望能由燕京大学把我保送到哈佛去,所以就转入历史系,从此一辈子就钻故纸堆了。在燕京大学历史系,我师从邓之诚、洪业、齐思和、翁独健等名家,系统研习中外历史。这段时间的学习,为我日后从事历史教学和研究打下了坚实基础,受到了科学研究方法的训练。

与此同时,我也没有放弃学习古典文学,当时中文系有两位名师,我也跟着他们念古典文学。

邹:其中一位是不是您在《灌园集》里提到过的顾随先生?

戚:是的。1938年秋天,我们几个通过大一国文课免修测试的学生,经老同学指点,选修了顾随先生的"词选习作"课。顾先生是著名词曲家,来燕大授课已经十几年了,很受同学们欢迎。当时我们听课的人都是初学者,先生上课旁征博引,妙语如珠;而学生如入宝山,目迷五色,当然未必真能探得瑰宝。

在燕京大学念到三年半,赶上太平洋战争爆发。这时我还没毕业,就出来当中学教员了,在北京三中。1945年抗战胜利后燕京大学复学,我又重新念了一年。当时我年纪已经不小了,当了好几年老师了,可不能随便跟小同学那样念书了,我就挑了几门课,其中就有邓之诚先生的《明清史》,还有齐思和先生的《世界史》。这样,我在

1946年才真正领到了燕京大学的文学士文凭。毕业时,因学习成绩优异还获得了"金钥匙奖"。

邹:"金钥匙奖"是什么性质的奖?您的大学阶段一共多少年啊?

戚:"金钥匙奖"是美国PTP学会所设的奖项,专门授予优秀大学毕业生的。我的大学阶段由1936年到1946年,真是十年磨一剑呀!当然,这个过程长点也有好处,念的学校多,见的老师多,岁数大点就比小孩知道用功,也多点思考吧。我在燕京大学就不是专跟着老师一门一门听课、搞作业、写笔记了,我是到处浏览,看人家研究生念什么课,我就从图书馆借研究生的书翻一翻、看一看,让自己的眼界也高一点儿。选课时,别的系有好课,我也选点儿。燕京大学的教学计划有点特别,文科学生必须得念一门理科的课,还得念几门法学院的课。我就去念对自己有用的课,比如《比较政府》的课,可以让我知道英国政府是什么样子。我觉得我念的课比较多、比较杂,而且自己的兴趣还能够保持一部分,这对我后来的研究工作是有用处的。

邹:听说寿先生是齐思和先生的研究生,也是在燕京吗?

寿:是的,我是1949年燕京大学西语系毕业后。考入历史系当研究生,师从齐思和先生的。

二

邹:北京师范学院建校之初,您负责历史系筹建工作,您那时所作的辛勤有效的工作为该系日后的发展打下了很好的基础。请您回顾一下当时的情况。

戚:我是1952年调到北京教师进修学院的,担任历史教研组组长。1953年,接受筹备建立北京师范学院的任务,由我们教研组筹备历史系,我仍担任组长。当时推荐我来做这个工作与翁独健先生有关,他是我大学的老师,当时担任北京市文教局局长。教研组里只有两个成员,一个是成庆华先生,是我在北大的同届同学;另一个就是宁可先生。他们两人是搞中国史的,不能没有人搞世界史呀!作为这个组的负责人,我就得管点世界史。所以说,我的专业的确定,大概从这时候就差不多定了。我们这个教研组就是后来的北京师范学院历史系,也就是今天首都师范大学历史学院最初的基础。

当时我们都很年轻。1953年的时候,我35岁,成先生38岁,宁先生25岁。我们三个人都念过北大,见过点世面,知道人家名牌大学是怎么回事。所以我们在最初接受任务的时候就想了好多的事,觉得最关键的就是师资问题。首先一步就要去"访贤",让教育局给我们开一个名单,哪个中学的教师有点名气,我们就去那儿听课。这个工作做了差不多有两个学期,所以我们说,我们是三架自行车跑遍了北京的各个中学。我们有一个共识:找基础比较好、年纪不太大的教师。我们听了好几十位教师的课。有些教师教学技巧不错,但我们想必须功底也要好,要看看他是什么大学毕业的,所以我们也了解他们在大学念书的情况,有没有什么成果出来。我们所以要找年轻的,一个是接受能力强,另外也考虑能多干些年。我们就按照这标准选了十来个,去找北京市教育局要人,最后调来了八个人。我们平常说唱戏有八员大将,我说我们历史系也有八员大将,齐世荣先生后来还经常引用我这句话呢!我们这八个人哪,没有老的,而且基本上是北大毕业的,齐世荣先生是清华的。现在你们看到齐世荣先生和宁可先生都是有名的大专家了,当时他们一个28岁,一个才26岁。1955年从东北师范大学调来了滕净东先生,他是老党员。我跟校领导说,我就是一个教员材料,不是系领导材料,请求让滕先生当这个系主任。不过可能因为我做的工作大家都说好,也可能考虑各种影响,学校不让我辞,只是同意滕先生当正主任,让我继续当副主任,这样一直当到了65岁才退下来。

邹:除了建系时期这些工作以外,您的贡献更重要的是后来创建了英国史研究室,为日后我校历史学院在都铎王朝史研究方面取得突出成绩奠定了基础。请您回忆一下建立这个英国史研究室的过程。

戚:我最早提出这个想法是在1958年"大跃进"时期,那时人人都敢想敢说,我也敢想敢说,我说咱们成立一个英国史研究室吧!

有关方面也同意了。但那时哪儿能成立得了啊！20年后，1978年我又再度提出这个问题，这时我已经60岁了，按说应该退休了，可看起来学校还是预备让我再干些年。于是这件在1958年没成的事在1978年就成了，学校批准让我招研究生，另外成立英国史研究室。当时我就想，不可能搞英国通史，只能搞都铎王朝这一段，一个是都铎王朝存在的年头比较短，从1485年到1603年，才一百年多一点；再一个是这段历史内容最丰富，你讲资本主义萌芽，讲原始积累，都要讲都铎史，讲君主专制也得讲都铎史，所以我说，这里面可搞的题目非常多，有值得研究的东西。人呢，当时就我一个。我想，我要凭我自己带出学生来，让学生给我做助手，然后我们滚雪球，越滚越大。也就是把培养研究生的过程跟自己的研究、跟学科的发展结合起来，制订一个长远的计划，有一个合理的布局。当时我设想，我这是一个小园地，很小，但是我如果把树栽成一圈，得挖很多很多的树坑，然后一棵苗、一棵苗往里种，早晚能长起来，像一个花园似的。所以我就要求我的学生，来了以后，按照我的规划里头所提的小范围、小领域各自去占地儿，也就是像我说的，挖了那么多树坑，你占哪个坑都行。比如说，政治制度、政府改革这方面的问题，由我的大弟子郭方研究；还有议会这样的老题目、老热门，是刘新成搞的；到现在还没人研究过的枢密院制度，我把它交给赵秀荣了，她后来到中国人民大学的博士后流动站去做这个题目。宗教、教会方面，刘城写的是清教，王家凤写的是亨利八世的宗教改革。经济方面的题目就更多了，商业、手工业、农业等等，这方面有我的老同事陈曦文加盟，她就和王乃耀搞起了这方面的研究。外交是最难的题目了，一直耽误了多少年没有人搞，我都七十好几快退休的时候，夏继果才完成这个题目。现在领域又有了扩展，像江立华研究了都铎人口问题。另外还有一些历史人物评传，例如由赵文洪、左群、夏继果分别完成的亨利七世、托马斯·克伦威尔、威廉·塞西尔，也都是都铎史的重要课题。我这个"英国史园地"里的学生，只有一个不是搞都铎史的，就是王华。他写了一个人物，就是约克王朝很出色的爱德华四世。这是我特意让他写的。因为都铎王朝是接替了爱德华四世然后统一起来的,要溯源一下,研究他是可以的。这样呢,人家渐渐也就知道了,说要到戚先生那儿去呀,就是研究英国都铎。来的人呢,当然得接受我们这一套计划,在这个轨道上运行,当然他们也都还心甘情愿,觉得都铎史很有研究价值。

邹:听说我们系在有关都铎王朝的书刊资料方面是全国高校当中收藏最丰富的,像我们这样的学校能做到这一点肯定是不容易的。您是怎么抓的呢?

戚:我抓资料建设这一点,还是可以说一说的。当年没有外汇呀,那怎么办呢?我想咱们可以复印去。1978年我招了第一批三个学生,我让他们到各地图书馆去,把别的图书馆馆藏的有关东西都复印来。这一点我要感谢当时的一位校领导,他特别批给我一万块钱,那会儿一万块钱是很顶事的。不过我们还是很节约的,水平不够的还不许印,结果才花了5000块钱就印了五六百本书。这样我们就变成了全国收藏都铎史图书最阔气的单位了。我的学生要是出去开会,都带点钱去给我复印回书来。以后渐渐的,我们小有名气了,也有点外汇了,就买来了不少原版书。我还有一条增加复印资料来源的路子,我的学生谁要是写论文需要新书而能印到的话,不用你从研究生费里出,我们研究室给你出钱;但是有一条,你用完了毕业时可不许带走,这样一个学生又给我们增加了几十本。所以,到现在咱们还有这么一个声望,收藏都铎史书最多的地方是首都师大历史学院的英国史研究室。

邹:您这样抓住一个重点,从小到大发展起来,最后形成了一个都铎史研究中心。这应该说是一个成功的经验吧?

戚:要研究世界史这样一门大的学问,依我看,目前我这个办法可能还是行之有效的。就是你得把人比较细一点分工,几个人合起来,攻克一个题目。我现在回想自己走的这条路,虽然也是摸着石头过河,但是走的还比较准。全国闻名的老师那倒是还有很多,但一个研究点这样子受重视的,恐怕没有几个吧?这点,我和武汉大学的吴于廑教授是两个典型，我是集中搞一个题目，吴先生那里是一个世纪全面开花，你搞日本也行，搞拉丁美洲也行。

邹：钱乘旦先生在《中国的英国史研究》一文中特别指出您在都铎王朝史研究方面的重要贡献，说您在改革开放之初就发表了《介绍英国历史学家乔·鲁·埃尔顿》一文，倡导开展英国都铎王朝史研究。您以前好像也谈过，对于都铎史研究，其意义不在于您本人写了多少篇这方面的论文，主要在于您发现了这个问题的重要性，并且推动了国内学者对这个问题的研究。

戚：是这样的。我曾经对来访问我的历史系同学说过，不在于我写多少都铎史的文章，而在于我发现了一个叫埃尔顿的人，大概中国人就我一人先发现的。当时他还没现在这么大名气呢，今天他在英国那儿都是新一代的祖师了。我注意到英国学者重视这个问题是在"文革"期间，那时通过非常有限的孔道，注意到70年代"修正史学"在英国悄然兴起，他们对16、17世纪的英国史进行了全新的解释或"修正"，把上世纪40年代即已出现的都铎王朝研究热潮推向一个新的高峰。我注意到英国史学界出现这一动向，也看到了都铎史研究的重要意义，因为英国都铎王朝正处于从封建社会向资本主义社会过渡时期，无论经济还是政治，无论社会生活还是思想文化，都在发生着深刻的变化。深入研究这一时代，不仅可以洞察英国资本主义的起源，而且可以通过对世界上第一个资本主义国家的剖析，探索从封建制向资本主义制度过渡的普遍规律。

十一届三中全会后，我们国内也有了开展世界史研究的条件。1980年，中国英国史学会召开成立大会，我就向会议提交了《介绍英国历史学家乔·鲁·埃尔顿》一文，向史学界介绍这位英国修正史学的代表人物，呼吁重视英国都铎王朝史研究。在此之前，我已经阅读了埃尔顿的大部分代表作，比较充分地了解了他的主要学术观点和重大理论突破。

"修正"一词是从英文 revision 翻译过来的，意思是对传统史学加以修正。埃尔顿是此说的首倡者，大批学者闻风而动，遂出现英国修正史学派。我觉得埃尔顿治史的特点，首先是他不为成说所囿，敢于背离传统准则，对历史事件和人物重新评价；其次是他不满足于现有材料，对前人未曾涉及的档案文献进行发掘，从而取得新的论据。我还认为，在埃尔顿的全部观点中有两点尤其值得注意，一是他的"都铎政府革命说"，一是他对历史人物托马斯·克伦威尔的评价。

邹：从英国史研究室成立以来，您所领导的学术团队确实取得了很大成绩。1994年首都师大出版社出版的《撷英集——英国都铎史研究》是研究室最早的集体成果吧？以后每个人都有学术专著或论文问世。您可以介绍一下吗？

戚：由于种种客观原因，我们的计划没能全部如期如愿实现。但20多年来，我们这个团队一直在为这一计划勤勤恳恳、脚踏实地地工作着，取得了不少成果，已发表专著、译作及论文数十种，对于16世纪英国农业技术革命与农业生产提高，圈地运动的性质，羊毛纺织业生产方式的变迁，商业的发展及其对社会的影响，社会各阶级各阶层的重构与兴衰，宗教改革的前因后果，政府机构改革的评价，议会演变与专制主义，以及都铎王朝时期重要历史人物的评价等等问题，都有细密深入的研究，并且提出了独到的见解。这些研究工作不仅填补了国内的空白，有的还达到了国际水平。《撷英集——英国都铎史研究》确实是我们研究室最早的集体成果。个人的成果，比如郭方的《英国都铎王朝王权的转变》，刘新成的《英国都铎王朝议会研究》，刘城的《英国中世纪教会研究》，陈曦文的《英国16世纪经济变革与政策研究》，王乃耀的《英国都铎时期经济研究》，夏继果的《伊莉莎白时期外交政策》等等，都是这方面的成果；其中很多专著或论文都在市级甚至国家级的社会科学研究优秀成果评奖中获了奖。

邹：您在英国都铎王朝史研究中，除了组织力量分头攻关以外，还十分注意研究方法的革新。您自己身体力行，除运用传统的史学研究方法以外，还探索进行比较研究。1987年在南京举行的英国史国际学术讨论会上，您提交了《16世纪中英政治制度比较》一文，受到与会学者高度重视，1987年第4期《历史研究》发表了这篇文章，在学术界反响也很好。您当时为什么要写这样一篇比较研究的文章呢?

戚:16世纪的英国都铎王朝与中国明朝中后期的嘉靖、隆庆、万历三朝大体处于同一时期。虽然时代相同,但是两国的发展却走的是不同的道路,通过比较,可以看出16世纪以来世界局势渐趋西强东弱的历史原因。比如在英国的都铎时代和中国明朝的嘉隆万时期,都出现了资本主义萌芽,但都铎王朝的商品经济和资本主义手工业发展的程度明显高于明朝,在以乡绅为主体的新兴阶级的支持下,都铎诸王建立了"新君主制",刷新政治,改组机构,奉行有利于资本主义发展的政策,使英国的国势蒸蒸日上;而明代朝廷则依赖的是代表没落地主阶级的臣僚官吏,沿袭旧制,外禁海运,内征苛税,嘉靖以后,国君更是"亲国日久,不视朝,深居两苑,专意斋醮",以至于国运中衰,江河日下。

邹:我觉得,只有像您这样学贯中西的学者,才能这样高屋建瓴地对东西方两个国家具有代表性的社会阶段进行比较。您本身对中国史籍比较熟悉,对明朝嘉隆万时期社会发展的趋势可以信手拈来一些材料加以说明;另一方面您又掌握了大量都铎王朝的史料,特别是运用很多外文资料,有人统计,您的这篇文章中所引英文书籍就达40多种,涉猎的就更多了。这是您能够进行比较研究的优势吧?

戚:进行比较研究就要掌握被比较双方的资料,才能深入地进行研究。我们掌握明朝的历史资料比较容易,但是,关于都铎王朝的资料,开始掌握得也不太多。20世纪80年代,我的博士生郭方毕业后分配到中国社科院世界史所,他去英国访问带回四五十本都铎史方面的英文版新书。我听到这个消息非常高兴,就让我的学生们赶快复印过来。在这以后一年多的时间里,我也抓紧时间,全部阅读了这批新书,并且还作了札记。由于掌握了这些资料,所以为我进行16世纪中英政治制度的比较创造了条件。你说有人统计那篇文章引用英文书籍40多种,应该是差不多的。

邹:我最近重读了这篇文章,我觉得熟悉有关史料固然是您的长处,但是您的文章不仅仅是排列史料、比较现象,您在文章中还运用马克思主义理论，分析了这两个社会的经济关系和阶级结构的变化，说明了中英两国政治制度的异同，这也是文章的一个特点吧？

戚：我在文章中说明了16世纪中英两国政治制度有一些共同之处，也存在许多差异。共同之处在于两国都实行专制君主制度，差异之处是它们处于不同的历史条件之下和建立在不同的经济基础之上。都铎王朝统治时期，英国社会的资本主义关系已有较快的成长，阶级结构也有明显的变化。我在文章中提到了马克思的分析，也引用了长期研究伊丽莎白时代历史的英国学者尼尔的类似见解。尼尔认为，这个时代是一个"平衡时代"，"保守因素"和"新力量"互相抵消。他所说的"保守因素"就是指旧贵族，而"新力量"则是指新兴资产阶级和具有资产阶级倾向的新贵族和乡绅。都铎王朝的君主由于得到这两种力量的支持，才得以实行专制统治，可以说是一种新型的君主制度。但在明朝的嘉隆万时期，虽然有资本主义萌芽，但是在政治舞台上却看不到新人的踪迹，封建地主阶级依旧占据统治地位。所以，同样是在专制王权的统治下，英国的资本主义因素受到扶植而迅速成长，英国在近代化道路上一步步前进；而明朝的资本主义萌芽受到摧残，明朝在通往近代化的道路上是停步不前的。所以，这里面正是马克思主义的经济基础与上层建筑相互作用的原则在起着决定作用。

三

邹：除都铎王朝史研究之外，您对于中国的世界史研究做出的另一个重大贡献就是翻译了一些重要的西方史学名著，还为一些名著的翻译作序，使读者能够了解这些著作的价值。您是否可以介绍一下这方面的情况？

戚：这事说来话长。早在我读大学之初，就曾希望有一天我们自己也能拥有一套像《洛布丛书》或《人人丛书》那样的古典丛书。后来自己学会了翻译，更希望能够参加这项艰巨的工作。建国之初，几位世界史前辈大师齐思和、翁独健、杨人楩等先生，商讨世界史建设问题，谈到了名著翻译的事。我当时也在一旁，老师们当场吩咐要我承担一些翻译任务。他们的期许，使我终生难忘。不久，商务印书馆制定十二年出版规划，我从选题中选定了中世纪早期的两部名著，就是《查理大帝传》和《法兰克人史》。第一本是我自己完成的，第二本是我和寿先生共同完成的。到"文革"开始之前，前者的译稿已经脱稿，但没有及时交出版社。"文革"开始后，我家曾遭抄家之难，家中很多珍贵的东西我听任其损坏，但唯独对这两部译稿我悉心保护，幸得保全。所以，《法兰克人史》能够在《汉译世界学术名著丛书》第一辑中列入，《查理大帝传》在丛书问世前已经以单行本出版，后来又在《丛书》的第三辑中重印了。

邹：这样的古典名著，翻译本身就是很困难的，但是为了让中国读者更好地了解这些名著，您还特别下功夫写译序，这是不是比翻译本身还要更难做呢？

戚：我是比较重视写序的，我这两部译著出版时，我都写了较详细的序，因为一篇好的序言不仅可以向读者指出阅读原著的门径，而且可以给初学者以学习方法的训练。1980年我在《法兰克人史》的译序中，首先对作者都尔主教格雷戈里作了详细介绍，指出其出入宫廷，结识朝中显贵，出席宗教会议，故能掌握第一手翔实材料，写出那个时代唯一的一部史书；然后对于法兰克国家政府官制、王位继承及宗教争端等等进行概括说明，以便于读者理解该书的内容。格雷戈里撰写本书时着重落笔于政治和宗教事务，对于社会经济仅是偶尔涉及，我就在该书的字里行间细心搜捡，提炼出许多这方面的材料，如马尔克土地制度破坏、大土地占有制度成长、封建社会两个基本阶级的形成、被统治者反抗统治者的斗争等等，这样就把法兰克国家早期封建化的图景勾画出来了。此外，我在序中还用一定篇幅介绍了本书在记载历史方面的特点，比如指出该书在宗教迷信活动方面的记载占了相当多的篇幅，对这个时期的崇拜偶像、信奉奇迹等迷信活动也有很多记载。

《查理大帝传》的译序写于1978年。序中指出，原书作者艾因哈德是查理大帝的文学侍从，深受查理宠信，在查理身边掌管秘书，参与机要；该书写成后获得很高声誉；艾因哈德刻意模仿古典著作，尽力摆脱宗教迷信的影响，为查理的一生写出了比较真实的记录；书中虽有许多溢美的地方，但仍不失为这一时期最重要的史料。除介绍作者之外，我在序中也对传主本人的历史功绩作了评价，指出在他统治的46年间，进行了50多次战争，建立起囊括西欧大部分地区的庞大帝国，为自己加上"罗马人皇帝"的冠冕。就是在查理统治时期，法兰克封建制度终于建立起来了，他的全部政策代表了新兴的封建地主阶级的利益。

邹：这样看来，写篇译序比写篇论文的作用更大。从《灌园集》中看，《盎格鲁-撒克逊编年史》、《佛罗伦萨史》、《英吉利教会史》、《女王伊丽莎白一世传》、《罗马帝国衰亡史》、《神圣罗马帝国》等著名西方史学著作都是您作的序？

戚：《人民日报》1995年10月16日发表了一篇题为《英华缀出一座"世界精神公园"》的文章，介绍商务印书馆编辑出版的《汉译世界学术名著丛书》，其中也提到了我，说我"大半辈子的心血倾注于丛书"，这虽然有些过誉，但是我可以自承是这座"世界精神公园"忠诚的"义务灌园叟"。我对这项工作是情有独钟的。记得是"文革"风雨过后的一天，商务印书馆历史编辑室的两位同志来到我家，征求对出版这套丛书的意见。我听了之后非常高兴，积极赞成，并且表示愿意全力支持丛书的出版。我这是一项非常郑重的承诺。20多年来，我不断参加这套丛书历史门类的选题规划、投稿、撰写译序、代审稿件以及查阅史料等活动，可以说是乐此不疲。我自己在"文革"前翻译了两部书，在这个学术界春光大好之际，我本应再多翻译几种，可惜由于本职工作沉重，建立了研究室，招收了研究生，社会活动也很多；再加上年事日高，健康下降，因此对于半生钟爱的翻译事业，就难以继续下去了。

不过我并没有忘情于这套《丛书》。我为《法兰克人史》写的序言，得到了友人好评，不久又传来上级领导关于写好译序的指示，这样有一些属于我的专业范围而又缺少译序的译稿，编辑便嘱我代写一篇。这样就在10年之内写了七八篇，就是你说的这几部书。但是，为名著撰序并不是一件容易的事情。必须细读原著，掌握要点，抓住精髓，同时还要广泛收集有关的历史背景和作者生平资料，还要了解后世对于该书的评论，然后才能形成自己对该书的评价，写成一篇有助于读者的序言。如今，我已经年届耄耋，20多年来对这部《丛书》的关情不减，但是近几年来年事日长，已经是心余力绌了。

邹：据我看来，在有些译序中，您不仅介绍作者、说明历史背景和该书出版后的影响，您也进行了评价，或者提出了自己的见解。

戚：是这样的。比如《佛罗伦萨史》的作者是意大利文艺复兴时期的思想家马基雅维里，他在历史上是一个最有争议的人物，我在序言中为他正了名。我强调，在他的思想中占主导地位的是爱国主义，他的写作目的和毕生为之奋斗的理想就是实现意大利的统一和富强。我们看到，14世纪以来关于佛罗伦萨城市共和国的历史著作出现多部，唯有马基雅维里这部独享盛名，原因就在于作者写作时灌注了饱满的爱国热情，因此全书视角新颖，分析精当，语言生动活泼。至于他推崇强权，鼓吹暴力，宣扬为实现统一的目的可以不择手段等等，这是他同时代的思想家们"独立地研究政治"、"政治的理论观念摆脱了道德"等等主张的反映，不是他一个人的主张。至于"马基雅维里主义"的恶名，那是后人给他加上去的，他本人无须为此负责。

邹：我看到，您强调马基雅维里是文艺复兴时期的巨人，他的《佛罗伦萨史》是人文主义历史学的巨著。这就是您对他的"正名"吧？

戚：对。再说说比德的《英吉利教会史》吧。这是唯一一部记录5世纪中叶到8世纪中叶盎格鲁-撒克逊人历史的著作，具有极高的史料价值。但是由于当时时局混乱，教派纷争，比德身为修士，用了大量笔墨来描述教士行迹与宗教派争，所以这部书会令人感到扑朔迷离，难得要领。因此我在为该书作序时，就详细地介绍了古代不列颠的政事民情以及各个教派的来龙去脉，提示读者注意书中有关社会政治的一些情况。对于比德本人，我一方面肯定他的严谨的治史态度，把书中大部分内容"评为信史";但另一方面也指出,比德不惜笔墨宣扬圣徒显灵、救灾治病的"奇迹"等等,使得这部巨著玉石混杂。同时我还指出,西方学者对比德的书称许有加而批判不足。比德长期以来受到英国人的尊敬,被称为"英国历史之父"。美国史学家汤普森认为,比德的著作"是蛮族时期写出的一部最伟大的著作"。我也认同这点,这一评价对其人其书来说都是当之无愧的。

邹:在您作序的译著中有您最熟悉的有关都铎王朝的书,像尼尔的《女王伊丽莎白一世传》,您为之写序应该是得心应手吧?

戚:我为尼尔的《女王伊丽莎白一世传》中译本作序是在1989年,那时我研究都铎英国史已经十年多了,对有关英国16世纪社会、经济、政治、文化变革的各家学说都很了解,在这个基础上也形成了自己的见解,因此作序时首先勾勒出英国从封建社会向资本主义社会过渡阶段的社会图景,进一步剖析女王所面临的政治、宗教、王位继承等各种危机的性质,藉以说明女王客观上推动了社会发展的历史作用,最后评论尼尔和其他史家对女王的评价,并从中得出符合历史唯物主义的结论。我提出,尼尔这部书是值得向中国读者介绍的一本名著,因为它以知识读物形式问世,而且所依靠的材料丰富坚实,叙述生动,文字流畅,可使读者获得阅读的享受。我说,希望这部雅俗共赏的名著的中译本问世能够为处于危机之中的世界历史学科增加一份活力。因为当时受市场经济大潮冲击,"史学危机"的观点盛行一时,所以我感到,严肃史学如果能够与大众文化相结合,那就不失为摆脱"史学危机"的一条途径。

邹:吉本的《罗马帝国衰亡史》是一部影响非常大的史学名著,我们在讲史学概论课时经常提到它,这部书的中译本也是您作的序,而且是一篇"洋洋万言"的大文章。您在序中对该书所引起的争议进行了分析?

戚:吉本的《罗马帝国衰亡史》是一部声誉卓著的史学名作,所以我为它作序时下了很大功夫。首先要介绍吉本这个人,对他的身世和撰写过程、全书的结构设计、取材、观点都有详细介绍。确实如你所说，我还用较大篇幅列举了该书问世以来对它的毁誉臧否的各种评价，包括探究评价者本人的立场和出发点，同时也要分析这些评价本身的价值。对该书之所以引起争议，我也发表了自己的看法。我认为这部书所以会引起争议，原因在于吉本对基督教是持批判态度的，但是，正是这束照耀全书的理性主义之光，穿透了时间和宗教偏见的浓雾，使人们能够看清罗马千年史的真实图景，一切尊重科学的有识之士都因此受到启发而赞许该书。

邹：还有一部英国人布赖斯写的《神圣罗马帝国》，这部书我很不熟悉，您在该书序言中主要谈的是什么问题呢？

戚：写这篇序是在1992年6月。对于《神圣罗马帝国》一书人们有许多疑问，一是一个英国人为什么要写一部以德意志为中心的巨著？二是一个25岁的青年人为参加一次有奖征文而写的长篇论文，为什么能在西方史学史上占据如此重要的位置？三是前苏联以"历史唯物主义者"自居的史学家及受其影响的一些我国学者，长期以来一直对这部在西方享有盛誉的史书仅以"宣扬历史唯心主义"一句话来做结论，是否过于简单？为解决这些疑惑，我参酌众书，最后提出了自己的看法。我认为，在布赖斯著述的时代，德意志正处于统一前夕，普鲁士和奥地利两国为争夺统一的领导权而剑拔弩张，两国历史学家亦不甘寂寞，笔枪舌剑，夸说本国在德意志历史上的作用，争以其道易天下。而欧洲其他国家对走向统一的德意志则心怀戒惧，惶悚不安。在这种情况下，身为英国人的布赖斯超脱于普奥两国学者的争论之外，从一个全新的角度考察德意志的历史，认为"神圣罗马帝国"并不是曾经包括在其版图之内的德意志和意大利的历史，而是一个过时的宗教信仰与历史传统相糅合的产物。狂妄自大的神圣罗马帝国皇帝穷兵黩武，四面扩张，并未给帝国带来任何荣耀，只落得"既非神圣，也非罗马，更非帝国"。我觉得布赖斯此书不惟观点新颖独特，而且表达了人们憎恶侵略和战争的心声，并且向争夺霸权的德意志统治者们发出了"殷鉴不远"的告诫，因而此书除具备材料丰富、论证有力等一般史著的特点外，更有一定的政治影响。唯其如此，此书及其作者才一举成名。西方史学家把这本书吹捧为"论述精辟的不朽之作","全世界研究者了解中世纪欧洲的理念与实践的一部指导著作",未免有些评价过当;而前苏联史学家对之不屑一顾的态度也背离了实事求是的原则。

邹:这样看来,您为一些西方史学名著的中译本写序,其作用不仅是介绍这些译著,实际上这些序也是有关西方史学史的论文,它们的学术价值是很大的。我注意到,您不仅为这些西方史学名著的中译本写序,一些中国学者研究世界中世纪史的著作,不论是不是您的学生,您也热心地给他们的著作写序。我从网上看到,有位80多岁的女学者,把她一生研究中世纪史的文章结集出版了,好像书名是《世界中世纪史散论》,网上有篇她儿子写的文章,其中提到他母亲的这部文集是请"我国世界中世纪史学的泰斗戚国淦先生"写的序。这篇序为什么没有收入《灌园集》?

寿:你说的是厦门大学的陈兆璋先生吧?那是最近的事。因为写该序时《灌园集》已交稿多年,因此该序未能收入。

邹:戚先生您曾经说过,首师大历史系建系初期,按年龄算,您排第七;如今五十多年过去了,您已经是全系最年长的了。五十多年来,您一直以"灌园叟"的工作态度,辛勤地、默默地耕耘灌溉着首师大历史系世界中世纪史和英国史的园地,培养了一大批杰出的研究人才,取得了一些高水平的研究成果,同时您还译介了一大批西方史学名著,为中国读者了解西方史学提供了有利条件,为中国学术界打开一扇了解西方中世纪历史的窗口。谢谢您!同时也要谢谢您二老接受我的访谈。祝愿两位先生健康、长寿!

(本文刊载于《首都师范大学学报(社会科学版)》2008年第3期)

忆戚国淦先生

刘明翰

先生虽逝　词文遗世功千古，
桃李芬芳　教诲铭心传百年。

国淦先生的一生，概括可分下述几个主要阶段。

先生原籍贵州省修文县，1918 年生于热河承德。出身书香门第，4 岁即从母学唐诗，家中藏书极丰。18 岁考入北京大学西语系，抗日战争全面爆发后，北大南迁，先生因病滞留北京时 20 岁再考燕京大学，以第一名录入，先读外语系，后转历史系，师从邓之诚、齐思和、翁独健等名师。毕业时成绩优异获"金钥匙奖"，之后先生在北京中学执教多年。

新中国建立后，翁独健任北京市文教局长，筹建北京师范学院时，1954 年面谕国淦先生任历史系主任，草创该系。从此，先生筹建师院历史系，并投身世界中世纪史专业。斯时国淦先生 36 岁，并无行政工作经验，最困难的是世界史课程难觅师资。当时的艰辛，他自忖并写道："市肆求书迎晓日，重楼奋笔耐宵寒。"建系之初，课程体系亟待建立，但世界中世纪史课一直无人应承，最后国淦先生只好本人为主，承担了世界中世纪史全部课程。

除了繁重的行政和教学工作外，国淦先生还参加了周一良、吴于廑教授为教育部主编的《世界通史》"中古分册"初稿的一部分撰写工作，翻译了世界学术名著《查理大帝传》和《法兰克人史》等，并撰写了两书的中译本序言。

"文革"结束后，迎来了全国学术的春天，国淦先生 1978 年戊午元旦曾在《临江仙》词中写道："六十年华东逝水，忽焉便自成翁，旧时才气半销镕，漫夸书卷富，转叹腹笥空。""已分披离霜后草，何期重沐春风，须将微意答天公。黄昏犹未晚，珍重夕阳红。"从1976年末，直到1999年春，是国淦先生一生贡献突出、较辉煌的历史阶段。

1. 他长期关注、支持和投入对外国史学名著的翻译工作。他为商务印书馆的《汉译世界学术名著丛书》，喻称为"世界精神公园"大力灌溉，为几种译著撰写了译序，对原作者的生平、成书的背景和原著的价值等细加评点，或提出自己的见解。如史学巨匠吉本著《罗马帝国衰亡史》是声誉卓著的史学著作，他为此书所作的序洋洋万言，使一切尊重科学的有识之士都受益匪浅而赞许该书，称颂先生所写的该名著之序厚重且公允，使人们深受启迪和帮助。

2. 在"文革"后的70年代末，他年届花甲，又主动创意开始了新的任务——筹建英国史研究室，重点研究16世纪都铎王朝史。当时，开辟研究英国都铎史园地的三大困难，主要是缺乏研究的骨干人员、经费有限、书刊资料不足。他并未退缩，而是知难而进。他首先抓思想发动，鼓励本教研室的所有成员不分老少，不论职称，全都是"英国史园地"（研究室）耕耘队伍中的"一员"，他以自己即将耄耋之年仍奋进来鼓励大家发挥雄心壮志，一定力争将英国史研究室出色地建成为祖国做出贡献的史学园地。他动员大家到北京各大图书馆和有关高校、研究单位去复印有关的中外文书刊资料，嗣后进一步按经济、政治、文化、宗教，以及外交等诸多方面分工侧重蒐集资料和逐步研究。他还计划力争多培养研究生，悉心多出合格的史学硕士、博士，特别要多发挥中国世界中世纪史和英国史研究学会内的中老年学者的经验和作用。

戚先生所著《16世纪中英政治制度比较》一文，我拜读后，叹为观止。这是他对埃尔顿、波拉德、屈维廉、格林、麦基、斯通等史学名家的论著和大量都铎史料反复研考后，充分运用唯物史观对经济基础与上层建筑相互作用的规律撰写的佳作，是当时国内史学界专题论析最高水平论文代表作之一。他论析中国明朝政治制度特意同英国的文艺复兴和宗教改革相比较是本文的特点，文中对英国"新君主制"同中国明朝中后期"旧君主制"沿袭抑商、暴力恣逞危害之重的对比，乃文中之妙笔。

3. 1984—1999年间，他荣任全国世界中世纪史研究学会会长（理事长）长达15载岁月的显赫贡献。一方面，他尊重、发挥了多位副会长之特长。如郭守田副会长"主编会刊，硃改笔削，长年如此，备著贤劳……"。如"余与明翰副会长兼秘书长谊属知心，他主持学会夙夜匪懈，经久不凋"。多年来，他与曾主编过学会的《世界中世纪史研究通讯刊物》的学会华南区副秘书长郑如霖教授"志趣相投，鱼雁往还，遂成莫逆学友"。国淦会长称赞学会"座中理事俱鸿儒"，诸副会长"浑似香山九老图"，"漫道先生专外史，诗文翰墨也风流"，常以"盛会论文逐岁开，鸿篇巨制费心裁"为自豪。另一方面，他注重发现、提携年轻人，利用学会年会学术交流的机会，让青年学者多发言、多提交论文。即便后来他从会长之职退下来后，仍"信是出蓝青更胜，发扬光大祝前程"，"遥颁卷卷皆珠玉，继往开来有后贤"，对学会、年轻人充满期许与鼓励。在戚国淦会长主持下，1989年经第三届理事会众议，通过了副会长兼秘书长明翰提出的学会十六个字的简明宗旨，即"繁荣学术、五湖四海、文人相亲、敬老爱青"。坚决反对"文人相轻"，反对地域或校际间派性。从1979年学会成立迄1999年连续出版过十一期学会的《研究通讯》（会刊），论文集与译文集共8本，学会中学术交流大小会议计25届。会风活跃、民主，与会人心情舒畅，贯彻了双百方针。在科研中坚持了一贯的"三不"（即不扣帽子，不打棍子，不抓辫子）。

据我自20世纪中叶迄20世纪末同国淦先生多年的亲密接触，简述我的几点体会和值得学习之处。1. 先生学术基础十分宽厚，对中外历史、文学及我国古典诗词均有深入造诣；他重视论从史出，一再强调对比分析、突出特点，充分说明他绝非单纯的"史料派"，他对众多译著，必附上加以论析的译者序言，即是实例。2. 先生一向气质儒雅，性格澹泊，然兴趣广泛。他不仅毕生赏视碑帖文物，而且热衷于观看电视转播的斯诺克台球赛、排球赛、NBA 篮球联赛和世界杯足球赛等体育赛事，90 高龄时仍乐此不疲。这是学界众多老教授们所望尘莫及的。3. 先生一向严以律己，谦逊终身，乐以助人，既是非分明，又能谨言慎行，绝非"明哲保身"者。他公开发表过反对学术上"极左思潮"的言论。某大学在评荐学术职称时，个别资深老教授对世界史的一位中年副教授专业情况了解不够，偶有贬词，他出于公心曾主动亲笔致信这位老教授，介绍自己的看法。此事并非该中年副教授所托，而且他本人也从未流露。自 1954 年直至"文革"结束的 70 年代，他长期"双肩挑"，一方面担负着世界中世纪史的教学与研究任务，又同时长期兼任历史系行政的领导工作，他勤勤恳恳，任劳任怨，从不以势压人。他对自己建国初期艰辛创建北京师范学院并任系主任一事也很少谈及。以致该系众多教师全然不知国淦先生在 36 岁时曾是该系的首任系主任。

光阴荏苒，转瞬间戚师离开我们已近八载。每当我忆及多年前到西绒线胡同 39 号府上拜访，多次促膝谈心，在首都师大 26 楼 302 室两人探讨学术、讨论学会工作时，当时的诸多情景仍历历在目，铭刻在心。戚师竭力奉献的精神和毕生的业绩，让我十分敬佩，决心认真学习不怠。

刘明翰 2017 年 7 月 7 日敬悼于北京

附　录

戚国淦学术年谱

1918年

6月17日生于热河承德（今属河北省），祖父戚朝卿是光绪朝癸未科进士，曾任北洋军阀政府的热河道道尹等要职。

1922—1936年

从小受到母亲熏陶，4岁从母读唐诗，开始养成对古诗词的兴趣。母亲姓缪，其家族是有名的江苏江阴缪氏，近代著名学者缪荃孙即出自该家族。幼时随家迁居北京。1930年小学毕业，考入男三中（今北京市第三中学）。家中多藏书，上学后，课余之暇，对于四部多所涉猎，因而国学根基颇为扎实。

1936年

中学毕业，考入国立北京大学西洋文学系。受系主任梁实秋的莎士比亚戏剧译本的启发，开始喜爱翻译。

1937年

抗日战争爆发后，北大南迁，因患严重胃病，未获前往。

1938—1941年

1938年，投考燕京大学，以第一名录取，先入西语系，后转历史学系，师从邓之诚、洪业、齐思和、翁独健等名家，系统研习中外历史，打下坚实基础并受到科学方法的训练。

秋天，通过大学一年级国文课免修测试，经老同学指点，选修顾随先生"词选习作"课。

在中文系遇到两位名师顾随（字羡季）先生和郑骞（字因百）先生，顾先生是我国近代词坛巨擘，郑先生后来到了台湾。因此感到当初学习诗词的愿望可以实现了。但又不肯转出历史系，因为这里有保送美国哈佛大学深造的前程。在燕京大学的头两年，把主要精力都放在所选的顾先生的"词选与习作"、"曲选与习作"和郑先生的"诗选与习作"课程上。

译丁尼生（Tennyson）《鹰》(*The Eagle*)。

在翁独健先生的《亚洲史》课上，应翁先生要求，翻译法国汉学家伯希和的《中亚细亚》(*La Haute Asie*)的论文抽印本，供班上同学参考，他对翻译的兴趣渐浓。译文后来在1941年燕京大学被日军封闭时遗失。

1941年12月，太平洋战争爆发，日军占领并封闭燕京大学，被迫终止已上三年半的学业，失学在家。

1942年

得北京三中恩师赵子珊老校长见爱，召回母校三中，任历史教师。

1945年

抗战胜利后燕京大学复学，回校重新续读一年。选修了邓之诚先生的《明清史》、齐思和先生的《世界史》等几门课程。

1946年

5月，提交燕京大学文学院历史系学士毕业论文《曾惠敏公年谱》，导师为翁独健。

6月26号，参加毕业典礼，领到燕京大学文学学士文凭，并获斐陶斐学会（Phi Tao Phi）颁发的斐陶斐金钥匙荣誉奖。

1947—1950年

继续在北京三中任历史教师。

1950年

调入北京市教育局。

1952年

调入北京教师进修学院，担任历史教研组组长。

1953年

应时任北京市教育局局长翁独健先生的要求，接受筹备建立北京师范学院的任务，由北京教师进修学院的历史教研组筹备历史科，担任组长。当时教研组成员有成庆华（北大同届同学）、宁可，两人都是搞中国史的，他承担世界史，由此确定了以后从事的专业。

1953 年—1954 年 7 月

忙于筹备工作。第一步是访贤，请教育局开出名单，哪位中学教师有名气，就前往其任教学校听课。这个工程延续了差不多两个学期，所以他们自称是"三架自行车跑遍了北京的各个中学"。他们选人的标准是：基础比较好，年纪又不太大。照此标准选，最后凑成了八人：刘景春、成庆华、戚国淦、谢承仁、黄一欧、汤桂仙、齐世荣、宁可，即所谓的"历史系八员大将"。

1954 年

北京师范学院初建，担任历史科主任。

8 月 10 日，经中央教育部同意，"以北京师范学院专修班"名义招收一年制专修班学生。

9 月 4 日，中央教育部批示：同意在北京教师进修学院的基础上创建北京师范学院。

9 月 29 日，北京师范学院一年制专修班举办开学典礼。

1955 年

10 月 10 日，举行"北京师范学院成立暨开学典礼"，历史系正式成立。

这年从东北师范大学调来老党员滕净东先生。戚国淦主动向校领导请求让滕先生当系主任。最后学校同意滕净东当正主任，戚国淦当副主任，直到 65 岁才退下来。

为满足教学需要，历史系开始组织教师编写教学讲义，他负责编写《世界中世纪史讲义》。

1958 年

提出成立英国史研究室，并获校方同意。但在全国"大跃进"的客观形势下，终未能成立。

8 月 12 日，陈翰伯受命到商务印书馆主持工作。他利用成立"外国翻译规划领导小组"的机会，在沈雁冰、潘梓年和张友渔的帮助下，拿到一个包括3000余种图书的外国学术名著翻译规划，制定了"把16世纪到19世纪上半叶，西方资产阶级上升时期的一些哲学、社会科学重要著作作为优先组译的书目，其中多以与马克思主义三个来源有关的著作作为重点"的出版中期规划。戚国淦从商务印书馆制订的十二年出版规划选题中，选定翻译中世纪早期的两部名著——《查理大帝传》和《法兰克人史》，前者独译，后者合译，到"文革"开始时前者已脱稿，然而未能及时交出。

1960—1966年

1960年被北京市委、市人委评为"北京市文教卫生系统群英会先进工作者"，出席北京市文教群英会。

1960年全国教材工作会议后，开始统一编写《世界通史》教科书。戚国淦应召参编我国第一部多卷本《世界通史》(周一良、吴于廑主编)，执笔中古分卷序言和中古中期部分。该书1962年开始由人民出版社出版，面世后，作为部颁教材，为全国高校所采用，颇获好评。

1961年夏天，遵照周恩来总理的指示，为普及外国历史知识，为给出国人员提供参考资料，吴晗同志继《中国历史小丛书》后，又规划出版一套《外国历史小丛书》。主编吴晗，副主编齐思和，编委周谷城、杨人楩、黄绍湘、戚国淦、吴于廑和陈翰笙等。丛书从1962年开始问世，到1966年上半年，共出版五十九种。

1963年1月，由齐世荣、田农、林传鼎、戚国淦、傅任敢、郝德元翻译的《西方的没落》由商务印书馆出版。

1966—1976年

1966年"文革"开始。8月27日，遭社会不良分子引来的抄家之劫。卡片资料、讲义手稿、图书、照片、证件等遭焚毁，存款、衣物、家具被没收，随后房屋大部分被挤占。唯独《查理大帝传》和《法兰克人史》两部译稿经悉心保护，幸得保全。

1971年9月—1972年4月，抽调到北京市园林局编写园林简介，供尼克松访华时为外国人讲解之用。参加人员有北京大学许大龄，北京师范大学方攸翰，人民大学孙家骧，北京师范学院戚国淦、田农、成庆华，还有齐建禄、张大生等。主要编写的园林介绍材料有长城、颐和园、天坛、长陵、定陵、北海公园、中山公园和景山公园。

1974年7月5日—8月8日，国家召开法家著作注释出版规划座谈会，会议拟定"法家著作出版规划"。会后北京师范学院承担《王夫之著作选注》工作。学院组成注释小组，戚国淦是主持人之一。他首先组织师生查阅史料，编写《王夫之年表》，以了解王夫之的人生轨迹、学术成就与思想；1975年2月，确定了选注篇目并组织人员开展注释工作，注释力主实事求是，反对趋炎附势，附会影射。他还编写了《王夫之小传》（未完成）。此项工作在粉碎"四人帮"后自行停止。

1974年参与翻译的［美］希蒂著《黎巴嫩简史》由北京人民出版社出版，署名北京师范学院《黎巴嫩简史》翻译小组。

"文革"期间，继续研读专业书籍，并在阅读中发现了英国学者埃尔顿，"文革"后将所收集的有关埃尔顿的资料加以整理、修补，写成文章，寄给英国史学会，得到重视。

1977年

参加编写《祸国殃民的西太后》一书，执笔"篡政夺权的阴谋家"部分（即三次篡权），动用了《清实录》、《清史稿》、《翁文恭公日记》、《越缦堂日记》等大部头史料，同仁笑其小题大做，他则认为，非此不足以报答邓之诚师教诲之恩。此书于1978年由北京人民出版社出版，集体署名史泽生。

1978年

春，七七级学生入校；秋，七八级学生入校，组织教学。

成立英国史研究室，以都铎英国史为主要研究方向。

为《查理大帝传》作序。

1979年

开始兼任中国社会科学院世界历史研究所研究员，开始带社科院硕士研究生，第一位学生为郭方。

所译［法兰克］圣高尔修道院僧侣和艾因哈德著《查理大帝传》由商务印书馆出版。

商务印书馆恢复已中断的《世界史资料丛刊》的出版，戚国淦先生任中世纪部分主编。

4月6—12日，南京大学举行英国史研究会筹备座谈会。与会者有南京大学、北京师范学院、辽宁大学、上海师范学院、山东大学、四川大学和中国社会科学院世界史研究所等单位从事英国史研究和教学的人士共十四人。会议先后由南京大学蒋孟引、北京师院戚国淦等主持。

5月，中国世界中世纪史研究会在重庆成立，吴于廑任理事长，戚国淦、项英杰、郭守田、朱寰、刘明翰等11人任副理事长。

1980年

6月11—18日，中国英国史研究会成立大会暨首届学术讨论会在南京举行，推选蒋孟引为会长，戚国淦当选为副会长。会上提交论文《介绍英国历史学家乔·鲁·埃尔顿》。

9月1—10日，中国世界中世纪史研究会首届年会在西宁举行，由寿纪瑜在会上介绍《法兰克人史》。在《中国世界中世纪史研究会首届年会学术论文集》中，收入戚国淦的《〈法兰克人史〉书中的高卢社会》一文，文中介绍了高卢的土地关系、阶级关系、城市状况等。以此为基础，为《法兰克人》中译本作序。

11月，北京师范学院获中国古代文学、世界史、基础数学、光学、植物学等首批硕士学位授权点，戚国淦为导师之一。

1981年

4月，为[意]马基雅维里著《佛罗伦萨史》一书作序。

[法兰克]格雷戈里著，寿纪瑜、戚国淦合译的《法兰克人史》由商务印书馆出版，该书收入《汉译世界学术名著丛书》第一辑。

9月8日至16日，中国世界中世纪史研究会第二届年会在北戴河召开，中心议题是封建社会的解体和资本主义萌芽问题。

朱寰主编的高等学校教材《世界中古史》由吉林人民出版社出版，该书由北京师范大学、北京师范学院和东北师范大学三校历史系协作编写，全书共十一章五十万字，系统地讲述了世界范围内（除中国）封建制度产生、发展和衰亡的历史。北京师范学院的陈曦文编写了第二章第一节，第七章、王乃耀编写了第二章第四节，戚国淦审阅并修改了其中的第四章第二、三节及第五章第一节。

1982 年

10 月 13—21 日，中国世界中世纪史研究会第三届年会在昆明召开，集中讨论了东西方封建社会的比较研究问题。会议期间，学会理事长、武汉大学副校长吴于廑应云南省社会科学院的邀请，在云南省图书馆向 300 多位学者作了《世界历史上的游牧世界和农耕世界》的学术报告，受到普遍好评；戚国淦、尹曲在云南民族学院为云南省高等院校历史系学生作了专题报告。

在齐思和先生逝世 2 周年之际，撰文《史坛巨匠后学良师——怀念齐思和先生》，在《世界历史》1982 年第 1 期上发表。

1983 年

《查理大帝传》重印，入选《汉译世界学术名著丛书》第三辑。

4 月，由戚国淦、张椿年、马克垚主编的《外国历史名人传·古代部分》（下册）由中国社会科学出版社、重庆出版社联合出版。

5 月，北京市中小学历史教学研究会成立，会上选举戚国淦为理事长，赵恒烈、刘宗华、孙恭恂、于友西为副理事长，李淑敏为秘书长。

12 月，应贵州师范学院项英杰之邀，参与硕士生论文答辩。

1984 年

8 月 1—20 日，中国世界中世纪史研究会在哈尔滨举办第四届年会及第二届会员代表大会，改选出第二届理事会，戚国淦当选理事长。期间学会与教育部共同主办全国世界中世纪史培训讲习班。戚国淦给学员作讲座，题为"都铎史料管窥"。

10 月 15—22 日，中国英国史研究会第三届学术讨论会在桂林召开，重点讨论英国政治制度、工业革命和对外关系。

12 月，应杭州大学王正平之邀，参与研究生论文答辩。会后向研究生作评价查理大帝的报告，从查理大帝的对外战争、帝国统治和文化宗教三个方面进行论述，特别强调充分掌握资料的重要性，以免失之于偏。寿纪瑜则从土地的耕作方式、税收制、行政区域、官制、法律和教会等六个方面阐述了罗马帝国对日耳曼人国家的影响，从而阐明西欧封建制度确立过程中罗马因素和日耳曼因素的关系。

1985 年

10月8—13日，主持中国世界中世纪史学会广州年会，会议主题为"东西方封建社会政治制度比较研究"。

1986 年

北京师范学院获得世界上古史、中古史博士授权点，戚国淦为博士生导师。

戚国淦、马克垚主编的《外国历史大事集·古代部分（第二分册）》由重庆出版社出版。

1987 年

承担国家哲学社会科学基金"七五"规划项目"英国都铎王朝研究"，任课题负责人。此课题研究内容包括：（1）都铎时期英国资本主义在农业和工商业中的发展；（2）社会阶级结构的变化，乡绅和资产阶级的成长，旧贵族的衰落；（3）都铎王朝的君主专制制度，克伦威尔政府改革，议会制度的发展；（4）宗教改革，玛丽女王的反宗教改革，清教运动的发展；（5）英国的对外政策和海外殖民；（6）重要历史人物的评价。

承担国家哲学社会科学基金"七五"规划项目《中国大百科全书》，任《中国大百科全书·外国历史》欧洲史编写组副主编。

5月6—12日，中国英国史研究会在江苏南京市召开英国史国际学术讨论会，有8个国家的几十名专家参加，大会围绕英国现代化问题展开讨论。戚国淦提交了《16世纪中英政治制度比较》的论文，受到同行称许。该文在《历史研究》1987年第4期上发表，并被《人大复印报刊资料（世界史）》1987年第9期、《人大复印报刊资料（明清史）》1987年第10期转载。该文还被收录于王觉非主编《英国政治、经济和社会现代化》（南京大学出版社1990年出版）等多部著作中。在收录于邓珂编《邓之诚学术纪念文集》（北京大学出版社1991年3月出版）时，戚国淦写下如下文字："淦早岁就读燕大，从邓文如先生习明清史，惜资质驽钝，未得师传之一二。毕业以还，虽久治世界史，然师之教诲，仍时时在怀。今春为南京英国史国际学术会议撰写此文，重温明史，更切追思。文中所引材料，多源于师之所授。暮年弟子，长忆师恩，谨献拙文，藉申仰慕。戚国淦1987.12.5"。

开始招博士生，首届招收的博士生有郭方、刘新成、刘城。

1988年

10月26—29日，世界中世纪史学会、河南大学和郑州大学联合举办的"16世纪西欧社会变革学术讨论会"在开封河南大学举行。来自全国18所高校的31名世界中世纪史工作者和研究生出席了会议。会议的主要议题有二：一是16世纪西欧社会思想变革，二是16世纪西欧社会经济变革。共有11位同志作了大会发言。围绕第二议题，北京师范学院戚国淦、陈曦文和王乃耀，以及厦门大学陈兆璋等，分别就16世纪英国的乡绅、经济变革、农业革命和向资本主义过渡等问题做了重要发言，展示了具有突破性意义的研究成果。

1989年

3月，为［英］尼尔著《女王伊丽莎白一世传》中译本作序。该序言在《世界历史》1992年第2期发表。

11月11—15日，前往重庆参加中国世界中世纪史研究会第六届年会及第三届会员代表大会，纪念学会成立10周年。

1990年

12月，为［英］比德著《英吉利教会史》中译本作序。

1991年

《中国大百科全书·外国历史》由中国大百科全书出版社出版。

为《文献》杂志"中国当代社会科学家传略"栏目撰文《历史学家齐思和》，介绍齐思和先生的生平及学术成就，发表在1991年第3期。

11月21—25日，参加由北京师范学院、中央团校、中国人民大学等单位联合举办的"纪念哥伦布远航美洲500周年全国学术讨论会"。

12月9—12日，由中国译协、中央编译局、商务印书馆、福建译协和泉州市译协联合举办的第二次全国社会科学翻译研讨会在福建省泉州市举行。这次研讨会的议题是交流近几年来我国社会科学翻译的信息和经验，探讨社科翻译在当前的新形势下如何为我国改革开放、为社会主义建设事业服务。各地翻译界代表约90人出席了会议。会议收到40篇论文，有12位代表作了专题发言。戚国淦在会上作了关于撰写译序体会的发言。

1992年

为学生王乃耀、刘城、王勤榕、刘新成编写的《世界史通俗演义·中古卷》（张联芝主编，世界知识出版社1992年出版）题章回目录、开篇诗和章回结束联语。

6月，为［英］詹姆斯·布赖斯著《神圣罗马帝国》中译本作序。

1994年

1月，为［英］爱德华·吉本著《罗马帝国衰亡史》中译本作序。

5月，戚国淦、陈曦文主编的《撷英集——英国都铎王朝研究》由首都师范大学出版社出版，为国家哲学社会科学基金"七五"规划项目"英国都铎王朝研究"的成果汇总。

发表图书评介文章《西方社会史名著：〈失去的世界〉》（《历史研究》1994年第3期）。

10月22日，参加《历史研究》创刊40周年座谈会。

11月，为学生刘新成博士的《英国都铎王朝议会研究》一书作序。

1996年

1月，为学生刘城博士的《英国中世纪教会研究》一书作序。

2月，为学生王乃耀博士的《英国都铎时期经济研究——英国都铎时期乡镇经济的发展与资本主义的兴起》一书作序。

在《群言》1996年第7期上发表《我和这座"世界精神公园"》，记述了与商务印书馆、与《汉译世界学术名著丛书》的情感。

1997年

4—5月，商务印书馆创业百年，举办一系列纪念活动。戚国淦为商务印书馆百年题贺联：利国实超商务外，育人功盖印书行。

10月24—29日，中国世界古代中世纪史研究会在江西举行1997年中国世界中世纪史学术讨论会。会议的主要议题有两个：一、中世纪及向近代过渡中的历史问题和理论方法问题；二、戚国淦教授的治学道路和学术思想。时值戚国淦教授八十寿辰（虚岁），与会代表就戚老的治学道路和学术思想进行了广泛深入的研讨，概括起来主要有三个方面：一是对我国世界中古史的学科建设作出了创造性贡献；二是为我国史学界培养了大批人才；三是积极参与创建中国世界中世纪史研究会和英国史研究会，为繁荣和推动学术发展做出了特殊的贡献。

1998年

4月30日，为首都师范大学书法专业研究生讲对联。

张联芝主编，梁葛、海林编写的《世界列国史演义·英国史演义》由知识出版社出版，书中的章回目录、开篇诗和章回结束联语由戚国淦题写。

1998年6月13日，首都近百名专家、学者在首都师范大学为戚国淦举行80华诞庆祝活动。

正式退休。

1999年

2月，为学生夏继果博士的《伊丽莎白一世时期英国外交政策研究》一书作序。

4月30日—5月2日中国世界历史学会中世纪史分会首届学术年会在京举行。理事长戚国淦教授向大会致开幕词。会上选举新一届理事会，刘明翰教授任理事长。至此，戚国淦正式卸任该职。

为《盎格鲁-撒克逊编年史》作序。2009年该书重印时，对序言进行了修订。

7月，为《世界中世纪史研究——郑如霖教授论文集》作序。

2001年

所译《查理大帝传》由台湾商务印书馆出版（竖版直排），书名为《查理曼大帝传》。

2002 年

10 月 15 日，中国翻译工作者协会在北京西苑饭店召开"庆祝中国译协成立 20 周年暨资深翻译家表彰大会"。会议表彰了在中国社科院、中央编译局、商务印书馆、中国对外翻译出版公司、北京大学、中国人民大学等单位长期从事社科翻译工作的 176 位资深翻译家。戚国淦及夫人寿纪瑜获得表彰，均荣获资深翻译家证书。

2003 年

3 月，为陈兆璋著的《世界中世纪史散论》作序。该书由厦门大学出版社于 2003 年 11 月出版。

2007 年

2 月，《灌园集——中世纪史探研及其他》由商务印书馆出版。

《齐思和史学概论讲义》由天津古籍出版社出版，5 月 7 日，在"纪念齐思和先生百年诞辰学术研讨会"上，寿纪瑜代读戚国淦献联以表纪念："齐思和先生《史学概论讲义》读后：谠论蓄真知，融汇古今，早岁先生留巨著；纵横见博览，贯通中外，暮年弟子忆良师。"

2008 年

为田培栋著《明史披拣集》作诗志贺。

6 月《首都师范大学学报（社会科学版）》2008 年第 3 期设专栏、发表一组文章庆贺戚国淦九十寿辰。

6 月 15 日，首都师范大学举行"戚国淦先生九十华诞庆典"，在京部分中世纪史专家、中世纪史学会负责人、首都师范大学党委书记和校长等出席庆典。

2009 年

为庆祝中华人民共和国成立 60 周年，《汉译世界学术名著丛书（珍藏本）》出版，《查理大帝传》、《法兰克人史》、《盎格鲁-撒克逊编年史》再次重印。

2010 年

7 月 21 日逝世，享年 92 岁。

戚国淦指导研究生情况

学位论文题目	作者	指导教师	年级	层次
十六世纪英国国家机构与职能的变革	郭方	戚国淦	87级	博士
英国都铎王朝议会研究	刘新成	戚国淦	87级	博士
伊丽莎白一世时代英格兰宗教改革研究	刘城	戚国淦	87级	博士
都铎王朝时期英国经济研究	王乃耀	戚国淦	88级	博士
伊丽莎白一世时期英格兰外交政策研究	夏继果	戚国淦	93级	博士
16世纪17世纪前期英国流民问题研究	尹虹	陈曦文；戚国淦	96级	博士
俄罗斯文化转型问题研究	王勤榕	戚国淦；陈曦文	96级	博士
转型期英国人口迁移与城市发展研究	江立华	戚国淦；陈曦文	97级	博士
论英国宗教改革时期国家机构及其制度改革	郭方*	戚国淦	79级	硕士
论英王爱德华四世的历史地位	王华	戚国淦	79级	硕士
论英国亨利八世时期宗教改革的性质	王家凤	戚国淦	79级	硕士
伊丽莎白女王与清教运动——试论英格兰女王伊丽莎白一世对清教徒的政策	刘城	戚国淦	81级	硕士
试论伊丽莎白一世时期的英格兰商业拓殖家协会	刘小榕	戚国淦	81级	硕士
论英国伊丽莎白一世时期下院同女王的斗争	刘新成	戚国淦	81级	硕士
论亨利七世	赵文洪*	戚国淦	82级	硕士
论16世纪英国乡绅的经济地位	李少义*	戚国淦	82级	硕士
试评托马斯·克伦威尔	左群	戚国淦；陈曦文	86级	硕士
试析希腊悲剧中政治倾向产生的社会历史背景——兼论埃斯库罗斯《欧米尼得斯》中的政治倾向	张文刚	王敦书；戚国淦	86级	硕士
威廉·塞西尔评传	夏继果	戚国淦	86级	硕士

注：* 为戚国淦先生指导的中国社会科学院研究生。

后　记

《未名集》原来是戚国淦的诗词、楹联汇编，后经扩编成此文集。我在此略加缀述，也算是回忆与纪念。

戚国淦自幼受家庭熏陶，一生与诗词为伴。作品虽然不是很多，却是他情感之所寄。自孩童时期的即兴成句到中学时期的试作，都是他兴趣的自然表达。中学时期的试作不多，《春》和《关山月》是后来根据记忆写下来的两首。当时国难日深，字里行间流露出忧国的情怀。读大学时选修诗词课程，接受名师顾随和郑骞的指导，深获教益，写作技巧也有所长进。美丽的燕园景色，活跃的校园生活为他提供了丰富的素材，使他得以尽情发挥其兴趣和爱好。这一时期也是他写作的一个高峰。举凡四季园景、师生聚会、冰上娱乐、对友人的思念、对现实的感叹，种种情怀尽入诗词之中。但这一时期的一些作品先后流失，未能保存下来。

建国后，他开始了新的生活，不久就到北京教师进修学院、北京师范学院（今首都师范大学）长期任职，工作繁忙，生活安定，心情舒畅。"文革"前的十几年间，是他投身教育事业的高峰期。他在奋力投入教学行政工作之余，也或偶有吟诵，以寄托他对工作的热爱，对同仁、同学的深厚感情，对建设事业的赞美，以及种种内心感受。这时期的一些作品与北平沦陷期间大学读书时的诗词格调有所不同。"文革"后他步入老年，重拾教学研究工作，诗词大多记述学术活动和各地的见闻。而每逢整寿之年所作的几首述怀词，更是真实地回顾了他的教学生涯和心路历程。在我的印象中，他随其兴之所至，有感即发，成诗极快，常能出口成句。有时在骑车往返学校的途中，或对身边事物有感，就会即兴吟上几首，以此为乐。除诗词之外，他对楹联也很有兴趣。到了老年，特别是改革开放后报刊上常有征联活动，他总会兴致勃勃地拟联响应，也曾应征获奖，但大多是以此自娱。上世纪九十年代，历史系一些青年教师接受了《世界史通俗演义·中古卷》和《英国史演义》的编写任务，请他添配章回目录和每回前后的诗词联语。这意外的工作恰好将他对诗词、楹联的喜爱结合起来，可谓"投其所好"。他十分高兴地应承下来，几天就完成了，虽然未必都很满意，却是一次全面发挥其兴趣的新的尝试。

本世纪初，由于首都师范大学历史学院的赞助，商务印书馆出版戚国淦的《灌园集》。他特意选了一些自己比较满意的诗词、对联附于篇末。他认为其余的未必好，也不值得留存。《灌园集》脱稿后虽然又有一些新作，但是为数不多，大多是每逢必要的场合作些贺诗、贺联，抒发感想。此后随着衰老渐增，动笔渐少。暮年体弱多病，虽然脑力尚可，但写长篇文字已感到精力不济。有时好友完成新作，或逢学会编印文集，希望他能写点短序，也为了使他节劳而只请以诗代文。他都欣然接受。他自叹写诗的技巧已经不及大学时期，但始终未能忘情于诗词，曾说自己其实是个诗人（可惜我没有多在意，原来对此体会不深）。他有意将生平对诗词的喜爱作一概述，《学诗杂忆》是他生前最后一篇回忆文章，可能心中早在酝酿，但此时他已经很难伏案写作，于是躺着口述，由我记录，连续多日告成。整篇文字全部由他口授，随口道来，我没有加以润色，语句尚有条理，通顺可读，可见他的思维还很清晰，只是已力不从心了。赠田培栋和刘家和两位先生的作品是他最后用心写成的两组诗。前者记述了田先生数十年勤奋艰辛的治学历程和对其成就的赞扬。后者真情地回顾了他与刘先生数十年的君子之交，其中"天下英才唯使君"之句，借用曹操煮酒论英雄时对刘备讲的话，深获刘先生的赞赏。刘先生恰好与刘备同姓，实为巧合。而诗中写到的刘先生所赠的佳联，也最为戚国淦所珍爱。

2010年戚国淦去世。这年年底，正在做"首都师大文库"工作的图书馆工作人员郑红、侯玮青两位老师两次来到我家，希望征集一些知名教授特别是建校元老的讲义、书稿、照片等实物资料，但我考虑到可提供的实物有限，加之精力不济，整理需花费时日，没有应承。其后，夏继果、侯玮青夫妇在某次来访时谈到，戚先生那么喜欢诗联，何不把他的诗词和楹联整理印行，以免日后湮灭？当时我和小女都不认为有此必要，不但耗时费力，而且没有什么读者，弃置固然可惜，出书却意义不大，因此我迟迟没有响应。然而他们不改初衷，侯玮青以图书馆员的角度，认为不管有无读者，都要保留存档，这也是爱惜中国文化，何况现在已经不大有人能作古诗了。几番敦促，语重心长。他们的鼓动、推动以及主动精神感动了我，我也由犹豫而动起手来，将杂乱无序，参差不齐，零散的手稿纸片加以清理，渐渐理出一点头绪。当然仍有一些手稿未能找到，有的即兴作品随作随弃，只能尽力而为。而侯玮青更是倾心投入，借助在图书馆易于查阅资料，操作电脑之便，广为搜索，打印拍照，发掘出一些我们没有留底或不知其下落的作品。每有发现和补充，她总是那么欣喜，使我们也自然而然地分享她的喜悦。本集中的《漫话对联》是侯玮青按录音整理成文的一大成果。这是戚国淦为欧阳中石先生的研究生作的一次讲话，当时只是一席漫谈，没有讲稿，没有记录，感谢王勤榕在陪同戚国淦作讲座时作了录音，留下了这唯一的资料，使我们能在二十年后的今天呈现给大家。磁带已闲置多年，许多内容要听数遍才能完整记录下来，其中又多涉及古今人物、诗文联语、成语典故、趣闻轶事、专用词汇，等等。侯玮青不厌其烦地一遍遍听录，一一查阅人名、原作、典故出处、事情原委，加以核实，作了一番很细致的考证，使我早已淡忘的这篇讲话形成文字，题名《漫话对联》编入本集，与《学诗杂忆》前后呼应。

工作断断续续，几经寒暑。待脱稿后，刘新成、王勤榕夫妇建议充实内容，增加著述，集诗词和学术著作于一书，并以此书作为戚国淦百岁诞辰的纪念文集。他们的建议与商务印书馆编辑对本书内容的构想不谋而合，拓宽了我们的思路。于殿利先生、郑殿华先生支持由商务印书馆出版。于是，经刘新成、王勤榕、夏继果等人的商议，除增加《灌园集》原有的著述外，又收入了未曾发表的《曾惠敏公年谱》、王夫之小传、王夫之年表和个别名胜古迹简介等文稿。最后几种文稿作于"文革"时期，行文中或带有当年的时代痕迹，采用时基本保持原貌。书末附有多位先生的回忆文章和《戚国淦学术年谱》。最后由王勤榕对书稿作了全面审定。刘新成先生在百忙之中为文集作序，尤为可感。他和夏继果并且承担了有关出版的各项安排。这里还要提到夏继果的门人张捷、尹廉杰、黄志远、赵塱、马伊兰及张森。为了便于统一编排，他们将《灌园集》中除诗词、楹联以外的文章及新增稿件全部重新打印、校对，投入了大量的劳动。

上述各位先生和商务印书馆业务人员为文集的编辑出版所给予的精神和物质上的支持令人铭感。其中凝聚着他们的辛劳，蕴含着他们的情谊，寄托着他们对戚国淦的缅怀。对家属来说，这是一次愉快的协作，对戚国淦来说，无论其作品尚称佳作还是平淡无奇，都是一项意外的成果。在此我谨向为该文集付出过心血和精力的所有人士表示诚挚的敬意和谢忱，并祝愿大家取得更优异的业绩。

寿纪瑜

2017年冬